精品课程新形态教材
21世纪应用型人才培养教材
新时代创新型人才培养精品教材

外贸商品学

主编　杨文森　王　琼

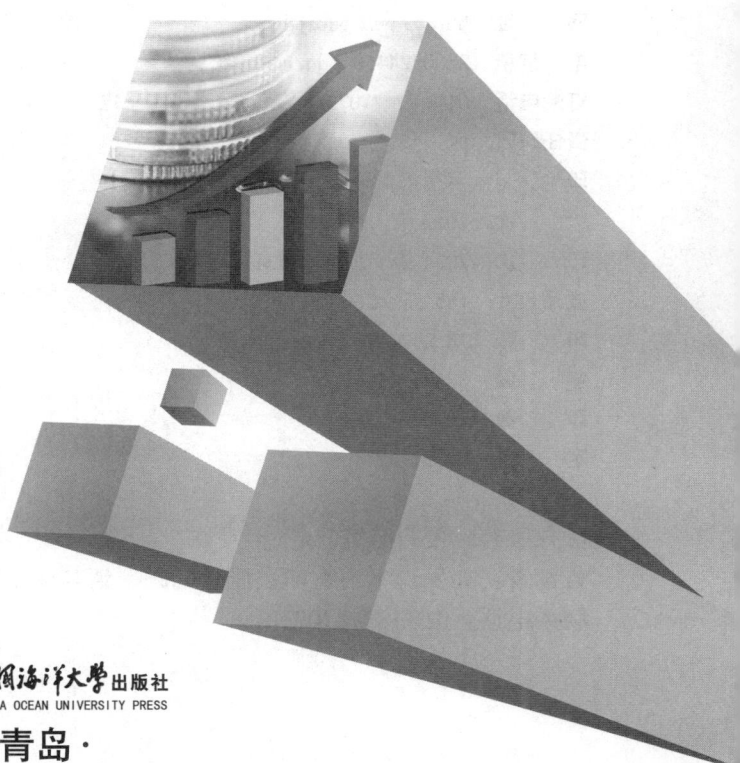

中国海洋大学出版社
CHINA OCEAN UNIVERSITY PRESS
·青岛·

图书在版编目（CIP）数据

外贸商品学 / 杨文森，王琼主编 . —青岛：中国
海洋大学出版社，2017.7（2024.5 重印）
ISBN 978-7-5670-1522-7

Ⅰ.①外…　Ⅱ.①杨…②王…　Ⅲ.①对外贸易–
商品学　Ⅳ.①F746

中国版本图书馆 CIP 数据核字（2017）第 177152 号

出版发行	中国海洋大学出版社		
社　　址	青岛市香港东路 23 号	**邮政编码**	266071
出版人	杨立敏		
网　　址	http://pub.ouc.edu.cn		
电子信箱	2880524430@qq.com		
订购电话	010-82477073（传真）	**电　　话**	010-82477073
责任编辑	张　华		
印　　制	涿州汇美亿浓印刷有限公司		
版　　次	2017 年 7 月第 1 版		
印　　次	2024 年 5 月第 2 次印刷		
成品尺寸	185 mm×260 mm		
印　　张	18.5		
字　　数	374 千		
印　　数	10000-15000		
定　　价	39.50 元		

前　言

党的二十大报告中提出："教育、科技、人才是全面建设社会主义现代化国家的基础性、战略性支撑。"

国际经济与贸易专业与进出口商品业务实践密切相关，从事外贸进出口业务与管理工作的人员，商品使用价值方面的科学知识是其必备的业务素质之一。所以，加强国际经济与贸易专业学生对进出口商品使用价值的了解和研究，可以更好地满足我国加速培养高素质应用型人才的需要，对人才培养具有重要的作用和意义。外贸商品学教材应如何满足我国应用型人才培养目标的要求，使其既能体现外贸商品学的思想，又能通俗易懂、理论联系实际，以提高学生的实际操作能力。本书具有以下特点：

一是内容具有针对性和应用性。现有的外贸商品学课程教材虽然名称包含有"外贸"一词，但是教材的内容几乎是照抄商品学课程的教材内容。不同于现有教材，本书内容紧扣"外贸"的实际情况，深入研究外贸商品学的内容。

二是内容的系统性和逻辑性。外贸商品学是研究商品的使用价值的现实问题，应从生产、流通、使用等几个方面来构建内容体系，从生产者和经营者的角度出发，生产、和流通这三个方面的内容是必不可少的。本书内容具有系统性，从整体框架来看，不仅注重外贸商品学的生产、流通领域，而且研究外贸商品使用领域，这样有利于学生形成完整的知识体系。同时，从章节内容来看，逻辑结构合理，按教材的顺序进行教学，更易于学生们掌握知识。

三是内容的新颖性。国内现有外贸商品学教材较为陈旧，都是很多年以前的版本。近年来商品经济发展迅速，移动通信网络＋大数据收集、挖掘、分析、整合＋智能感应能力所形成的新的业务体系和新的商业模式使得市场竞争越来越激烈，现有教材的内容已经不能适应新经济形态下对商品使用价值的研究，外贸商品学的教学迫切需要一本紧扣时代脉博的好教材。

为此，编写组成员在多年的外贸商品学教学研究基础上进行了深入的思考、梳理和总结，希望能尽己所能编写适合国际经济与贸易专业学生和外贸工作人员使用的外贸商品学课程教材，为学校教学和企业培训提供素材，从而为进一步建设和完善新形势下外贸商品学学科体系做有益的补充。

　　本书从生产、流通和消费等领域展开分析，一方面从商品学的普通性角度分析进出口商品的一般特征，另一方面从进出口贸易的角度分析外贸商品的特有特征。

　　本书在编写过程中，参阅、引用了国内外有关著作、教材和学术论文的成果与资料，在此致以由衷的感谢！

　　限于水平有限，其中存在不妥和疏漏之处，恳请广大读者批评指正。

编　者

目　　录

第一章　外贸商品学的研究对象与内容

学习目标

1. 了解商品不同于一般物品、产品的特征
2. 了解现代商品整体概念的构成
3. 掌握外贸商品学的研究对象和研究内容
4. 了解外贸商品学的研究意义和研究方法

导例

推销指南针：商品的使用价值

商品是一种没有生命的东西，只有当顾客使用并满足了顾客的某种愿望时，才发挥了它们的作用。所以，我们要牢牢记住，在每一次具体的推销活动中，如果推销员不仅仅是向顾客推销"商品"，而是向顾客推销"商品的使用价值"，效果会更好，工作会顺利得多。

——H. M. 戈德曼

被美国商界推崇为"欧洲唯一推销专家"的英国人戈德曼在《推销技巧》一书中说："所谓'推销'，就是要使顾客深深地相信，购买了你的商品，他会得到某些好处。"这就是推销的本质。

戈德曼认为："购买一种商品，目的在于满足某种需要。买卖只不过是达到这一目的的一种手段。"换句话说，人们购买的不仅仅是某种物品（或某种服务），而是购买了这种物品的使用价值。例如，为了满足照明的需要，在电力覆盖范围内，顾客购买电线、开关、灯头、灯泡及其他所需物品，装上电灯。从表面上看，顾客购买的是上述物品，但实质上，顾客购买的是照明。又如，节假日购买公园门票，从表面上看，顾客购买的是准许进入公园的凭证，但实质上，顾客购买的是在赏心悦目的公园获得的精神愉悦。

人们购买电视机，目的在于丰富业余文化生活；人们购买家具，目的在于方便日常生活，使居室环境优雅；人们购买药品，目的在于祛除疾病，增进健康……顾客为什么购买？因为他们购买的是商品的使用价值。既然顾客购买的目的不是商品的本身，所以，推销员的眼睛不应仅仅盯在"商品"上，而应借助于"商品"，想方设法使顾客产生需要这

种商品的欲望。商品特点的介绍，则应放在次要的地位。

戈德曼说："人类有许多愿望和要求，同样，商品也有许多使用价值。"例如，同样是"购买自行车"，甲买自行车的目的是"代步"，乙买自行车的目的是"锻炼身体"，丙买自行车的目的是"满足拥有豪华型自行车的愿望"，丁购买一部旧自行车是因为放在楼下不会被盗……推销员向这四类顾客推销自行车，就要根据各类顾客不同的愿望，分别去满足他们的需求。

推销员要善于发现不同顾客的不同需求。如何发现和掌握不同顾客的不同需求，则要靠推销员自己努力学习和在实践中获得经验。老练的推销员只要顾客一开口，就知道顾客需要什么东西，就知道顾客的某种特殊需求。

戈德曼强调："商品是一种没有生命的东西，只有当它们被顾客使用并满足了顾客的某种愿望时，才发挥了它们的作用。所以，我们要牢牢记住，在每一次具体的推销活动中，如果推销员不仅仅是向顾客推销'商品'，而是向顾客推销'商品的使用价值'，效果会更好，工作会顺利得多。"

戈德曼继续说："一位推销员着眼于推销'商品'，另一位推销员着眼于推销'商品的使用价值'。这两位推销员的销售量的差别一定很大。区别一个一流推销员和一个普通推销员的关键，就是看他们是否懂得推销商品的使用价值。"

推销员与各种各样的人和企、事业单位打交道。人们有着各种各样的问题，私人问题、工作问题、生活问题及其他种种问题；每一家企、事业单位和每一个部门也有许许多多问题，经济问题、经营管理问题、效率问题及其他种种问题。这些问题都需要一个一个解决，千千万万种商品和无穷无尽的服务，可以帮助人们解决各种各样的问题。推销员在这种商品经济的海洋里，大有用武之地。然而，许多推销员只是津津乐道商品的特点，不懂得推销商品的使用价值。这样，他们就好像迷失了方向，在商品的海洋中找不到出路。曾经有人做过调查，八个推销员中有七个不知道推销商品的使用价值。

推销员所做的事是说服顾客。在人的一生中，有许多事情需要做说服工作。只要你对别人提出建议，尽力说服别人相信你并采纳你的建议，你就是"推销员"。这种说服他人的能力就是推销技巧，干任何工作都需要这种技巧。这种技巧是一个人取得事业成功不可缺少的。因此，任何人都能从学习推销技巧、锻炼说服能力中得到好处。

抓住"推销商品的使用价值"做文章，就是牵住了"推销"的牛鼻子，就是抓住了"推销"的主要矛盾，就是掌握了"推销"的实质。

（资料来源：百度文库）

第一节　商　品

一、商品的概念

商品是人类社会生产力发展到一定历史阶段的产物，是指用来交换、能满足人们某种需要的劳动产品。随着商品经济的不断发展，科学技术的日益进步，商品的外延也不断扩大。商品的概念有狭义和广义之分：

狭义的商品，即物质形态的商品，是指能够满足人们某种需要，通过市场交换的物质形态的劳动产品。

广义上的商品是指能够满足人们某种需要、通过市场交换的所有形态（知识、劳务、资金、物质等形态）的劳动产品。随着现代社会的迅速发展和人们需要的多样化，商品的外延发展日益呈现出知识化、软件化、服务化等趋势和特点。物质形态的商品已不能完全满足人们的消费需要，信息、服务、技术、艺术等非物质商品也开始出现，推动了商品内涵和外延的拓展，出现了广义上的商品概念。

我国商品学一直以来侧重于研究物质形态商品中的生活资料和生产资料商品。随着社会经济和科学技术的迅速发展，其商品研究范围也在逐步扩大，如开始涉及劳务形态商品、知识形态商品等。

无论是狭义上的商品，还是广义上的商品，作为特殊劳动产品的商品具有以下特征：

1. 商品是具有使用价值的劳动产品。商品首先要具有使用价值，如衣服可以遮体、保暖并增加人体美感，面包可以充饥，车辆可以代步等，消费者购买一件商品，目的就是为了获得该商品的使用价值。其次，商品还必须是人类的劳动产品，一些天然产品，如空气、阳光、雨水等，虽然也有使用价值，但是因其不是劳动产品，也就不能称为商品。

2. 商品是供他人消费的劳动产品。生产者生产的产品如果是用来自己消费的，那么，这部分的产品就不是商品。如农民用于自己家庭消费的那部分农副产品，就不能称为商品。商品生产者生产商品，是为了满足社会上其他消费者的需要。

3. 商品必须通过交换才能到达别人手中，是为交换而生产的劳动产品。商品对其生产者或经营者来说，只是交换价值的物质承担者。只有通过市场上的交换，商品生产者或经营者得到商品的价值，商品消费者得到商品的使用价值。

二、商品整体概念

商品作为人类有目的的劳动产品，是人和社会需要的物化体现，可以包括实物、知识、服务，还包括购买商品所得到的直接的、间接的、有形的、无形的利益和满足感。这样来理解商品的含义，称为商品整体要领或称作商品整体概念。

概括地说，现代商品整体概念或构成应包括四个层次的内容。

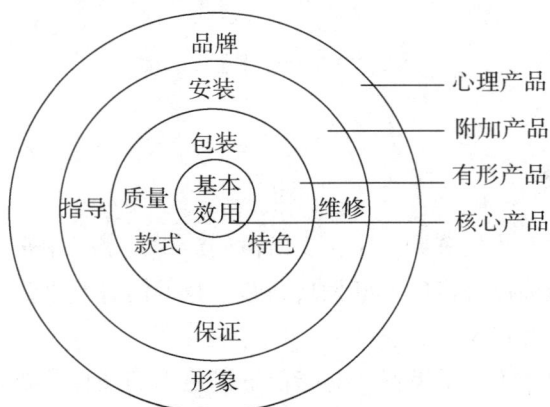

图1-1　现代商品的整体构成

（一）商品体

人们通过有目的、有效的劳动投入（如市场调查、规划设计、加工生产等）而创造出来的产品，它通过功能来满足使用者需要。不同的使用目的（或用途）要求商品有不同的功能，而功能又是商品体在不同条件下所表现出来的某些自然属性和社会属性的总和。商品体能够具备哪些性质或功能，是由商品体的成分组成（原料或零部件的成分及含量等）和形态结构（原料或零部件的组织结构、成品形态、规格、内部连接与配合、色彩装饰的组合以及其他结构特征）以及它们所反映的社会内涵所决定的。其中商品体的成分组成又决定了商品体可能形成的形态结构。

因此，商品体是由多种不同层次要素构成的有机整体，是商品使用价值形成的客观物质基础。商品体是消费者真正要购买的服务和利益，是商品构成中最基本、最主要的部分。

（二）有形附加物

有形附加物包括商品名称、商品包装及其装潢标志、商标及注册标记、专利标记、质量和安全卫生标志、环境（绿色或生态）标志、检验合格证、使用说明书、维修卡（保修单）、购货发票等。它们主要是为了满足商品流通（运输、装卸、储存、销售等）需要、消费（使用）需要以及环境保护和可持续发展需要所附加的。其中，包装、商标等本身也是一种商品。它们既有使用价值，也有价值。商标还会随着商品经营企业的技术进步和经营管理水平的提高而增加新的价值。

（三）无形附加物

无形附加物是附加产品或称延伸产品。它是指围绕商品使用价值的应用，给顾客带来的附加服务和利益。消费者购买某件产品，不仅是希望获得包括形式产品本身及其内在应有的效用，而且还希望获得对该产品的质量保证，包括商品保证、运送、安装、维修、使用指导和各种服务。

提供信贷、送货上门、售后维修服务、质量保证措施、免费安装调试服务等都属于商品整体概念中的无形附加物，它们是实现商品效用的可靠保证。在现代，消费者对产品的要求日益增高，购买者十分关心产品的安全可靠。因此，产品的服务性是满足社会需要的客观要求，在整个产品中绝不是可有可无的，而是商品整体概念中不可缺少的要素。例如，日本的丰田汽车公司就在许多国家的大城市里设立维修中心，为该公司销售的产品进行修理、保养、更换零部件等工作，开展全面售后服务，这就给消费者带来更多的产品附加服务和利益。产品的附加利益，有利于引导、启发、刺激消费者购买或增加购买某些产品。善于开发和利用合法的商品无形附加物，不仅有利于充分满足消费者的综合需要，为他们提供更多的实际利益，而且有利于企业在激烈的竞争中突出自己商品的附加服务和利益优势，提高其市场竞争力。

(四) 心理商品

所谓的心理商品，主要是指商品的品牌和形象带给消费者心理上的满足感。产品的消费往往是生理消费和心理消费相结合的过程，随着人们生活水平的提高，人们对产品的品牌和形象看得越来越重，因而它也是产品整体概念的重要组成部分。

以上四个层次，构成一个统一的整体，都是商品整体概念中不可缺少的要求。商品生产者和经营者只有生产出具备以上各种要素的商品，才能向社会提供人们需要的商品，才能使形式商品转化为消费者使用的现实商品

三、商品的使用价值

(一) 商品的自然属性和社会属性

作为商品，必须具有价值和使用价值两个因素。商品价值是指商品所包含的一定数量的社会劳动，即商品的生产成本等属性，是政治经济学研究的范畴；商品的使用价值是指商品的有用性或效用，即"物的有用性"，是商品学研究的范畴。马克思指出："商品的使用价值为商品学这门科学提供材料。"[①] 因此，商品学的理论基础是马克思的商品使用价值理论。

商品的使用价值是指一方面商品具有能满足人们某种需要的自然属性，另一方面商品的有用性包含着它的社会有用性，即在一定条件下为社会需要的属性。

商品的自然属性是指由商品自身固有的成分、结构决定的，与其他事物发生关系时所表现出的成分，性质（物理性质、化学性质、机械性质、生物学性质等），性能，形态特征或特点。它是构成商品有用性的物质基础，反映了人与自然界的关系。自然属性决定了

---

① 马克思恩格斯选集（第23卷）[M]. 中共中央马克思恩格斯列宁斯大林著作编译局，译. 北京：人民出版社，1972：48。

商品具有一定的用途和功能，决定了物品的使用价值或物的效用。

商品的社会属性是指商品满足任何社会需要的特征、特性、功能的总和。商品的社会属性是由商品自然属性派生的，主要包括社会、经济、文化和艺术多方面的内容。商品是按照人和社会的需要创造出来的，这种需要包括个人和社会的、个人和群体的、物质和精神的。任何商品如果能够在多方面体现消费者现实的和潜在的需要，充分考虑到消费者需求的复杂性和多样性，就会提高被社会承认的程度，从而获得较高的社会使用价值。例如，传统的马褂这件商品，包含着人类的劳动，有其自身的属性和应有的价值。但是古代人与现代人对其价值和使用价值的评价有着较大的差异，从使用价值方面来看，马褂在当代中国的使用价值就明显小于它在古代中国的使用价值。人的需要是商品的出发点与商品生产的动因，满足人的需要是商品的归宿和目的。所以商品本身只是商品功能和消费者追求利益的客观载体，商品体（客观性）与人的需要（主观性）相互作用的过程使商品使用价值得到实现。商品功能寓于商品体之中，并由商品体本身属性所决定，不以人的意志为转移，但可以为人所利用。所以说，商品属性有自然属性和社会属性，这些属性是客观存在的。

为了有利于商品使用价值的实现，商品学研究商品的使用价值，就要从商品的自然属性入手，并以此为基础，联系商品的某些社会属性，研究与商品使用价值实现有关的一系列问题。

（二）商品使用价值及其二重性

使用价值一般是指物对于人或社会的有用性。"使用价值表示物和人之间的自然关系，实际上是表示物为人而存在。"[①] 物之所以对人或社会有使用价值，恰恰在于物本身具有能够满足人或社会的需要的属性或者说物具有能够满足人或社会某种需要的能力。"如果去掉使葡萄成为葡萄的那些属性，那么它作为葡萄对人的使用价值就消失了"[②]。因此，"物的有用性使物成为使用价值"[③]。

由此可见，物的使用价值是由人的需要和物的属性两者之间的作用而形成的。人们可以根据自己的需要，自觉能动地利用现有的自然物或者将其加工改造成符合目的的人工物（产品），或者从市场选用符合目的的商品，但这些物能否或可能在多大程度上使人的需要得以满足，即是否有使用价值或可能有多大的使用价值，又是由物本身的属性决定的。物的属性与人的需要的吻合程度或一致性程度，决定了物对人的使用价值的大小。可以说，人或社会的需要是物的使用价值形成的前提，离开人或社会的需要，物就没有使用价值可

---

① 马克思恩格斯选集（第26卷）[M]．中共中央马克思恩格斯列宁斯大林著作编译局，译．北京：人民出版社，1972：326。

② 马克思恩格斯选集（第26卷）[M]．中共中央马克思恩格斯列宁斯大林著作编译局，译．北京：人民出版社，1972：139。

③ 马克思恩格斯选集（第23卷）[M]．中共中央马克思恩格斯列宁斯大林著作编译局，译．北京：人民出版社，1972：48。

言。物本身的属性是物的使用价值形成的客观基础。物的属性多种多样，可分别满足人或社会的不同需要，从而形成不同的使用价值。不同的物可以有不同的使用价值，同一种物也可以有不同的使用价值。需要注意的是，物及其属性本身还不是物的使用价值，物和它的属性只是物的使用价值的载体和客观基础。

　　商品不同于一般的物，它是通过交换满足他人或社会消费需要的劳动产品。因此，商品对其生产者、经营者来说，虽然没有直接的消费使用价值，但有间接的使用价值，即可以用它来进行交换从而获得所需要的货币或其他物品，商品成为交换价值的物质承担者，成为企业经济效益的源泉。马克思把这种使用价值称为形式使用价值。为了反映这种使用价值的客观存在及其本质，我们把它称为商品的交换使用价值。在商品的交换使用价值中，政治经济学意义上的价值充当了自己的对立物——使用价值的角色，价值作为特殊的有用性，满足了商品生产者、经营者的交换需要。马克思把商品对其消费者、用户所具有的直接的消费使用价值称为实际使用价值。它是由具体劳动赋予商品以各种有用性而产生的，是由商品的有用性在实际消费中所表现出来的满足消费者需要的作用而形成的。我们把这种使用价值称为商品的消费使用价值。商品的交换使用价值反映了商品有关属性与人们的交换需要之间的满足关系。商品的消费使用价值则反映了商品有关属性与人们的消费需要之间的满足关系。广义的商品使用价值概念包含商品的交换使用价值和商品的消费使用价值。狭义的商品使用价值概念仅指商品的消费使用价值。通常人们所说的商品使用价值是指后者。

　　广义的、全面的商品使用价值是商品学学科的研究对象，它反映了商品使用价值的二重性。承认商品具有交换使用价值和消费使用价值二重性，无疑对商品学理论和实践的研究具有非常重要的意义。首先，坚持商品使用价值的二重性，有利于商品学彻底地从旧的计划经济体制中摆脱出来，更好地适应社会主义市场经济的新体制，从单一地强调商品的消费使用价值——"（物）品"的使用价值，忽视商品的交换价值——"商（交换）"的使用价值的研究，转向对"商""品"的使用价值的全面研究。其次，坚持商品使用价值的二重性，有助于避免商品学研究中将商品使用价值与商品价值的对立绝对化，甚至将它们割裂开来，从而加深认识它们的对立转化和统一的关系，强调商品使用价值的研究必须同商品价值相联系。商品使用价值与商品价值在商品中的统一，还为商品学与经济管理学科的血缘关系以及商品学学科的交叉特点提供了重要的理论依据。最后，坚持商品使用价值的二重性，就是要求商品学在理论研究和实践中，必须重视商品交换使用价值及其实现规律的研究。商品交换使用价值是通过商品生产活动形成，并通过商品交换实现的，市场是商品交换的中心。因此，商品学必须加强对不同类别商品的市场研究。这部分研究内容应该放在商品学各分论中，如食品商品学、服装商品学、汽车商品学、中药商品学等。

第二节 外贸商品学的研究对象与研究内容

一、外贸商品学的研究对象

（一）商品学的研究对象

商品学是一门专门研究商品的科学，它的研究客体是商品，而商品具有价值和使用价值，商品的价值属于政治经济学研究的范畴，商品的使用价值才是商品学研究的范畴。商品学是研究商品使用价值形成、流通和消费过程中影响其使用价值实现的相关因素及其规律的一门科学。

商品的使用价值具有自然属性和社会属性两个方面。研究商品使用价值及影响商品使用价值实现的相关因素，就要具体从商品的两个属性中探讨。也就是我们在生产和经营商品时，既要研究商品成分、性质、结构、形态等自然属性因素，同时还要研究商品的流行性、时代感、地区性、审美性、民族性和经济性等社会属性，以更好地满足人和社会对商品的多方面需要。要探讨商品使用价值形成、流通和消费过程中影响商品使用价值实现的相关因素及其规律性，以更好地促进商品使用价值的实现。

（三）外贸商品学的研究对象

外贸商品学是商品学的一个分支，它的研究客体是国际贸易中的外贸商品。因此，外贸商品学的研究对象就是外贸商品的使用价值，即研究外贸商品使用价值形成、流通和消费过程中影响其使用价值实现的相关因素及其规律性的科学。外贸商品与一般商品没有本质区别，对外贸商品进行研究同样要进行一般商品的研究，只是侧重于一般商品中的外贸商品，它包括进口商品和出口商品。

进口商品侧重于研究进口商品的自然属性，如商品的成分、性质、种类、标准等方面，以免买回来的商品出现以劣充优、以次充好的问题。出口商品则既要研究商品所要出口国家对该商品的标准规定，也要了解商品所要出口国家的风土人情、风俗习惯、文化传统，使自己的商品在所要出口国家与同类商品竞争时具有更强的竞争力。

二、外贸商品学的研究内容

外贸商品学的研究内容是由外贸商品学的研究对象决定的。

外贸商品学的研究对象就是外贸商品的使用价值，即研究外贸商品使用价值形成、流通和消费过程中影响其使用价值实现的相关因素及其规律性。外贸商品使用价值的形成，包括外贸商品形成过程中的原材料采购、外贸商品的生产两个部分，这两个部分是影响外贸商品使用价值实现最主要的因素。外贸商品的流通主要介绍外贸商品的储存和运输。外贸商品的消费主要是介绍外贸商品的售后服务。具体内容体现在以下几个方面：

1. 研究外贸商品分类及编码

为了便于研究商品的使用价值，也需要对商品进行分类，主要包括研究商品分类中各类别的概念及相关关系，确立商品种类的划分依据，建立科学的、系统的商品分类体系，并力求与国际分类体系接轨，以适应国际贸易的需要。

2. 研究外贸商品的化学成分和性质

商品的化学成分、结构和性质与商品品质、制造、用途、效用、营养价值、包装、安全储运等有着密切的关系，是研究商品使用价值不可缺少的基本知识，是反映商品质量高低的具体体现，是决定许多商品品质的重要指标，是国际贸易商品交易中"凭规格买卖"的重要内容。

3. 研究外贸商品质量管理

了解有关外贸商品质量的基本知识，了解影响商品质量的各种主要因素，熟悉国际贸易环节对商品质量的基本要求，掌握国际贸易中表示商品质量的方法，学会利用商品质量知识订立有关交易的条款。

4. 研究外贸商品标准和鉴定

商品标准和商品鉴定是掌握商品品质，实行品质管理，保证商品品质规格、花色品种符合要求，从而贯彻执行"重合同守信用""重质量优于重量"原则的依据手段。

5. 研究商品检验

了解有关商品检验的概念和基本知识，掌握进出口商品检验的基本程序和内容，掌握国际贸易中商品检验的时间、地点、机构，掌握国际贸易商品检验证书种类。

6. 研究商品的包装

了解商品包装的类型和基本作用，熟悉各类包装材料的特点。掌握外贸包装的种类、标志和要求，熟悉外贸合同中的包装条款的内容并掌握注意事项。

7. 研究商品的仓储与运输

外贸商品的储存养护与安全运输是国际贸易过程中一个必不可少的环节。掌握商品仓储的概念，熟悉商品在仓储中的损耗与质量劣变，储存商品的方法，掌握仓储管理的基本要求及分类、掌握保税仓库的概念及应用。掌握运输的基本知识，掌握国际货物运输的特点及严要求，了解运输方式的发展，熟悉各类运输方式的特点及业务内容。

8. 研究外贸商品的售后服务

了解外贸商品售后服务的概念、要求，了解外贸商品售后服务网络的建立，了解外贸商品的质量跟踪。

第三节　外贸商品学的研究意义和研究方法

一、外贸商品学的研究意义

外贸商品学是为企业、消费者和外贸商品管理者从事进出口商品生产、流通和消费等过程实行科学管理和决策服务的一门综合性学科。研究外贸商品学对于提高我国出口商品质量，提升商品国际竞争力，减少商品外贸过程中的各种贸易壁垒具有重要的意义，对于进口商品的质量鉴定，保护消费者的合法权益也具有十分重要的作用。

（一）研究外贸商品学，有利于提高我国商品质量，更好地满足国内外消费的各种需要

随着我国经济的发展，社会的进步，人们的消费观念和层次也越来越高，对消费商品的质量要求也越来越高。通过对国内外同类产品的性质、结构、标准、功能等方面进行对比分析，取长补短，消化吸收再创新，以不断提高我国各类商品的质量，更好地满足国内外消费者的各种需求。

（二）研究外贸商品学，有利于准确评价进出口商品质量，维护国家和消费者利益

通过对外贸商品学的研究，可以更好地了解进出口商品的成分构成、商品标准、有关商品质量要求的各种认证等方面的内容，以更好地检验和识别进出口商品的质量，防止假冒伪劣产品流入市场，切实维护国家和消费者利益。

（三）研究外贸商品学，有利于确保商品质量的完好无损

通过对进出口商品物理性质、化学性质、机械性质等自然属性的研究，分析进出口商品在生产和流通过程中发生质量变化的影响因素，明确商品在储存、运输中的要求及其适宜条件，从而实现对进出口商品在生产和流通过程中的科学管理。降低商品损耗，确保商品质量的完好无损。

二、外贸商品学的研究方法

研究方法是揭示研究对象的手段，所有以某种客观规律性为研究对象的学科，都有与之相适应的一套合乎科学的研究方法。商品的使用价值是商品自然属性和社会属性的统一。因此，外贸商品学的研究方法是按照研究的具体课题，采取不同的形式进行的。归纳起来主要有社会调查法、现场实验法、分析实验法、技术指标法、对比分析法等。

（一）社会调查法

商品的使用价值是一种社会性的使用价值，全面考察商品的使用价值需要进行各种社会调查，特别是在商品不断升级换代、新产品层出不穷的现代社会里，这方面的调查显得更加实际和重要，具有双向沟通的重要作用，在实际调查中既可以将生产信息传递给消费者，又可以将消费者的意见和要求反馈给生产者。社会调查法主要有现场调查法、调查表法、直接面谈法、定点统计调查法等。

（二）现场实验法

现场实验法就是通过一些商品学专家或有代表性的消费者群体，凭其直觉，对商品的质量及与商品质量有关的方面做出评价的研究方法。这种方法的正确程度受参加实验者的技术水平和人为因素的影响，但运用起来简便易行，适于很多商品的质量评定。如某些新产品的试用、试穿等，都属于这种方法。

（三）分析实验法

分析实验法是在实验室内或一定试验场所，运用一定的实验仪器和设备，对商品的成分、构造、性能等进行理化鉴定的方法。这种实验方法，大多在实验室内或要求条件下进行，对控制和观察都有良好的条件，所得的结构正确可靠，是分析商品成分、鉴定商品质量、研制新产品的常用方法。

（四）技术指标法

技术指标法是一种在分析实验的基础上，对一系列同类商品，根据国内或国际生产力发展水平，确定质量技术指标，供生产者和消费者共同鉴定商品质量的方法。

（五）对比分析法

对比分析法将不同时期、不同地区、不同国家的商品资料收集积累，加以分析比较，从而找出提高商品质量、增加花色品种、扩展商品功能的新途径。运用对比分析法，有利于经营部门正确识别商品和促进生产部门改进产品质量、实现商品的升级换代，更好地满足广大消费者的需要。

思考题：

1. 以具体商品为例，试说明其商品体（或效用）、有形附加物和无形附加物，并分析它们之间的关系。

2. 商品使用价值的二重性是什么？

3. 外贸商品学的研究对象、研究意义是什么？

第二章　商品的分类与编码

1. 了解商品分类和商品编码概念以及国内外主要的商品分类与编码标准
2. 了解商品分类和商品编码的基本原则与方法
3. 掌握商品分类标志的概念及选择原则和正确使用
4. 掌握商品条码及其应用

导例

超市商品的综合分类

在超市商品管理中，为了采购、理货的方便，商品分类一般采用综合分类标准，将所有商品划分为大分类、中分类、小分类和单品4个层次，目的是便于管理，提高管理效率。虽然超市各种业态经营品种存在较大差异，如小的便利店经营品种不到3000种，超大型综合超市有3万多种，但商品分类都包括上述四个层次，且每个层次的分类标准也基本相同，只不过便利店各层次类别相对较少，大型综合超市各层次类别相对较多而已。

（1）大分类。大分类是超市最粗线条的分类。大分类通常依据生产来源、生产方式、处理方式、保存方式等商品特性来分类，如畜产品、水产品、果蔬、日配加工食品、一般食品、日用杂货、日用百货、家用电器等。为了便于管理，超市的大分类一般以不超过10个为宜。

（2）中分类。中分类是大分类中细分出来的类别，着重于商品功能、用途、制造方式、方法、产地等特性的区分。其分类标准主要有：①按商品的功能用途划分。如日配加工食品这个大分类下，可分出牛奶、豆制品、冷冻食品等中分类。②按商品制造方法划分。如畜产品这个大分类下，可细分出熟肉制品的中分类，包括腊肉、熏肉、火腿、香肠等。③按商品产地划分。如家用电器这个大分类下，可细分出国产家电与进口家电的中分类。

（3）小分类。小分类是中分类进一步细分出来的类别。主要分类标准有：①按功能用途划分。如畜产品大分类中，鸡肉中分类下，可进一步细分为鸡腿、鸡翅、鸡胸肉等小分类。②按规格包装划分。如一般食品大分类中，饮料中分类下，可进一步细分为听装饮料、瓶装饮料、盒装饮料等小分类。③按商品成分分类。如日用百货大分类中，鞋中分类下，可进一步细分出皮鞋、人造革鞋、布鞋、塑料鞋等小分类。④按商品口味划分。如糖果饼干大分类中，饼干中分类下，可进一步细分出甜味饼干、咸味饼干、果味饼干等小分类。

（4）单品。单品是商品分类中不能进一步细分的完整独立的商品品项。例如355毫升听装可口可乐、1.25升瓶装可口可乐、2升瓶装可品可乐、2升瓶装雪碧，就是四个不同单品。

第一节　商品分类的概念、方法

一、商品分类的概念

（一）商品分类的概念

商品分类是在商品生产、流通和消费的发展过程中逐步形成的。随着社会分工和国际分工的不断发展，商品生产、流通和消费的范围和领域不断扩大，商品的数量和种类也在不断增加。为了更好地进行商品生产、流通和消费，就需要对商品进行科学的分类，以提高社会生产、流通和消费的效率。商品分类是指为了满足生产、流通和消费的需要，按照一定的分类标志，科学地、系统地将商品分成若干不同类别的过程。

商品分类的结果，一般可划分为大类、中类、小类、品类、品种和细目等类目层次，见表2-1。

表2-1　商品分类的类目层次及其应用实例

商品类目层次	应用举例1	应用举例2
商品大类	食品	日用工业品
商品中类	乳和乳制品	洗涤用品
商品小类	乳制品	织物类清洁洗涤用品
商品品类	液体乳	肥皂
商品品种	灭菌乳	洗衣皂
商品细目	伊利250ml全脂纯牛奶	238g雕牌透明洗衣皂

商品大类一般根据生产和流通中的行业来划分，如食品、纺织品、日用工业品、建材等，既要同生产行业对口，又要与流通组织相适应。

商品中类或小类，一般按中小行业或专业来划分。如食品类商品又可分为蔬菜和水果、肉和肉制品、乳和乳制品、蛋和蛋制品等。

商品品类又称商品品目，是指具有若干共同性质或特征的商品总称。如肉制品下面的腌腊制品、酱卤制品、熏烤制品等。

商品品种是指商品的具体名称，它是按商品的性质、成分等方面特征来划分的，如火腿肠、牛奶、手机、洗衣粉等。

商品的细目是对商品品种的详细区分，包括商品的花色、规格、品级等。

（二）商品分类标志

1. 商品分类标志的含义

对商品进行分类时，分类标志的选择至关重要。它必须是既能达到分类目的的要求，又能明显地把分类对象区分开来。由于商品本身的多样性和复杂性，要使商品分类具有科学性和系统性，保证分类清楚、切实可行，能达到预期的目的和要求，必须选择适当的分类标志。

商品的分类标志，是指能将商品唯一地、稳定地、明显地区分开来的商品的自然属性和社会属性方面的一些本质性特征和特性。

2. 常用的商品分类标志

商品分类标志是编制商品分类体系和商品目录的重要依据。可供选择的商品分类标志很多，在商品分类实践中常用的分类标志有以下几种。

（1）以商品的用途作为分类标志

以商品的用途作为分类标志在实际中应用最为普遍。商品用途是体现商品使用价值的重要标志，也是探讨商品质量和商品品种的重要依据。以商品用途作为分类依据，不仅适合于对商品大类的划分，也适合对商品类别、品种的进一步详细划分。如商品按用途分为生活资料商品和生产资料商品，生活资料分为食品、纺织品、日用品、家用电器等；日用商品按用途分为鞋类、玩具类、洗涤用品、化妆品类等；化妆品类按用途分为面部化妆品、发用化妆品、身体化妆品等；面部化妆品按用途分为彩妆类、洗面类、护肤类等。如此可以继续细分下去。

以商品的用途作为分类标志的优点是：便于分析和比较同一用途商品的质量和性能，能明显表明各类商品之间在用途方面的差异。在贸易中采用此种分类方法，既便于买方用户、消费者根据需要选购商品，也便于分类经营管理，因而是贸易中常用的重要的商品分类方法。但对储运部门和有多用途的商品不适用。

（2）以商品的原材料作为分类标志

商品的原材料是决定商品质量和引起商品质量变化的重要因素。以商品的原材料作为分类标志在实际中也应用广泛。例如，皮鞋按原材料分为牛皮鞋、猪皮鞋、羊皮鞋、人造革皮鞋等；服装面料按原材料分为棉织品、毛织品、麻织品、丝织品、人造棉织品、涤纶织品、锦纶织品等。此分类方法从原料的特点上来表示各类商品的区别。

以原料为标志分类的优点很多，它分类清楚，还能从本质上反映出各类商品的性能、特点，为确定销售、运输、储存条件提供了依据，有利于保证商品流通中的质量。但对那些用多种原材料组成的商品如汽车、电视机、洗衣机、电冰箱等不宜用原材料作为分类标志。

（3）以商品的生产加工方法作为分类标志

很多商品即使采用相同的原材料制造，由于生产方法和加工工艺不同，所形成商品的质量水平、性能、特征等也会有明显差异。因此，对相同原材料可选用多种加工方法生产的商品，适宜以生产加工作为分类标志。例如，酒类按生产加工方法分为蒸馏酒、发酵酒、配制酒等；茶叶按其加工工艺中发酵程度不同，大致可分为完全不发酵茶（如绿茶）、半发酵茶（如黄茶、白茶、青茶等）、全发酵茶（如红茶和黑茶）。

此种分类标志的优点是因为生产方法、工艺不同，突出了商品的个性，有利于销售和工艺的革新。但对于那些虽生产方法有差别，但商品性能、特征没实质性区别的商品不宜采用。

（4）以商品的化学成分作为分类标志

商品由于化学成分不同，在特征上存在着显著的差异，在用途和效用上也有很大的区别，并要求有不同的保管方法。因此，采用此种方法进行分类，便于研究和了解商品的特征、用途和效用，许多商品都采用此种方法分类。如纺织品按成分分为纤维素类织品、蛋白质类织品等，化肥分为氮肥、磷肥、钾肥等。

此种分类标志的优点是：能反映商品的本质特性，对于深入研究商品的特性、保管和使用方法以及开发新品种、满足不同消费者的需要等具有重要意义，但对化学成分复杂的商品（如水果、蔬菜、粮食等）或化学成分区分不明显的商品（收音机）则不适用。

3. 选择商品分类标志的基本原则

在进行商品分类时，分类标志的选择非常重要。分类标志是编制商品分类体系和商品目录的重要依据和基准。由于可供选择的分类标志很多，为了使商品分类能满足分类的目的和要求，并将分类对象明确区分开来，在选择分类标志时就要坚持如下基本原则。

（1）目的性原则

不同的分类标志具有不同的适用性，分类标志的选择必须满足政府主管部门或行业、企业、其他组织进行商品分类的管理目的和需要。

（2）稳定性原则

商品具有本质的和非本质的多种属性（或特征），应该选择商品最稳定的本质属性（或特征）作为分类标志，这样才能保证区分明确、分类清楚和分类体系的相对稳定。

（3）逻辑性原则

分类体系中，上一层级的分类标志与下一层级的分类标志之间存在着有机联系。下一层级分类标志应该是其上一层级分类标志的合乎逻辑的继续和具体化。

（4）唯一性原则

商品分类时，在同一层级范围内，只能采用一种分类标志，不能同时采用两种或多种分类标志，以确保每种商品只能出现在一个类别里，不能在分类体系或目录中重复出现。

（5）包容性原则

所选择的分类标志要能够包括所需分类的全部商品，并有不断补充新商品的余地。

（三）商品分类的作用

商品分类是将千万种商品在商品生产与交换中实现科学化、系统化管理的重要手段。商品分类必然对发展生产、促进流通、满足消费、提高现代化管理水平和企业效益起到积极作用，具体表现在以下几个方面。

1. 商品分类有利于信息工作的开展

商品分类种类繁多、特征多样、价值不等、用途各异，只有将商品进行科学的分类，统一商品用语，商品在生产、运输、储存、销售各环节中涉及的各项经济指标、统计数据和商品信息才具有可比性和实际意义。信息技术在经济管理中广泛应用，对商品的科学分类和编码提出了更新、更高的要求。

2. 商品分类有助于了解商品特征，进行科学的经营管理

在商品经营管理中，通过科学的商品分类和商品目录的编制，能使经营者容易实施有效、科学的商品采购管理、陈列管理以及较好地掌握企业的经营业绩，达到易于统计、分析和决策的效果；另一方面科学的商品分类有助于商店经营者有秩序地安排畅销商品和促销商品的有效供给以及合理地设计商品布局和陈列，从而便于消费者选购商品。

3. 商品分类有助于商品的现代化管理

随着科技的飞速发展和国际贸易的需要，要求对商品实行现代化管理。计算机在商品现代化管理中的广泛应用，为商品的科学分类、编码及快速处理和存储商品信息创造了条件，同时对商品分类和编码提出了更高的要求。许多国家在国内外贸易中利用计算机和商品信息系统查询商品的性能、生产国别、生产经营者、价格、货源量等信息，加速了商品现代化管理的进程。

4. 商品分类有助于商品学教学和科研的开展

在商品学教学中，按照教学需要对商品进行分类，使讲授的知识系统化、专业化，便于在有限的学时内使学生掌握各类中的代表性商品，进行举一反三的教学。在商品学的科学研究中，也必须从个别商品特征归出各类商品特征，才能深入分析商品性能，研究商品质量和品种及其变化规律。

（四）商品分类的基本原则

为了使商品分类能满足特定的管理目的和需要，必须遵循以下商品分类基本原则。

1. 必须明确拟分类的商品集合体所包括的范围

不同国家、不同历史阶段，商品所包括的范围不完全相同，不同行业、不同部门所管理的范围也不完全相同。因此，在进行商品分类时，首先必须明确拟分类的商品集合体所包括的范围，这样进行的商品分类才能符合客观实际。

2. 必须提出商品分类的明确目的

由于各行业、各部门和各企业进行商品分类的目的和要求不同，商品分类所形成的体系也多种多样，不同的商品分类体系有各自特定的分类目的。因此，对商品进行分类时必须明确商品分类的目的。

3. 必须选择适当的分类标志

对商品进行分类时，选择分类标志至关重要，只有分类标志能够满足分类的目的和要求，才能保证分类清楚，具有科学性和系统性。商品的自然属性特征和社会经济属性特征均可作为商品分类标志。为了保证分类的唯一性和稳定性，必须选择最稳定的本质特征作为标志。

二、商品分类的基本方法

商品分类的基本方法主要有线分类法和面分类法。实践中往往将两种分类方法组合使用，通常以线分类法为主，面分类法为辅。

（一）线分类法

1. 线分类法概念

线分类法又称层级分类法，是指将分类对象按所选定的若干分类标志，逐次分成相应的若干层级类目，并排列成一个有层次逐级展开的分类体系。分类体系的一般表现形式是大类、中类、小类等级别不同的类目逐级展开，体系中各层级所选用的标志不同，同位类构成并列关系，上下位类构成隶属关系。由一个类目直接划分出来的下一级各类目之间存在着并列关系，不重复，不交叉，如国家标准 GB7635—87《全国工农业产品（商品、物资）》"家具分类"（见表 2-2）以及线分类法结构图（见图 2-1）

表 2-2 家具线分类法实例

大类	中类	小类
家具	木制家具 金属家具 塑料家具 竹藤家具	床、椅、凳、桌、箱、架、橱窗

2. 线分类法应遵循的基本原则

（1）在线分类法中，由某一上位类类目划分出的下位类类目的总范围应与上位类类目范围相同（都属于家具）；

（2）当一个上位类类目划分成若干个下位类类目时，应选择一个划分标志（按照制作原料）；

（3）同位类类目之间不交叉、不重复，并只对应于一个上位类（木椅、木凳、木桌、木箱、木架）；

（4）分类要依次进行，不应有空层或加层。

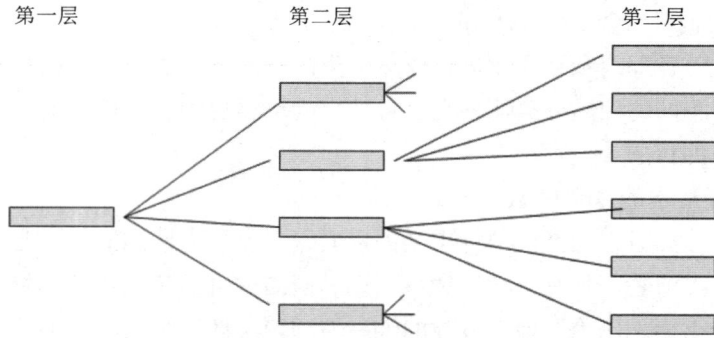

第一层　　　　　　　　第二层　　　　　　　　第三层

图 2-1　线分类法结构图

3. 线分类法的优缺点

线分类法的优缺点是：层次性好，能较好地反映类目之间的逻辑关系，使用方便，既适合于手工处理信息的传统习惯，又便于计算机处理信息。但线分类体系也存在着分类结构弹性差（分类结构一经确定，不易改动）、效率较低（当分类层次较多时，代码位数较长，影响数据处理的速度）等缺点。

（二）面分类法

1. 面分类法概念

面分类法又称平行分类法。它是将拟分类的商品集合总体，根据其本身的属性或特征，分成相互之间没有隶属关系的面，每个面都包含一组类目。将每个面中的一种类目与另一个面中的一种类目组合在一起，即组成一个复合类目（见图 2-2）。

第一个面　　　　　第二个面　　　　　第三个面

图 2-2　面分类法结构图

服装的分类就是按面分类法组配的（见表 2-3）。把服装用的面料、款式、穿着用途分为三个互相之间没有隶属关系的"面"，每个"面"又分成若干个类目。使用时，将有关类目组配起来，如纯毛男式西装、纯棉女式连衣裙等。

表 2-3　服装面分类法

第一面面料	第二面式样	第三面款式
纯棉		西服
纯毛	男式	衬衫
化纤	女式	套装
混纺		休闲服

2. 面分类法应遵循的基本原则

（1）根据需要，应将分类对象的本质属性作为分类对象的标志；

（2）不同类面的类目之间不能相互交叉，也不能重复出现；

（3）每个面有严格的固定位置；

（4）面的选择以及位置的确定应根据实际需要而定。

3. 面分类法的优缺点

面分类法的优点：具有较大的弹性，可以大量地扩充新类目，不必预先确定好最后的分组，适用于计算机管理。它的缺点是：组配结构太复杂，不便于手工处理，其容量也不能充分利用。如"男式连衣裙"就无实际意义。

目前，在实际运用中，一般把面分类法作为线分类法的补充。我国在编制《全国工农业产品（商品、物资）分类与代码》国家标准时，采用的是线分类法和面分类法相结合、以线分类法为主的综合分类法。

第二节　外贸商品分类体系

一、商品分类体系

（一）商品分类体系的概念

商品分类体系是指将一定范围内的商品总体，选择适宜的标志划分为大类、中类、小类、品种、细目等所形成的一个完整的、具有内在联系的分类系统。商品分类体系不论是在国际范围还是在国家内部，都是对商品进行系统管理和统计的重要工具，在满足科学研究、教学的需要方面，也有重要的作用。

（二）商品分类体系的种类

目前采用的商品分类体系可概括为基本分类体系、应用分类体系、国家标准分类体系等。

1. 基本分类体系

基本分类体系是把各种商品在使用时的状态加以抽象化，以其主要用途和消费状态作为分类标志进行分类。它对于生产积累和消费水平的宏观调控具有重要作用。其体系如图2-3所示。

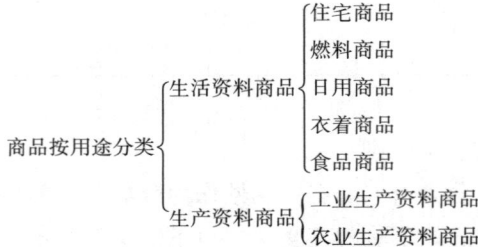

```
                                      ┌ 住宅商品
                                      │ 燃料商品
                       ┌ 生活资料商品 ┤ 日用商品
                       │              │ 衣着商品
商品按用途分类 ┤              └ 食品商品
                       │
                       └ 生产资料商品 ┤ 工业生产资料商品
                                      └ 农业生产资料商品
```

图2-3 商品基本分类体系图

2. 应用分类体系

应用分类体系是以商品的实用性为分类标志进行分类，从经营、处理商品方便、习惯的角度出发，为满足消费者的需要进行分类所形成的分类体系。这种分类体系不规定严格统一的分类标志，而是根据商品的某些共性加以分类。其体系如图2-4所示。

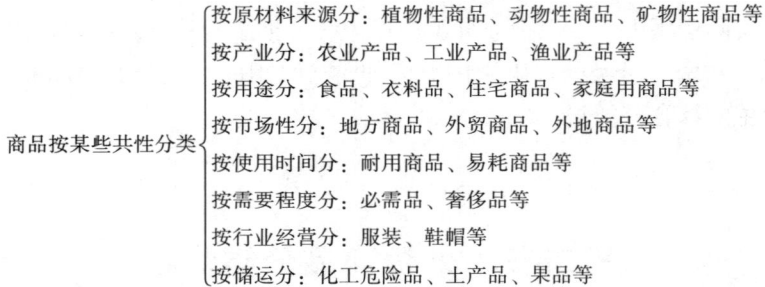

```
                       ┌ 按原材料来源分：植物性商品、动物性商品、矿物性商品等
                       │ 按产业分：农业产品、工业产品、渔业产品等
                       │ 按用途分：食品、衣料品、住宅商品、家庭用商品等
商品按某些共性分类 ┤ 按市场性分：地方商品、外贸商品、外地商品等
                       │ 按使用时间分：耐用商品、易耗商品等
                       │ 按需要程度分：必需品、奢侈品等
                       │ 按行业经营分：服装、鞋帽等
                       └ 按储运分：化工危险品、土产品、果品等
```

图2-4 商品应用分类体系图

3. 国家标准分类体系

国家标准分类体系是为适应现代化经济管理的需要，以国家标准形式对商品进行科学、系统的分类编码所建立的商品分类体系，即国家标准GB 7635—1987《全国工农业产品（商品、物资）分类与代码》。

我国于1987年发布实施了国家标准GB 7635—1987《全国工农业产品（商品、物资）分类与代码》，它为国民经济统一核算和国家经济信息系统提供了统一的商品分类体系。各部门、各地区在使用本分类体系时允许做适当细化和补充，也要以在本体系的基础上制定本部门、本地区适用的商品分类体系和商品目录，但必须与本分类体系兼容，以保证信息交换与资源共享。《全国工农业产品（商品、物资）分类与代码》把我国生产的所有工农业产品、商品、物资分为99大类（其中12大类留空，供补充新商品），1 000多个中类，7 000多个小类，总计360 000多个品种。本商品分类体系采用8位数编码，为4层次代码结构。

二、外贸商品分类体系

世界各国间的贸易活动以及各国在海关管理、征收关税、市场及关税研究、贸易经济、贸易管理、商情研究、进出口业务及制定贸易政策等方面都需要有一个统一的国际贸易商品分类体系。目前，由有关国际组织主持编制、发布和实施，具有相当高的科学性和完整性，在国际上公认并广泛采用的国际商品分类体系有：

（一）海关合作理事会商品分类目录（CCCN）

《海关合作理事会商品分类目录》英文简写 CCCN，是 1950 年 12 月 15 日海关合作理事会在布鲁塞尔召开的国际会议上制定的公约，最初被称为"布鲁塞尔税则目录"，于 1975 年正式改名为《海关合作理事会税则商品分类目录》。

《海关合作理事会商品分类目录》的目的，是防止各国利用商品分类进行歧视，避免各国海关任意制定商品分类，便利国际贸易。

《海关合作理事会商品分类目录》共 16 条。其主要内容包括：①每一缔约国应按公约所附目录编制税则。公约规定，凡是采用该目录的国家对类、章、税目一律不能增减更改，以保证各国税则的统一性和可比性，但可在税目以下增添子目，订立税率。②海关合作理事会设立分类目录委员会，监督公约的执行，以保证其解释和执行的一致性。采用本公约的每一理事会成员国均有权派代表参加。③缔约双方或各方之间对公约的执行和解释如有争议，应尽可能协商解决。如协商无法解决，应提交分类目录委员会审议；如分类目录委员会不能解决争议，应由该委员会提交理事会。争议各方可以事先承认分类目录委员会或理事会的建议对各方有约束力。

中国 1985 年海关进出口税则采用了这个商品分类目录。

（二）国际贸易标准分类（SITC）

《国际贸易标准分类》的制定要追溯到 20 世纪上半叶。1920 年国际联盟成立，着手制定国际贸易名词术语和商品统计目录。在 30 年代它出版了《关税名词草案》，并在此草案的基础上，修订成为各成员国共同使用的《国际贸易统计商品目录简编》。

第二次世界大战结束后，51 个国家共同创建了联合国。为对世界贸易进行统计和分析，由联合国统计委员会对上述商品目录简编进一步修订，于 1950 年制定完成《国际贸易标准分类》，共分 10 个门类、50 个大类、150 个中类和 570 个细类。作为各国际机构做贸易统计报告和对世界贸易进行系统分析的共同基础，该标准于 1951 年由联合国经济和社会理事会推荐给各成员国使用。《国际贸易标准分类》自 1951 年颁布实施以后，进行了数次修订，除门类框架不动以外，其他类目，随着层次的增加变动也相应扩大。

SITC 采用经济分类标准，即按原料、半制品、制成品分类并反映商品的产业部门来源和加工程度。该标准目录使用五位数字表示，第一位数字表示类，前两位数字表示章，前三位数字表示组，前四位数字表示分组。目前，联合国已经公布了 SITC（Rev. 4）。然而，在我国却较少使用。

国家统计局在统计外贸时，使用 SITC 分类进行统计，以便更好地与世界其他国家的进出口进行横向比较。各年数据可以在中华人民共和国统计局网站查询和下载。

（三）商品名称和编码协调制度（HS）

《商品名称及编码协调制度》简称"协调制度"，又称"HS"（The Harmonized Commodity Description and Coding System 的简称），是指在原《海关合作理事会商品分类目录》和《国际贸易标准分类》目录的基础上，协调国际上多种商品分类目录而制定的一部多用途的国际贸易商品分类目录。在现实工作中，为了适用于海关监管、海关征税及海关统计，需要按照进出口商品的性质、用途、功能或加工程度等将商品准确地归入《协调制度》中与之对应的类别和编号。

商品编码是科学、系统的国际贸易商品分类体系，适用于国际贸易有关的多方面的需要，如海关、统计、贸易、运输、生产等，是国际贸易商品分类的一种"标准语言"。

HS 的总体结构有三部分：一是归类总规则，共六条，规定了分类原则和方法，以保证对 HS 使用和解释的一致性，使某一具体商品能够始终归入一个唯一编码；二是类（Section）、章（Chapter）、目（Heading）和子目（Sub-Heading）注释，严格界定了相应的商品范围，阐述专用术语的定义或区分某些商品的技术标准及界限；三是按顺序编排的目与子目编码及条文，采用六位编码，将所有商品分为 21 类、97 章，章下再分为目和子目。编码前两位数代表"章"，前四位数代表"目"，五、六位数代表"子目"。

HS 中的"类"基本上按社会生产部类分类，将属于同一生产部类的产品归在同一类中，我们所销售的商品主要集中在第十六类、第十八类，有一些备品、备件等也会涉及其他类别。

HS 中的"章"的分类有两种情况，一是按商品原材料的属性分类，相同原材料的产品一般归入同一章，在章内按产品加工程度从原料到成品顺序排列。二是按商品的用途或性能分类。HS 各章都有一个"其他"子目，使任何国际贸易商品都能在这个分类体系中找到适当位置。

1992 年 6 月 23 日，中国海关根据外交部授权，代表中国政府正式签字成为 HS 公约的缔约方。多年来，中国海关积极参与服务分类标准的制定和修订工作，在国际场合争取中国的经济利益，施加中国的影响。

中国海关自 1983 年开始研究 HS，并参与了对 HS 的制定工作。1987 年将 HS 译成了中文，并着手进行原海关税则目录和海关统计商品目录向 HS 的转换工作。转换过程中广泛征求了贸易管理部门和产业部门的意见。

1992 年 1 月 1 日，中国海关正式采用 HS，并于 1996 年 1 月 1 日按时实施了 1996 年版 HS 编码。中国海关采用的 HS 分类目录，前六位数是 HS 国际标准编码，第七、八两位是根据中国关税、统计和贸易管理的需要加列的本国子目。为满足中央及国务院各主管部门对海关监管工作的要求，提高海关监管的计算机管理水平，在八位数分类编码的基础上，根据实际工作需要对部分税号又进一步分出了第九、十位数编码的 HS 编码制度。

世界海关组织 2017 版《商品名称及编码协调制度》已经发布。作为协调制度公约的缔约方，中国海关已据此完成相关商品的税号调整工作，于 2017 年 1 月 1 日实施。与旧版《协调制度》相比，新版《协调制度》共有 242 组修订，主要关注环境保护、生态可持续发展、科学技术的新变化、国际贸易新业态的发展等方面，进一步明确了商品分类，预计将会有超过 1 万家企业要对申报商品税号进行修正。

（四）《主要产品分类》（CPC）

联合国统计署为了协调已用于各种目的的产品分类目录，并考虑到 HS 和 SITC 使用的局限性，产生了对全部产品进行统一分类的设想。1976 年联合国统计署批准了现有的《活动和产品分类综合体系》（Intergrated System of Classifications of Activities and Products），并于 1977 年开始正式使用。此后十年里，联合国统计署和欧共体的统计部门成立了分类联合工作组，并举行了多次会议和一系列相关专家组会议，讨论发展一个包含货物和服务的新的分类体系，称为"主要产品分类"。

联合国统计署在 1987 年的第 24 届会议上讨论了第一个完整的 CPC 草案，在 1989 年的第 25 届会议上讨论修改并通过了最终草案，定名为《暂行主要产品分类》（Provisional Center Products Classification，PCPC）。1991 年联合国出版了 PCPC。

PCPC 经过六年的使用实践，1997 年联合国统计署在其第 29 届会议上讨论并通过了修改后的该目录，定名为《主要产品分类》（CPC1.0 版），并取代 PCPC。1998 年 CPC 正式公布使用。

CPC 吸取了 HS、SITC 和 ISIC Rev.3（《国际标准产业分类》第三次修订版）中的分类原则，确保各种重要的国际（产品）分类目录和 ISIC 目录之间的协调一致与相互兼容。

CPC 涵盖了商品、服务和资产等全部产品的分类编码，适用于各种不同类型的数据处理和统计。

CPC 的分类原则是按产品的物理性质、加工工艺、用途等基本属性和产品的产业源来划分。其编码系统分五个层次，由五位数字组成，从左到右，第一位数字标识为各个大部类，编码为 0~9；第二位数字标识为部类（由前两位数识别）。每个大部类下，可分成 10 个部类；第三位数字标识为大类（由前三位数识别），每个部类可分成 10 个大类；第四位数字标识为中类（由前四位数识别），每个大类进一步分成 10 个中类；第五位数字标识为小类（由五位数识别），每个中类可分成 10 个小类。从理论上讲，CPC 的全部编码系统可形成 65 610 个类目，实际上只使用了其中的 10 个大部类、71 个部类、294 个大类、1 162 个中类和 2 093 个小类，共有 3 630 个类目。由此可见，其编码系统还有很大的发展空间和扩充余地。

第三节　商品代码与商品编码

一、商品代码

（一）商品代码的概念与类型

商品代码是指为了便于识别、输入、存储和处理，用来表示商品一定信息的一个或一组有规律排列的符号。目前以全数字符号型商品代码最为普遍。

这里所说的一定信息，是指商品分类信息和商品标识信息。商品分类信息是指代码表示某种商品在其分类体系中的位置，也就是表明该种商品与其上下层级商品类目或同层级商品类目之间的隶属或并列关系，或者说是反映该种商品对某一商品类目的归属关系以及各商品类目之间的关系。商品标识信息是指代码仅起到唯一标识单一商品的作用，不具有任何其他意义（如分类意义），只是反映某一代码与某个单一商品的一对一关系。

依照代码所表示的信息内容的不同，商品代码可以进一步划分为商品分类代码和商品标识代码两类。例如，国际上通行的《商品名称与编码协调制度》（HS）、《主要产品分类》（CPC）和我国的《全国主要产品分类与代码》等主要商品（产品）分类目录，采用的都是商品（产品）分类代码；国际上通用并在我国广泛采用的 EAN/UCC－13 代码、EAN/UCC－8 代码等，则都是商品标识代码。

商品代码具有分类、标识和便于信息交换的功能。

商品代码往往是商品目录的组成部分，商品分类与代码共同构成了商品目录的完整内容。使用商品代码，是为了加强企业的经营管理，提高工作效率，便于计划、统计、物价管理及核算工作，简化业务手续；使用商品代码还可以便于记忆、清点商品，实现现代化管理；对于容易混淆的商品名称，使用商品代码可以避免差错。

（二）商品代码的组成种类

商品代码依其所用符号组成不同，可分为数字型代码、字母型代码、混合型代码三种。

1. 数字型代码

数字型代码，是用阿拉伯数字对商品进行编码形成的代码符号。

数字型代码是将每个商品的类别、品目、品种等排列成一个数字或一组数字。其特点为结构简单、使用方便、易于推广、便于利用计算机进行处理，是目前各国普遍采用的一种代码。

GB7635—87 标准采用的就是数字型代码。它是全国工农业产品（商品、物资）分类与代码标准，由国务院国民经济统一核算标准领导小组办公室和国家标准局信息编码研究所编写。

2. 字母型代码

字母型代码，是用一个或者若干个字母表示分类对象的代码。按字母顺序对商品进行分类编码时，一般用大写字母表示商品大类，小写字母表示其他类目。字母型代码便于记忆，可提供人们识别的信息，但不便于机器处理信息，特别是当分类对象数目较多时，常常出现重复现象。故字母编码常用于分类对象较少时的情况，在商品分类编码中较少使用。

3. 混合型代码

混合型代码又称数字、字母混合型代码，是由数字和字母混合组成的代码。它兼有数字型编码和字母型编码的优点，结构严密，具有良好的直观性和表达性，同时又有使用上的习惯。但编码组成形式复杂，给计算机输入带来一定的不便。字母常用于表示商品的产地、性质等特征，可放在数字前边或后边，用于辅助数字代码，如"H1226"代表浙江产的杭罗，因此在商品分类编码中常使用这种编码。

二、商品编码与编码原则

（一）商品编码的概念

商品编码是指根据一定规则赋予某种或某类商品以相应的商品代码的过程。

商品编码可使繁多的商品便于记忆，简化手续，提高工作效率和可靠性，利于计划、统计、管理等业务工作。商品编码实行标准化、全球化，还有利于商品信息管理的规范、统一和高效，降低管理成本，提高经济效益，促进国民经济的发展。

（二）商品编码的基本原则

商品分类和编码是分别进行的，商品分类在先，编码在后。商品科学分类为编码的合理性创造了前提条件，但是编码是否科学得当会直接影响商品分类体系的实用价值。因此，编制商品分类代码时应遵循以下原则。

1. 唯一性原则

必须保证每一个编码对象仅有唯一的一个商品代码，即每个商品代码只能与指定的商品类目一一对应。

2. 简明性原则

商品代码应简明、易记，尽可能减少代码长度，这样既便于手工处理，减少差错率，也能减少计算机的处理时间和存储空间。

3. 层次性原则

商品代码要层次清楚，能清晰地反映商品分类关系和分类体系、目录内部固有的逻辑关系。

4. 可扩展性原则

在商品代码结构体系里应留有足够的备用码，以适应新类目的增加和旧类目的删减需要，使扩充新代码和压缩旧代码成为可能，从而使分类代码结构体系可以进行必要的修订和补充。

5. 稳定性原则

商品代码确定后要在一定时期内保持稳定，不能频繁变更，以保证分类编码系统的稳定性，避免造成人力、物力、财力的浪费。

6. 统一性和协调性原则

商品代码要同国家商品分类编码标准相一致，与国际通用的商品分类编码标准相协调，以利于实现信息交流和信息共享。

总之，在编制商品分类体系和商品目录时，对上述编码原则应根据使用的要求综合考虑，力求达到最优的效果。

三、商品编码方法

（一）商品分类代码的编制方法

商品分类代码是有含义代码，代码本身具有某种实际含义。此种代码不仅作为编码对象的唯一标识，起到代替编码对象名称的作用，还能提供编码对象的有关信息（如分类、排序等信息）。

商品分类代码的编制方法主要有顺序编码法、系列顺序编码法、层次编码法、平行编码法等。

1. 顺序编码法

顺序编码法，是按商品类目在分类体系中出现的先后次序，依次给以顺序代码的一种编码方法。通常为了满足信息处理的要求，多采用等长码。每个代码标志的位数一致，编码时留有储备号。如罐头制品：猪 000-099，牛羊 100-199，禽类 200-299，鱼 300-399，红烧 400-499，虾、水产 500-599，糖、水果罐头 600-699，果浆 700-799，蔬菜 800-899，其他类 900-999。

2. 系列顺序编码法

系列顺序编码法是一种特殊的顺序编码法。系列顺序编码法是将顺序数字代码分为若干段（系列），使其与分类对象的分段一一对应，并赋予每段分类编码以一定的顺序代码的编码方法。其优点是可以赋予编码对象一定的属性和特征，提供有关编码对象的某些附加信息。缺点是当系列顺序代码过多时，会影响计算机处理速度。我国国家标准《全国主要产品分类与代码 第一部分：可运输产品》（GB/T 7635.1-2002）中的"小麦"（第五层级，小类类目），在进一步细分到第六层级（细类类目）时，"冬小麦""春小麦"的代码采用了系列编码法，"白色硬质冬小麦""白色软质冬小麦"等类目代码则采用了顺序编码法，如图 2-5 所示。

第五层级（小类）代码	01111	小麦
第六层级（细类）代码	01111·010	冬小麦
（与第五层级代码之间用圆点隔开）	─·099	
	01111·011	白色硬质冬小麦
	01111·012	白色软质冬小麦
	……	
	01111·100	春小麦
	─·199	
	01111·101	白色硬质春小麦
	01111·102	白色软质春小麦
	……	

图 2-5　顺序编码法与系列顺序编码法示例

3. 层次编码法

层次编码法，是按商品类目在分类体系中的层次顺序，依次赋予对应数字代码的编码方法。它主要应用于线分类体系，编码时将代码分成若干层次，并与分类对象的分类层次相对应。代码从左到右表示层级由高至低，各层次的代码常采用顺序码或系列顺序码。

国家标准《全国主要产品分类与代码 第一部分：可运输产品》（GB/T 7635.1—2002），全部采用数字编码，其长度是八位，代码结构分成六层，各层分别命名为大部类、部类、大类、中类、小类和细类。其中，第一至第五层各用一个数字表示，第一层代码为0~4，第二层、第五层代码为1~9，第三层、第四层代码为0~9；第六层用三位数字表示，代码为001~999。第五层和第六层代码之间用圆点（·）隔开。

如一个商品的八位层次编码是 X XXXX·XXX，则它的代码结构如下（见表2-4）

表 2-4　GB/T 7635.1-2002 代码结构

X	X	X	X	X	XXX
大部类	部类	大类	中类	小类	细类

层次编码法的优点是代码较简单，逻辑关系好，系统性强，信息容量大，能明确反映出分类编码对象的属性、特征及其隶属关系，容易查找所需类目，便于管理和统计。缺点是弹性较差，为延长其使用寿命，往往要用延长代码长度的方法，预先留出相当数量的备用码。

4. 平行编码法

平行编码法，也称特征组合编码法，是指将编码对象按其属性或特征分为若干个面，每一个面内的编码对象按其规律分别确定一定位数的数字代码，面与面之间的代码没有层次关系或者隶属关系，最后根据需要选用各个面中的代码，并按预先确定的面的排列顺序组合成复合代码的一种编码方法。它多应用于面分类体系。

平行编码法的优点是编码结构有较好的弹性，可以比较简单地增加分类编码面的数目，必要时还可更换个别的面。但这种编码也有编码容量利用率低的缺点，因为并非所有可组配的复合代码都有实际意义。

在编码实践中，当把分类编码对象的各种属性或特征分列出来后，可依据其某些属性或特征使用层次编码法编码，按照它其余的属性或特征使用平行编码法。这样，可以择其优点，弃其缺点。

（二）商品标识代码的编制方法

商品标识代码，通常是指由国际物品编码协会 EAN·UCC 系统的编码标准所规定，并用于全球统一标识商品的数字型代码。它包括 EAN/UCC-13、EAN/UCC-8、UCC-12 和 EAN/UCC-14 四种代码。商品条码是用来表示国际通用的商品标识代码的一种模块组合型条码，可被机器快速识读和处理。

商品标识代码和商品条码主要用于对零售、非零售商品的统一标识。零售商品是指在零售端 POS（point of sales）系统扫描结算的商品。非零售商品是指不经过 POS 系统扫描结算的用于配送、仓储或批发等环节的商品，包括单个包装的非零售商品和含有多个包装等级的非零售商品。前者是指独立包装但又不适合通过零售端 POS 系统扫描结算的商品，如独立包装的冰箱、洗衣机等。后者是指需要标识的货物内含有多个包装等级，如装有 24 条香烟的一整箱烟或装有 6 箱烟的托盘等。

POS 系统，也就是销售点管理系统，它是利用现金收款机作为终端机与计算机相连，并借助光电识读设备为计算机录入商品信息。当有条码符号的商品通过结算台扫描时，商品条码所表示的信息被录入计算机，计算机从数据库文件中查询到该商品的名称、价格等，并经过数据处理，打印出收据。

通常，零售商品的标识代码采用 EAN/UCC-13，EAN/UCC-8 和 UCC-12（用于北美地区）代码。非零售商品的标识代码采用 EAN/UCC-14，EAN/UCC-13 和 UCC-12（用于北美地区）代码。

1. EAN/UCC-13 代码

EAN/UCC-13 代码由 13 位数字组成，该代码有三种结构形式，每种代码结构分为三个层次，如表 2-5 所示。

表 2-5　EAN/UCC-13 代码的结构

EAN/UCC—13 代码的结构			
结构类型	厂商识别代码	商品项目代码	校验码
结构一	$N_{13}N_{12}N_{11}N_{10}N_9N_8N_7$	$N_6N_5N_4N_3N_2$	N_1
结构二	$N_{13}N_{12}N_{11}N_{10}N_9N_8N_7N_6$	$N_5N_4N_3N_2$	N_1
结构三	$N_{13}N_{12}N_{11}N_{10}N_9N_8N_7N_6N_5$	$N_4N_3N_2$	N_1

（1）厂商识别代码

厂商识别代码通常由 7~9 位数字组成，其左边的 3 位数字（$N_{13}N_{12}$ 或 $N_{13}N_{12}N_{11}$）称为前缀码，是 EAN 编码组织（国际物品编码协会）分配给其所属成员国家（或地区）编码组织的代码（见表 2-6）。国际物品编码协会分配给中国物品编码中心的前缀码是 690~699。厂商识别代码由中国物品编码中心统一向申请厂商分配。我国以 690，691 为前缀码的 EAN/UCC-13 代码采用表 2-5 中的代码结构一；以 692、693、694、695 和 697 为前缀码的 EAN/UCC-13 代码采用表 2-5 中的代码结构二；必须指出的是，前缀码并不代表商品的原产地，而只能说明分配和管理有关厂商识别代码的国家（或地区）编码组织。

表 2-6 GS1 已分配给国家（地区）编码组织的前缀码

前缀码	管理的国家（地区）	前缀码	管理的国家（地区）
前缀码	管理的国家（或地区）	前缀码	管理的国家（或地区）
00001~00009 0001~0009 001~019 030~039 050~059 060~139	美国	627	科威特
020~029 040~049 200~299	店内码	628	沙特阿拉伯
300~379	法国	629	阿拉伯联合酋长国
380	保加利亚	640~649	芬兰
383	斯洛文尼亚	690~699	中国
385	克罗地亚	700~709	挪威
387	波黑	729	以色列
389	黑山共和国	730~739	瑞典
400~440	德国	740	危地马拉
450~459 490~499	日本	741	萨尔瓦多
460~469	俄罗斯	742	洪都拉斯
470	吉尔吉斯斯坦	743	尼加拉瓜
471	中国台湾	744	哥斯达黎加
474	爱沙尼亚	745	巴拿马
475	拉脱维亚	746	多米尼加
476	阿塞拜疆	750	墨西哥
477	立陶宛	754~755	加拿大
478	乌兹别克斯坦	759	委内瑞拉

前缀码	管理的国家（地区）	前缀码	管理的国家（地区）
479	斯里兰卡	760~769	瑞士
480	菲律宾	770~771	哥伦比亚
481	白俄罗斯	773	乌拉圭
482	乌克兰	775	秘鲁
483	土库曼斯坦	777	玻利维亚
484	摩尔多瓦	778~779	阿根廷
485	亚美尼亚	780	智利
486	格鲁吉亚	784	巴拉圭
487	哈萨克斯坦	786	厄瓜多尔
488	塔吉克斯坦	789~790	巴西
489	中国香港特别行政区	800~839	意大利
500~509	英国	840~849	西班牙
520~521	希腊	850	古巴
528	黎巴嫩	858	斯洛伐克
529	塞浦路斯	859	捷克
530	阿尔巴尼亚	860	南斯拉夫
531	马其顿	865	蒙古
535	马耳他	867	朝鲜
539	爱尔兰	868~869	土耳其
540~549	比利时和卢森堡	870~879	荷兰
560	葡萄牙	880	韩国
569	冰岛	883	缅甸
570~579	丹麦	884	柬埔寨
590	波兰	885	泰国
594	罗马尼亚	888	新加坡
599	匈牙利	890	印度
600~601	南非	893	越南
603	加纳	896	巴基斯坦
604	塞内加尔	899	印度尼西亚
608	巴林	900~919	奥地利
609	毛里求斯	930~939	澳大利亚
611	摩洛哥	940~949	新西兰
613	阿尔及利亚	950	GS1 总部
615	尼日利亚	951	GS1 总部（产品电子代码）
616	肯尼亚	955	马来西亚

前缀码	管理的国家（地区）	前缀码	管理的国家（地区）
617	喀麦隆	958	中国澳门特别行政区
618	科特迪瓦	960~969	GS1 总部（缩短码）
619	突尼斯	977	连续出版物
620	坦桑尼亚	978~979	图书
621	叙利亚	980	应收票据
622	埃及	981~984	普通流通券
623	文莱	99	优惠券
624	利比亚	—	—
625	约旦	—	—
626	伊朗	—	—

（2）商品项目代码

商品项目代码是由 4~5 位数字组成，用以表示商品项目的代码。商品项目是按商品的基本特征划分的商品群类。商品项目代码由厂商根据有关规定自行分配。在编制商品项目代码时，厂商必须遵守商品编码的基本原则，同一商品项目和商品只能编制一个商品项目代码，对不同的商品项目必须编制不同的商品项目代码，商品名称、商标、种类、规格、数量、包装类型等商品基本特征不同，应视为不同项目的商品。

（3）校验码

校验码 N_1 为 1 位数字，用来校验其他代码 $N_{13} \sim N_2$ 的编码的正误，它的数值计算方法如下：

例：代码 690123456789 X1 校验码的计算

步骤：自右向左顺序编号

位置序号 13 12 11 10 9 8 7 6 5 4 3 2 1

代码　　 6 9 0 1 0 1 0 1 0 1 0 9 X

从序号 2 开始求出偶数位上数字之和

$$9+1+1+1+1+9 = 22 \qquad (1)$$

（1）×3＝（2）22×3＝66　　　　　（2）

从序号 3 开始求出奇数位上数字之和

$$0+0+0+0+0+6 = 6 \qquad (3)$$

（2）＋（3）＝（4）66+6＝72　　　　（4）

用大于或等于（4）且为 10 最小整数倍的数减去（4），其差即为所求校验码的值，80-72＝8，校验码 X＝8。

上例中求出的 6901010101098 EAN/UCC-13 代码是听装健力宝饮料的代码，其中前缀 690 代表我国 EAN 组织，1010 是广东健力宝公司的厂商识别代码，10109 是听装饮料的商品项目代码，8 是校验码。这样的编码方式就保证了无论在保时何地，6901010101098 只唯一对应该种商品。

2. EAN/UCC-8 代码

EAN/UCC-8 代码由 8 位数字组成，用于印刷面积较小的商品零售包装。其结构如表 2-7 所示。

表 2-7　EAN/UCC-8 代码结构

商品项目识别代码（包括前缀码）	校验码
$N_8N_7N_6N_5N_4N_3N_2$	N_1

EAN/UCC-8 代码结构分为商品项目识别代码和校验码两个层次。其中，商品项目识别代码由 7 位数字组成，校验码为 1 位数字。

（1）商品项目识别代码

商品项目识别代码是各国（地区）EAN 编码组织在国际物品编码协会分配的前缀码（$N_8N_7N_6$）的基础上分配给厂商特定的商品项目的代码。EAN/UCC-8 代码与 EAN/UCC-13 代码有所不同。为了保证代码在全球范围内的唯一性，我国凡需使用 EAN/UCC-8 代码的商品制造厂家，除正常申报加入中国商品条码系统的手续外，还须将本企业准备使用 EAN/UCC-8 代码的商品目录及其外包装（或设计样张）报至中国物品编码中心或其分支机构，由中国物品编码中心统一编码；已具备中国商品条码系统成员资格的厂家，其新产品要使用 EAN/UCC-8 代码时，只能上报中国物品编码中心并由中国物品编码中心统一分配使用。

（2）校验码

与 EAN/UCC-13 代码相同，为 1 位数字，其数值是根据国家标准《商品条码》附录 B 规定的方法计算。

3. UCC-12 代码

UCC-12 代码是在美国和加拿大等北美国家已使用 30 多年的 12 位数字的商品标识代码。表示 UCC-12 代码的条码符号结构有两种，即 UPC-A 码（12 位）和压缩了零的 UPC-E 码（8 位）。

通常情况下，一般不选用表示 UCC-12 代码的商品条码（UPC 商品条码），只有当产品出口到北美地区并且客户指定时，才申请使用 UPC 商品条码。中国厂商如需申请使用 UPC 商品条码，须经中国物品编码中心统一办理。

4. EAN/UCC-14 代码

EAN/UCC-14 代码由 14 位数字组成，是用于非零售商品的标识代码。其结构如表 2-9 所示。

表 2-8　EAN/UCC-14 代码结构

指示符	内含商品的标识代码（不含校验码）	校验码
N_{14}	$N_{13}N_{12}N_{11}N_{10}N_9N_8N_7N_6N_5N_4N_3N_2$	N_1

EAN/UCC-14 代码结构分为指示符、内含商品的标识代码（不含校验码）和校验码三个层次。其中，指示符为 1 位数字，内含商品的标识代码包括内含商品的厂商识别代码和商品项目代码共为 12 位数字，校验码仍为 1 位数字。

（1）指示符

指示符的赋值区间为 1~9，其中 1~8 用于定量的非零售商品，9 用于变量的非零售商品。最简单的方法是按顺序分配指示符，即将 1~8 分别分配给非零售商品的不同级别的包装组合。

（2）内含商品的厂商识别代码、商品项目代码和校验码

其含义与 EAN/UCC-13 零售商品标识代码相同。

第四节　商品条码

一、商品条码的定义

很多商品，如家用电器、日用百货、文具、化妆品、服装、食品等，包装上都印有商品条码（也称为"商品条形码"）。那么，商品条形码有什么用呢？可以说商品条形码是商品的"户口"或"身份证"。

（一）商品条码定义

商品条码是由一组按一定规则排列的条、空及对应字符（阿拉伯数字）所组成的用于表示商店自动销售管理系统的信息标记或者对商品分类编码进行标示的标记。其中，条为深色，空为纳色，用于条形码识读设备的扫描识读。其对应字符由一组阿拉伯数字组成，供人们直接识读或通过键盘向计算机输入数据使用。这一组条、空和相应的字符所表示的信息是相同的。（见图 2-6）

条形码技术是随着计算机与信息技术的发展和应用而诞生的，它是集编码、印刷、识别、数据采集和处理于一身的新型技术。

使用条形码扫描是今后市场流通的大趋势。为了使商品能够在全世界自由、广泛地流通，企业无论是设计制作、申请注册还是使用商品条形码，都必须遵循商品条形码管理的有关规定。

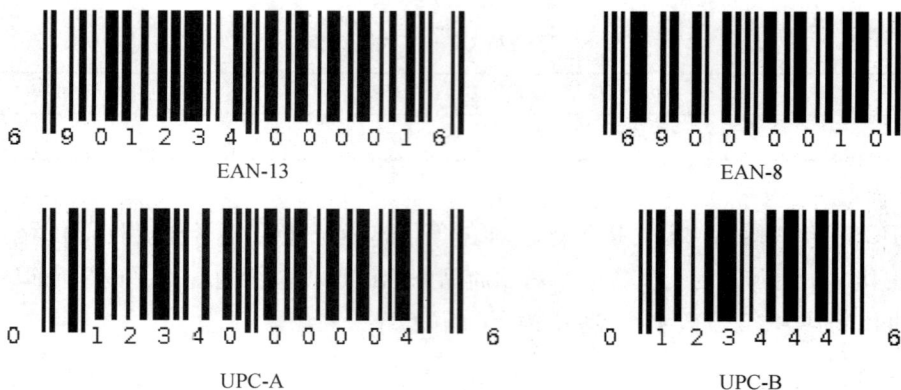

图 2-6　主要的商品条码

（二）商品条码的起源

条码最早出现在 20 世纪 40 年代，但得到实际应用和发展还是在 70 年代左右。现在世界上的各个国家和地区都已普遍使用条码技术，而且它正在快速地向世界各地推广，其应用领域越来越广泛，并逐步渗透到许多技术领域。早在 40 年代，美国乔·伍德兰德（Joe Woodland）和伯尼·西尔沃（Berny Silver）两位工程师就开始研究用代码表示食品项目及相应的自动识别设备，于 1949 年获得了美国专利。

1970 年美国超级市场 Ad Hoc 委员会制定出通用商品代码 UPC 码。UPC 码首先在杂货零售业中试用，这为以后条形码的统一和广泛采用奠定了基础。次年，布莱西公司研制出布莱西码及相应的自动识别系统，用以库存验算。这是条形码技术第一次在仓库管理系统中的实际应用。1972 年蒙那奇·马金（Monarch Marking）等人研制出库德巴（Code bar）码，至此美国的条形码技术进入新的发展阶段。

1973 年美国统一编码协会（简称 UCC）建立了 UPC 条码系统，实现了该码制标准化。同年，食品杂货业把 UPC 码作为该行业的通用标准码制，为条码技术在商业流通销售领域里的广泛应用起到了积极的推动作用。1974 年 Intermec 公司的戴维·阿利尔（Davide Allair）博士研制出 39 码，很快被美国国防部所采纳，作为军用条码码制。39 码是第一个字母、数字式相结合的条码，后来广泛应用于工业领域。

1976 年，在美国和加拿大超级市场上，UPC 码的成功应用给人们以很大的鼓舞，尤其是欧洲人对此产生了极大兴趣。次年，欧洲共同体在 UPC-A 码基础上制定出欧洲物品编码 EAN-13 和 EAN-8 码，签署了"欧洲物品编码"协议备忘录，并正式成立了欧洲物品编码协会（简称 EAN）。到了 1981 年由于 EAN 已经发展成为一个国际性组织，故改名为"国际物品编码协会"，简称 IAN。但由于历史原因和习惯，至今仍称为 EAN，后改为EAN-international。

20 世纪 80 年代初，人们围绕提高条码符号的信息密度，开展了多项研究。128 码和

93 码就是其中的研究成果。128 码于 1981 年被推荐使用，而 93 码于 1982 年使用。这两种码的优点是条码符号密度比 39 码高出近 30%。随着条码技术的发展，条形码码制种类不断增加，因而标准化问题显得很突出。为此先后出现了军用标准 1189，交叉使用 25 码、39 码和库德巴码 ANSI 标准 MH10.8M 等。同时一些行业也开始建立行业标准，以适应发展需要。此后，戴维·阿利尔（David Alier）又研制出 49 码，这是一种非传统的条码符号，它比以往的条形码符号具有更高的密度（即二维条码的雏形）。接着特德·威廉斯（Ted Williams）推出 16K 码，这是一种适用于激光扫描的码制。到 1990 年底为止，共有 40 多种条形码码制，相应的自动识别设备和印刷技术也得到了长足的发展。

从 80 年代中期开始，我国一些高等院校、科研部门及出口企业把条形码技术的研究和推广应用逐步提到议事日程。一些行业如图书、邮电、物资管理部门和外贸部门已开始使用条形码技术。1988 年 12 月 28 日，经国务院批准，国家技术监督局成立了中国物品编码中心。该中心的任务是研究、推广条码技术；统一组织、开发、协调、管理我国的条码工作。

在经济全球化、信息网络化、生活国际化、文化国土化的资讯社会到来之时，起源于 40 年代、研究于 60 年代、应用于 70 年代、普及于 80 年代的条码与条码技术及各种应用系统，引起世界流通领域里的大变革。条码作为一种可印制的计算机语言，被未来学家称为"计算机文化"。90 年代的国际流通领域将条码誉为商品进入国际计算机市场的"身份证"，使全世界对它刮目相看。印刷在商品外包装上的条码，像一条条经济信息纽带将世界各地的生产制造商、出口商、批发商、零售商和顾客有机地联系在一起。这一条条纽带，一经与 EDI 系统相联，便形成多项、多元的信息网，各种商品的相关信息犹如投入了一个无形的永不停息的自动导向传送机构，流向世界各地，活跃在世界商品流通领域。

二、使用商品条码的好处

商品条码读取信息有很多优点，如操作简单易行，准确度高（错误率仅为三百万分之一）；输入速度快，是键盘输入速度的 20 倍；灵活实用，可自动扫描识别，也可手工键盘输入；可实现高效的销售管理，降低商品流通成本，进而增加企业效益；可以有效防止假冒，保护消费者的利益。所以，使用商品条码给各方都带来了好处。

1. 给制造商带来的好处

如提高商品在国际、国内市场的竞争力；便于搜集销售信息，了解消费趋势，有效指定生产、销售计划；改善库存管理水平；提高工作效率。

2. 给批发商带来的好处

如迅速准确地处理订货、送货业务；改善库存管理，防止资金积压；提高服务质量；掌握商情，增加竞争力。

3. 给零售商带来的好处

如掌握商品信息，改善商店管理，提高经济效益。

4. 给顾客带来的好处

如节省购货时间，增强信赖感，获得理想的购物环境。

三、商品条码的种类

商品条码根据其编码主体或编码内容、对象的不同，可分为厂家条码和店内条码两种。一般所说的商品条码主要是指厂家条码。厂家条码和店内条码的区别在于编码场所、编码内容和商品对象的不同（见表2-9）。

表2-9　厂家条码和店内条码

项目 种类	编码场所	编码内容	商品对象
厂家条码	生产、包装阶段（工厂）	前缀码、厂商识别代码、商品项目代码等（部分由EAN组织设定，部分由厂家设定）	加工食品、日用百货等
店内条码	加工、陈列、销售阶段（超级市场加工中心、商店）	零售商店店内用商品编码（原则上由零售店自己设定）	鲜肉、鲜鱼、蔬菜、水果、熟肉制品及未经厂家编码的加工食品、日用百货等。

（一）厂家条码

厂家条码是指商品生产厂家在生产过程中直接印制到商品包装上的条码，它不包括商品价格信息。常用的厂家条码主要有EAN商品条码和UPC商品条码两类。

在商品流通中，EAN或UPC条码又可分为消费单元条码和储运单元条码两种。

消费单元是指通过超级市场、百货商店、专业商店等零售渠道直接售给最终用户的商品包装单元。消费单元的条码又分为标准版（EAN-13，UPC-A）和缩短版（EAN-8，UPC-E）两种形式。

储运单元是指由若干消费单元组成的稳定和标准的集合，是装卸、仓储、运输等项业务所必需的商品包装单元。包装箱内可以是单一商品，也可以是不同的商品或多件商品小包装。储运包装箱常常采用ITF-14条码或UCC/EAN-128应用标识条码。

通常所谓的厂家条码，是指EAN或UPC条码的消费单元模式，即EAN-13、EAN-8或UPC-A、UPC-E商品条码。

1. EAN-13商品条码

EAN-13商品条码是用于表示EAN/UCC-13代码的商品条码，又称标准版EAN商品条码。它主要用于超级市场或一些自动销售系统的单件商品。

EAN-13商品条码是由上部的条码结构及其下部的供人识别的字符即EAN/UCC-13代码两部分所组成。该条码符号是按照"二进制"和"模块组配法"原理进行编码的。条码符号中的条或空的基本单位是模块，模块是一种代表规定长度的物理量，是确定条与空宽度的计量单位。因此，EAN 条码符号是按照特定的编码规则所组成的倍数模块宽度不同的条与空的组合。

EAN-13 条码符号由左侧空白区、起始符、左侧数据符、中间分隔符、右侧数据符、校验符、终止符、右侧空白区等 8 个部分共 13 个模块组成。（见图 2-7）

关于 EAN/UCC-13 代码结构，前面已做介绍。

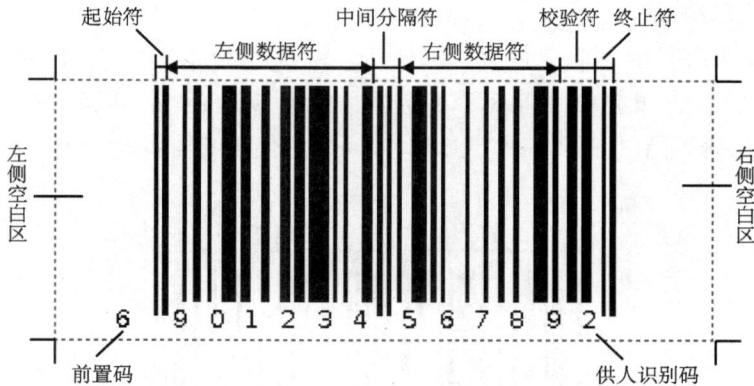

图 2-7　EAN-13 商品条码的符号结构

2. EAN-8 商品条码

EAN-8 商品条码也称 EAN 缩减版条码（见图 2-8），主要用于印刷面积较小而无法印贴 EAN-13 商品条码的零售包装商品。由于缩短版条码不能直接表示生产厂家，所以只有在不得已时才使用它。其符号结构与 EAN-13 商品条码的符号结构基本相同，由左侧空白区、起始符、左侧数据符、中间分隔符、右侧数据符、校验符、终止符、右侧空白区等 8 个部分共 81 个模块组成。它与 EAN-13 商品条码符号的区别在于压缩了左、右侧数据符及其条、空模块数量。其代码结构为 EAN/UCC-8 代码结构，前面也已做过介绍，在此不再详述。

图 2-8　EAN-8 商品条码符号的结构示例

3. UPC 商品条码

UPC 商品条码是美国统一代码委员会制定的一种代码，主要用于美国和加拿大。这种条码常用的有 UPC-A 和 UPC-E 两种。

（1）UPC-A 条码

UPC-A 条码也称标准的（或完整）UPC 条码，用于商品销售和商品储运两种包装，由 12 位字符代码组成。

UPC-A 条码符号由左侧空白区、起始符、左侧数据符、中间分隔符、右侧数据符、校验符、终止符、右侧空白区等 8 个部分共 113 个模块组成，但其在各部分的分布与 EAN-13 商品条码不同（见图 2-9）。UPC-A 条码的代码结构如表 2-10 所示。

图 2-9　UPC-A 条码示例

表 2-10　UPC-A 条码的代码结构

X_{12}	$X_{11}X_{10}X_9X_8X_7$	$X_6X_5X_4X_3X_2$	X_1
系统符	厂商识别代码	商品项目代码	校验码

其中 X_{12} 称为系统符，在左侧的安全空间，用数字 0~9 标识，数字不同，含义也不同。（见表 2-11）

表 2-11　UPC-A 商品条码的系统字符的应用规定

系统字符	应用范围	系统字符	应用范围
0，6，7	规则包装的商品	4	零售商自用的店内码
2	不规则重量的商品	5	商家的优惠券
3	药品及医疗用品	1，8，9	备用码

（2）UPC-E 条码

UPC-E 条码也称为缩减版的 UPC 条码，用于商品销售包装，由 8 位字符代码组成。只有当商品很小而无法印刷 UPC-A 条码时，才允许使用 UPC-E 条码，如香烟、胶卷、化妆品等商品。

UPC-E 条码的代码结构如表 2-12 所示。

表 2-12　UPC-E 码的代码结构

X_8	$X_7X_6X_5X_4X_3X_2$	X_1
系统符	压缩后的企业代码和商品项目代码	校验码

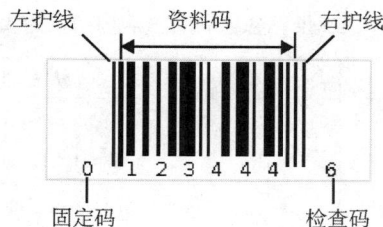

图 2-10　UPC-E 条码示例

(二) 店内条码

店内条码，简称店内码，是指商店为便于店内商品管理而对商品自行编制的临时性代码及条码标识。国家标准《店内条码》（GB/T 18283-2000）将其定义为："商店闭环系统中标识商品变量消费单元的条码。"

店内条码的使用大致有两种情况：一种是用于商品变量消费单元的标识，如鲜肉、水果、蔬菜、熟食等散装商品是按基本计量定位计价，以随机数量销售的，其编码任务不宜由厂家承担，只能由零售商完成。零售商进货后，要根据顾客的不同需要重新分装商品，用专用设备（如具有店内条码打印功能的智能电子秤）对商品称重并自动编码和制成店内条码标签，然后将其粘贴或悬挂到商品外包装上。国家标准《店内条码》（GB/T 18283-2000）对店内条码的定义，就是针对这种情况。另一种是用于商品定量消费单元的标识，这类规则包装商品是按商品件数计价销售的，应由生产厂家编印条码，但因厂家对其生产的商品未申请使用商品条码或厂家印制的商品条码质量不高而无法识读，为便于商店 POS 系统的扫描结算，商店必须自己制作店内条码并将其粘贴或悬挂在商品外包装上。

目前我国商店采用的店内条码是 EAN 推荐的 EAN-13（标准版）店内条码。EAN-13 店内条码的前缀码 $I_{12}I_{11}$ 由两位数字组成，其值为 20，21，22~29 预留给其他闭环系统。前缀码用于指示该 13 位数字代码为商店用于表示商品变量消费单元的代码。

EAN-13 店内条码的代码结构（见表 2-13）与 EAN/UCC-13 代码不同，前者除前缀码（$I_{12}I_{11}$）和校验码 C 外，其中间的 10 位数字（I_{10}~I_1）可作为商品项目代码，用以标识商品信息，其不同构成可表示商品种类、净重或计算出的价格或单元的数量。商品项目代码的结构可由物品编码组织或零售商与设备供应商共同研究决定。EAN-13 店内条码的校验码计算方法与 EAN/UCC-13 代码校验码计算方法相同。为了提高店内条码打印设备的通用性，与设备供应商和零售商协商一致后，EAN 组织推荐如表 2-14 所示的店内条码结构。

表 2-13　标准版（EAN-13）店内条码的代码结构

前缀码	商品项目代码	校验码
$I_{12}I_{11}$	$I_{10}I_9I_8I_7I_6I_5I_4I_3I_2I_1$	C

表 2-14　EAN 推荐的 EAN-13 店内条码的代码结构

	结构	前缀码	商品项目代码	校验码
无价格	4 位数字价格码	$I_{12}I_{11}$	$I_{10}I_9I_8I_7I_6I_5P_4P_3P_2P_1$	C
校验码	5 位数字价格码	$I_{12}I_{11}$	$I_{10}I_9I_8I_7I_6P_5P_4P_3P_2P_1$	C
有价格	4 位数字价格码	$I_{12}I_{11}$	$I_{10}I_9I_8I_7I_6I_5VP_4P_3P_2P_1$	C
校验码	5 位数字价格码	$I_{12}I_{11}$	$I_{10}I_9I_8I_7I_6VP_5P_4P_3P_2P_1$	C

注：1. I 为商品项目代码；V 为价格校验码；P 为价格代码（包括一位或两位小数）。

表中价格校验码 V 的计算方法比较复杂，需要加权计算，在此不详述。

由上述店内条码结构可以看出，标准版店内条码可以表示商品的价格，因此，既适用于变量消费单元，也适用于定量消费单元。

我国质量监督检验检疫总局于 2005 年 5 月 30 日公布的《商品条码管理办法》第 22 条规定："销售者在其经销的商品没有使用商品条码的情况下，可以使用店内条码。店内条码的使用，应当符合国家标准《店内条码》（GB/T 18283）的有关规定。"

第五节　中国标准书号与中国标准连续出版物号

一、中国标准书号

中国标准书号是国际标准书号（International Standard Book Number，ISBN）系统的组成部分。1970 年 ISBN 正式列入 ISO 2108 国际标准，先后历经四次修订，成为目前国际出版业和图书贸易通用的标识编码系统。ISBN 系统旨在为出版单位、发行商、图书馆和其他机构编目和订购系统提供有关出版物的关键数据，同时它也为出版者名录和即将出版的出版物目录收集数据。ISBN 的应用还有利于版权的管理以及对出版业销售数据的监测。

我国结合国情，修改采用国际标准 ISO 2108：2005《信息和文献——国际标准图书编号（ISBN）》，制定了国家标准 GB/T 5795—2006《中国标准书号》，从而为在我国依法设立的出版者所出版或制作的每一专题出版物及其每一版本提供唯一确定的和国际通用的标识编码。专题出版物是指由出版者或作者将作品或该作品的一部分或几部分作为一个单行本出版且可以任何商品形式公开发行的出版物，如印刷的图书和小册子，盲文出版物，教育或教学用影片、录像制品和幻灯片，磁带和 CD 或 DVD 形式的有声读物，电子出版物实物载体形式（机读磁带、光盘、CD-ROM）或互联网上出版的电子出版物，印刷出版物的电子版，缩微出版物、教育或教学软件，地图及教学制图、图示类出版物等。

（一）中国标准书号的结构

中国标准书号由标识符"ISBN"T 和 13 位数字组成。其中 13 位数字分为以下五个部分。

1. EAN·UCC 前缀码：中国标准书号数字的第一部分，是由国际物品编码（EAN·UCC）系统专门提供给国际 ISBN 管理系统的商品标识编码，即"978"。

2. 组区号：中国标准书号数字的第二部分，由国际 ISBN 管理机构分配。中国的组区号为"7"。

3. 出版者号：中国标准书号数字的第三部分，用于标识具体的出版者，其长度为 2~7 位，由中国 ISBN 管理机构设置和分配。

4. 出版序号：中国标准书号数字的第四部分，由出版社按出版物的出版次序管理和编制。编制规则见 GB/T 5795 的附录 A。

5. 校验码：中国标准书号数字的第五部分，也是其最后一位，采用模数 10 加权算法计算得出。

书写或印刷中国标准书号时，标识符"ISBN"使用大写字母，其后留半个汉字空，数字的各部分应以半字线"−"隔开，即为"ISBN EAN·UCC 前缀码-组区号-出版者号-出版序号-校验码"，例如 ISBN 978-7-5640-0145-2。

（二）中国标准书号条码

国家标准 GB/T 12906-2008《中国标准书号条码》规定了中国标准书号条码的代码结构和符号结构。

1. 代码结构

中国标准书号条码的代码采用 EAN·UCC 代码结构，有两种形式：其一，由 13 位数字（EAN-13）组成；其二，由主代码（EAN-13）+附加码组成。其结构如表 2-15 和表 2-16 所示。例如，中国标准书号"ISBN 978-7-5640-0145-2"的条码符号结构，如图 2-11 所示。

表 2-15 代码结构 1

EAN-13		
EAN·UCC 前缀码	数据码	校验码
$Q_1Q_2Q_3$	$X_1X_2X_3X_4X_5X_6X_7X_8X_9$	C

表 2-16　代码结构 2

EAN-13			附加码
EAN·UCC 前缀码	数据码	校验码	S_1S_2
$Q_1Q_2Q_3$	$X_1X_2X_3X_4X_5X_6X_7X_8X_9$	C	

ISBN 978-756400145-2

9 787564 001452

图 2-11　中国标准书号条码示例

2. EAN·UCC 前缀码

EAN·UCC 前缀码是 GS1 指定给 ISBN 系统专用的三位数字，即"978"。其中，3 位数字码中的第 1 位为前置码。

3. 数据码

数据码由 $X_1 \sim X_9$ 共 9 位数字组成，它同前缀码和校验码一起构成与中国标准书号相同的由 13 位数字组成的中国标准书号条码的代码，见国家标准 GB/T 5795。

4. 校验码

校验码 C 按国家标准 GB/T 5795 附录 C 规定的方法计算得出。

5. 附加码

附加码由 S_1S_2 共 2 位数字组成，用于表示同一中国标准书号的出版物价格变化的次数信息。

二、中国标准连续出版物号

中国标准连续出版物号也称为中国标准刊号，是国际标准连续出版物号（International Standard Serial Number，ISSN）系统的组成部分。连续出版物是指印有编号或年月标识，定期或不断更新并计划无限期地连续出版的出版物，如期刊、报纸、年鉴等。ISSN 系统是根据国际标准 ISO 3297《国际标准连续出版物号（ISSN）》制定的出版物标准编码，其目的是通过建立全球连续出版物的唯一识别代码系统和数据库来实施对各种连续出版物的有效和快捷的信息控制、交换与检索。

国际连续出版物数据系统（ISDS）是负责登记世界上连续出版物的国际网络。它是根据联合国教育、科学和文化组织（UNESCO）的"世界科学情报系统"（UNISIST）计划，于 1972 年 11 月建立的。目前已有近 200 个国家和地区出版的 65 万种期刊（包括已停刊的）登记入库，ISDS 成为国际上最权威的期刊书目数据网络系统。

我国于 1985 年建立了 ISDS 中国国家中心，目前已有近 5000 种中文期刊分配了 ISSN 号并进入了国际 ISSN 数据系统。凡是获得国内统一刊号并属于公开发行的连续出版物，通过申请，由 ISDS 中国国家中心发给 ISSN 号分配通知书，与此同时该中心负责向 ISDS 国际中心报送该连续出版物的标准数据记录。

（一）中国标准连续出版物号的构成

我国等同采用国际标准 ISO 3297：1998《国际连续出版物号（ISSN）》，制定了国家标准 GB/T 9999-2001《中国标准连续出版物号》。

中国标准连续出版物号由一个国际标准连续出版物号和一个国内统一连续出版物号两部分组成。其结构格式为：

$$\frac{\text{ISSN XXXX-XXXX}}{\text{CN XX-XXXX/YY}}$$

（二）国际标准连续出版物号

国际标准连续出版物号是连续出版物的代码标识。国际标准 ISO 3297 规定，一个国际标准连续出版物号由前缀 ISSN 和 8 位数字组成，其中前 7 位为单纯的数字序号，无任何特殊意义，最后 1 位为校验码。ISSN 与 8 位数字之间空半个汉字空。8 位数字分为两段，每段 4 位数字，中间用半线"–"隔开。8 位数字的最后一位是校验码。

国际标准连续出版物号的结构格式为：ISSN XXXX-XXXX。例如，ISSN1003-0611 就是《纺织标准与质量》刊物的国际标准连续出版物号。国际标准连续出版物号通常都印在期刊的封面或版权页上，但它不反映连续出版物的语种、国别或出版者。

（三）国内统一连续出版物号（CN）

国内统一连续出版物号是国家出版管理部门负责分配给连续出版物的代码。它以 CN（中国的国名代码）为前缀，由 6 位数字以及分类号组成。其结构格式为：CN XX-XXXX/YY，其中前 2 位数字为 CN 的地区代码（见表 2-17）；紧跟的 4 位数字为地区连续出版物的序号，各省、自治区、直辖市的国内连续出版物序号范围一律从 0001—9999，其中 0001—0999 为报纸的序号，1000—5999 为印刷版连续出版物的序号，6000—8999 为网络连续出版物的序号，9000—9999 为有形的电子连续出版物（如光盘等）的序号；斜线"/"后的 2 位字符（YY）是分类号，用以说明连续出版物的主要学科范畴，以便于对连续出版物的分类统计、订阅、陈列和检索。期刊的分类号按《中国图书馆图书分类法（第 4 版）》的基本大类给出，其中文化教育类（G）和工业技术类（T）按二级类目给出，报纸暂不分类。例如，CN 11-2670/TS 就是《纺织标准与质量》刊物的国内统一连续出版物号，其中，"11"是 CN 的北京地区代码，"2670"是该刊物的北京地区刊物序号，斜线后的分类号"TS"表示该刊物的主要学科范畴属于《中国图书馆图书分类法》的"轻工业、手工业"基本大类。

表 2-17　地区代码

代码	地区	代码	地区
10	北京市（待用）	31	上海市
11	北京市	32	江苏省
12	天津市	33	浙江省
13	河北省	34	安徽省
14	山西省	35	福建省
15	内蒙古自治区	36	江西省
21	辽宁省	37	山东省
22	吉林省	41	河南省
23	黑龙江省	42	湖北省
43	湖南省	53	云南省
44	广东省	54	西藏自治区
45	广西壮族自治区	61	陕西省
46	海南省	62	甘肃省
50	重庆市	63	青海省
51	四川省	64	宁夏回族自治区
52	贵州省	65	新疆维吾尔自治区

在我国，只有国际标准连续出版物号（ISSN）而无国内统一连续出版物号（CN）的连续出版物，通常视为非法出版物。

国家标准 GB/T 16827 规定了中国标准连续出版物号（ISSN 部分）条码结构，由 15 位数字组成，见表 2-18。

表 2-18　中国标准连续出版物号（ISSN 部分）条码的代码结构

主代码				附加码
前缀码	数据码（ISSN）	年份码	校验码	
977	X1X2…X7	Q1Q2	C	S1S2

1. 主代码

（1）前缀码

它是 3 位数字，977 是国际物品编码协会指定给国际标准连续出版物号（ISSN）专用的前缀码。

（2）数据码

数据码是 7 位数字，它是不含校验码的中国标准连续出版物号的 ISSN 部分。

（3）年份码

年份码为 2 位数字，年份码标识年份，以公历年份的最后两位数字表示。

（4）校验码

校验码按国家标准 GB12904 规定的方法计算得出。

2. 附加码

附加码是 2 位数字，表示连续出版物的系列号（即周或月份的序数）。S1S2 的编码方法见表 2-19。

表 2-19　附加码的构成

出版周期	S1S2
周刊	用出版周的序数表示（01~53）
旬刊	用出版旬的序数表示（01~36）
双周刊	用出版周的序数表示（02，04，06~52 或 01，03，05~53）
半月刊	用出版半月的序数表示（01~24）
月刊	用出版月份的序数表示（01~12）
双月刊	用出版月份的序数表示（01~12）
季刊	用出版月份的序数表示（01~12）
半年刊	用出版月份的序数表示（01~12）
年刊	用出版月份的序数表示（01~12）
特刊	99~01

思考题：

1. 什么是商品分类？商品分类的作用有哪些？

2. 商品分类的方法主要有几种？结合具体的商品实例（如办公用品、家具、饮料、服装等）尝试用所学的分类标志和分类方法对其进行简单的分类。

3. 在商品分类实践中，常用的分类标志有几种？试比较它们的优缺点和适用范围。

4. 科学的商品分类应遵循哪些基本原则？试以你收集或调查得到的某大类商品的分类体系为例，结合这些原则，分析其合理性和可以改进的地方。

5. 在实际生活中商品编码运用在哪些方面？在社会生活中有何重要意义？

6. 广州白云山制药厂生产的"白云山"牌风油精，其零售包装上条码下部的数字代码为 6902401002291，试解释它的代码构成及含义。

第三章　商品成分与性质

学习目标

1. 熟悉商品的成分
2. 掌握商品成分含量的要求
3. 了解商品成分含量的表示方法
4. 理解商品性质

导例

不合格进口食品之最

相比国产食品，不少消费者更加青睐进口食品，然而，进口食品的质量并不都那么"美好"。国家质检总局公布的2015年1~10月入境不合格食品信息显示，2015年1至10月，我国各地出入境检验检疫机构检出不符合我国食品安全国家标准和法律法规要求的进口食品达2350批次，已被退运或销毁，其中不乏品牌食品。

进口不合格产地之最

大数据统计显示，从进口不合格食品的产地上看，排在前十名的产地分别为：中国台湾地区、马来西亚、日本、美国、泰国、意大利、西班牙、韩国、法国和德国。产自中国台湾地区的不合格食品最多，达601批次，占25.5%，超过总数的四分之一，成为进境不合格食品的"重灾区"。去年国家质检总局曾多次发布台湾食品警示通报，如台湾糖果违规使用甜味剂，台湾永和豆浆被检出转基因成分的质检信息等。另外，产自欧盟国家的不合格进口食品达579批次，占不合格进口食品的24.6%。

进口不合格食品类别之最

进口饼干问题最多。几乎所有种类的进口食品均检出过不合格的情况，其中不合格次数前10位的类别为：饼干、饮料、酒、乳制品、糖、鱼、粉、茶、麦片、巧克力，占不合格进口食品总数的63.4%。进口饼干不合格最多，高达243批次，超范围使用食品添加剂、菌落总数超标、大肠菌群超标及标签不合格等，是其主要原因。

奶粉也是重灾区。消费者最迷恋的进口乳制品（包括洋奶粉、进口牛奶等）也有 171 批次上榜，排在第四位。2015 年以来，多款新西兰的奶粉及奶制品就登上不合格榜单。其中，由玛氏食品（嘉兴）有限公司进口、新西兰"FONTERRA LIMITED"（恒天然集团）制造的两批共 150 千克的脱脂乳粉，因包装不合格被销毁；新西兰 Green Valley Dairies Ltd. 公司的三个批次嘉仕堡巴氏杀菌乳大肠菌群超标，2265 千克全部销毁。

进口不合格原因之最

统计显示，2015 年 1 月至 10 月，进口食品被检出不合格的前十大原因是：标签不合格、菌落总数超标、大肠菌群超标、超过保质期、未按要求提供证书或合格证明材料、水分超标、未提供所需证书、霉菌超标、品质不合格、未获检验检疫准入。这 10 类不合格食品为 1 282 批次，占不合格进口食品总数的 54.6%，超过一半。此外，货证不符、包装不合格、砷超标、超范围使用苯甲酸、铜超标、违规使用化学物质酸性红、山梨酸超标的现象也不少。

（《中国质量万里行》2016 年 1 月刊）

第一节　商品的成分与性质对使用价值的影响

商品的使用价值是由商品自身的有用性构成的，而商品的有用性又是由商品的自然属性决定的。商品自身所具备的成分与性质，深刻影响了其使用价值的具体体现。对于商品成分与性质的研究，是研究商品自然属性、商品质量及其变化规律的依据。

一、商品的成分对商品使用价值的影响

商品都是由一定种类和一定数量的成分所组成的。商品所含成分的种类和数量对商品品质、用途、营养价值、性质（或性能）、效用有着决定性的或密切的影响。

（一）商品成分与用途的关系

商品具有适合消费者需要的适宜用途，是商品进入市场、打开销路必须具备的基本条件。商品具有何种用途，用途的多少，在消费过程中能满足消费者需要的程度，与其所含成分的种类和含量有密切关系。

如茶叶之所以成为世界性的饮料，是因其中含有：赋予茶叶以鲜爽醇厚的滋味及具有抑制动脉硬化、解毒、止泻和抗菌药理作用的儿茶素；具有兴奋神经中枢、解除大脑疲劳、加强肌肉收缩、消除疲劳、强心利尿等药理功效的咖啡碱和使茶叶具有芬芳馥郁香气的芳香物质。大豆之所以是重要的油料和工业原料，是由于其中含有丰富的脂肪和蛋白质。

（二） 商品成分和商品品质的关系

人体每日必须摄入一定数量的食品，才能维持正常的生活机能。食品之所以对人体具有如此重要的影响，是由于其中含有为人体生长发育和新陈代谢所必需的各种营养物质，如淀粉、糖、蛋白质、脂肪、矿物质、维生素等营养物质。食品是否具有营养价值和营养价值的高低，完全取决于其中所含化学成分的种类和数量及其能被人体消化吸收的程度。

如大米和面粉由于含有人体能量的主要来源的淀粉，以及蛋白质、矿物质、维生素等营养物质，因此成为许多国家与地区人们的主食。

（三） 商品成分与商品性质（或性能）的关系

部分商品品质的优劣取决于其中化学成分的种类和含量，商品成分是判断许多商品品质优劣的重要指标。如白砂糖等级的高低，取决于蔗糖的含量，优级白砂糖的蔗糖含量不少于99.75%，一级白砂糖不少于99.65%，二级白砂糖不少于99.45%。根据是否含有合金元素，钢分碳素钢和合金钢。合金钢因含有合金元素，综合机械性能显著优于碳素钢，且合金元素种类越多总含量越高，质量愈优。普通钢、优质钢和高级优质钢的根本区别在于硫和磷含量的不同。

（四） 商品成分与商品性质（或性能）的关系

商品中化学成分的种类和含量是决定许多商品性质或性能的主要因素。在国际贸易中对许多商品要求明确规定与商品品质、营养价值、疗效、效用等直接有关的化学成分的名称和含量。对有损商品品质或影响人体健康的成分，如罐头中的锡、铜、铅，陶瓷、玩具涂料中的铅，食品中的残留农药、激素，以及许多商品的含水量及杂质等均加以限制。因此，商品化学成分是许多进出口商品合同品质条款的主要内容。

研究商品的成分，可以更深入地认识各种商品的自然属性、使用价值及质量变化规律。这对于保护商品，提高商品使用价值，确保消费者利益有很大意义。

二、商品的性质对商品使用价值的影响

商品的性质与商品品质、合理使用、包装、储存和运输等有着极为密切的关系。它是判断商品品质优劣的重要指标，是研究和选用包装、储存和运输条件的依据，对商品的使用价值有密切的影响。

（一） 商品的物理性质与商品使用价值的关系

商品的物理性质是指商品在正常情况下所表现出来的形态、结构、重量、比重、塑性、弹性、强度、硬度、颜色、光泽等特性，或者是商品在湿、热、光、电、压力等外力作用下，发生不改变商品本质的相关性质。学习和研究商品的物理性质，能够帮助识别商品品质，可以在商品的包装、运输、保管、销售和使用过程中，有效地维护商品的安全，达到养护商品的目的。如色泽、气味、口感和外观形态是商品的重要外观性质，是部分工

业品尤其是食品品质优劣的重要品质指标，而导热性和耐热性是某些工业品使用价值高低的基本条件，机械性能是许多工业品的重要品质指标等，都体现了商品的物理性质与商品使用价值间的密切关系。

（二）商品的化学性质与商品使用价值的关系

商品的化学性质是指商品在流通和使用过程中在光线、空气、水、热、酸、碱等各种因素作用下，其成分发生化合、分解、置换分解、聚合、降解等化学反应的性质。商品化学性质对商品品质的影响因商品而异。大多化学反应，对商品一般都能产生不良影响，改变商品性质，严重时会使商品失去应有的使用价值，如金属的腐蚀、橡胶和塑料制品的老化、油脂的酸败、化学肥料的分解、煤的风化等。因此，防止商品成分发生化学反应，是许多商品在流通中必须注意的重要问题。同时，商品都是由一定种类和数量的化学成分所组成，这些化学成分的种类和数量对商品品质、使用价值和性质有决定性的或密切的影响。不同商品有其不同的化学组成成分，了解商品的化学成分，是鉴定商品质量的前提。

综上所述，商品的性质，主要指商品的化学性质、物理性质，它们是决定商品是否具有使用价值和其使用价值高低的基本条件，同时，又与商品的鉴定、包装、储存、运输及合理使用等有着极为密切的关系。因此，商品的性质是生产、经营活动中了解商品质量、保护商品的使用价值所必须掌握的重要基础知识。

第二节　商品的成分

商品都是由一定种类和一定数量的成分所组成的。商品所含成分的种类和数量对商品质量、用途、性质、效用有着决定性的影响。外贸商品成分是许多进出口商品合同质量条款的主要内容。

一、商品成分

（一）主要成分

商品的主要成分或有效成分是使商品具有其特有的使用效能的基本成分。主要成分的含量是商品能够符合某种特定用途的基本要求，商品加工、运输、储存与养护过程中也需要根据其含量和性质进行质量控制。因此，主要成分的含量是判断许多商品品质和等级高低的主要指标和依据。商品主要成分还是某些商品分类的依据。如挥发分和固定碳是构成煤的基本物质，也是对煤的质量和用途具有决定性影响的有机成分。挥发分和固定碳是煤作为燃料的基础成分，两者在煤中的含量是决定煤的用途并划分为炼焦煤、动力煤、化工用煤和无烟煤的依据。原油中组成汽油、煤油和柴油的轻质中分子烃类（或称轻质油品）是原油最宝贵的部分，含量越多，原油品质越高。因此，原油中轻质部分的含量是计算油价的重要依据之一。

商品的主要成分在对外贸易中发挥着重要的作用，商品的主要成分是进出口商品合同品质条款的主要内容。研究和掌握商品的主要成分是了解并正确评价商品品质、正确签订合同品质条款的必备知识。为在合同品质条款中正确签订有关商品主要成分的内容，进出口业务工作人员必须掌握以下知识：第一，洽谈商品的主要成分的种类和名称；第二，主要成分的含义或定义；第三，主要成分与商品品质、性能或用途等关系；第四，我国商品标准对该种商品主要成分含量的规定，我国该种商品中主要成分的实际含量；第五，有关国家的商品标准的规定及该种商品中主要成分的实际含量；第六，国际市场对该商品主要成分的要求。

对商品主要成分进行化学分析，可以概括为无机物和有机物两大类。

1. 无机物

无机物是指单质和不含碳元素的化合物，但一些简单的含碳化合物，如碳酸盐等，在性质上与无机物更为相似，也称为无机化合物。

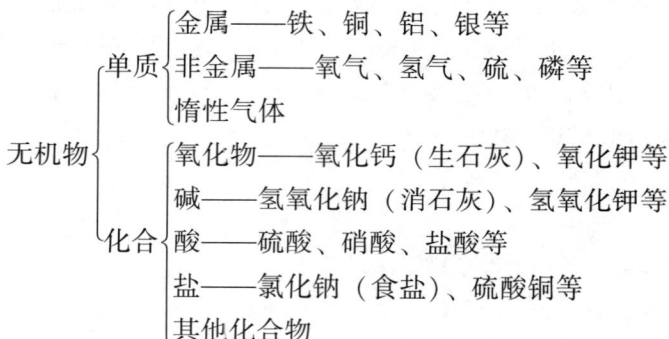

```
                 ┌金属——铁、铜、铝、银等
            ┌单质┤非金属——氧气、氢气、硫、磷等
            │    └惰性气体
    无机物┤    ┌氧化物——氧化钙（生石灰）、氧化钾等
            │    │碱——氢氧化钠（消石灰）、氢氧化钾等
            └化合┤酸——硫酸、硝酸、盐酸等
                 │盐——氯化钠（食盐）、硫酸铜等
                 └其他化合物
```

商品中的玻璃、陶瓷、搪瓷等硅酸盐制品和各种金属制品，其主要成分都是无机物。

2. 有机物

有机物是地球上一切生命过程的物质基础。而组成有机物的一个共同特征是化合物中都含有碳元素。因此，化学界把含碳元素的化合物（但不包括一氧化物、二氧化物、金属碳化物和碳酸盐等）统称为有机化合物，简称有机物。

有机物按照分子量的高低不同，名称也不同。通常把分子量在一万以上的物质分子统称为高分子，把分子量低于一万的称为低分子，所以有机物又有低分子有机物和高分子有机物之分。

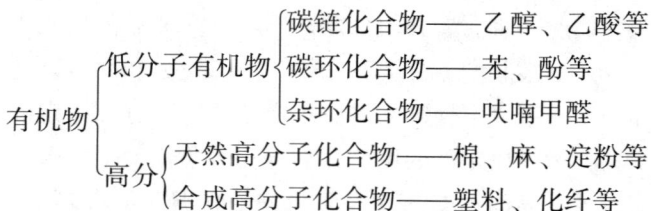

```
             ┌       ┌碳链化合物——乙醇、乙酸等
             │低分子有机物┤碳环化合物——苯、酚等
    有机物┤       └杂环化合物——呋喃甲醛
             │  ┌天然高分子化合物——棉、麻、淀粉等
             └高分┤合成高分子化合物——塑料、化纤等
```

商品中的各类纺织品、橡胶和塑料制品等，其主要成分都是属于有机物中的高分子化

合物；而肥皂、合成洗涤剂、石油制品等的主要成分则是有机物中的低分子化合物。食品的成分则比较复杂，既有有机物，又有无机物，通常以化合态存在。因此，对于具体的商品，往往需要对其进行定性分析和定量分析，才能判定其具体的成分和含量的多少。

二、水分

水是一些商品体内细胞和组织的必要组成部分，决定着商品中酶的活性及微生物的发育繁殖，对商品质量、储存与养护有很大的影响。

(一) 水在商品中的表现形式

1. 工业品中的水分

工业品中的水分以化学结合、物化结合和机械结合三种状态存在。

第一，化学结合水。化学结合水是化学结晶水，晶体里的水分子是其组成部分。这类水已失去原有的水的性质，不能用干燥法去除，化学结合水离解会使商品结构发生变化。

第二，物化结合水。物化结合水指商品体内细胞、纤维及毛细血管中的吸附水、渗透水和结构水，其中吸附水同商品体结合度最强，但毛细血管多孔性商品中的渗透水与结构水比吸附水含量多。这类水也不具有一般水的性质，较难从商品中除去。

第三，机械结合水。机械结合水是指商品体表面和孔隙中的水分，与商品体结合度较弱，具有一般水的性质，容易从商品中除去。

凡含物化结合水的商品必然含机械结合水，这类商品称为吸水性商品，如纸张、皮革制品、天然纤维制品等。仅含机械结合水的商品称为非吸水性商品，如陶瓷制品、金属制品等。

2. 食品中的水分

食品中的水分主要有游离水和胶体结合水。

第一，游离水。游离水又叫自由水，存在于动植物体的细胞内或细胞外，不与胶状物质相结合，具有一般水的性质，可溶解糖、酸和无机盐等。食品加工、烘干、储存、冷冻中的重量损耗是因为游离水的减少造成的。

第二，胶体结合水。胶体结合水也叫结合水，在食品中与蛋白质、淀粉、类脂、胶质等亲水胶体结合而存在。食品中的胶体物质会随结合水的变化而改变性质。结合水不能溶解晶体物质，食品加工时失去结合水会影响食品质量。

食品中游离水与结合水的比例随外界环境条件（空气温湿度）和本身亲水胶体膨化度的改变而有所不同。空气干燥、亲水胶体膨化度降低时部分结合水转为游离水；反之，部分游离水转为结合水。

(二) 商品的含水量

水分对商品使用价值有密切影响，为保证商品品质安全和在使用过程中正常发挥使用价值，商品含水量应适宜。商品的适宜含水量，因商品而异。

1. 高含水量商品

这类商品多是含水量较高，并且只有在保持充足水分的条件下，才能保持正常品质的商品，如果水分蒸发将导致品质下降。新鲜水果、蔬菜、肉类、水产品、蛋类等食品属于此类商品。新鲜水果和蔬菜只有在含有充足水分的情况下，才具有脆嫩可口的食用品质，如水分因蒸发而损失过多，会引起枯萎减重，不仅会损害食用品质，而且会降低天然免疫性，有利于微生物的繁殖，易引起腐烂变质。新鲜肉类、水产品、蛋类等食品如果水分蒸发过多，不仅会减重，而且会降低食用品质。蛋糕类糕点水分蒸发过多，会由松软变为干硬，降低食用价值。

2. 低含水量商品

水分对这类商品均有不利影响，含水量过高会促进品质劣变，或对商品的加工、使用造成危害，或降低商品使用效用，因此，要求对含水量加以限制，或含水量以低为佳。例如，茶叶能否保证安全运达销售市场而不发生劣变，低含水量是重要条件之一。因含水量高，茶叶成分会发生不利于茶叶品质的变化，促进陈化，导致茶叶品质下降，甚至发生霉变，使得茶叶失去饮用价值。因此，为保证茶叶品质不发生劣变，应保持较低的含水量。茶叶具有极易吸收水分的特性。干燥的茶叶放置空气中，会不断吸收空气中的水分而提高含水量，极易引起品质下降而发霉变质。因此，茶叶应储存于干燥的具有防潮性能的密封包装容器中。

3. 规定含水量可在一定范围内摆动

某些商品的含水量过高或过低均对品质有不利影响，为保证这类商品不因含水量过高或过低而损害品质，对其含水量规定了上限和下限。例如，烟叶含水量过高易发霉变质，含水量过低，由于质地干脆又易破碎，规定含水量为10%~16%。纸张含水量过低，会变脆易破，含水量过高，机械性能下降，且易霉变，不易保管，故纸张含水量应保持在一定范围内。含水量是草板纸的重要指标，含水量过高，会降低纸板的挺度和耐破度，且纸板收缩后易产生变形发翘；含水量过低，纸质变脆，也会降低纸板的机械强度，加工时易产生破损。因此，草纸板含水量应控制在8%~13%，最高不超过14%。

（二）杂质成分

杂质是指对商品品质有不利影响的有害成分。具体的杂质随着不同的商品而不同，大致可以分为以下四个类型：一是本商品以外的并与本商品无相同使用价值的杂物；二是大部分或完全失去使用价值的本商品；三是存在于商品内部，但对本商品使用价值有不利影响的成分；四是存在禁止含有的恶性杂质，如食品中禁止含有头发、纽扣等。

如粮谷的杂质是指与本品粮无相同使用价值的杂物、其他作物籽粒和完全失去使用价值或大部分失去使用价值的本品粮粒，包括筛下物、无机杂质或矿物质、有机杂质、其他杂质等。这些杂质对粮谷品质有极为不利的影响：能降低粮谷纯度，影响外观；无机杂质、毒草籽、霉腐粮粒及虫尸、动物粪便等杂质有损人体健康；石块、玻璃片及金属碎屑等矿物性杂质不仅损不加工机器，而且损害人体健康；野草种子、活虫、虫尸等有机杂质能促进粮谷呼吸，不利于保管。此外，杂质含量多，还会加重粮谷的加工整理工作，增加加工费用。在国际贸易中，均以杂质含量作为衡量粮谷品质的依据，但各国对杂质的具体规定有所不同。

杂质成分对商品的危害较大，主要危害有：

（1）杂质含量多，相对地减少本商品的重量或主要成分含量，如粮谷中含有沙子；

（2）降低商品的外观形态，如陶瓷中的铁；

（3）有碍食品卫生，降低食品的食用质量，如饮用水含有杂质；

（4）降低商品的使用效能；

（5）影响成品质量，如棉纱；

（6）污染环境，造成公害，如原油中的硫；

（7）降低商品的耐储性；

（8）腐蚀、损坏加工设备，如铁矿中的铅、硫、磷等。

在国际贸易中对商品的杂质含量各国均有严格限制，有的随商品等级升高而提高限制，有的按是否超过规定相应降低商品价格。某些商品杂质的含义和包含的内容，各国规定也不尽相同。从事进出口业务工作的人员不仅应了解我国关于这些商品的杂质的含义、含量的规定，还应了解有关各国的规定。

（三）有毒成分

有毒成分是指食品中含有的对人和动物有害的物质。食品中的有害物质主要来自于以下几个方面。

（一）食品感染能产生毒素的微生物

2006 年，美国暴发"毒菠菜"事件，数十人因食用被大肠杆菌污染的菠菜中毒身亡；2010 年，美国连续发生沙门氏杆菌感染甜瓜事件，并造成群发性食源性疾病；2011 年，德国、瑞典等国因豆芽菜感染大肠杆菌造成数百人中毒；2014 年，丹麦多人因食用含有李斯特菌的香肠中毒身亡。这些触目惊心的食品安全事件，罪魁祸首就是微生物污染。而在我国，由微生物引起的食源性疾病的案例，也不在少数。据悉，世界卫生组织发布的食源性疾病控制指南中指出，由生物因素构成的食源性疾病致病因子占到 84% 以上，其中包括 17 种病菌、18 种寄生虫和 7 种生物毒素。由此可见，控制食品中的微生物风险因素，对保障食品安全有多么重要。

当食品原料中含有这类微生物，或食品在生产、流通和消费过程中被这类微生物污染后，人误食时均可引起不同程度的食物中毒，其症状大多表现为腹痛、恶心、呕吐、腹泻等，潜伏期在 1 小时到 48 小时以上不等，患者对他人无直接传染性。然而，这些微生物个体小，繁殖快，数量多，因此在自然界容易散布并且分布很广。上至天空，下至土壤、江河、湖泊，以及动植物体内外，无不充满着各种各样的微生物。引起食物中毒的微生物主要有细菌、真菌、病毒等，以细菌性食物中毒最为常见。

（二）农药残留

农药残留，是农药使用后一个时期内没有被分解而残留于生物体、收获物、土壤、水体、大气中的微量农药原体、有毒代谢物、降解物和杂质的总称。施用于作物上的农药，其中一部分附着于作物上，一部分散落在土壤、大气和水等环境中，环境残存的农药中的一部分又会被植物吸收。残留农药直接通过植物果实或水、大气到达人、畜体内，或通过环境、食物链最终传递给人、畜，直接造成危害。2014年8月1日，我国唯一的农药残留强制性国家标准《食品中农药最大残留限量》（GB2763—2014）正式实施，该标准的出台将进一步保障食品安全，不仅对保证国内的食品安全具有重要现实意义，也将对食品的进出口产生重大的影响。对进出口食品的影响主要体现在标准中首次制定了果汁、果脯、干制水果等初级加工产品的农残限量值，解决了部分进口食品农产品无农残限量标准可依的局面。

（三）兽药残留

兽药残留是指用药后蓄积或存留于畜禽机体或产品（如鸡蛋、奶品、肉品等）中的原型药物或其代谢产物，包括与兽药有关的杂质的残留。一般以 $\mu g/ml$ 或 $\mu g/g$ 计量。

兽药残留可分为七类：驱肠虫药类、生长促进剂类、抗原虫药类、灭锥虫药类、镇静剂类、β-肾上腺素和能受体阻断剂。在动物源食品中较容易引起兽药残留量超标的兽药主要有抗生素类、磺胺类、呋喃类、抗寄生虫类和激素类药物。

兽药在防治动物疾病、提高生产效率、改善畜产品质量等方面起着十分重要的作用。然而，由于养殖人员科学知识的缺乏以及一味地追求经济利益，致使滥用兽药现象在当前畜牧业中普遍存在。滥用兽药极易造成动物源食品中有害物质的残留，这不仅会对人体健康造成直接危害，而且对畜牧业的发展和生态环境也会造成极大危害。

（四）重金属

重金属中毒是指相对原子质量大于65的重金属元素或其化合物引起的中毒，如汞中毒、铅中毒等。因为重金属能够使蛋白质的结构发生不可逆的改变，从而影响组织细胞功能，进而影响人体健康。例如，体内的酶不能够催化化学反应，细胞膜表面的载体不能运入营养物质、排出代谢废物，肌球蛋白和肌动蛋白无法完成肌肉收缩，所以体内细胞就无法获得营养、排除废物，无法产生能量，细胞结构崩溃和功能丧失。这类有害元素超标将导致人体不适。镍释放量超标会导致过敏，使局部皮肤发红、发痒甚至溃烂。铅等重金属在人体内积聚到一定浓度会引起神经系统、血液系统、消化系统异常表现。镉超标积累到一定量，容易损伤肾功能。重金属主要来源：一是工业排放的废水、废气、废物；二是加工制造食品的机械、用具或包装容器等。在我国，依据"GB28480—2012饰品有害元素限量"的规定，仿真饰品中砷、汞、铅、铬（六价）最大限量要求为1000mg/kg，镉的最大限量要求为100mg/kg。2017年"3·15"期间，各地质监执法单位对仿真首饰进行了突击检查。经过 X 射线荧光光谱仪的初步筛查，部分仿真饰品重金属含量超标竟达近千倍，严重危害人体健康。而在浙江杭州出入境检验检疫局监督销毁的一批劣质产品中，甚至包括铅含量超标 699 倍的热销韩国饰品项链，相当于问题产品 70% 的原料为铅块。而在被销毁产品中，还有重金属镍释放量超标七倍的手镯。本次监督销毁的产品涉及国际知名品牌服装、韩国进口的热销 MAG 品牌饰品等 27 款产品，共 12 779.2 美元。经专业机构检验和检测，这些产品均有严重不合格现象，一旦流入市场进入消费者手中，将造成不同程度的健康损害。

（五）放射性元素和物质

食品被污染的放射性物质，可来自核试验落下的放射尘，也可来自原子能利用的工厂和实验室所排出的、带有放射性的废水、废气和废渣或者核事故，放射性元素和物质很难降残。在日本福岛核事故后，我国国家质量监督检验检疫总局发布了《关于进一步加强从日本进口食品农产品检验检疫监管的公告》，禁止从日本福岛县、群马县、栃木县、茨城县、宫城县、新潟县、长野县、琦玉县、东京都、千叶县、山形县、山梨县等 12 个都县进口食品、食用农产品及饲料。后来解除了对山形、山梨两县的进口禁令，但其余 10 个县域至今依然属于禁止进口的地区。同时，我国要求所有来自日本的食品、食用农产品和饲料都需要提供原产地证明。同时，蔬菜及其制品、乳及乳制品、水产品及水生动物、茶叶及制品、水果及制品、药用植物产品等六大类产品，需要提供放射性检测合格证明。

（六）含毒动植物食品中的毒性物质

有毒动植物食物中毒是指误食有毒动植物或食用方法不当而引起的食物中毒。包括：①有毒动物组织中毒，如河豚鱼、贝类、动物甲状腺及肝脏等。河豚鱼含有剧毒物质河豚毒素，虽然加热至 116℃，也不能使其失活。河豚鱼中毒的主要原因是其含有的河鲀毒素，食用后可产生头晕、呕吐、口唇及手指麻木、全身无力等中毒症状，严重者可危及生命。潜伏期为 0.5~3 小时。河豚鱼中毒极易导致中毒人员的神经麻痹，进而心跳、呼吸停止而死亡，现在尚无特效的解毒药和治疗方法，中毒死亡率比较高。在全国各地（尤其是沿海地区）因食用河豚鱼引起的食物中毒伤亡事故时有发生。因此，国家早已明令禁止经营河豚鱼。②有毒植物中毒，如毒覃、毒蘑菇、木薯、四季豆、发芽马铃薯、山大茴及鲜黄花菜等。我国部分地区野生蘑菇资源比较丰富，每年都发生误食野生毒蘑菇中毒事件。毒蘑菇的毒性成分复杂，中毒表现各异，主要有恶心、呕吐、流涎、流泪、精神错乱、急性贫血、黄疸、脏器损害等，中毒后，病情凶险，病死率高，且没有特效疗法，严重者可导致死亡。毒蘑菇中毒事件全年均有发生，以夏秋季节为主，中毒事件主要由家庭误采、误食导致。关于毒蘑菇，一是鉴别野生蘑菇是否有毒，需要专业机构和人员，目前没有简单、易行、可靠的鉴别方法。民间、网络流传的一些识别方法经证明并不可靠，不要轻易相信网络和一些非专业机构宣传资料上鉴别有毒野生蘑菇的方法。二是预防毒蘑菇中毒的根本办法就是勿采、勿食、不买、不卖不明品种野生蘑菇。三是一旦出现食用野生蘑菇中毒症状，要立即进行催吐，并尽快就医。

二、商品成分含量的要求

商品中含有对品质有利的成分和不利的成分，对商品品质的影响，都是以其含量为基础的。只有在其含量达到一定程度时，才能对商品品质产生有利或有害的影响。所以按照成分决定品质高低的商品，其成分含量是判断商品品质的主要指标。对商品成分含量要求的方法大致可以归纳为以下四种。

（一）规定最低限量

规定最低限量主要针对对商品品质有利的成分。如主要成分和有效成分，它们的含量越高，商品品质可能越佳；它们的含量越低，就会影响到商品的品质，甚至丧失商品应有的使用价值。如新生婴儿自身不能合成二十二碳六烯酸和二十碳四烯酸，必须完全靠外界食物供给，婴幼儿配方乳粉中添加足量的多不饱和脂肪酸，有利于婴幼儿健康成长。《食品安全国家标准较大婴儿和幼儿配方食品》（GB 10767—2010）规定，亚油酸的最小限值为 0.07g/100kJ。因此，在贸易合同品质条款中，对于此类的商品品质应当根据标准规定具体最低含量。在商品标准或进出口商品合同中，对该类成分含量的标示一般采用"不低于""不小于""最低"或"minimum"，或在成分含量之前加注符号"≥"。

（二）规定最高限量

规定最高限量一般有两种做法。

（1）对商品品质有不利影响的成分规定最高限量，不利影响成分的含量越低，商品的品质越好，杂质成分、商品中的水分和有毒成分均属于此类。在商品标准或进出口商品合同中，对该类成分含量的标示一般采用"最大限量""最高限量""最高""不超过""不大于""××以下"或"maximum"，或在成分含量之前加注符号"≤"。如天然矿泉水中的溴酸盐是水源水在经过臭氧消毒后所产生的副产物。《饮用天然矿泉水》（GB 8537—2008）规定天然矿泉水中溴酸盐含量<0.01mg/L。长期饮用具有较高含量溴酸盐的天然矿泉水，可能会对人体健康造成一定影响。

（2）某些成分虽为改善商品所必需，但是如果加入过量，则会对身体健康造成不良的影响，需要严格控制使用量，如食品添加剂就属于此类，它的使用不能超过标准规定的最大使用量。如国家食品药品监督管理总局（CFDA）2017 年 3 月公布，标称生命果有机食品股份有限公司生产，认定为不合格产品在京东网站销售的树莓汁饮料，脱氢乙酸及其钠盐检出值为 0.050g/kg 脱氢乙酸及其钠盐作为食品添加剂，广泛用作防腐剂，对霉菌具有较强的抑制作用。《食品安全国家标准食品添加剂使用标准》（GB 2760—2014）中规定，果、蔬汁饮料中不得使用脱氢乙酸及其钠盐。长期大量食用脱氢乙酸及其钠盐超标产品，可能对人体健康产生一定影响。

（三）规定一定范围

规定商品中某些成分的含量只能在一定范围内，凡是在规定范围内的含量均为符合要求。一般有以下两种情况：①含量过高过低，会导致商品品质下降；②商品良好品质应具备的条件，应保证规定范围内的含量。在商品标准或进出口商品合同中，对该类成分含量的标示一般采用："××-××"、"××±×"或"Pos./Neg."，或在成分含量允许范围之前加注符号"±"。

（四）要求准确无误

对于商品成分含量，要求准确无误，没有上下限，也不允许上下浮动。这类商品成分要求均为主要成分，其含量关系到商品的使用的准确度，所以要求其中的主要成分的含量必须准确无误，不允许有误差。如化学试剂，为保证化学实验的准确性，要求化学试剂中的主要成分含量必须精确。

（五）不准含有

规定商品中不准含有的有害成分，一般规定为"不得检出"。如婴儿奶粉不得检出阪崎肠杆菌，国家食品药品监督管理总局（CFDA）2016年12月公布，厦门市某婴幼儿用品店销售的标称恒信乐健（厦门）生物技术有限公司生产的婴儿配方奶粉（1段），阪崎肠杆菌3次检出值分别为"检出""检出""0"，不符合标准规定的3次检测结果均不能检出的要求。阪崎肠杆菌是存在于环境中的一种条件致病菌，可能对0~6月龄婴儿，尤其是早产儿、出生低体重儿，以及免疫力缺陷婴儿存在较高健康风险。《食品安全国家标准婴儿配方食品》（GB 10765—2010）中规定，婴儿配方食品中阪崎肠杆菌应不得检出。

三、商品成分含量的表示方法

（一）用百分率表示

用百分率（%）表示商品成分的含量，有三种计算方法。

1. 用商品中成分的重量占商品重量的百分率表示

$$某成分\% = （某成分重量/商品重量）*100\%$$

2. 用商品中成分重量占商品干物质重量的百分率表示

$$干态某成分\% = ［某成分重量/（商品重量-商品中水分重量）］*100\%$$

例如，煤炭出口的灰分和挥发分均以干态计算，即按干态灰分%和干态发分%计算。

3. 以商品中某成分重量占某几种成分重量和的百分率表示

例如，煤炭中可燃体挥发分%=挥发分重量/（挥发分重量+固定炭重量）*100%=挥发分重量/（煤的重量-水分重量-灰分重量）*100%

（二）用定重商品中某种成分的重量表示

1. 以100克商品中含有某种成分的毫克数表示，单位为毫克/100克或mg/100g

如鲜鸡肉、鲜猪肉、鲜牛肉、鲜羊肉、鲜兔肉等，卫生标准规定上述中挥发性盐基氮含量（mg/100g）：一级鲜度≤15；二级鲜度≤25。

2. 以1000克商品中含有某种成分的微克数表示，单位为微克/千克（μg/kg）或PPb（Pats per billion）。

3. 以1000克商品中含有某种成分的毫克数表示，单位为mg/kg或PPm（Pats per million）

多用于在商品中含有重金属、农药残留。

4. 以1000克商品中含有某种成分的克数表示，单位为克/千克（g/kg）

如食品添加剂的最大使用量的计量单位为g/kg。

5. 以1克商品中含有某种成分的微克数表示，单位为微克/克（μg/g）

如食物中硒的含量，按微克/克计量。

（三）用定重商品中某种成分的容量表示

如蜜饯等商品的水分指标。《食品安全国家标准 食品中水分的测定》（GB 5009.3—2016）第三法蒸馏法测定商品，用100克食品中含水分的毫升数表示，单位毫升/100克（mL/100g）。

（四）用一定容量商品中某种成分的重量或容量表示

1. 以100毫升商品中含某种成分的克数表示，单位为克/100毫升或g/100mL

表3-1 理化指标

项　　目		指　　标
氨基酸态氮/（g/100mL）	≥	0.4
总酸（以乳酸计）/（g/100mL）	≤	2.5
总砷（以As计）/（mg/L）	≤	0.5
铅（Pb）/（mg/L）	≤	1
黄曲霉毒素B1/（μg/L）	≤	5

注：来源于《酱油卫生标准》（GB2717—2003）。

在表3-1中，《酱油卫生标准》（GB2717—2003）规定酱油中氨基酸态氮≥0.4g/100mL，总酸≤2.5g/100mL。

2. 以1L商品中含某种成分的毫克数表示，单位为毫克/升或mg/L

如表3-1中，《酱油卫生标准》（GB2717—2003）规定总砷≤0.5mg/L，铅≤1mg/L。

3. 以100毫升商品中含某种成分的毫克数表示，单位为毫克/100毫升（mg/100mL）

如军用柴油规定（GJB3075—1997）中对于加速安定性总不溶物单位用mg/100mL。

4. 以1L商品中含某种成分的微克表示，单位为微克/升或μg/L

如表3-1中，《酱油卫生标准》（GB2717—2003）规定黄曲霉毒素≤5μg/L。

5. 以100mL商品中含某种成分的毫升数表示

如白酒用酒度表示酒精含量，白酒的酒度即是 100mL 白酒中含有酒精的毫升数。52 度白酒，就是 100mL 白酒中含有 52mL 酒精。

（五）用测定定量商品中某种成分所需化学试剂的用量表示

植物油脂的酸价是指中和 1 克油脂中游离脂肪酸所需氢氧化钾的毫克数，酸价愈低，油脂愈佳。啤酒的总酸用酸度表示，啤酒的酸度是中和 100 毫升啤酒中总酸所需 0.1N 氢氧化钾溶液的毫升数。

（六）用商品中被测定成分溶于 1 升试剂的毫克数表示

《食品安全国家标准 食品接触材料及制品 砷、镉、铬、铅的测定和砷、镉、铬、镍、铅、锑、锌迁移量的测定》（GB 31604.49—2016）第二法电感耦合等离子体发射光谱法测定食品成分。食品包装用纸中的铅和砷，陶瓷食具容器中的铅和铬，铝制食具容器中的锌、铅、铬、砷等的含量，用它们溶于 1 升硝酸试剂中的毫克数表示。所用单位为毫克/升或 mg/L。

第三节　商品的性质

商品的性质是决定商品质量的重要因素，商品的性质与商品的原材料、使用性能和用途有着直接的联系，同时也是确定商品的包装、运输、储存和使用（食用）条件的重要依据。通过对商品性质的了解和研究，才能对商品的质量有正确的全面的认识，才能更好地做好商品生产、流通和消费等环节的工作。商品的性质可概括为商品的物理性质、化学性质、机械性质和生物学性质四个方面。

一、商品的物理性质

商品的物理性质是指商品在正常情况下所表现出来的形态、结构、重量、比重、塑性、弹性、强度、硬度、颜色、光泽等的特性，或者是商品在湿、热、光、电、压力等外力作用下，发生不改变商品本质的相关性质。学习和研究商品的物理性质，能够帮助识别商品品质，可以在商品的包装、运输、保管、销售和使用过程中有效地维护商品的安全，达到养护商品的目的。

（一）重量

商品的重量是一项重要的物体量，它可以直接用来表示和评价商品的质量（如纸张、皮革、纺织品等），并可作为鉴定商品或确定材料性质的指标，用来判断材料的结构特点，计算出原材料的损耗和商品的用途。商品的重量指标通常在国际标准、国家标准或专业标准的技术条件中都有严格的规定。常用的有定量、比重和容重。

1. 定量

定量是指单位面积商品的重量，单位为克/每平方米（g/m^2 或 g/sm）。纸张、纺织品等以定量来表示。

如常用纸张的定量有 52 克/平方米、60 克/平方米、70 克/平方米、100 克/平方米、120 克/平方米、150 克/平方米等。定量不超过 250 克/平方米的，一般称为纸，超过的一般称为"纸板"。

2. 比重

比重是指单位体积所具有的质量，即商品的重量与其体积的比值，公式为 $\rho = m/V$，单位为 kg/m^3。比重可以帮助鉴别商品中某些物质的纯度和致密度，如果商品的实际比重与指标比重不符，说明该商品含有孔洞或其他比重不同的杂质。如聚丙烯的比重为 0.90~0.91，如果测定值低于 0.90~0.91，说明内部有孔洞或者其他比重小的杂质；如果测定值高于 0.90~0.91，则说明含有比重大的杂质成分。

3. 容重

容重是指单位体积所具有的重量，公式为 $\gamma = G/V$，单位为 N/m^3，在国际单位制中，其单位是千牛/立方米（kN/m^3），如常用于工程上指一立方的重量，如单位体积土体的重量。

（二）吸湿性

商品的吸湿性是指商品所具有的吸收和放出水分的特性。具有吸湿性的商品，在干燥的环境中能放出水分，在潮湿的环境中能吸收水分，其含水量随外界温度的变化而改变。吸湿性愈强，其含水量改变的范围愈大。商品吸湿性的强弱，取决于其成分和结构。商品成分中含有易溶的盐或碱，或成分的分子中存在有氨基、羧基、羟基等亲水官能团，则商品能与水发生离子或分子间的结合，而使吸附的水分难以完全放出。商品的吸湿性大小受两方面因素的影响：一是商品的成分和结构。表面光滑、结构紧密的商品，吸湿性较小，即使有吸湿现象，也属表面的吸附，如玻璃制品、金属制品、搪瓷、陶瓷等。多孔性且内部组织疏松的商品，吸湿性较大，如纺织品、纸张等。易溶性商品，如肥皂、糖等，在潮湿条件下可大量吸湿，首先是表面吸附，进一步将发生糊化或溶解。二是外界的温湿度和具体商品的吸湿点有关。吸湿点是指商品开始吸湿时的相对湿度。不同商品在相同温度下，吸湿点愈低，商品吸湿性愈强。而在相同湿度下，温度愈高吸湿点愈低，商品越易受潮；反之，吸湿点就愈高。商品的吸湿性强弱不同对商品的作用也不相同。例如，吸湿性对纺织品有不同作用。棉布的吸湿性可以调节人体与衣服之间的温度与湿度，穿着时感觉舒适。羊毛因其结构多孔且含有亲水基团，所以有很强的吸湿性，而且水分被吸收，不易散失，易发生霉变。

商品的吸湿性的指标用回潮率与含水率来表示。

回潮率是指商品所含水分重量与干燥的重量的百分比，用公式表示为：

商品回潮率 ＝ ［商品含水重量/（商品含水时的重量－含水量）］ ＊100%

含水率是指商品所含水分重量与商品实际重量的百分比，用公式表示为：

$$商品含水率 = 商品含水重量 / 商品含水时的重量 * 100\%$$

化纤行业一般用回潮率来表示纤维的吸湿性的强弱。

回潮率/含水率不仅影响纺织材料的重量，还影响纺纱纱线条干均匀度、纱线的重量偏差、纤维的加工和染色性能，为了保证企业生产的顺利进行和纺织品的最终品质，在整个加工过程中都必须对纤维原料、半成品及成品进行水分测定。另外在对纺织纤维的鉴别、纤维材料的含量分析、纤维材料的品质检测、纱线的品质检测、纺织品的品质检测等过程中，也需要先对纤维材料进行烘干处理，在检测水分含量达到规定值的条件下，再进行纤维其他性质的检测。不管是企业还是相关检测部门，掌握不同材料回潮率/含水率检测标准至关重要。

（三）透气性和透水性

物体能被水蒸气透过的性质称为透气性，能被水透过的性质称为透水性。具有透水行的商品必然具备透气性，透水性大则透气性也大；反之则不一定。

气体对薄膜、涂层、织物等高分子材料的渗透性，是聚合物重要的物理性能之一。聚合物透气性的研究有重要实用价值，目前已在水果、蔬菜、食品等的保鲜，农作物的保温、催熟，食品、药物的包装、贮存，医用材料、分离膜的制备等方面得到广泛应用。

透气防水也是人们对纺织品一直努力追求的目标，现代社会生活更加需要纺织品具有把人体排出的汗气透过织物向周围环境散逸的能力，即透气性和防水性，透水性和透气性也应用于特殊用途的地方，如飞行服、海难救生服、防护服等场合。

透气性的表示方法有绝对透气量和相对透气量。绝对透气量是单位时间内透过物体单位面积的水蒸气的重量；相对透气量是绝对透气量与同面积水的蒸发量的比值。

透水性一般是用单位时间内单位面积所透过的水量表示。其他的表示方法还有很多，如一定水量透过一定面积的物体所需要的时间，水从物体的一面渗透到另一面所需要的时间等等。

（四）导热性和耐热性

1. 导热性

导热性是指物质传导热量的性能。一般说来，导电性好的材料，其导热性也好。若某些零件在使用中需要大量吸热或散热，则要用导热性好的材料。如凝汽器中的冷却水管常用导热性好的铜合金制造，以提高冷却效果。

影响商品导热性的主要因素是其成分和组织结构以及商品表面的色泽等。外界因素如温度、湿度、气流的速度和压力对商品体的导热性也有影响。

各种成分不同的商品，其导热性的差别很大，金属材料都是热的导体；动植物纤维、玻璃、橡胶等都是热的不良导体；而多孔材料（纺织品、皮革等）则导热性很低，因而增强了保温性。

商品导热性的表示方法，因商品的种类而不同，如金属制品以比热表示（比热是指一克物质温度升高 1℃ 需要的热量，或温度降低 1℃ 时所放出的热量，单位为卡/克·度）；纺织品以传热系数或热传导率表示；而保温瓶则以一定时间内瓶中水温下降的度数来表示。

2. 耐热性

耐热性是指商品经受温度变化而不致破坏或显著降低强度的性质。商品的成分和内部结构的均匀性对其耐热性的影响最大，与导热性和热膨胀系数也有关，其导热性大，热膨胀系数小则耐热性强；反之则差。

玻璃、糖瓷等类商品的导热性较低，在温度变化时，由于传热慢导致各部分膨胀不均，因此易于破裂。这些商品常盛装沸水或直接与热源接触，要承受突然发生的温度变化。故其耐热性是用商品所承受急剧温度变化而不致破裂的最大温度差来表示。

橡胶及某些塑料制品，在温度变化的条件下，将发生成分结构的变化而导致性能改变，出现老化变质的现象。这种商品的耐热性一般是用某一定温度下强度降低的百分率来表示。

热膨胀性的大小，与多种商品的质量有关，它是确定商品质量的重要标志之一。

（五）光学性质

物体受到光线作用时所表现出来的性质，称为光学性质。在可见光范围内，不同波长的光引起不同的颜色感觉。当光照射物体时，会发生透过、吸收和反射三种不同的现象，因而映射出不同的颜色，具有一定的光泽。颜色和光泽是商品的一项重要的外观质量指标。

不透明体的颜色是它所反射的色光的混合色。物体如只能反射红光则呈红色，如全部吸收则呈黑色，如反射全部色光则呈白色。透明体的颜色是透过它的色光的混合色。无色透明体是对色光吸收很少的物体。

商品的颜色一般是指在日光下所呈现的颜色。在不同的色光照射下，商品的颜色将发生相应的改变。白色商品在蓝光下仅反射蓝光，故呈蓝色；黄色商品在蓝光下因无黄色反射，故呈暗色。灯光与日光有区别，灯光的黄光较多，而蓝色光、靛色光较少，因此，在灯光下观察到的商品频色与在日光下观察到的不同，例如黄色转浓、红色泛黄、蓝色显绿、靛青色发黑。日光灯的光谱近似日光，故在日光灯下商品的颜色能比较正确地显示。日光的强弱不同，也会使商品呈现不同的颜色。强光下，长波色光（红、黄、橙、绿）较强，而短波色光（蓝、靛、紫）较弱。弱光下，红、橙、黄色发暗，而蓝、靛色却显得鲜明。

商品的光泽主要取决于其表面的光滑程度，光滑的表面对于光的反射主要是向着同一方向的镜面反射，因而呈现较好的光泽；粗糙的表面则发生漫反射，故缺少光泽。具有光泽的物体其颜色显得鲜明，同一颜色的无光体则显得色层深厚。

人们能看到的光，称为可见光。可见光以外的光被称为射线，如紫外线、红外线等，商品受紫外线长时间照射，机械强度会显著下降。

二、商品的化学性质

商品的化学性质是指商品抵抗各种外界因素对其发生化学作用的能力，也就是商品在生产、流通和使用过程中，受外界作用时其化学成分变化的大小，主要考虑商品的化学稳定性。化学性质不够稳定的商品容易发生商品的成分组成和结构的变化，从而导致降低或者丧失商品的使用价值。

（一）耐水性

耐水性指商品在不同温度下，对于水的连续作用或者间歇作用所产生的反应。耐水性包含：一是商品抵抗水溶解其成分的能力；二是商品对于水的水解作用的稳定性。如保温瓶胆在长期使用中，由于不同温度的水尤其是沸水的作用，玻璃中碱性硅酸盐会被水缓缓溶出和分解，结果使瓶胆玻璃逐渐被浸蚀，出现凹凸不平的麻点，失去应有的光泽，严重时出现脱片，使得玻璃保温效果明显下降。因此瓶胆玻璃的耐水性要求较高。

商品的耐水性用于不同的场合，耐水性的好坏，常常用来确定商品使用、运输、储存、包装条件及使用期限。

（二）耐酸碱性

耐酸碱性是指物体经受酸液或碱水浸泡的耐力。不同商品的耐酸或耐碱的能力差异很大，如在同样的条件下，金属银比铁的耐酸和耐碱的腐蚀性要高很多。很多材料在加工时和成品在使用时，都要接触酸类和碱类，因此了解好商品的耐酸碱性，有利于商品的生产、流通和消费。

（三）耐氧化、耐光和耐候性

耐氧化、耐光和耐候性是指商品在生产、流通和消费过程中抵抗空气中氧气、日光中紫外线和天气变化等外界因素作用的能力。耐氧化、耐光和耐候性差的商品受上述外界因素作用时间较长时，会使成分发生变质，从而失去商品的使用价值。

商品中的无机成分，所发生的化学变化多为化合或分解反应，而有机物成分的变化则十分复杂。例如纺织纤维、塑料、橡胶等高分子材料及其制品，在受到氧、光、热等因素的作用下发生降解、交联等反应而老化。降解使得分子断裂、分子量减少，交联使得线型或支型的大分子交联形成网络型大分子。多数情况下，降解和交联同时发生。降解反应占优势，将使商品失去机械强度，并出现发黏的现象；交联反应占优势，则使商品发硬变脆，失去弹性。

商品的耐氧化、耐光和耐候性是工业商品的一项重要的化学性质。要提高商品的这些性质，除选用化学稳定性较好的材料外，主要是成品制造过程中加入抗氧、光、热的稳定剂或在成品表面涂上保护层。

三、商品的机械性质

商品受拉伸、压缩、冲击、弯曲、扭转、揉折、剪切等外力作用时，抵抗发生变形或破损的能力，称为机械性质。机械性质是许多工业品的重要品质指标。商品是否坚固耐用，是否易变形或损坏，主要看商品的机械性质。工业品由于使用要求不同，对机械性能的要求也有所区别，以下介绍几种较普遍的机械性质。

（一）荷重

荷重（亦称负荷）是施加于商品体使其发生形变的外力。由于外力的作用方式、时间、性质的不同，可区分如下。

按作用方式，荷重可分为拉伸荷重、压缩荷重、弯曲荷重等。拉伸荷重使商品体产生拉伸形变，即长度增加而横断面积缩小；压缩荷重使商品体产生压缩形变，即长度变短而横断面积增大；弯曲荷重使商品体产生弯曲形变，弯曲时商品体的各部位形变是不同的，弯弧外侧部分受拉而伸长，弯弧内侧受压而缩短，所以弯曲形变实际上是拉伸形变和压缩形变的复合作用。

按作用时间，荷重可分为不变荷重（永久荷重）和交变荷重（暂时荷重）。如悬垂的电灯线、窗帘受到的是不变荷重，而鞋底在人行走时受到的是时大时小或时有时无的交变荷重。

按作用性质，荷重可分为动荷重和静荷重。动荷重是突然迅速作用于商品体的外力，静荷重是缓慢而逐渐作用于商品体的外力。动荷重对商品体的作用比静荷重作用强烈、速度快、力量大，易使商品结构发生迅速的位移而遭破坏。因此，商品抵抗静荷重的能力高于抵抗动荷重的能力。一般脆性商品最不耐动荷重的作用，在储存、运输过程中容易因冲击、碰撞、摩擦等动荷重作用而破损，静荷重作用虽不致使商品立即破损，但随着时间的推移，会使商品体变形直至损坏。

应力是指商品在荷重作用下发生形变时，其内部发生的抵抗力。荷重和应力是同时出现的作用和反作用的两种力。

商品体受到一定荷重的作用后，应力随形变而增加，直到与荷重平衡，形变才停止。荷重增大到一定程度，商品体的应力与形变超过极限，就会发生断裂，使商品体遭到破坏。例如，玻璃制品在生产过程中，因冷却使内部受压而产生的内应力，如不消除会导致全部制品破碎。

（二）弹性和塑性

弹性和塑性是指物体承受外力作用时发生形变的性质。

商品体产生的形变可分为两大类：一类是可复原的形变，称为弹性形变，即物体受到外力作用后产生的形变。当移去外力后，物体能自动恢复原来的形状和尺寸，这种自动复原的性质称为弹性，这种物体称为弹性体。另一类是不可复原的形变，即对其施加外力后，形变不能随外力的移去而复原，这种形变是永久性的，故称为塑性形变。这种性质称为塑性，这种物体称为塑性体。

弹性形变又可分为普弹形变、高弹形变和黏弹形变三种形式。在普弹形变下，当外力停止作用时，物体迅速恢复原状；高弹形变则恢复得较慢，黏弹形变恢复得更慢。

物体承受外力的作用是有一定限度的，在这个限度内，物体能够恢复原状，超过了这个限度，物体就不能恢复原状，这个限度称为弹性限度。可见，商品体的形变还随外界条件（外力、温度、时间）的变化而不同。例如，玻璃、钢材、塑料等物体在常温、常压下都是弹性体，而在一定的温度下又是良好的塑性体。

商品中多孔性物体如纺织品、皮革、纸张等，其形变性质除与材料本身的形变性质有关外，还与商品体的宏观结构——组织形态有关。各种物体都有着多种多样的组织结构，其形变的特征也各不相同。例如罗纹布具有较大的伸缩性，其弹性形变值大于斜纹布；而斜纹布一般又大于平纹布。所以在通常情况下，组织紧密的材料多具有较好的弹韧性，而组织松弛的材料则易出现较大的塑性变形。

材料的弹性和可塑性以及它们的变化规律与商品的使用性质有密切的关系。在商品生产中常利用材料的弹性和可塑性相互转变的特性，进行加工制造，对于多种成品来，其弹性和可塑性的大小与其在使用和保管过程中是否易于变形损坏、是否坚固适用等性能有着直接的联系。因而弹性和可塑性常是表示多种商品质量的主要指标之一。

弹性与可塑性形变的大小，一般是用伸长率表示：

伸长率＝物体受拉伸力时所伸长的长度/物体的原长度×100%

移去外力，伸长部分回缩的长度表示弹性，不回缩的伸长度表示可塑性。

弹性形变率＝伸长的长度中所回缩的长度/物体的原长度×100%

塑性形变率＝伸长的长度中不回缩的长度/物体的原长度×100%

对于此材料和成品，常根据使用的要求规定其在一定拉力作用下的形变率范围。至于物体的最大弹性和可塑性则用拉断时的形变率来衡量。

（三）强度

商品抵抗外力作用而保持体态完整的能力，称为强度。

商品体受外力作用后，在物体内部产生内应力，同时商品体发生形变。随着外力的增大，形变也增大，当外力增大到某一值时，引起商品体破坏。而物体的强度一般是用使物体破裂时的外力来衡量。所以商品的强度是表示其坚固耐久性的重要指标。

商品常用的强度指标主要有抗张强度、抗弯强度、抗磨强度和硬度等。

1. 抗张强度

抗张强度是指商品抵抗拉伸荷重的能力。

拉伸荷重是工业品商品在使用过程中经常遇到的一种外力，所以抗张强度是多种商品的一项主要质量指标。

商品的抗张强度通常用拉断其单位面积试样时所需的最小荷重（千克/平方米）来表

示。纺织品和纸张等商品的抗张强度用断裂强力（拉断一定宽度试样所需的最小荷重千克数）或断裂长度（试样本身重量可使其断裂时所应具有的长度千米数）来表示。

2. 抗弯强度

抗弯强度是指商品抵抗弯曲荷重的能力。

抗弯强度的表示方法多因商品不同而异。或用反复弯曲直至断裂所需的次数表示，或将试样弯曲至一定角度来观察表面有否裂纹，或检查弯曲后是否出现各层分离的现象等。各种表示方法都是根据商品结构的特点以及商品的用途和使用条件确定的。

3. 抗磨强度

抗磨强度是指商品抵抗外物摩擦的能力。磨损是工业品商品损坏的一个重要方面，它直接影响商品的耐用性。

两种物体相互摩擦时，较硬的物体不会受到明显的损伤，所以抗磨强度与物体的硬度有着一致性。但是对于具有交织结构的柔韧性材料来说，硬度高则交织点多而密实。当摩擦时其内层发生切变，若交织过于紧密将产生较大的切应力，而增强被摩擦部分的摩擦阻力，其抗磨强度也就相应地降低。因此，硬度过大不利于抗磨强度的增高。

商品的抗磨强度常用两种方法表示。一种是在一定条件下商品被磨耗的重量；另一种是在一定条件下摩擦破损时所需要的次数。

4. 硬度

硬度是指商品抵抗外物压入或穿刺的能力。它与商品的成分和结构有关。

硬度对于某些商品的使用范围、使用过程的性状以及外观的保护都很重要。在使用过程中，凡承受压力的商品均要求具有与其在使用中承受的压力相应的硬度。例如用于制造车刀、镜刀丝锥、钻头等刀具的工具钢，必须具有很高的硬度，才能保证所制造的刀具具有良好的切削性能和很高的耐磨性。

所以，硬度是许多商品的重要机械性能之一，尤其对于鉴定金属、塑料等商品更具有实际意义。因此，它也是评定商品质量的重要指标。

测定硬度的方法，最常用的有划痕法和压入法两种。

（1）划痕法：划痕法是采用各种不同硬度等级的物体刻划要测定的物体表面，直到试样上留有明显的痕迹为止。以测定玻璃硬度为例，把玻璃试样用 10 种矿物质顺次进行划痕，根据其划痕深度，定出相对硬度，即可看出玻璃试样的硬度位于摩氏硬度表的哪两种矿物之间。

根据划痕后检查结果，玻璃硬度是在摩氏硬度表上的 4~8 级之间。

（2）压入法：测定金属硬度普遍采用布氏硬度计，所测结果称为布氏硬度。布氏硬度测定是以小钢珠或金刚石锥体压入金属商品试样的表面，观看硬度计所指的度数。如压入的深度越深，商品试样的硬度就越小；相反则越大。

表示硬度的单位是每平方厘米所需荷重的千克数（千克/平方厘米）。

（四）韧性和脆性

商品的韧性和脆性也是反映物体强度大小的指标。

1. 韧性

韧性是指商品在一定条件下，能承受外力的作用而不破裂的性质。如皮革、橡胶、针棉织品等，如受到一定的冲、压、碰撞而不破裂，就说明它们具有一定的韧性。

2. 脆性

脆性是指商品在一定的外力作用下，易于破裂的性质。其物体称为脆性体。脆性体在动荷重的作用下，只具有微弱的抵抗能力，当动荷重对其发生作用时，它的组织结构将发生突然而迅速的位移而破裂，如玻璃、陶瓷及电木、聚苯乙烯塑料制品等。这些商品在运输、保管和使用过程中，必须针对其特征，防止受到挤压、碰撞等外力作用而遭受损失。

商品在使用过程中要经受多次外力的反复作用，它的各种强度都将逐渐降低，这是强度的疲劳现象。而物体抵抗多次外力重复作用的能力则称为抗疲劳强度。因此，研究各种商品的强度时，也需要研究它的疲劳现象。

对于一种商品，根据它的强度和抗疲劳能力来确定它在外力作用下的坚固耐久性具有较普遍的实际意义。

四、商品的生物学性质

商品的生物学性质，主要指食品受外部因素和微生物的作用所发生的水解性、氧化性、霉腐性、酵解性、生理性、生化性等性质的变化。

有生命的有机体商品，由于具有生命运动这一特殊的性质，因而在储存期间和其他因素所引起的性质变化，与无机物商品、有机物商品、高分子化合物工业品的性质变化有着不同的特点。

（一）水解性

水解性指含有蛋白质、脂肪、糖类等的食品商品，在酸、碱、酶的作用下水解生成新的物质的性质。

脂肪发生水解反应，使甘油酯分解为甘油和脂肪酸。分解出的脂肪酸越多越容易酸败。因此，鉴定脂肪的新鲜程度，就需测定脂肪中游离脂肪酸的含量。通常用中和 1 克油脂中的游离脂肪酸所需氢氧化钾（KOH）的毫克数来表示（称为酸价）。酸价值越低，脂肪质量越好；反之质量就越差。所以，水解性被作为鉴定脂肪新鲜程度的指标。

蛋白质水解，最终使蛋白质分解成氨基酸，故加工中利用这一性质，通过酶的作用水解蛋白质，可以改善食品的颜色、香味和滋味，提高吸收率。

（二）氧化性

氧化性指食品商品在自身酶和外部氧的作用下氧化而分解为低分子化合物的性质。

食品氧化的结果往往使质量变坏，降低或失去食用价值。例加脂肪类食品由于脂肪基含有双键结构，因氧化而断链并生成低级醛、酮、酸等，使食品变苦而不能食用。维生素等营养成分，可因氧化而失效。

(三) 霉腐性

霉腐性指有机物商品在微生物作用下而改变其原有的外观、强度、气味、食用品质等所表现出来的性质。

大多数有机物商品具有可食性，微生物以有机物商品作为基质，附于其上生长繁殖，直接破坏商品的质量，而且微生物在代谢过程中产生的分泌物和毒素也严重影响商品的使用价值。微生物对有机性商品的危害是严重的，但微生物需一定条件才能生存和繁殖从而危害有机性商品。在不适宜条件下，它的生命活动会被抑制，甚至被杀灭，故创造不适宜微生物生存的条件是保证有机性商品品质安全的重要措施。

引起食品中蛋白质腐败的微生物主要是一些杆菌，如肉毒杆菌、香肠杆菌和大肠杆菌等，对许多动物性食品，如果在加工和贮藏中不遵守卫生管理规范和操作流程，不注意贮存条件，很容易受空气中微生物的污染而腐败，从而引起变质。

(四) 酵解性

酵解性指含碳水化合物的商品在无氧状态下分解的性质。

含糖类的商品，特别是食品，因具有酵解性，在酵母菌和酶的作用下易于发酵分解而生成其他物质。发酵虽能造成食品变质，但也是食品加工过程中的一个重要的方法，称为"发酵工程"。

乳酸发酵广泛用于乳制品的制造、渍酸菜、青贮饲料等，屠宰动物后肌肉中所产生的一系列生物学变化也和乳酸发酵有密切的关系。

(五) 生理性

生理性是指鲜活食品具有的呼吸、后熟、萌发、抽薹等生理性质。

正常的呼吸作用是鲜活食品的基本生理活动。进行适当的正常呼吸能使该类商品处于健康状态，并能保持抵抗病害和抵御微生物的能力。植物食品中的后熟、萌发和抽薹是植物性鲜活食品采摘后生理活动的延续。这种生物特性也可以在贮藏中加以利用。

(六) 生化性

生化性是生鲜食品能够发生僵直和软化的性质。

对家畜、家禽及鱼类等，宰杀后它们的肌肉组织会发生一系列连续性的变化，在肌肉形态上出现僵直或软化的现象。有的变化会影响肉的质量，有的变化则会改善肉的品质，其根本原因是由于肌肉纤维具有收缩和松弛的性质，如果肌肉松弛，其自身的抗体对微生物的抵御能力就会降低，从而受到腐坏。

思考题：

1. 何为商品的主要成分？举例说明。
2. 何为商品的次要成分？举例说明。
3. 何为有机物？何为无机物？
4. 商品成分含量的要求有哪些？
5. 试着举例说明商品的成分含量的表示方法。
6. 商品有哪些物理性质特点？
7. 商品的化学性质特点有哪些？
8. 何为商品的机械性质？

第四章　商品标准与标准化

1. 掌握标准的含义、分类和分级
2. 掌握商品标准的含义、作用、基本内容
3. 了解标准化的含义、作用、原理
4. 了解标准化对于消除贸易技术壁垒的作用

导例

"粉红女士"是陕西省果树研究所 1995 年从国外引进的苹果新品种，这个品种在国际市场特别是欧洲市场十分走俏。陕西目前栽植"粉红女士"苹果的果农大多有一定的果树管理经验，但仍然未能迈出"国标"这道槛。许多农民从未听说过这种苹果还要标准化。

省果业局局长认为，除了口味，苹果的质量要求还包括色泽和外形。美、日等发达国家的苹果生产从品种选择到减枝压条、疏花疏果、喷药施肥灌溉以及套袋技术的运用等，都有一套规范的生产模式，这样才生产出色泽均匀、外观漂亮、口味宜人的水果。外在质量指标恰恰是国际上对苹果标准要求的重点。

据统计，陕西苹果优生区非套袋果仅有 10%~20% 能达到出口标准，而套袋后的合格率可达 70% 以上。在"粉红女士"苹果生产中虽然华圣公司在与果农的订单上写明了一定要套袋，但实际套袋量只有一半。落后的管理使陕西省苹果优质果率不到欧美发达国家的一半，高档果更是少之又少。

与低标准生产相伴的是低标准的储藏、运输和营销。陕西大量苹果采摘后都是先存放在果农家中，等待客商上门收购，入库率很低。而在日本，成熟后的苹果从田间收送到批发市场，批发商再进行分级筛选、打贴商标，达到入库存储要求，必须在 24 小时之内完成，这样才能保证富士苹果可存至第二年 8 月。

业内专家分析指出，实现工业化或准工业化，是农产品生产的未来趋势。事实上，一些农业发达国家的农产品生产已经像工业品生产一样的严密，他们为农产品确立的市场标准，也只有通过对每一个细节的高度控制才能达到。

陕西省农业部门在东南亚水果市场考察时发现，国外果品包装，普遍执行国际标准，所有果品在机械生产线上清洗、打蜡、贴标、分级后才能装箱。每个果品箱盖上都有果库号码和"CA 气调"标记，表示果品经州级政府检验合格，没有"CA 气调"标记的不能作为商品出售。这种严格的质量管理，使果品到达消费者手中时，硬度、脆度和口味几乎不变。这是美国、日本、新西兰等国家的苹果在国际市场上经久不衰的重要原因。

贸易量与生产、储存、包装的标准成正比。虽然陕西苹果目前已销往20多个国家和地区，但产量占世界总量7%的陕西苹果，出口量却不足国际贸易总量的1%。在广州、深圳等地的水果市场上，普遍反映陕西苹果口感好、甜度高，但不分等级、粗放营销让果商们又爱又恨。

陕西省果业局局长认为，要做强做大苹果产业，只有用现代企业的管理模式，使苹果从田间一直到餐桌的每一步都符合标准化要求，在这个长长的链条中任何一处都不能松动。

"粉红女士"300吨出口订单落空为陕西苹果敲响了警钟，也给我国农产品的技术标准化提出了新课题。专家指出，我国农产品在国际市场屡屡受挫，反映出我国农产品国内标准滞后，应尽快制定能够与国际对接的标准化体系。据介绍，我国农产品目前有80%是按照国内标准生产，只有20%左右按国际标准生产。

以普遍应用的农药为例。我国农药产品的无公害指标、结构严重不适应农产品的标准化生产，集中表现在三个70%：杀虫剂占70%、杀虫剂中有机磷农药占70%、有机磷农药中剧毒农药占70%。这些符合国内标准的农药在国际市场几乎见不到。我国农产品出口中遇到的问题，不少是农药残留超标所致。

最近，洋水果进入我国市场的势头强劲。有关专家分析，随着洋水果大量入境，国内苹果市场也将变为国际竞争的舞台，如果我们的生产只满足于低标准，中国苹果丢失的可能不仅仅是国际订单。

第一节　标准概述

一、标准的概念

国家标准《标准化工作指南 第一部分：标准化和相关活动的通用词汇》（GB/T 2000.1—2002）中对"标准"做了如下定义："为了在一定范围内获得最佳秩序，经协商一致制定并由公认机构批准，共同使用的和重复使用的一种规范性文件。"

同时还进一步注明："标准宜以科学、技术和经验的综合成果为基础，以促进最佳的共同效益为目的。"

在理解标准定义时应注意把握以下几点：

（1）标准是针对某类事物所做的一种技术规范，规范人们的行为并使之尽量符合客观的自然规律和技术法则。标准不规定行为主体的权利和义务，也不规定不行使义务应承担的法律责任，因而不具有法律、法规那样代表国家意志的强制力属性，即使有某些标准的强制性质，也是法律所赋予的。标准通常是以科学合理的规定，为人们提供一种最佳选择。标准的表现形式一般为具有特定制定程序、编写原则和体例格式的文件。

2. 重复性是指事物的反复性特征，只有当它们反复出现和应用时，对该事物才有制定标准的必要。

3. 标准产生的基础是科学技术和实践经验的综合成果。一方面标准是新技术、新工艺、新材料等科学技术进步创新的结果；另一方面标准又是人们在实践中不断总结和吸收带普通性和规律性经验的结果。

4. 标准形成的程序是体现上述成果的标准，须经有关利益方（生产商、经销商、消费者和政府等）共同协商一致，再由公认的标准化机构或团体批准，最后以特定文件形式（有时辅之以特定实物形式）公开发布。

5. 标准的目的是在一定范围内，通过技术规范建立起有利于社会经济发展的最佳生产秩序、技术秩序和市场秩序，促进最佳社会效益。

二、标准的分类

在国际上，标准已经发展成为种类繁多的复杂体系。各类标准之间具有相互关联、相互补充的作用，按照不同的角度，可以将标准划分为以下几种。

（一）按照标准的实施方式或约束性，标准可分为强制性标准和推荐性标准

强制性标准是指由法律、行政法规规定，要强制实行的标准，也称为法规性标准。推荐性标准是指除强制性标准以外，自愿采用、自愿认证的标准，又称为自愿性标准。在实行市场经济的国家大多实施推荐性标准，国际标准也是推荐性标准。我国《标准化法》规定，国家标准、行业标准分为强制性标准和推荐性标准。凡涉及保障人体健康、人身财产安全的标准及法律、行政法规规定强制执行的标准均为强制性标准，其余标准是推荐性标准。强制性标准必须严格执行，凡不符合强制性标准的产品，禁止生产、销售和进口。国家采取优惠措施，鼓励企业自愿采用推荐性标准。

（二）按照标准的表达形式，标准可分为文件标准和实物标准

文件标准是指用特定的规范文件，通过文字、表格、图样等形式，表述商品的规格、质量、检验等技术内容的统一规定。一般包括商品的品种、规格、基本参数、尺寸、质量要求、性能、检验方法、标志、包装等。

文件标准是标准的一般表达方式，但文件标准有时难以准确描述某种商品质量及其有关方面的内容，人们不得不采用实物标准，把它作为文件标准的补充。实物标准也叫标准样品，通常是指对某些难以用文字准确表达的质量要求，如色、香、味、形、手感等，由标准化机构或行业或订货方用实物做成与文件标准规定的质量等级要求完全或部分相同的标准样品。它常常用作评定商品质量等级的依据，例如，GSB 61003—87 就是"汾酒实物标准"（其中"S"代表实物）。我国的粮食、茶叶、棉花、羊毛和名优白酒等商品都有标

准样品，作为在生产实验、贸易洽谈、收购时评定商品质量等级的技术依据。

（三）按照标准化对象不同，标准可分为技术标准、管理标准和工作标准

技术标准是指对标准化领域中需要协调统一的技术事项所制定的标准。技术标准是标准体系中的主体部分，包括基础技术标准、商品标准、工艺标准、检测试验方法标准及安全、卫生、环保标准等。

管理标准是指对标准化领域中需要协调统一的管理事项所制定的标准。管理标准将管理经验和管理技术做出科学化和统一化的规定，使管理工作井然有序、提高效率。包括管理基础标准、技术管理标准、质量管理和质量保证标准、安全和卫生管理标准、环境管理标准、经济管理标准、行政管理标准等。

工作标准是指对需要协调统一的人员工作事项，如工作的责任、权利、范围、质量要求、程序、效果、检查方法、考核办法等所制定的标准。工作标准一般包括基础工作标准、工作质量标准、工作程序标准和工作方法标准等。

第二节　标准的分级

一、世界标准的分级

从世界范围来说，标准通常被分为国际标准、区域标准、国家标准、行业或专业团体标准。

1. 国际标准

国际标准是指国际标准化组织（ISO）、国际电工委员会（IEC）和国际电信联盟（ITU）等国际组织制定的标准。

目前国际标准化组织确认并公布的国际组织有 39 个，见表 4-1。

表 4-1　ISO 认可的国际组织名称及缩写

序号	机构名称	缩写
1	国际计量局	BIPM
2	国际化学纤维标准化局	BISFA
3	食品法典委员会	CAC
4	空间数据系统咨询委员会	CCSDS
5	国际建筑物和建筑的研究与革新委员会	CIB
6	国际照明委员会	CIE

序号	机构名称	缩写
7	国际内燃机委员会	CIMAC
8	世界牙科联合会	FDI
9	国际信息与文献联合会	FID
10	国际原子能机构	IAEA
11	国际航空运输协会	IATA
12	国际民用航空组织	ICAO
13	国际商会	ICC
14	国际排灌委员会	ICID
15	国际辐射防护委员会	ICRP
16	国际辐射单位与测量委员会	ICRU
17	国际乳品业联合会	IDF
18	因特网工程特别工作组	IETF
19	国际图书馆协会与学会联合会	IFLA
20	国际有机农业运动联盟	IFOAM
21	国际煤气联盟	IGU
22	国际制冷学会	IIR
23	国际劳工组织	ILO
24	国际海事组织	IMO
25	国际种子检验协会	ISTA
26	国际纯粹与应用化学联合会	IUPAC
27	国际毛纺织组织	IWTO
28	国际兽疫局	OIE
29	国际法制计量组织	OIML
30	国际葡萄与葡萄酒组织	OIV
31	国际建筑材料与结构协会	RILEM
32	贸易简化中的信息交换	TraFIX
33	国际铁路联盟	UIC
34	联合国贸易简化和电子业务中心	UN/CEFACT

序号	机构名称	缩写
35	联合国教育科学及文化组织	UNESCO
36	世界海关组织	WCO
37	世界卫生组织	WHO
38	世界知识产权组织	WIPO
39	世界气象组织	WMO

国际标准采用标准代号（如 ISO，IEC）和编号（标准年号-发布年代号）来表示，见图 4-1。

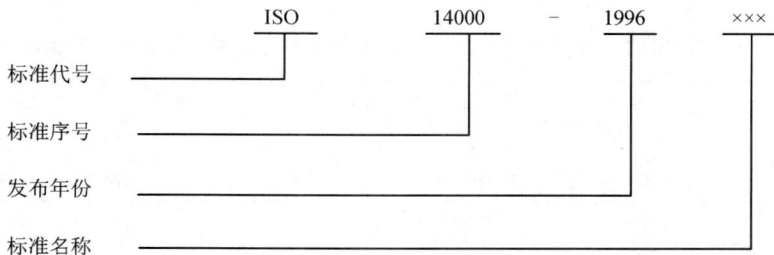

图 4-1　国际标准的代号和编号

2. 区域标准

区域标准是指由世界某一区域性标准化组织制定的标准。区域标准的目的在于促进区域性标准化组织成员国进行贸易，便于该地区的技术合作和技术交流，协调该地区与国际标准化组织的关系。国际上较为重要的区域标准有：欧洲标准化委员会（CEN）制定的欧洲标准（EN）、欧洲电工标准化委员会（CENELEC）制定的标准、亚洲标准咨询委员会（ASAC）制定的标准、泛美技术标准委员会（COPANT）制定的标准、非洲地区标准化组织（ARSO）制定的标准等。

3. 国家标准

世界上一些主要发达国家制定的国家标准见表 4-2。

表 4-2　国外主要发达国家标准代号

序号	代号	含义	负责机构
1	ANSI	美国国家标准	美国标准学会 ANSI
2	BS	英国国家标准	英国标准学会 BSI
3	DIN	德国国家标准	德国标准化学会 DIN

序号	代号	含义	负责机构
4	JIS	日本工业标准	日本工业标准调查会 JISC
5	NF	法国国家标准	法国标准化协会 AFNOR

4. 行业或专业团体

世界上一些国家的专业团体（学会、协会或其他民间团体）也发布一些标准，其中有些标准也是国际公认的权威标准，它们为行业提供了很好的技术规范并被各国广泛采用。例如，ASME 主要从事发展机械工程及其有关领域的科学技术，鼓励基础研究，促进学术交流，发展与其他工程学、协会的合作，开展标准化活动，制定机械规范和标准。

表 4-3 是一些国家的专业团体（学会、协会或其他民间团体）发布的一些标准代号。

表 4-3　一些国家的专业团体（学会、协会或其他民间团体）发布的一些标准代号

序号	代号	含义	负责机构
1	API	美国石油学会标准	美国石油学会
2	ASME	美国机械工程师协会标准	美国机械工程师协会
3	ASTM	美国试验与材料协会标准	美国试验与材料协会
4	FDA	美国食品与药物管理局标准	美国食品与药物管理局
5	SAE	美国机动车工程师协会标准	美国机动车工程师协会
6	TIA	美国电信工业协会标准	美国电信工业协会
7	VDE	德国电气工程师协会标准	德国电气工程师协会

二、中国标准的分级

根据《标准化法》，我国的标准划分为国家标准、行业标准、地方标准和企业标准四级。

1. 国家标准

国家标准是指由国家标准化主管机构批准发布，对国家经济、技术发展有重大意义，必须在全国范围内统一的标准。我国国家标准主要包括重要的工农业产品（商品）标准，基本原料、材料、燃料标准，通用的零件、部件、元件、器件、构件、配件和工具、量具标准，通用的试验和检验方法标准，商品质量分等标准，广泛使用的基础标准，有关安全、卫生、健康和环境保护标准，有关互换、配合通用技术术语标准等。

我国国家标准由国家标准化管理委员会编制计划，组织国务院有关主管部门或专业标准化技术委员会提出草案，一般是报国家质量监督检验检疫总局（以下简称国家质检总局）审批和发布；也有由卫生部、农业部等国务院有关行政主管部门审批和发布的；特别

重大的,报国务院审批和发布。强制性国家标准代号为 GB,推荐性国家标准代号为 GB/T,其编号采用顺序号加发布年代号,中间加一横线分开,如 GB 18383—2001,GB/T 19000—2000。

为适应市场经济和国际贸易的需要,我国国家标准积极采用国际标准和国外先进标准。

采用国际标准,意义重大。首先,可以节省制定标准所耗费的大量的人力、物力和财力;其次,有利于改进企业的技术和管理水平,提高我国商品的国际竞争力;最后,也是我国加入世界贸易组织后的需要,因为 WTO/TBT 协定要求各成员国在制定技术法规和标准时要以国际标准为基础,有国际标准但未采用,要向世贸组织做出解释,说明没有采用的理由。

2. 行业标准

行业标准是指在没有国家标准的情况下,需要在行业范围内统一制定和实施的标准。行业标准包括行业范围内的主要产品标准,通用的零件、配件标准,设备、工具和原料标准,工艺规程标准,通用的术语、符号、规则、方法等基础标准。行业标准由国务院有关行政主管部门或行业协会制定,并报国家质检总局备案。我国约有 150 个专业标准化技术委员会参与行业标准的制定、修订和审查的组织工作。行业标准不能与有关的国家标准相抵触,已有国家标准的不再制定行业标准。已制定有行业标准的,在发布实施相应的国家标准后,该标准即行废止。行业标准代号见表 4-4,编号形式与国家标准相同。

表 4-4　我国行业标准代号

序号	行业标准名称	行业标准代号	主管部门
1	农业	NY	农业部
2	水产	SC	农业部
3	水利	SL	水利部
4	林业	LY	国家林业局
5	轻工	QB	国家轻工业局
6	纺织	FZ	国家纺织工业局
7	医药	YY	国家药品监督管理局
8	民政	MZ	民政部
9	教育	JY	教育部
10	烟草	YC	国家烟草专卖局
11	黑色冶金	YB	国家冶金工业局
12	有色冶金	YS	国家有色金属工业局
13	石油天然气	SY	国家石油和化学工业局

序号	行业标准名称	行业标准代号	主管部门
14	化工	HG	国家石油和化学工业局
15	石油化工	SH	国家石油和化学工业局
16	建材	JC	国家建筑材料工业局
17	地质矿产	DZ	国土资源部
18	土地管理	TD	国土资源部
19	测绘	CH	国家测绘局
20	机械	JB	国家机械工业局
21	汽车	QC	国家机械工业局
22	民用航空	MH	中国民航管理总局
23	兵工民品	WJ	国防科工委
24	船舶	CB	国防科工委
25	航空	HB	国防科工委
26	航天	QJ	国防科工委
27	核工业	EJ	国防科工委
28	铁路运输	TB	铁道部
29	交通	JT	交通部
30	劳动和劳动安全	LD	劳动和社会保障部
31	电子	SJ	信息产业部
32	通信	YD	信息产业部
33	广播电影电视	GY	国家广播电影电视总局
34	电力	DL	国家经贸委
35	金融	JR	中国人民银行
36	海洋	HY	国家海洋局
37	档案	DA	国家档案局
38	商检	SN	国家出入境检验检疫局
39	文化	WH	文化部
40	体育	TY	国家体育总局
41	商业	SB	国家国内贸易局
42	物资管理	WB	国家国内贸易局
43	环境保护	HJ	国家环境保护总局

序号	行业标准名称	行业标准代号	主管部门
44	稀土	XB	国家计发委稀土办公室
45	城镇建设	CJ	建设部
46	建筑工业	JG	建设部
47	新闻出版	CY	国家新闻出版总署
48	煤炭	MT	国家煤炭工业局
49	卫生	WS	卫生部
50	公共安全	GA	公安部
51	包装	BB	中国包装工业总公司
52	地震	DB	国家地震局
53	旅游	LB	国家旅游局
54	气象	QX	中国气象局
55	外经贸	WM	对外经济贸易合作部
56	海关	HS	海关总署
57	邮政	YZ	国家邮政局

3. 地方标准

地方标准是指在没有国家标准和行业标准的情况下，需要在某地区内统一制定和使用的标准。地方标准的范围，主要控制在有工业产品安全卫生要求和有地方特色的产品标准以及农业标准的范围内，不能扩大到工业产品标准。建立地方标准的目的主要是考虑到我国各地经济发展的不平衡并促进地方经济的发展，但不能形成市场分割和贸易保护。

地方标准由省、自治区、直辖市质量技术监督部门制定、审批和发布，并报国家质检总局和国务院有关行政主管部门备案，在公布和实施相应的国家标准和行业标准之后，该项地方标准即行废止。强制性地方标准的代号由"DB"和省、自治区、直辖市行政区域代码前两位数字再加斜线组成，例如，天津市强制性地方标准的代号为"DB12/"，其标准《无公害蔬菜质量标准》编号为"DB12/112—1999"；在上述代号斜线后再加"T"，组成推荐性地方标准代号。例如，天津市推荐性标准的代号是"DB12/T"，其推荐性标准《无公害叶菜蔬菜生产技术规程》编号为"DB12/T 114—1999"。

表4-5　全国各省、自治区、直辖市代码

序号	地名	代码	序号	地名	代码
1	北京市	110000	18	广西省	430000
2	天津市	120000	19	广东省	440000

序号	地名	代码	序号	地名	代码
3	河北省	130000	20	广西壮族自治区	450000
4	山西省	140000	21	海南省	460000
5	内蒙古自治区	150000	22	重庆市	500000
6	辽宁省	210000	23	四川省	510000
7	吉林省	220000	24	贵州省	520000
8	黑龙江省	230000	25	云南省	530000
9	上海市	310000	26	西藏自治区	540000
10	江苏省	320000	27	陕西省	610000
11	浙江省	330000	28	甘肃省	620000
12	安徽省	340000	29	青海省	630000
13	福建省	350000	30	宁夏回族自治区	640000
14	江西省	360000	31	新疆维吾尔自治区	650000
15	山东省	370000	32	台湾省	710000
16	河南省	410000	33	香港特别行政区	810000
17	湖北省	420000	34	澳门特别行政区	820000

4. 企业标准

企业标准是指由企业制定发布，在该企业范围内统一使用的标准。企业生产的产品没有国家标准和行业标准时，应当制定企业标准，作为企业组织生产、经营活动的依据。已有国家标准和行业标准的，企业也可以制定严于国家标准或行业标准的内控企业标准，以提高产品质量水平，保证产品质量超过国家标准或行业标准甚至国际标准的要求。

企业标准原则上由企业自行组织制定、批准和发布实施，报当地质量技术监督部门和有关行政主管部门备案。企业标准代号为"Q/"；各省、自治区、直辖市颁布的企业标准应在"Q"前加本省、自治区、市的汉字简称，如北京市为"京 Q/"，湖南省为"湘Q/"；斜线后为企业代号和编号（顺序号-发布年代号）。中央所属企业由国务院有关行政主管部门规定企业代号；地方企业由省、自治区、直辖市政府标准化行政主管部门规定企业代号。

第三节 商品标准概述

一、商品标准的概念及其作用

商品标准是对商品质量以及与质量有关的各个方面（如商品的品名、规格、性能、用途、使用方法、检验方法、包装、运输、储存等）所做的统一技术规定，是评定、监督和维护商品质量的准则和依据。商品标准是"标准"的具体应用，它具备"标准"概念的基本含义。

商品标准是科学技术和生产力发展水平的一种标志，它是社会生产力发展到一定程度的产物，又是推动生产力发展的一种手段。凡正式生产的各类商品，都应制定或符合相应的商品标准。商品标准由主管部门批准、发布后，就是一种技术法规，具有法律效力，同时，也具有政策性、科学性、先进性、民主性和权威性。商品标准是商品生产、质量验收、监督检验、贸易洽谈、储存运输等的依据和准则，也是对商品质量争议做出仲裁的依据，对保证和提高商品质量，提高生产、流通和使用的经济效益，维护消费者和用户的合法权益等都具有重要作用。

二、商品标准的制定原则

商品标准制定的好坏，关系到标准贯彻后的技术效果。没有高水平的标准，就不会有高质量的商品。只有制定先进科学的标准并严格实施，才能给国家、企业和人民带来利益，从而获得全面的社会效益。

制定商品标准是一项技术复杂、政策性很强的工作，必须遵循以下原则。

（一）合法性

各项商品标准及其具体内容，都应在我国有关方针、政策、法律、法规的指导下，依据标准化原理和方法来制定，以保证制定的商品标准符合国家在一定历史时期内经济建设的需要。

（二）需求性

在社会主义市场经济条件下，企业必须面向市场，按消费者和用户的需要以及使用要求组织商品生产和经营，只有这样才能拥有市场。商品标准是指导企业进行商品设计、生产和销售，以及保证商品市场适用性的技术依据。因此，制定商品标准时，首先要从市场和社会需要出发，广泛听取生产者、经营者、物流业者、消费者，以及政府有关部门等方面的意见，充分考虑消费者的使用要求以及实现这些要求的可能性，千方百计地满足消费者需要和社会需要。所谓使用要求，是指消费者对商品的质量要求。而社会需要则包括道德、法律和环保等方面的社会共同需要。在规定商品质量指标时，要考虑商品的用途和实际使用条件。

（三）安全性

人体健康和人身、财产安全是广大群众根本的切身利益，因此，在制定商品标准时，必须充分考虑商品生产、运输、储存和使用中的安全、卫生、可靠性等要求。凡涉及安全、健康、卫生等方面的内容，在标准中应作严格规定，并以法律作为保障。

（四）先进性

一方面，商品标准中规定的各项质量指标和要求应当适应国家技术经济发展的水平以及赶超世界先进水平和国际市场竞争的需要，力求反映科学、技术和生产的先进成果，有利于发展生产，促进企业技术的发展以及商品质量和经济效益的不断提高。另一方面，应当积极采用国际标准和国外先进标准。这是世界各国技术经济和对外贸易发展的普遍趋势，采用国际标准和国外先进标准，不仅可以提高本国的标准水平和商品在国际市场上的竞争力，而且可以消除国际贸易中的技术壁垒，扩大商品贸易。为了促进采用国际标准和国外先进标准工作的开展，我国于 1984 年发布实施了《采用国际标准和国外先进标准管理办法》和《采用国际标准产品标志管理办法》。

（五）可持续性

资源是一个国家发展经济最基本的物质基础，一些自然资源是不能再生的，过度开发自然资源会破坏生态平衡。因此，在制定商品标准时，一方面要密切结合我国自然条件，合理开发和利用自然资源，努力提高资源的利用率，充分节约原材料，努力开发新材料，尽可能采用代用品，大力回收利用废旧物资；另一方面必须考虑资源保护、生态环境保护和最大限度地减少环境污染等问题。

（六）协调性和通用性

标准化是一项系统工程。制定商品标准时，必须考虑相关的一系列标准，如原材料标准、零部件标准、包装标准、生产工艺标准等，做到完整配套，建立起完善的标准体系，同时要与我国现行的法律、法规和有关的国际通用标准、国家标准、行业标准等协调一致。此外还要注意商品标准内部的各项技术内容和参数与其他相关商品之间相互衔接，以充分发挥标准化的系统效益。在满足使用要求的前提下，凡能军民通用的商品标准都应军民通用，以促进军转民的商品生产和技术开发。

（七）发展性

商品标准一般宜在商品定型、准备正式投产前制定。商品标准制定后应保持相对稳定，使企业在一定的技术发展水平上有一段稳定的生产经营时期。商品标准的技术内容和质量指标也要适应当前科学技术的水平。当标准的水平落后于当前科学技术水平，企业的技术水平比标准所代表的技术水平高时，就应该根据科学技术发展和经济建设需要适时修订现行商品标准，否则会阻碍企业的发展。

三、商品标准的基本内容

商品标准是一种具有法规性的文件，为了便于使用和管理，国内外对其封面格式、内容安排，以及符号和编号等都有统一规定。我国商品标准包含的内容很多，一般是由概述、正文、补充三个部分组成，见图4-2。

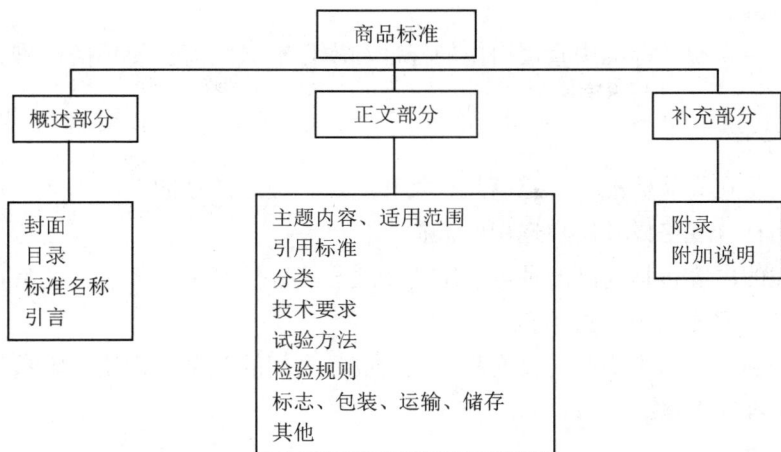

图 4-2　商品标准包含的内容

（一）概述部分

商品标准的概述部分，概括地说明标准的对象、技术特征和适用范围。其主要内容包括封面、目录、标准名称、引言等内容。

1. 封面与首页

封面列有标准的名称、编号、分类号、批准发布单位、发布和实施日期等。合订本内的标准只有首页，首页上的内容与封面相似。

2. 目录

当商品标准的内容较长、结构较复杂、条文较多时，一般会有目录。

3. 标准名称

标准名称一般是由标准化对象的名称和标准所规定的技术特征两部分组成。可用商品名称作为标准名称，也可以用商品名称和"技术条件"（或"规范"）作为标准名称。

4. 引言

引言主要阐述制定标准的必要性和主要依据，历次复审、修订的日期，修订的主要内容，废除和被代替的标准，以及采用国际标准的程度。

（二）正文部分

商品标准的正文部分是商品标准的实质性内容，包括主题内容、适用范围、引用标准、术语、符号、代号、商品分类、技术要求、试验方法、检验规则、标志、包装、运输和储存等方面。

1. 主题内容与适用范围

该部分简要说明标准的主题内容与适用范围。有的商品标准在必要时还明确指出该标准的适用范围。

2. 引用标准

引用标准主要说明标准中直接引用的标准和本标准必须配套使用的标准，并列出标准的编号和名称。

3. 商品分类

商品分类是在商品标准中规定商品种类和型式，确定商品的基本参数和尺寸，作为合理发展商品品种、规格以及用户选用的依据。

商品分类的内容包括商品的种类、结构型式与尺寸、基本参数、工艺特征、型号与标记、商品命名和型号编织方法等。

在商品分类中，为了协调同类商品和配套商品之间的关系，常按一定数值规律排列成科学的系列标准化形式。

4. 技术要求

技术要求是保证商品使用要求而必须具备的技术性能方面的规定，是指导生产、流通、使用以及对商品检验的主要依据。

列入标准的技术要求，应当是决定商品质量和使用性能的关键性指标，对商品性能无重要影响的次要指标和要求一般不列入标准。列入标准的各项指标应该是可以测定或鉴定的质量特性。

5. 试验方法

试验方法，是评定商品质量的具体做法，是对商品质量是否符合标准而进行检测的方法、程序和手段所做的统一规定。

试验方法一般包括试验原理、试样的采取或制备、所用试剂或标样、试验用仪器和设备、实验条件、试验步骤、试验结果的计算、分析评定、试验记录和试验报告等内容。

6. 检验规则

检验规则是对商品如何进行验收而做的具体规定。它是商品制造厂将商品提交质量检验部门进行检验的规定，也是商品收购部门检查商品质量的依据，其目的是保证商品质量合乎标准要求。

检验规则一般包括检验的类别和项目、抽样或取样方法、检验方法、检验结果的评定和复检规则等。

7. 标志、包装、运输和储存

标志、包装、运输和储存是为了使商品从出厂到交付使用的过程中不致受到损失所做的规定。

（1）标志。商品标准一般都有对商品标志的规定，特别是对消费品和涉及卫生、安全和环境保护的商品，要求更加严格。标志一般包括在商品及其包装上的位置、制作标志的方法、标志的内容和质量要求等内容。

（2）包装。一切需要包装的商品，在商品标准中都要规定有包装的要求。包装要求一般包括包装材料、包装技术与方法、每件包装中商品的数量、重量或体积以及包装试验方法等内容。

（3）运输。在运输中有特殊要求的商品，经常规定运输要求。其内容主要包括运输方式、运输条件和运输中的注意事项。

（4）储存。根据商品的特点，规定商品的储存场所、储存条件、储存要求、储存期限等。

（三）补充部分

商品标准的补充部分是对标准条文所做的必要补充说明和提供使用的参考资料，包括附录和附加说明两部分。

（1）附录。根据实际需要，一个标准可以有若干个附录，以其性质分补充件和参考件两种。

补充件是标准条文的补充，是标准技术内容的组成部分，与标准条文具有同等效力；参考件是用来帮助使用者理解标准的内容，如某些条文的参考资料或推荐性方法，标准中重要规定的依据等，它不是标准条文的组成部分，仅供参考。

（2）附加说明。附加说明是制定和修订标准中的一些说明事项，分段写在标准终结符号下面。其内容主要有：标准提出单位、归口单位、负责起草单位和标准主要起草人；标准首次发布、历次修订和重新确认的年月；标准负责解释单位以及其他附加说明等。

四、商品标准的实施

商品标准的实施是整个标准化活动的一个重要环节。商品标准的贯彻与实施，要依靠技术监督部门、产品归口部门、设计部门和企业等各方面相互配合，分工协作，共同努力。

商品标准一经批准发布，就成为商品生产、流通、消费领域的技术依据，各部门在贯彻执行中不得擅自更改或降低标准。从事科研、生产、经营的单位和个人，必须严格执行强制性标准。不符合强制性标准的商品，禁止生产、销售和进口。国家鼓励企业自愿采用推荐性标准，凡按国家标准、行业标准、地方标准或企业标准组织生产的企业，应在其产品或说明书、包装物上标注所执行标准的代号、编号和名称。企业研制开发新产品，改造老产品，进行技术改造，应当符合标准化要求，不允许没有标准依据的产品上市销售。质量监督检验部门要严格按照标准进行商品质量监督与认证，这是保证标准贯彻实施的重要手段。对因违反标准造成不良后果以至重大事故者，由质量技术监督部门或有关行政主管部门按照《标准化法》和实施条例中的有关规定，根据不同情节进行处理。

在贯彻实施商品标准过程中，还要做好信息反馈、调查研究等工作，为将来的修订准备条件。

第四节 标准化和国际贸易

一、标准化的概念

我国 GB/T 2000.1—2002 对标准化的定义是："为了在一定范围内获得最佳秩序，对现实问题或潜在问题制定共同使用和重复使用的条款的活动。"为了加深对标准化这个定义的理解，我们归纳出标准化的四个要义。

（1）标准化是一项活动过程，这个过程是由三个关联的环节组成，即制定、发布和实施标准。标准化三个环节的过程已作为标准化工作的任务列入《中华人民共和国标准化法》的条文中。《标准化法》第三条规定："标准化工作的任务是制定标准、组织实施标准和对标准的实施进行监督。"这是对标准化定义内涵的全面清晰的概括。

（2）这个活动过程在深度上是一个永无止境的循环上升过程。即制定标准，实施标准，在实施中随着科学技术进步对原标准适时进行总结、修订再实施。每循环一周，标准就上升到一个新的水平，充实新的内容，产生新的效果。

（3）这个活动过程在广度上是一个不断扩展的过程。如过去只制定产品标准、技术标准，现在又要制定管理标准、工作标准；过去标准化工作主要在工农业生产领域，现在已扩展到安全、卫生、环境保护、交通运输、行政管理、信息代码等领域。标准化正随着社会科学技术进步而不断地扩展和深化自己的工作领域。

（4）标准化的目的是"获得最佳秩序和社会效益"。所谓"最佳"就是指通盘考虑了目前与长远、局部和全局等各方面因素后所能取得的综合的最佳效益。而所谓"秩序"则是指有条不紊的生产秩序、技术秩序、经济秩序、管理秩序、工作秩序和安全秩序等。

应该说明，定义中的"最佳"是从整个国家和整个社会利益来衡量，而不是从一个部门、一个地区、一个单位、一个企业来考虑的。尤其是环境保护标准化和安全卫生标准化主要是从国计民生的长远利益来考虑。在开展标准化工作过程中，贯彻一项具体标准可能对整个国家会产生很大的经济效益或社会效益，而对某一个具体单位、具体企业在一段时间内可能会受到一定的经济损失。但为了整个国家和社会的长远经济利益或社会效益，我们应该充分理解和正确对待"最佳"的要求。

商品标准化是整个标准化活动中的重要组成部分，它是在商品生产和流通的各个环节中制定、发布以及推行商品标准的活动。商品标准化包括名词术语统一化，商品质量统一化，商品质量管理与质量保证标准化，商品分类编码标准化，商品零部件通用化，商品品种规格系列化，商品检验与评价方法标准化，商品包装、储运、养护标准化和规范化等内容。

二、标准化的原理

标准化的基本原理通常是指统一原理、简化原理、协调原理和最优化原理。

（一）统一原理

统一原理就是为了保证事物发展所必需的秩序和效率，对事物的形成、功能或其他特性，确定适合于一定时期和一定条件的一致规范，并使这种一致规范与被取代的对象在功能上达到等效。

统一原理包含以下几个要点：①统一是为了确定一组对象的一致规范，其目的是保证事物所必需的秩序和效率；②统一的原则是功能等效，从一组对象中选择确定一致规范，应能包含被取代对象所具备的必要功能；③统一是相对的、确定的一致规范，只适用于一定时期和一定条件，随着时间的推移和条件的改变，旧的统一就要由新的统一所代替。

（二）简化原理

简化原理就是为了经济有效地满足需要，对标准化对象的结构、型式、规格或其他性能进行筛选提炼，剔除其中多余的、低效能的、可替换的环节，精炼并确定出能满足全面需要所必要的高效能的环节，保持整体构成精简合理，使之功能效率最高。

简化原理包含以下几个要点：①简化的目的是为了经济，使之更有效地满足需要；②简化的原则是从全面满足需要出发，保持整体构成精简合理，使之功能效率（所谓功能效率是指功能满足全面需要的能力）最高；③简化的基本方法是对处于自然存在状态的对象进行科学的筛选提炼，剔除其中多余的、低效能的、可替换的环节，精炼出高效能的能满足全面需要所必要的环节；④简化的实质不是简单化而是精炼化，其结果不是以少替多，而是以少胜多。

（三）协调原理

协调原理就是为了使标准系统的整体功能达到最佳，并产生实际效果，必须通过有效的方式协调好系统内外相关因素之间的关系，确定为建立和保持相互一致，适应或平衡关系所必须具备的备件。

协调原理包含以下几个要点：①协调的目的在于使标准系统的整体功能达到最佳并产生实际效果；②协调对象是系统内相关因素的关系以及系统与外部相关因素的关系；③相关因素之间需要建立相互一致关系（连接尺寸）、相互适应关系（供需交接条件）、相互平衡关系（技术经济招标平衡，有关各方利益矛盾的平衡），为此必须确立条件；④协调的有效方式是指有关各方面的协商一致，多因素的综合效果最优化，多因素矛盾的综合平衡等。

（四）最优化原理

最优化原理就是指按照特定的目标，在一定的限制条件下，对标准系统的构成因素及其关系进行选择、设计或调整，使之达到最理想的效果。

三、标准化的地位和作用

（一）标准化是组织现代化生产手段、实施科学管理的基础

随着科学技术的发展和生产的社会化、现代化，生产规模越来越大，分工越来越细，生产协作越来越广泛，许多产品和工程建设，往往涉及几十个、几百个，甚至上千个企业，协作点遍布在全国各地甚至跨几个国家。这样广泛、复杂的生产组合，需要在技术上保持高度的统一和协作一致。要达到这一点，就必须制定和执行一系列的统一标准，使得各个生产部门和生产环节在技术上有机地联系起来，保证生产有条不紊地进行。

标准化又是实施科学管理的基础。要实施科学管理，必须做到：管理机构高效化，管理工作计划化，管理技术现代化，建立符合生产活动规律的生产管理、技术管理、物资管理、劳动管理、质量管理、安全管理等一整套科学管理制度，制定一系列工作标准和管理标准，实现管理工作规范化。

（二）标准化是不断提高产品质量的重要保证

（1）产品质量合格与否，这个"格"就是标准。标准不仅对产品的性能和规格做了具体规定，而且对产品的检验方法、包装、标志、运输、储存也做了相应规定，严格按标准组织生产，按标准检验和包装，产品质量就能得到可靠的保证。

（2）随着科学技术的发展，标准需要适时地进行复审和修订。特别是企业产品标准，企业应根据市场变化和用户要求及时进行修订，不断满足用户要求，才能保持自己产品在市场中的竞争力。

（3）不仅产品本身要有标准，而且生产产品所用的原料、材料、零部件、半成品，以及生产工艺工装等都应制定相互适应、相互配套的标准，只有这样才能保证企业有序地组织生产，保证产品质量。

（4）标准不仅是生产企业组织生产的依据，也是国家及社会对产品进行监督检查的依据。《中华人民共和国产品质量法》第十条规定："国家对产品质量实行以抽查为主要方式的监督检查制度。"监督检查的主要依据就是产品标准。通过国家组织的产品质量监督检查，不仅可促进产品质量提高，反过来对标准本身的质量完善也是一种促进。

（三）标准化是合理简化品种、组织专业化生产的前提

现在许多企业是大而全、小而全，生产品种多，批量小，质量差，管理混乱，劳动生产效率不高，经济效益差。要改变这种落后状况，主要途径就是要广泛组织专业化生产，而标准化正是组织专业化生产的重要前提。标准化活动一项重要内容是"合理简化品种"，提高零部件"通用化"程度，变品种多、批量小为品种少、批量大，有利于组织专业化生产，有利于采用先进技术装备，实现优质、高产、低耗、低成本、高效率的效果。

（四）标准化有利于合理利用国家资源、节约能源、节约原材料

标准化对合理利用国家资源有重要的作用。如我国新修订的水泥国家标准，由于合理地规定了氧化镁的含量，可使一些石灰石矿山资源延长开采期 10 年以上；火车锅炉用煤的粒度如超过标准要求，煤炭就不能完全燃烧，如粒度过小，有可能还未燃烧完全即从烟筒喷出，造成浪费；发达国家木材利用率达 95%，我国只有 50%～60%；能源有效利用率，日本达 57%，美国 51%，西欧国家在 40％以上，我国只有 30%。世界各国都把节约能源、节约资源作为今后标准化工作的中心任务之一，我国在这方面的任务就更为艰巨，标准化工作可谓任重而道远。

（五）标准化可以有效地保障人体健康和人身、财产安全，保护环境

我国标准化法第七条规定："国家标准、行业标准分为强制性标准和推荐性标准。保障人体健康，人身、财产安全的标准和法律，行政法规规定强制执行的标准是强制性标准，其他标准是推荐性标准。"强制性标准广泛制定和强制实施对保障人体健康和人身财产安全、保护环境将起重要作用。根据中华人民共和国标准化法和产品质量法规定，不符合强制性标准的产品应责令停止生产、销售，并处以罚款，情节严重者可以追究刑事责任。

（六）标准化是推广应用科研成果和新技术的桥梁

标准化是科研、生产和使用三者之间的桥梁。一项科研成果，包括新产品、新工艺、新材料和新技术，开始只能在小范围内试验和试制。只有在试验成功并经过技术鉴定、纳入相应标准之后，才能得到迅速推广和应用。

（七）标准化可以消除贸易技术壁垒，促进国际贸易的发展，提高我国产品在国际市场上的竞争能力

WTO 中有一个"关税与贸易技术壁垒协议"，也称为"标准守则"，要求缔约国准备建立或采用某一标准系统或认证系统时，必须遵守以下这些规定。

（1）缔约国标准的制定应以有关的国际标准或其中有关部分作为依据；

（2）应保证制定和采用技术规则和标准的目的不是为了在国际贸易中制造壁垒；

（3）标准的实施在任何可能采用标准的地方进行；

（4）鼓励参加有关国际标准和认证方面的活动；

（5）为国家级和区域性认证系统的评定创造条件；

（6）缔约国对进口国产品和国内产品的测试一视同仁，并鼓励接受另一缔约国做出测试数据。测试方法和测试数据的互相承认，可以极大地促进国际贸易自由化。为达到这一目的，各国缔结双边或多边协议是必要的。

根据"标准守则"规定，我们应采取的对策和措施是：

（1）积极采用国际标准和国外先进标准，使产品质量达到国际水平；

（2）积极参与国际标准化活动。在积极采用国际标准、完善我国标准体系的同时，应积极参加国际标准化活动，反映我国的要求，维护我国的利益。

（3）积极推行 GB/T 1900—ISO 9000 质量管理和质量保证系列标准，开展产品质量认证，包括取得进口国或第三方权威机构的质量认证或安全认证，提高我国产品的国际市场竞争能力。

四、我国标准化管理体制

标准化的目的是："通过制定、发布和实施标准，达到统一，获得最佳秩序和社会效益。"标准化工作是发展社会化大生产的一项重要的基础性工作。

我国标准化工作实行统一管理与分工负责相结合的管理体制。

我国标准化法第 5 条规定的标准化工作的管理体制是："国务院标准化行政主管部门统一管理全国标准化工作。国务院有关行政主管部门分工管理本部门、本行业的标准化工作"。"省、自治区、直辖市标准化行政主管部门统一管理本行政区域内的标准化工作。省、自治区、直辖市政府有关行政主管部门分工管理本行政区域内本部门、本行业的标准化工作。"这一规定，体现了我国标准化工作实行"统一管理、分工负责"的管理原则。

统一管理，是指国务院标准化行政主管部门统一管理全国标准化工作，即组织贯彻国家有关标准化工作的法律、行政法规、方针、政策；组织制定全国标准化工作规划、计划；组织制定、批准、发布国家标准；指导国务院有关行政主管部门和省、自治区、直辖市人民政府标准化行政主管部门的标准化工作，协调和处理有关标准化工作问题；组织实施标准；对标准的实施情况进行监督检查；统一管理全国的产品认证工作，统一负责对有关国际标准化组织的业务联系。

分工负责，是在统一管理下，国务院有关行政主管部门分工管理本部门、本行业的标准化工作，即贯彻国家标准化工作的法律、法规、规章、方针、政策，并制定在本部门、本行业实施的具体办法；制定本部门、本行业的标准化规划、计划；承担国家下达的草拟国家标准的任务，组织制定、批准、发布行业标准；指导省、自治区、直辖市有关行政主管部门的标准化工作；组织本部门、本行业实施标准；对标准的实施情况进行监督、检查；经国务院标准化行政主管部门授权，分工管理本行业的产品质量认证工作。

五、商品标准化与国际贸易

商品质量是现代国际贸易的基本条件之一。除了某些工艺品、土特产品可以凭样品作为交货和验收的依据外，国际贸易中绝大部分商品质量是通过技术标准来体现的。在数量、价格、质量、付款方式、交货期限等贸易的基本条件中，买方落实的第一个问题就是商品质量标准，或者是买方所指定的质量标准及其测试、检验方法标准。因此，商品标准化是沟通国际经济技术合作的纽带，是促进国际贸易发展的前提。

（一）国际贸易中的技术壁垒

当今的国际贸易存在两种障碍：一是关税壁垒，指进出口商品经过一个国家的关界时，由海关向进出口商征税的一种贸易壁垒；二是非关税壁垒，是指关税以外的一切限制进口的措施，是通过法律、政策等措施形成的限制进口的贸易壁垒；非关税壁垒分为两类：一是进口国直接对进口商品的数量或金额加以限制，如进口配额制、进口许可证制、外汇管制等；二是技术壁垒，是指由各种技术法规和技术标准形成的贸易壁垒。各国为解决进出口贸易的不平衡，保护本国或本地区的利益，纷纷由关税壁垒转向技术壁垒。

贸易技术壁垒（technical barriers to trade）是指国际贸易中商品贸易进出国在实施贸易进口管制时通过颁布法律、法令、条例、规定，建立技术标准、认证制度、检验制度等方式，对国外进出口产品的技术要求，增加进口难度，最终达到限制进口目的的一种非关税壁垒措施。它是目前各国，尤其是发达国家人为设置贸易障碍，推行贸易保护主义的最有效手段。

在国际贸易中，一国从保障人体健康和安全、环境保护、维护消费者利益等正当理由出发，对各种进口商品的质地、纯度、规格、尺寸、营养价值、用途、设计及说明、产地证书、包装、商标等做出技术性规定，这本身是无可非议的，这是人类合理、更有秩序地交易生产成果的有效措施，是贸易文明的标志之一。这些措施本身并非设置贸易障碍，但是如果一国对外国进口的产品，有意把这些措施或规定复杂化，并且经常变动，甚至实行内外有别的双重标准，使外国进口商难以符合这些规定的要求，这些规定就会成为严重的贸易保护壁垒。随着商品进口关税的进一步降低，贸易保护主义的天平从关税壁垒的一侧倾向了非关税壁垒的一侧，在非关税壁垒中如直接采用进口配额、进口许可证等限制进口中，不仅常常受到国际舆论的谴责，而且易遭到对等报复。例如，美国对纺织品实行进口配额限制后，遭到许多国家和地区的一致谴责。同时随着当前企业经营国际化的发展，可以绕开对进口配额的限制。例如，香港地区的纺织品出口如果受到西方国家配额的限制后，可以转而在新加坡设立公司进行生产，当新加坡也受到限制后又将生产厂转到马来西亚、泰国等国家。而技术壁垒一旦设立，则很难对付。

（二）贸易技术壁垒的主要表现形式和内容

1. 各种技术法规

技术法规是指包含或引用有关技术标准的法规，其内容主要涉及劳动安全、环境保护、卫生与健康、交通规则、无线电干扰、节约能源与材料、消费者保护等。目前，工业发达国家颁发的技术法规种类繁多，如《食品、药品及化妆品法》《消费产品安全法》《易燃织物法》《水果蔬菜进口检验法》等。在市场经济国家，商品技术要求一般为推荐性标准，不具有强制约束力。但这些标准在法律或规则中被引用，就具有了法律效力，并成为贸易保护的工具。例如，欧盟制定的指令中就引用了许多 CEN 和 CENELEC 制定的标准，从 1990 年 1 月 1 日起，凡进入欧盟市场的儿童玩具，必须符合《欧洲玩具安全指令》

及其 EN71 标准的要求。

2. 严格的技术标准

传统的标准和标准化活动，被认为是企业组织生产的依据。而当前随着日益激烈的国际贸易竞争，许多国家有意识地利用标准化作为竞争的手段，把强制性标准或标准中的技术差别作为贸易保护主义的措施，特别是在保证食品卫生、保护环境和人身健康安全方面，许多国家和地区都制定了严格的技术标准。如粮食卫生标准、食品卫生标准、食品机械设备卫生标准、劳动环境卫生标准、防疫检疫等。其中，最重要的是食品卫生标准。为了使本国食品在激烈的市场竞争中站住脚，各国在对外贸易中纷纷制定符合自己需要的食品卫生标准，其内容涉及食品原料、加工方法、食品添加剂、食品包装材料、农药残留量等方面。自然环境是人类生活劳动的场所，它遭到破坏将影响人体健康和生命，因此各国都非常重视环境标准，如废气、废水、废渣、粉尘、放射性物质等有害物质的排放标准；汽车、机床、风机、水泵等噪声标准；电冰箱、洗衣机、空调等家用电器商品的节能标准。有关产品使用的安全标准，尤其是儿童用品安全始终是国际贸易中备受关注的问题。

3. 商品及其包装的特殊要求和规定

各国因所处的地理环境不同，消费水平和消费结构不同，对进口商品的品种、规格、花色、款式或其他外观、商品包装和标签提出了限制条件。进口的商品必须符合这些规定，否则不准进口或禁止上市销售。

4. 工业产权、知识产权的技术保护

随着贸易国际化和自由化以及国际技术文化交流日益频繁，工业产权和知识产权这类无形财产权在国际贸易中的纠纷案越来越多，有关国际组织和国家相继制定了这方面的国际公约或本国的法规，以保护本国的技术经济利益。例如，世界知识产权组织制定了《国际保护工业产权公约》《商标国际注册马德里协定》《保护原产地名称国际注册里斯本协定》《工业外观设计国际备案海牙协定》。

5. 质量认证和认可制度、物品编码系统、计量单位、标志等

在国际贸易中，不仅标准能构成贸易的技术壁垒，而且质量认证和认可制度、物品编码系统、计量单位、标志等往往也成为技术壁垒的手段。国际贸易对商品的质量认证、认可制度尤为重视，有些国家甚至限制没有经过认证的商品进入本国市场。

（三）采用国际标准，打破贸易技术壁垒

标准是国际贸易的媒介和桥梁，也是买卖双方互相信任的依据。现在国际贸易中采用的标准有四种类型：一是国际标准；二是出口国要参考进口国的标准；三是按本国标准生产；四是采用买方或卖方或买卖双方共同协商同意的技术要求。国际标准是大多数国家所能接受的，在国际贸易中，以国际标准作为交易双方的技术依据，使双方都处于平等的地位，不会因标准的差异而产生技术壁垒，因而可以消除国际贸易中的技术壁垒。此外，采用国际标准还可以提高本国的标准水平和商品在国际市场上的竞争力，公正地解决国际贸易中的纠纷。

　　采用国际标准和国外先进标准是我国一项重大的技术经济政策，是促进技术进步、提高产品质量、扩大对外开放、加快与国际惯例接轨、发展社会主义市场经济的重要措施。目前我国采用国际标准的程度分为等同采用（IDT）、等效采用（EQV）和非等效采用（NEQ）三种方式。凡有国际标准的，应当以其为基础制定我国标准；对国际标准中的安全标准、卫生标准、环境保护标准和贸易需要的标准应当优先采用。企业开发新产品应积极采用国际标准和国外先进标准，引进生产线生产的商品必须达到采用国际标准和国外先进标准的要求。企业生产的产品，凡是有能力、有条件采用国际标准和国外先进标准的，都应采用相应的标准；暂时没有采用国际标准的重要产品，要限期采用。在进口和出口商品时，必须优先采用国际标准和国外先进标准。我国对采用国际标准生产的商品实行采用国际标准产品标志制度，其标志见图4-3。

　　国际标准产品标志也叫采标标志，是我国产品采用国际标准的一种专用说明标志，是企业对产品质量达到国际先进水平或国际水平的自我声明形式。采标标志由原国家质量技术监督局统一设计标志图样。外圈表示"中国制造"，用CHINA的第一个字母C表示，里面是地球和ISO，IEC图样，表示国际标准化组织（ISO）和国际电工委员会（IEC）制定的国际标准，下面"采用国际标准产品"8个字画龙点睛地表示使用采标标志的产品系采用国际标准或国外先进标准，质量达到国际先进水平或国际水平。这种标志制度在欧盟也实行，是国际通行做法。它和产品认证标志、绿色食品标志、纯羊毛标志一样，都是企业对市场、对顾客的一种声明形式，既能通过采标标志向用户声明自己执行的标准是采用国际标准的，产品质量具有国际先进水平或国际水平，又能通过采标标志使用户放心购买。

图4-3　采用国际标准标志

思考题：

1. 什么是标准？标准的作用体现在哪些方面？
2. 标准的分类有哪些？
3. 国内外的标准分级分别是什么？
4. 什么是商品标准？它的作用体现在哪些方面？
5. 什么是标准化？如何理解标准化对于消除贸易技术壁垒的作用？

第五章　商品质量管理

学习目标

1. 了解商品质量概念与基本构成
2. 理解商品质量的基本要求
3. 熟悉影响商品质量的主要因素
4. 掌握商品质量管理的方法

导例

海尔的质量观：有缺陷的产品就是废品

海尔模式的开创者是张瑞敏。中国工业3.0模式发力的信号枪，是张瑞敏用锤子砸响的。就是1985年他砸烂76台不合格冰箱的那一锤，成全了海尔，成全了张瑞敏，也成全了中国制造3.0模式。

当时，一台冰箱的价格是800多元，相当于一个职工两年的工资。对1985年的一家小厂，这76台冰箱可是的一笔不小的财富。

然而，张瑞敏说砸就砸，不留一点情面！他沉痛地说："长久以来，我们有一个荒唐的观念，把产品分为合格品、二等品、三等品还有等外品，好东西卖给外国人，劣等品出口转内销自己用，难道我们天生就比外国人贱，只配用残次品？这种观念助长了我们的自卑、懒惰和不负责任，难怪人家看不起我们，从今往后，海尔的产品不再分等级了，有缺陷的产品就是废品，把这些废品都砸了，只有砸的必里流血，才能长点记性！"

这一砸，把质量第一的信念硬生生砸进了海乐的基因，从此海尔走上了标准化、产品质量第一的道路。

正是从这里出发，张瑞敏严肃了工厂纪律，革新了工厂的质量管理模式，将员工分成许多自我管理型团队相互竞争，建立了一整套高标准、精细化、覆盖全国的服务管理模式。

三年后，"海尔人"捧回了我国冰箱行业的第一个国家质量金奖。

七年后，海尔在国际市场上扬名立万：德国市场上所有品牌的冰箱和中国海尔冰箱揭去商标后，放在一起进行试验，海尔冰箱质量第一！

第一节　商品质量概念和基本构成

一、质量的定义

质量是每个人都十分关心的一个重要问题，是一切经济管理工作的永恒主题。人们从不同实践内容和角度来认识和理解质量的内涵，而质量也随着社会的进步而不断发生变化。目前国内外专家学者尚未对质量的定义进行统一，表述各异。

（一）克劳斯比：质量是"符合规范和要求"

美国著名质量管理专家克劳斯比（P. B. Crosby）认为，质量并不意味着好、卓越、优秀等，质量就意味着对于规范或要求的符合（conformance to requirement）。谈论质量只有相对于特定的规范或要求才是有意义的，合乎规范或要求就意味着具有质量，反之不合格就意味着缺乏质量。它很实用，很有市场，但其局限性也非常明显。因为作为规范的标准或技术要求有先进和落后之别，并且现行标准或技术要求也很难正确反映客户的全部需求，尤其是潜在的和变化的需求。在这种传统的"静态"的质量观念指导下，一旦质量符合了规范或要求，就有可能停止任何改进质量的努力。

（二）朱兰：质量是"适用性"

世界著名质量管理专家朱兰（J. M. Juran）从用户的角度出发，提出了"质量即适用性"（fitness for use）的著名观点。他指出："所谓适用性是指产品在使用期间能够满足用户的需要。"他认为，这种适用性普遍使用于一切产品或服务，是由用户所要求的产品或服务特性决定的，适用性的评价也是由用户做出的，而不是由产品制造商或者服务提供商做出的。朱兰的质量定义体现了质量最终决定于产品或服务的消费过程以及用户的使用感受、期望和利益的本质，成为用户型质量观的一种代表性理论，得到了世界的普遍认同。

（三）田口玄一：质量是"社会总损失最小"

日本著名质量管理专家田口玄一认为，质量是指产品上市后给社会带来的总损失最小，由功能本身所产生的损失除外。例如，酒能醉人是它的一种功能，因酗酒而蒙受的损失属于由于功能本身产生的损失，不属于酒本身的质量问题，应属于酗酒者饮用不当的问题。至于社会允许何种功能的商品，那是文化的问题、是法律的问题，而不是技术的问题。他将"总损失"定义为产品上市后所产生的"功能波动损失""弊害项目损失""使用成本"这三个部分损失之和。例如，洗衣机在使用时出现的转速不稳属于"功能波动损失"，而洗衣机在使用时出现的震动和噪声大则属于"弊害项目损失"，洗衣机使用时的水、电和洗涤剂的耗费，以及维修费等应归入"使用成本"。田口玄一的质量定义仍然属于用户型质量观的理论描述，但从逆向的损失角度来描述质量概念无疑是一种创新，它为质量的量化提供了方便。

（四）菲根堡姆：质量是"满足顾客期望的各种特征综合体"

世界著名的质量管理专家菲根堡姆（A. V. Feigenbaum）在其《全面质量管理》著作中明确提出："产品或服务质量可以定义为：产品或服务在营销、设计、制造、维修中各种特性的综合体，借助于这一综合体，产品和服务在使用中就能满足顾客的期望。衡量质量的主要目的就在于，确定和评价产品或服务接近于这一综合体的吃的程度或水平。有时也使用其他的术语（例如可靠性、售后服务能力、可维修性）来定义产品质量。显然，这些术语只是构成产品或服务质量的个别特性。正确认识这一点很重要，因为在确定某一产品的'质量'的关键要求时，需要在经济上综合平衡，即权衡各种个别质量特性的得失。比如说，某一种产品在其预期的寿命周期中，在预订的使用环境和条件下必须随时执行指定的功能。对这种产品的质量的关键要求当然是要有高的可靠性。然而，生产必须安全又具有要求压倒一切的重要意义。同时，产品在其寿命周期中必须要有足够的售后服务能力和可维修性。产品要有适合于顾客要求的外观，所以它又必须具有吸引力。当综合平衡了所有这些特性之后，'恰到好处'的质量也就组成为综合体。它为预期的产品功能提供了最大的综合经济效益，除此之外，它还考虑了产品废弃和服务过后的情况，这就是关于以全面满足消费者要求为主的'质量'的概念。"

根据菲根堡姆对质量的定义，质量是由顾客来判断的，而不是由设计师、工程师、营销部门或者管理部门来确定的。顾客根据其对某种产品或某项服务的实际经验同他的需要对比而做出判断。

（五）国际标准：质量是"一组固有特性满足要求的程度"

根据 GB/T 1900—2008/ISO 9000：2005《质量管理体系—基础和术语》中给出的定义，质量是"一组固有特性满足要求的程度"。

要理解这一定义，可从以下几个方面来进行：

（1）质量存在于各个领域或任何物质中，体现了广泛包容性。质量的定义并未明确界定质量的载体，质量概念从早期的有形产品，而后逐渐延伸到了服务等无形产品，现在质量则扩展到了过程、活动、组织，以及它们的组合。质量概念既可以用来描述产品和活动，也可以用来对过程、人员，甚至组织进行描述，体现了质量概念的广泛包容性。

（2）"固有特性"是指某事或某物本来就有的，尤其是那种永久的特性（如产品的机械特性、化学特性），而不是"赋予特性"。这种固有特性大多是可以测量的，比如产品的价格、产品的尺寸大小、产品的分类代码、产品的供货时间和运输要求、售后服务要求等。

（3）"要求"是指明示的、通常隐含的或必须履行的需求或期望。其中，"明示的"可以理解为经明示的要求，如在文件中所做的具体要求或顾客所提出的明确要求；"通常隐含的"是组织、顾客和其他相关方的惯例或一般做法，其要求或期望是不言而喻的，习惯上应该这样做的；"必须履行的"是指法律、法规或强制性标准要求的。不同的人对于同一产品的诉求不同，可能要求也会不同，组织在确定产品的要求时，应该兼顾顾客及相关方的要求。

二、商品质量的概念

在 GB/T 1900—2008/ISO 9000：2005《质量管理体系—基础和术语》标准中，广义的产品被定义为"过程的结果"，并指出有四种通用的产品类别：一是服务，如运输；二是软件，如手机 APP；三是硬件，如机械；四是流程性材料，如润滑油。日常中许多商品是由这四种不同的类别的产品组合而成的，在商品学中，商品分为有形商品和无形商品，它们的固有特性有较大的差别，要分别进行研究，由于无形商品的研究尚未成熟，本书以有形商品的研究为主要对象。

商品质量是指商品满足规定或潜在的要求（或需要）的特征和特性的总和。"规定"是指国家有关规定、质量标准或买卖双方的合同等方面所做的阐述；"潜在要求（或需要）"是指人和社会对商品的适用性、安全性、卫生性、可靠性、耐久性、美观性、经济性、环保性和信息性等方面的期望；"特征"是指用来区分同类商品不同品种的特别显著的标志；"特性"是指不同类别商品所特有的性质，即品质特性。可以说，商品质量是商品具备适用性功能，满足规定和消费者需求程度的一个综合性的概念。

例如，一部手机不仅要求硬件配置高、屏幕大小合理、分辨率高、图像清晰、声音优美、电池续航久、安全可靠、具有拍照功能、有一定的使用寿命，还要求外形美观、操作方便、经济实惠、牌子响和售后服务良好等。

商品质量有广义和狭义之分。广义的商品质量是指商品适合其用途所需的各种特性的综合，以及其满足消费者需求的程度，是市场商品质量的反映。狭义的商品质量是指产品与其规定标准技术条件的符合程度，主要以国家或国际有关法规、商品标准或者定购合同中的有关规定作为最低技术条件，是商品质量的最低要求和合格的依据，是自然商品质量的体现。商品质量是一个动态的概念，其表现在具体的时间性、空间性和消费对象性上。不同时代、不同地区、不同的消费对象，对同一商品有不同的质量要求，并随着科技进步、生活水平提高和社会的发展而不断发生变化。例如，消费者对商品质量的要求，以前更注重实用价值，而现在对商品既要求实用价值又要求审美价值；人们消费商品时，既追求物质享受，也追求一定程度的精神享受。

三、商品质量的基本构成

（一）从表现形式上看，商品质量由外观质量、内在质量和附加质量构成

商品的外观质量主要指商品的外部形态以及通过感觉器官能直接感受到的特性，如商品的规格（尺寸、大小、轻重）、造型、色泽、气味、声响、食味、结构等。商品的内在

质量指通过仪器、实验手段能反映出来的商品特性或性质，如商品的物理性质、化学性质、机械性质、生物学性质等。商品的附加质量主要指商品信誉、经济性、销售服务等。

不同种类的商品，对商品的外观质量、内在质量和附加质量各有侧重。商品外观质量往往可以反映商品的内在质量，并通过附加质量得到更充分的实现。

（二）从形成过程上看，商品质量由设计质量、制造质量和市场质量构成

设计质量指在生产过程以前，设计部门通过市场信息的反馈对商品品种、规格、式样、花色、质地、装潢、包装等方面进行设计的过程中形成的质量因素；制造质量指在生产过程中所形成的符合设计要求的质量因素；市场质量指在市场流通过程中，对已在生产环节形成的质量的维护保证和附加的质量因素。

设计质量是商品质量形成的前提条件，是商品质量形成的起点；制造质量是商品质量形成的主要方面，它对商品质量的各种性质起着决定性作用；市场质量是商品质量实现的保证。

（三）从有机组成上看，商品质量由自然质量、社会质量和经济质量构成

自然质量是商品自然属性所带来的质量因素；社会质量是商品社会属性所要求的质量因素；经济质量是商品消费时投入时所要考虑的质量因素。

自然质量是构成商品质量的重要基础，社会质量是商品质量满足社会需要的具体体现，经济质量则反映了人们对商品质量经济方面的要求。

四、商品质量特性

商品质量特性，按照载体不同，可分为产品（有形商品）质量特性和服务（无形产品）质量特性两大类。

（一）产品质量特性

1. 使用性能

使用性能是指产品为满足预订的使用目的或用途所必须具备的各种性能或功能，它是构成产品使用价值的基本条件。例如，电冰箱必须具有制冷保鲜功能；钟表必须具备准确计时性能。对产品使用性能的要求，往往通过各种具体的质量特性如物理特性、化学特性、外观特性或感官特性等来完成。

2. 人体工效特性

人体工效特性是指产品应尽量符合人体工效学原理，具备满足顾客使用方便与安全等要求的能力。例如，产品的结构要与人体尺寸和形状及各个部分相适应；要与人的视觉和听觉能力、触觉能力、味觉和嗅觉能力、速度能力、知觉能力，信息再处理能力相适应；复杂产品的使用操作要符合简单、易掌握、不易出错等要求。

3. 安全性

安全性是指产品在使用过程中保证人身安全和健康不受伤害的能力。例如，家用电器必须要有良好的绝缘性和防护装置，以免触电造成点击伤害和死亡事故；食品必须安全卫生，其成分中对人体健康有害的物质以及致病性微生物不得超过标准规定的限度；化妆品中铅、砷、汞等重金属含量、有害微生物的含量应在标准规定的限量以下。

4. 使用寿命

使用寿命是指耐用性产品在规定的使用条件下，保持正常使用性能的工作总时间。产品的使用寿命主要是由其设计寿命或者说由其所采用的关键部件的寿命决定的。例如，彩色电视机的使用寿命一般为 10~15 年，这是因为目前彩色显像管因其工艺水平和所能达到的使用期限决定的。标准中规定不低于 1.5 万小时，若以每天看电视时间 4 小时计，正好 10 年。若彩管的实际使用寿命为 2 万小时或更长，则由此决定的整机寿命就可延长至 10 年以上。又如电冰箱的使用寿命通常为 13~15 年，这是依据其关键部件——压缩机的寿命决定的。由于电冰箱是常年工作的电器，因此对其心脏部件压缩机的要求就更应严格。此外，产品的使用寿命往往受到实际使用环境和使用方式的影响，一般来说，恶劣的使用环境和使用操作上的失误，都会影响到产品的局部和整体的使用寿命。

5. 可信性

可信性与使用寿命一样都是与时间有关的质量特性。可信性包括可用性及其影响因素——可靠性、可维修性和维修保障性。可用性是指产品在一随机时刻需要开始执行任务时处于工作和可使用状态的程度，它是可靠性、可维修性和维修保障性综合作用的结果。

可靠性是指产品在规定条件下和规定时间内，完成规定功能的能力。所谓规定条件是指产品使用时的环境条件、使用条件、维修保养条件等。可靠性是与产品在使用过程中的稳定性和无故障性联系在一起的，是机电类产品质量的主要要求之一。可靠性通常包括耐用性和设计可靠性，有时也包括可维修性。耐用性是产品能在规定的使用期限内保证规定功能而不出故障或寿命较长的能力。它是评价高档耐用产品的一个主要质量要求。为了避免使用者操作过失和在规定的环境条件以外使用等用法错误导致产品出故障的可能性。一方面要求提高产品的易操作度，使人为过失的可能性尽量减少；另一方面，即使因为人为过失或环境改变引起了故障，也要把可能遭受的损害控制在最低限度。设计上这两方面的要求就是设计的可靠性。

可维修性是指产品在发生故障后能被迅速修好恢复其功能的能力。产品是否容易维修与产品设计有关，设计中应尽量采用组合式或组件式产品结构，所用零部件要标准化、通用化、系列化，以便于拆卸更换，此外还应该容易通过仪表式专用检具迅速诊断出故障部位。对于结构复杂、价格更高、可维修的产品，其使用寿命与可维修性综合起来称为可用状态时，称为可用。处于使用状态的时间，称为可用时间，它包括产品实际使用时间和非故障原因待用时间。处于不能使用状态的时间，称为停工时间。因此，可用性公式如下：

$$可用性 = \frac{可用时间}{可用时间 + 停工时间}$$

或

$$可用性 = \frac{平均无故障工作时间}{平均无故障工作时间+平均修复时间}$$

维修保障性是指维修保障资源能满足产品完好性和使用要求的能力。具体来说，就是产品的供方应建立和遵循按照协商一致的要求向产品的需方提供产品维修保障的程序，并备有必要的产品硬件（如零配件）和软件（良好的维修力量、条件和服务）等。

6. 环境友好性

环境友好性是指产品在生产、流通、消费、废弃的整个生命周期内对自然生态环境和人体健康的危害尽可能减至最低，或者最大限度地节约资源或能源的能力。例如，产品应该在生产、流通中废物排放少、污染轻、能耗低，对职业人员安全无害，消费时也不损害使用者健康和生态环境并且节能，少排或不排放废物，废弃后可回收循环利用或可拆卸回收或容易降解清除等。

7. 审美性

审美性是指产品能够满足人们审美需要的属性。如产品的形态、色泽、质地、结构、气味、味道等。现代社会人们对产品质量的追求已转向物质方面的实用价值与精神方面的审美价值的高度统一。产品的审美性已成为提高产品的市场竞争能力的重要手段之一。

产品的审美性包括外观表面及装饰的美观性（如平滑度、光泽、质感、色彩的和谐与流行、整体美等）；形态的表现力（如形态造型的创造性、风格的独特性与新颖性、与流行式样的相符性等）；结构组成的紧凑性（如结构组成的和谐性、完整性和科学性等）。

8. 经济性

经济性是指产品的生产者、经营者、消费者都能用尽可能少的费用获得较高的产品质量，从而使企业获得最好的经济效益和社会效益，消费者也会感到物美价廉。经济性反映了产品合理的寿命周期费用及产品质量的最佳水平。它包括两方面的内容，一是在物美价廉的基础上的最佳质量；二是产品价格与使用费用的最佳匹配。离开经济型孤立地谈质量，没有任何意义。

9. 信息性

信息性是指依据有关的质量法规或强制性标准，商品生产者、经销者有责任和义务通过其商品或保证的规定标识以及包装内必备的有关信息，向消费者提供有用的质量说明。如产品名称、产品的规格与型号、产品主要技术指标或所用的成分名称和含量、产品的质量等级、合格证明、售后服务、生产日期和使用期限等。

10. 可追溯性

可追溯性是指根据记载的标识，追踪产品的原材料和零部件以及产品实体、产品的加工历史、产品的应用情况、产品出厂后的分布和位置等的能力。如前所述，以产品条码、物品编码及射频等识别技术为核心的全球统一标识系统为实现自动化追踪提供了有效的手段。

（二）服务质量特性

服务是一种无形商品，它主要指服务组织提供的各种服务，包含软件和信息技术服务业，信息传输、仓储和邮政业，租赁业，科学研究和技术服务业，金融业，水利、环境和公共设施管理业，居民服务、修理和其他服务业，教育，卫生和社会工作，文化、体育和娱乐业，公共管理、交通运输、社会保障和社会组织，农、林、牧、渔业中的农、林、牧、渔服务业，采矿业中的开采辅助活动，制造业中的金属制品、机械和设备修理业，住宿和餐饮业，国际组织等。服务的质量特性主要有功能性、时间性、安全性、舒适性、文明性和经济性。

1. 功能性

功能性是指某项服务所产生的效能和作用。能否使顾客得到这些服务功能是对服务的基本要求，因此功能性是服务质量中最基本的特性。例如，企业的销售和售后服务的功能是使顾客得到所需的商品；交通运输的功能是将旅客和货物送到目的地；电信服务的功能是为顾客及时、准确地传递信息。

2. 时间性

时间性是指服务在时间上能满足顾客需求的能力。它体现在三个方面：及时、准时和省时。及时是指顾客需要时能够在需要前提供该项服务。准时是指服务提供的时间在约定的时间内。省时是指顾客得到该项服务所耗用的时间尽量最短。顾客得到某项服务的等待时间，是关系到顾客满意度和服务企业形象的重要因素。

3. 安全性

安全性是指服务提供方对顾客进行服务的过程中，保证顾客人身不受伤害、财物不受损害的能力。它取决于服务人员的安全意识与责任感、防火或防盗的保障措施、服务设施的维修保养、人员和环境的卫生等因素。

4. 舒适性

舒适性是指在满足功能性、时间性、安全性等质量特性的基础上，服务过程包括设施设备、服务操作、环境美观和整洁有序等的舒适程度。显然，舒适性与服务的等级密切相关。

5. 文明性

文明性不仅仅是指对顾客要笑脸相迎，还包括对顾客的谦逊、尊重、信任、理解、体谅和顾客有效的沟通，是满足顾客精神需求的程度。这是服务质量中最难把握但却非常重要的质量特性。

6. 经济性

经济性是指为得到同等质量的服务，顾客所付费用应相应减少。这个与有形商品质量的经济性是同理的。

第二节　影响商品质量的主要因素

商品质量的高低不仅受企业内部条件的约束，而且还受外部环境的影响；不仅受物质因素的制约，还受政策、经济、社会、自然等因素的影响。因而，商品质量问题不是局限于一个企业范围的问题，而是一个全局性、全社会性的问题。

一、人的因素

（一）企业领导质量意识和职能的发挥情况

商品质量的好坏取决于人，而其中各级领导是关键，特别是企业的决策人员，其发挥作用最直接，影响程度最大，持续时间最长。领导首先要不断更新经营理念，强化自身的质量意识和竞争意识，督促各部门领导认真学习质量管理理论，不断提高全体职工的质量意识和质量控制技能；其次要确定科学的质量方针和目标，并为全体员工所理解和贯彻实施；建立质量激励机制，奖惩分明，激发职工重视质量、生产优质产品的积极性和主动性。最后要指定管理者代表明确其职权，重视质量体系审核，主持管理评审，增强质量体系的适应性和有效性。

（二）员工的实际素质

商品是由人来完成的，员工的实际素质对产品质量起着决定性作用。只有员工的实际素质合乎要求并不断提高，才能创造出良好的工作质量。增强人的质量意识，可以调动员工的积极性和创造性，激发其重视质量、提高质量的主动性。不同岗位的员工素质要求不一样，要正确选培人才，合理培训并提高商品质量意识，督促全体员工提高工作技能、熟悉质量体系文件有关内容并按规定办，以生产出消费者和社会满意的产品。

二、生产过程中影响商品质量的因素

（一）质量信息系统的完善程度

企业在制定质量目标、进行新产品开发和处理质量问题时，都离不开掌握有关质量信息。信息量越大，决策的可靠性越高。质量信息又是协调各质量职能的纽带，是完善质量体系不可缺少的"神经网络系统"。企业应建立完善的质量信息管理系统，及时准确地了解用户需求信息、同类产品信息、市场竞争信息和市场环境信息，提出准确反映用户需求的产品设想；加强新产品开发设计阶段和生产过程的信息管理；有计划有步骤地对质量体系进行审核，及时为领导决策提供准确、可靠的信息，为完善质量体系提供可靠依据。

（二）设计和规范质量

产品开发设计是形成产品质量的首要环节，决定了商品满足用户需求的程度。企业应

根据市场调研结果，开展技术经济分析，合理确定产品质量目标，完善产品开发设计工作程序。在设计过程中，应对关键的设计进行严格评审，采取有效措施减少质量责任风险，保证最终设计满足质量要求。设计过程中还应进行产品质量特性、重要性分级和传递，为制造质量的控制提供重要依据。

（三）采购质量

现代工业生产是在广泛协作的基础上进行的，生产水平越高，专业程度越高，外协、外购物资就会越多。随着用户需求的不断提高，外购物资的质量对产品的适用性将起着决定性作用，因而外购、外协件的质量情况会直接影响到产品的整体质量。企业应明确采购、供应的质量政策，制定质量大纲，并按大纲的要求认真、有效地执行；合理选择合格供方，处理好与供方的长期友好关系，帮助供方提高产品质量；及时足量采购、供应符合质量要求的外购货物，并做好外购物资的检验、储存和投产使用中的质量控制等工作。

（四）生产技术准备

在产品质量形成全过程中，生产技术准备的质量职能特别重要，它关系到生产制造质量的稳定性及符合设计要求的程度。生产技术准备活动考虑得越全面、越周到，生产制造进展就越顺利，产品质量就越有保证。影响产品质量的关键工作有：制定完善的工序质量控制文件；分析制造过程中影响质量的主导环节，设置工序质量控制点；采取有效措施，使各环节处于受控状态；改进和完善机器设备和工艺装备；正确选择检测方法，合理配备检测设备；制定检测计划，控制工序质量。

（五）制造过程控制

制造过程是依靠生产技术准备所提供的各种条件，由设计质量形成产品实物质量的重要环节，是企业质量环节中涉及职能部门最多、参与人员最多的环节。制造过程控制质量的关键环节有：原材料、外购件和半成品的检验和质量控制；工序间检验质量的控制；成品验证、包装验证和追踪标记的控制；检测设备的质量控制和检测数据的质量控制；特殊工序、关键工序的质量控制。

（六）不合格和纠正措施控制

不合格系指一种或多种质量特性和质量体系要素偏离了规定的要求或根本不存在。产品在制造过程中，由于受工序因素变化的影响，总会出现波动而造成产品不合格，工作质量也是如此。如果不合格产品的管理办法及其纠正措施没有程序化或没有被有效执行，产品质量就不能"维持"规定水平，更不能提高质量水平。因此，企业应将不合格产品的处理步骤和纠正措施的实施过程程序化，程序中至少应包括：不合格确认、严重性评价、补救措施、原因分析、预防措施、效果监控及永久性更改，并应明确职责、权限，促使有效执行，努力避免质量问题的重复发生。

三、流通过程中影响商品质量的因素

（一） 运输过程

商品在运输过程中容易受到冲击、挤压、颠簸、震动等物理机械作用，也会受到自然环境和气候因素的影响，比如气温、湿度、风吹、日晒和雨淋等的作用。科学合理地安排商品运输，有利于最大程度减少商品发生质量问题。同时，尽量采用直达运输，直达运输是追求运输合理化的重要形式，其对合理化的追求要点是通过减少中转过载换载，从而提高运输速度，省却装卸费用，降低中转货损。

（二） 装卸过程

装卸作业本身并不产生价值。但是，如果进行了不适当的装卸作业，就可能造成商品的破损，或使商品受到污染。因此，尽力排除无意义的作业，尽量减少装卸次数，以及尽可能地缩短搬运距离等，所起的作用是很大的。不合理的装卸会增加商品污损、破坏、丢失和消耗的机会。装卸作业的经济原则就是"不进行装卸"，尽量减少不必要的装卸。

（三） 仓库储存

在流通领域中商品的暂时停泊和存放过程，由于各种商品性质不同，对储存场所的要求不同。应根据储存商品的特性来选择合适的商品储存场所，以确保在库商品安全。商品储存场所主要包括货场、货棚和库房。如怕热和易挥发的商品应选择比较阴凉和通风良好的仓库；怕冻的商品应选择保温性较好的仓库，并备有保温设施；怕潮易霉或易生锈的商品应存放在地势较高、比较干燥通风的库房；鲜活易腐商品，应存放在低温库内；各种危险品应专库存放，符合防毒、防爆、防燃、防腐蚀的要求。同时要做到分区分类储存，科学存放，即品种分开、干湿分开、新陈分开、好次分开，尤其是对性质相抵和消防方法不同的商品，不可同库混放，以免互相影响，发生事故。

（四） 销售服务

销售质量直接影响商业企业的信誉和消费者的利益。销售服务过程中的进货验收、入库短期存放、产品陈列、提货搬运、装配调试、包装服务、送货服务、技术咨询、维修和退换等项工作质量都是最终影响消费者所购产品质量的因素。产品的销售服务中的技术咨询是指导消费者对复杂、耐用性产品和新产品进行正确、安装、使用和维护的有效措施。许多产品的质量问题不是产品自身固有的，而往往是由于使用者缺乏产品知识或未遵照产品使用说明书的要求，进行了错误操作或不当操作所引起的。产品良好的售前、售中和售后服务质量已逐渐被消费者视为产品质量的重要组成部分。

四、使用过程中影响商品质量的因素

（一）使用范围和条件

不同的商品都有各自的使用范围和使用条件，使用中要遵从商品的使用范围和条件，才能发挥商品的正常功能。例如，家用电器适用的电源分为交流、直流和电压值，在适用的过程中要按照标示合理适用，否则不但不能正常运转，还会损坏商品，严重时会酿成火灾等事故。

（二）使用方法和维护保养

为了保证商品质量和延长商品的使用寿命，消费者在使用过程中应当充分了解商品的结构、性能和原理，采用正确的使用方法，发挥商品的正常功能。使用后，要给予一定的日常维护和保养，有利于商品的长期反复使用，延长商品的使用寿命。

（三）废弃处理

使用过的商品及其包装物作为废弃物被丢弃到环境中，有些废弃物可回收利用；有些废弃物则不能或不值得回收利用，也不易被自然因素或微生物破坏分解而成为垃圾；还有些废弃物会对自然环境造成污染，甚至破坏生态平衡。由于世界各国越来越关注和忧虑环境问题，不少国际组织积极建议，把对环境的影响纳入商品质量指标体系中。因此，商品及其包装物的废弃物是否容易处理以及是否对环境有害，将成为决定商品质量的又一重要因素。

第三节　商品质量管理的方法

根据 GB/T 19000—2008/ISO 9000：2005 的定义，质量管理是"在质量方面指挥和控制组织的协调的活动"。在质量方面的指挥和控制活动，通常包括制定质量方针和质量目标，以及质量策划、质量控制、质量保证和质量改进。这里主要介绍几种常见的质量管理的基本方法。

一、全面质量管理

全面质量管理最先是 20 世纪 60 年代初由美国的著名专家费根堡姆提出的，是在传统的质量管理基础上，随着科学技术的发展和经营管理的需要发展起来的现代化质量管理，现已成为一门系统性很强的科学。

国际标准 ISO 8402：1994《质量管理和质量保证–术语》对于全面质量管理（TQM）的定义是："一个组织以质量为中心，以全员参与为基础，目的在于通过让顾客满意和本组织所有成员及社会受益而达到长期成功的管理途径。"

全面质量管理，英文是 Total Quality Management（简称：TQM），是指一个组织以质量为中心，以全员参与为基础，目的在于通过顾客满意和本组织所有成员及社会受益而达到长期成功的管理途径。在全面质量管理中，质量这个概念和全部管理目标的实现有关。

与传统的质量管理理论相比，全面质量管理的特点主要有：把满足顾客需求放在第一位，运用以数理统计方法为主的现代化综合管理手段和方法，对产品开发、设计、生产、流通、使用等全过程进行全面管理。它既管产品质量，又管工作质量、服务质量，还要管人的质量；依靠与质量形成和实现有关的所有部门和人员来参与质量管理；实行严格标准化，不仅贯彻成套技术标准，而且还要求管理业务、管理技术和管理方法的标准化。

在开展全面质量管理活动中，全面质量管理常用七种工具，收集和分析质量数据，分析和确定质量问题，成为控制和改进质量水平的常用七种方法。这些方法不仅科学，而且实用。

（一）统计分析表法和措施计划表法

质量管理讲究科学性，一切凭数据说话。因此对生产过程中的原始质量数据的统计分析十分重要，为此必须根据本班组、本岗位的工作特点设计出相应的表格。其主要作用：①用数量说明研究对象之间的相互关系；②用数量把研究对象之间的变化规律显著地表示出来；③用数量把研究对象之间的差别显著地表示出来。这样便于人们用来分析问题和研究问题。

（二）排列图法

排列图法是找出影响产品质量主要因素的一种有效方法。

制作排列图的步骤是：

（1）收集数据，即在一定时期里收集有关产品质量问题的数据。例如，可收集1个月、3个月或半年等时期里的废品或不合格品的数据。

（2）进行分层，列成数据表，即将收集到的数据资料，按不同的问题进行分层处理，每一层也可称为一个项目；然后统计一下各类问题（或每一项目）反复出现的次数（即频数）；按频数的大小次序，从大到小依次列成数据表，作为计算和作图时的基本依据。

（3）进行计算，即根据第（3）栏的数据，相应地计算出每类问题在总问题中的百分比，计入第（4）栏，然后计算出累计百分数，计入第（5）栏。

（4）做排列图。即根据上表数据进行作图。需要注意的是，累计百分率应标在每一项目的右侧，然后从原点开始，点与点之间以直线连接，从而做出帕累托曲线。

（三）因果分析图法

因果分析图又叫特性要因图。按其形状，有人又叫它为树枝图或鱼刺图。它是寻找质量问题产生原因的一种有效工具。

画因果分析图的注意事项是：

（1）影响产品质量的大原因，通常从五个大方面去分析，即人、机器、原材料、加工方法和工作环境。每个大原因再具体化成若干个中原因，中原因再具体化为小原因，越细越好，直到可以采取措施为止。

（2）讨论时要充分发挥技术民主，集思广益。别人发言时，不准打断，不开展争论。各种意见都要记录下来。

（四）分层法

分层法又叫分类法，是分析影响质量（或其他问题）原因的方法。我们知道，如果把很多性质不同的原因搅在一起，那是很难理出头绪来的。其办法是把收集来的数据按照不同的目的加以分类，把性质相同、在同一生产条件下收集的数据归在一起。这样，可使数据反映的事实更明显、更突出，便于找出问题，对症下药。

企业中处理数据常按以下原则分类：

按不同时间分：如按不同的班次、不同的日期进行分类。

按操作人员分：如按新、老工人、男工、女工、不同工龄分类。

按使用设备分：如按不同的机床型号，不同的工夹具等进行分类。

按操作方法分：如按不同的切削用量、温度、压力等工作条件进行分类。

按原材料分：如按不同的供料单位不同的进料时间，不同的材料成分等进行分类。

其他分类：如按不同的检测手段、工厂、使用单位、使用条件、气候条件等进行分类。

总之，因为我们的目的是把不同质的问题分清楚。便于分析问题找出原因。所以，分类方法多种多样，并无任何硬性规定。

（五）直方图法

直方图又称质量分布图、柱状图，它是表示资料变化情况的一种主要工具。用直方图可以把资料解析出规则性，比较直观地看出产品质量特性的分布状态，对于质量分布状况一目了然，便于判断其总体质量分布情况。在制作直方图时，首先要对资料进行分组，因此如何合理分组是其中的关键问题。按组距相等的原则进行的两个关键数位是分组数和组距。直方图是一种几何图形，它是根据从生产过程中收集来的质量数据分布情况，画成以组距为底边、以频数为高度的一系列连接起来的直方型矩形图。

作直方图的目的就是通过观察图的形状，判断生产过程是否稳定，预测生产过程的质量。具体来说，作直方图的目的有：①判断一批已加工完毕的产品；②验证工序的稳定性；③为计算工序能力搜集有关数据。

（六）控制图法

控制图法是以控制图的形式，判断和预报生产过程中质量状况是否发生波动的一种常用的质量控制统计方法。它能直接监视生产过程中的过程质量动态，具有稳定生产、保证质量、积极预防的作用。

（七）散布图法

散布图法是指通过分析研究两种因素的数据之间的关系，来控制影响产品质量的相关因素的一种有效方法。

在生产实际中，往往是一些变量共处于一个统一体中，它们相互联系、相互制约，在一定条件下又相互转化。有些变量之间存在着确定性的关系，它们之间的关系，可以用函数关系来表达，如圆的面积和它的半径关系：$S = \pi r^2$；有些变量之间却存在着相关关系，即这些变量之间既有关系，但又不能由一个变量的数值精确地求出另一个变量的数值。将这两种有关的数据列出，用点子打在坐标图上，然后观察这两种因素之间的关系，这种图就称为散布图或相关图。

二、PDCA 循环

PDCA 循环，又叫质量环，是管理学中的一个通用模型，最早由休哈特于 1930 年构想，后来被美国质量管理专家戴明博士在 1950 年再度挖掘出来，并加以广泛宣传和运用于持续改善产品质量的过程。

PDCA 是英语单词 Plan（计划）、Do（执行）、Check（检查）和 Action（处理）的第一个字母，PDCA 循环就是按照这样的顺序进行质量管理，并且循环不止地进行下去的科学程序。PDCA 循环作为质量管理的科学方法，适用于企业各个环节、各个方面的质量管理工作。

（一）PDCA 的工作内容

PDCA 循环分为四个阶段，如图 5-1。

1. 计划阶段（P）

该阶段任务是制定计划，根据存在的问题或用户对产品质量的要求，找出问题存在的原因和影响产品质量的主要因素，以此为依据制定措施计划，确定质量方针、质量目标，制定出具体的活动计划和措施，并明确管理项目。

2. 执行阶段（D）

该阶段任务是按照阶段的计划和标准规定具体实施计划。

3. 检查阶段（C）

该阶段任务是检查计划的实施过程，调查实施计划的结果。将工作结果与计划对比，得出经验，找出问题。

4. 处理阶段（A）

该阶段任务是把实施的结果进行处理总结。把检查阶段实施成功的经验加以肯定，纳入标准或规程，形成制度，以便今后照办。对失败的教训也要总结，以后不再那样做。遗留问题则转入下一个 PDCA 循环。

PACA 循环中 A 阶段是一个关键阶段，它具有承上启下的作用，通过即时的"Action"，即分析总结、制定规程，既可解决本循环中存在的问题，又可防止类似问题在

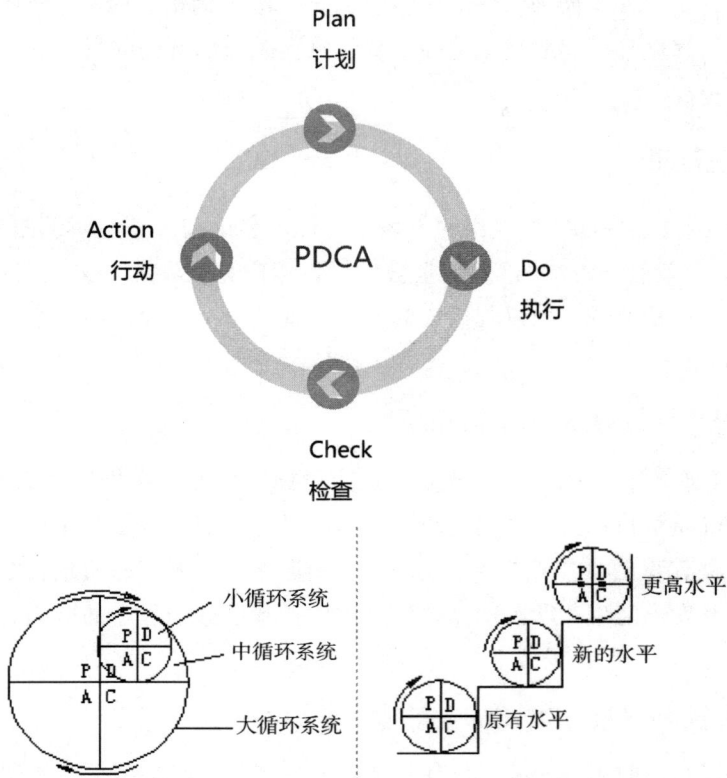

图 5-1　PDCA 循环法

下个循环中发生，具有积极的扬弃功能。

（二）PDCA 循环的特点：

1. 大环套小环、小环保大环、推动大循环

PDCA 循环作为质量管理的基本方法，不仅适用于整个工程项目，也适应于整个企业和企业内的科室、工段、班组以至个人。各级部门根据企业的方针目标，都有自己的 PDCA 循环，层层循环，形成大环套小环、小环里面又套更小的环。大环是小环的母体和依据，小环是大环的分解和保证。各级部门的小环都围绕着企业的总目标朝着同一方向转动。通过循环把企业上下或工程项目的各项工作有机地联系起来，彼此协同，互相促进。

2. 不断前进、不断提高

PDCA 循环就像爬楼梯一样，一个循环运转结束，生产的质量就会提高一步，然后再制定下一个循环，再运转、再提高，不断前进，不断提高。

3. 门路式上升

PDCA 循环不是在同一水平上循环，每循环一次，就解决一部分问题，取得一部分成果，工作就前进一步，水平就提升一步。每通过一次 PDCA 循环，都要进行总结，提出新目标，再进行第二次 PDCA 循环，使品质治理的车轮滚滚向前。PDCA 循环的特点是不断循环，周而复始，每循环一周质量就提高一步。每次循环都有新的目标和内容，产品质量水平不断有新的提高。

三、朱兰三部曲

伟大的质量导师朱兰在 82 岁高龄时发表了一篇著名论文《质量三部曲》，其副标题为"一种普遍适用的质量管理方法"，这就是被世界各国广为推崇的"朱兰三部曲"，即质量计划、质量控制和质量改进三个过程组成的质量管理，每个过程都由一套固定的执行程序来实现。

（一）质量计划（Quality Planning）

这一步骤很有必要，它是建立有能力满足质量标准化的工作程序而必不可少的环节。质量计划就是明确质量目标，并为实现质量目标而进行策划部署。其主要内容有：确定顾客的需求；开发具有满足顾客需求特征的产品；制定能满足顾客的质量目标，并以最低综合成本来实现；开发出能生产所需产品的生产程序；验证这个程序的能力，证明它在实施中能达到质量目标。

（二）质量控制（Quality Control）

质量控制可以为何时采取必要措施纠正质量问题提供参考和依据，是"三部曲"中的重要环节。主要内容有：选择控制对象；规定测量标准和方法；测定实际质量特性；通过实际与标准的比较找出差异；根据差异采取措施并监控其效果。

（三）质量改进（Quality Improvement）

质量改进是一个突破计划并达到前所未有水平的过程，最终结果是在明显优于原来计划的质量水平上进行经营活动。更合理和有效的管理方式往往是在质量改进中被挖掘出来的。质量改进的内容包括：确定改进对象；组织诊断；寻找改进机会；提出改进方法和预防措施；实施改进，并对这些改进项目加以指导和控制；证明这些方法有效，并在质量管理体系文件中体现；提供控制手段，以保持其有效性。

"朱兰三部曲"中的三个步骤既有各自的目标，又相互联系。它作为一个实现质量管理目标的成功阶梯，还需要一些其他条件才能有效地施行，例如要有积极向上的领导力和企业环境，以及对质量管理的强有力支持等。

四、六西格玛质量管理

六西格玛（Six Sigma，6σ）概念于 1986 年由摩托罗拉公司的比尔·史密斯提出，旨在生产过程中降低产品及流程的缺陷次数，防止产品变异，提升品质。六西格玛是 20 世纪 90 年代发展起来的，六西格玛管理总结了全面质量管理的成功经验，提炼了其中流程管理技巧的精华和最行之有效的方法，成为一种提高企业业绩与竞争力的管理模式。六西格玛由针对制造环节的改进逐步扩大到对几乎所有商业流程的再造，从家电 Whirlpool，GE，LG，电脑 Dell，物流 DHL，化工 Dow Chemical 和 DuPont，制药 Agilent 和 GSK，通信 Vodafone 和 Korea Tel，金融 BoA、Merrill Lynch 和 HSBC，到美国陆海空三军，都引进了六西格玛系统。

（一）六西格玛管理法概述

六西格玛管理法是一种统计评估法，核心是追求零缺陷生产，防范产品责任风险，降低成本，提高生产率和市场占有率，提高顾客满意度和忠诚度。六西格玛管理既着眼于产品、服务质量，又关注过程的改进。"σ"是希腊文的一个字母，在统计学上用来表示标准偏差值，用以描述总体中的个体离均值的偏离程度，测量出的 σ 表征着诸如单位缺陷、百万缺陷或错误的概率性，σ 值越大，缺陷或错误就越少。6σ 是一个目标，这个质量水平意味的是在所有的过程和结果中，99.99966% 是无缺陷的，也就是说，做一百万件事情，其中只有不到四件是有缺陷的，这几乎趋近到人类能够达到的最为完美的境界。6σ 管理关注过程，特别是企业为市场和顾客提供价值的核心过程。因为过程能力用 σ 来度量后，σ 越大，过程的波动越小，过程以最低的成本损失、最短的时间周期满足顾客要求的能力就越强。6σ 理论认为，大多数企业在 3σ 至 4σ 间运转，这些缺陷要求经营者以销售额在 15%~30% 的资金进行事后的弥补或修正，而如果做到 6σ，事后弥补的资金将降低到约为销售额的 5%。

（二）六西格玛中心思想

如果你能"测量"一个过程有多少个缺陷，你便能系统地分析出怎样消除它们和尽可能地接近"零缺陷"。

在六西格玛里，"流程"是一个很重要的概念。举一个例子来说明。一个人去银行开账户。从他进银行开始到结束办理开户叫一个"流程"。而在这个流程里面还套着一个"流程"，即银行职员会协助你填写开户账单，然后把这个单据拿给主管去审核，这是银行的一个标准的程序。去银行开户的人是一线员工的"顾客"，这是当然的顾客，叫"外在的顾客"，而同时一线员工要把资料给主管审核，所以主管也是一定意义上的"顾客"，这叫"内在的顾客"。工厂与这个案例也很像，即下一道工序是这一道工序的"顾客"。

另一个重要的概念是"规格"。客户去银行办账户，时间是很宝贵的。办账号需要多长时间就是客户的"规格"。客户要求在 15 分钟内办完，15 分钟就是这个客户的规格。而如果银行一线职员要用十七八分钟才能做完，那么，这就叫作"缺陷"。假如职员要在一张单上五个地方打字，有一个地方打错了，这就叫做一个"缺陷"，而整张纸叫一个单元。

这里"机会"是缺陷的机会，如果一张单据上有五个地方要打，那么这个单元的缺陷机会为五。

（三）六西格玛质量管理方法的流程

六西格玛模式是一种自上而下的革新方法，它由企业最高管理者领导并驱动，由最高管理层提出改进或革新目标（这个目标与企业发展战略和远景密切相关）、资源和时间框架。推行六西格玛模式可以采用由定义、度量、分析、改进、控制（DMAIC）构成的改进流程。DMAIC 流程可用于以下三种基本改进计划：

（1）六西格玛产品与服务实现过程改进；

（2）六西格玛业务流程改进；

（3）六西格玛产品设计过程改进。

这种革新方法强调定量方法和工具的运用，强调对顾客需求满意的详尽定义与量化表述，每一阶段都有明确的目标并由相应的工具或方法辅助。

推行六西格玛模式要求企业从上至下都必须改变"我一直都这样做，而且做得很好"的惯性思维。也许你确实已经做得很好，但是距六西格码模式的目标却差得很远。六西格玛模式专注于不断提高，更注重目标，即企业的底线收益。假设某一大企业有1 000个基层单元，每一基层单元用六西格玛模式每天节约100美元，一年以300天计，企业一年将节约3 000万美元。通过实施模式，企业还可清晰地知道自身的水平、改进提高的额度与目标的距离等。

五、ISO 9000 族标准

ISO 是一个组织的英语简称。其全称是 International Organization for Standardization，翻译成中文就是"国际标准化组织"。ISO 是世界上最大的国际标准化组织。它成立于1947年2月23日，它的前身是1928年成立的"国际标准化协会国际联合会"（简称 ISA）。其他如 IEC 也比较大。IEC 即"国际电工委员会"，1906年在英国伦敦成立，是世界上最早的国际标准化组织。IEC 主要负责电工、电子领域的标准化活动。而 ISO 负责除电工、电子领域之外的所有其他领域的标准化活动。ISO 宣称它的宗旨是"在世界上促进标准化及其相关活动的发展，以便于商品和服务的国际交换，在智力、科学、技术和经济领域开展合作"。ISO 现有162个会员国。ISO 的最高权力机构是每年一次的"全体大会"，其日常办事机构是中央秘书处，设在瑞士的日内瓦。

（一）ISO 9000 族标准简介

ISO 9000 族标准是指"由国际标准化组织质量管理和质量保证技术委员会（ISO/TC176）制定的所有国际标准"。ISO 9000 族标准是国际标准化组织（英文缩写为 ISO）于1987年制订，后经不断修改完善而成的系列标准。现已有90多个国家和地区将此标准等同转化为国家标准。该标准族可帮助组织实施并有效运行质量管理体系，是质量管理体系通用的要求或指南。它不受具体的行业或经济部门限制，可广泛适用于各种类型和规模的组织，在国内和国际贸易中促进相互理解。

（二） ISO 9000 族标准的内容

一般来讲，组织活动由三方面组成：经营、管理和开发。在管理上又主要表现为行政管理、财务管理、质量管理等。ISO 9000 族标准主要针对质量管理，同时涵盖了部分行政管理和财务管理的范畴。

ISO 9000 族标准并不是产品的技术标准，而是针对组织的管理结构、人员、技术能力、各项规章制度、技术文件和内部监督机制等一系列体现组织保证产品及服务质量的管理措施的标准。

具体地讲，ISO 9000 族标准就是在以下四个方面规范质量管理：

1. 机构

标准明确规定了为保证产品质量而必须建立的管理机构及职责权限。

2. 程序

组织的产品生产必须制定规章制度、技术标准、质量手册、质量体系操作检查程序，并使之文件化。

3. 过程

质量控制是对生产的全部过程加以控制，是"面"的控制，不是"点"的控制。从根据市场调研确定产品、设计产品、采购原材料，到生产、检验、包装和储运等，其全过程按程序要求控制质量。并要求过程具有标识性、监督性、可追溯性。

4. 总结

不断地总结、评价质量管理体系，不断地改进质量管理体系，使质量管理呈螺旋式上升。

（三） ISO 9000 系列标准的修订和发展

1987 版的 ISO 9000 系列标准发布之后，到目前为止进行了四次修订。

1. 1994 年的修改——"有限修改"

此次修改保持了 1987 版标准的基本结构和总体思路，只对标准的内容进行技术性局部修改，并通过 ISO 9000—1 和 ISO 8402 两个标准，引入了一些新的概念和定义，如过程和过程网络、受益者、质量改进、产品（硬件、软件、流程性材料和服务）等，为第二阶段修改提供了过渡的理论基础。1994 年，ISO/TC176 完成了对标准的第 1 次修改工作，提出了 ISO 9000 族标准的概念，发布了 1994 版的 ISO 8402、ISO 9000—1、ISO 9001、ISO 9002、ISO 9003 和 ISO 9004—1 等 6 个国际标准。到 1999 年底，陆续发布了 22 项标准和 2 项技术报告。

2. 2000 年的修改——"彻底修改"

第二次修改是在充分总结了前两个版本标准的长处和不足的基础上，对标准总体结构和技术内容两个方面进行的彻底修改。2000 年 12 月 15 日，ISO/TC176 正式发布了 2000 版的 ISO 9000 族标准。2000 版 ISO 9000 族标准更加强调了顾客满意及监视和测量的重要性，增强了标准的通用性和广泛的适用性，促进质量管理原则在各类组织中的应用，满足了使用者对标准应更通俗易懂的要求，强调了质量管理体系要求标准和指南标准的一致性。2000 版 ISO 9000 标准对提高组织的运作能力、增强国际贸易、保护顾客利益、提高质量认证的有效性等方面产生了积极而深远的影响。

3. 2008 年的修改——"有限修正"

2004 年，ISO 9001：2000 在各成员国中进行了系统评审，以确定是否撤消、保持原状、修正或修订。评审结果表明，需要修正 ISO 9001：2000。所谓"修正"是指"对规范性文件内容的特定部分的修改、增加或删除"。在 2004 年 ISO/TCl76 年会上，ISO/TCl76 认可了有关修正 ISO 9001：2000 的论证报告，并决定成立项目组（ISO/TCl76/SC2/WGl8/TG1. 19），对 ISO 9001：2000 进行有限修正。

4. 2015 年的修改——"技术性修改"

2015 年 9 月 23 日，ISO/TC176 正式发布了 2015 版的 ISO 9000 族标准。本次修改采用高层结构，规定了通用的章节结构，以及具有核心定义的通用术语，目的是方便使用者实施多个 ISO 管理体系标准，采用基于风险的思维，更少的规定性要求，对成文信息的要求更加灵活，提高了服务行业的适用性，更加强调组织环境，增强对领导作用的要求，更加注重实现预期的过程结果以增强顾客满意。

（四）ISO 9000 族标准体系

ISO 9000 族标准体系包括四个核心标准和若干个支持性标准和文件。其中四个核心标准如下表 5-1。

表 5-1　核心标准

ISO 9000：2015	质量管理体系 基础和术语
ISO 9001：2015	质量管理体系 要求
ISO 9004：2009	质量管理体系 业绩持续改进管理
ISO 19011：2011	管理体系审核指南

ISO 9000 族标准还有许多支持性标准和文件，常见的如下表 5-2，除此之外还有 ISO 10001，ISO 10002，ISO 10003，ISO 1004，ISO 10005，ISO 10008，ISO 10012，ISO 10018，ISO 10019 等等。

表 5-2　支持性标准和文件

ISO 10012	测量控制系统
ISO 10006	质量管理 项目管理质量指南
ISO 10007	质量管理 技术状态管理指南

ISO/TR10013	质量管理体系指南文件
ISO 10014	质量经济性管理指南
ISO 10015	质量管理 培训指南
ISO/TR10017	统计技术指南

（五）ISO 9000 族标准在中国

1987 年 3 月 ISO 9000 系列标准正式发布以后，我国在原国家标准局部署下组成了"全国质量保证标准化特别工作组"。1988 年 12 月，我国正式发布了等效采用 1987 年版的 ISO 9000 标准的 GB/T 10300《质量管理和质量保证》系列国家标准，并于 1989 年 8 月 1 日起在全国实施。1992 年 5 月，我国决定等同采用 ISO 9000 系列标准，发布了 GB/T 19000-1992 系列标准。1994 年，我国发布了等同采用 1994 版 ISO 9000 族标准的 GB/T 19000 族标准。2000 年至 2003 年我国陆续发布了等同采用 2000 版 ISO 9000 族标准的国家标准，包括：GB/T 19000、GB/T 19001、GB/T 19004 和 GB/T 19011 标准。2008 年我国根据 ISO 9000：2005、ISO 9001：2008 版的发布，同时也修订发布了 GB/T 19000-2008、GB/T 19001-2008 标准。随着 ISO 9000：2015 版的发布，我国国家标准化管理委员会于 2016 年 12 月 30 日正式发布对应的 GB/T 19000-2016《质量管理体系 基础和术语》，并规定将于 2017 年 7 月 1 日实施，目前我国尚未发布对应 ISO 9001：2015 的国家标准。

ISO 9000 族标准在中国的推广与应用，对于提高我国产品质量和质量管理水平有很大的帮助，对进一步与世界其他国家接轨，增进国际经济与贸易，消除技术壁垒起到了很大的作用。

思考题：

1. 什么是质量？什么是商品质量？
2. 举一个具体商品的例子，说明对该商品质量有哪些基本要求？
3. 企业应该如何提高商品质量？
4. 何为全面质量管理？全面质量管理常用的七种工具有哪些？
5. 比较 PDCA 循环和朱兰三部曲的联系与区别。
6. 六西格玛的含义以及中心思想是什么？
7. ISO 9000 族标准从哪几个方面来规范质量管理？

第六章 商品质量认证与质量监督

学习目标

1. 熟悉合格评定的含义和主要内容
2. 掌握产品认证、服务认证和质量管理体系认证的含义、内容
3. 熟悉常用的商品认证和质量管理体系认证体系
4. 了解商品质量监督的主客体、依据、形式和体系

导例

我国印刷机械出口的合格评定问题

合格评定程序认证、认可和相互承认组成，影响较大的是第三方认证。合格评定既能促进国际贸易的发展，也能成为国际贸易发展的障碍。如果一种合格评定体系能为各国所接受，并能相互承认对方的结果，就能促进国际贸易的发展。然而，各国实行的合格评定体系是多种多样的，即使各国所采用的产品标准和检验方法相同，由于各国认证体系之间的差异，仍然会成为贸易中的技术壁垒。

我国进入欧盟市场的机械产品都要经第三方合格评定后加贴"CE"标志。曾经发生过这样的事例：在德国印刷展上，按展览主办单位的要求，没有通过 CE 安全体系认证的产品不能在展览会上展出。虽然当时我国参展企业的设备已经运抵现场，但主办单位不允许我们的企业接电话和试车，更不允许在展览会上销售，也不得进入欧盟市场，使参展企业蒙受经济损失。

我国的印刷机械制造企业在第三方强制性合格评定中，经常遇到的问题有以下五个方面：

（1）第三方合格评定者的选择。由于合格评定的结果要具有权威性，且能在欧盟对 EN 标准有充分的解释权，选择欧洲权威的认证机构对合格评定较有利。不能囿于价格因素将著名的权威认证机构排斥在外。有时，选择权威的认证机构还会收到意想不到的效果。例如，在 Drupa2000 国际印刷展上，上海申威达机械有限公司与德国某著名切纸机供应商发生知识产权纠纷，德国科伦法院在听取了权威认证机构对上海申威达进行的产品合格评定的证词后，使判决的结果对上海申威达机械有限公司更加有利。

（2）安全部件。印刷机械设备中使用的安全部件有：为保护操作人员安全而设计的电感应装置，如光电安全屏、感应块；为保证双手操作功能而设计的逻辑装置；手工上料开口处的自动可移动式保护屏。在合格评定的产品中，要求必须购买经认定合格的、有权威资质的产品，能提供此类产品的企业和品牌为数甚少。

（3）电机和变压器。目前，国内经合格评定具有"CE"认证标志的交流电机已有企业生产，但直流电机、伺服电机和变频电机经评定合格的较少，可采用带机认证的方式与主机一起获得加贴"CE"标志。变压器因规格品种变化繁多，只能采用带机认证的方式。需要注意的是，对电机和变压器不能只凭产品的铭牌上具有"CE"标志就采用，一定要向供货企业索取第三方合格评定证书，并检查证书上所列产品与实物是否一致，若不一致或对方不能提供第三方合格评定证书，则不能采用。

（4）液压控制系统和电子控制系统。EN1010 族系标准对液压控制系统、安全气压控制系统和电子控制系统规定了 1~4 级安全控制等级的具体要求。在合格评定过程中，可将上述控制系统与主机产品一起提交带机认证（安全等级 4 除外）。

（5）电气件和电子器件。必须采用具有合格评定证书和加贴"CE"标志的产品才能通过第三方合格评定。

第一节　质量认证概述

一、合格评定的定义

我国国家标准 GB/T 27000-2006《合格评定 词汇和通用原则》（idt ISO-IEC 17000：2004）对于"合格评价"的定义为："与产品（包括服务）、过程、体系、人员或机构有关的规定要求得到满足的证实。"按照合格评定的定义，广义的内容包含认证、检测、检查和认可等活动；狭义的内容包含认证、检查和检查等活动。本章所说的合格评定定义为狭义概念，主要指认证活动，也包括检测和检查活动。其认证对象包括产品认证、服务认证和管理体系认证。

二、认证和认可

"认证"一词的英文原意是一种出具证明文件的行动。我国国家标准 GB/T 27000-2006《合格评定 词汇和通用原则》把"认证"定义为"与产品、过程、体系或人员有关的第三方证明"。《中华人民共和国认证认可条例》（2016 年 2 月 6 日修正版，以下简称《认证认可条例》）第二条对于"认证"的定义为："是指由认证机构证明产品、服务、管理体系符合相关技术规范、相关技术规范的强制性要求或者标准的合格评定活动"。

GB/T 27000-2006《合格评定 词汇和通用原则》把"认可"定义为"正式表明合格

评定机构具备实施特定合格评定工作的能力的第三方证明"。《认证认可条例》第二条对于"认可"的定义为："是指由认可机构对认证机构、检查机构、实验室以及从事评审、审核等认证活动人员的能力和执业资格，予以承认的合格评定活动。"

认可机构、合格评定机构和评定对象之间是相互联系又各司其责，如图6-1所示。

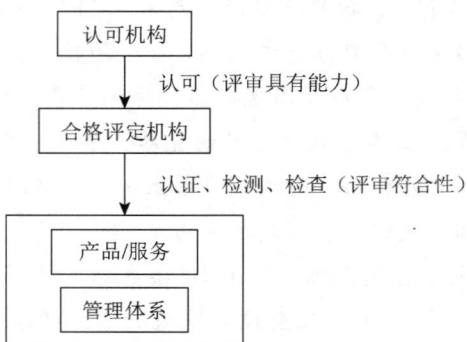

图6-1 合格评定链示意图

认可活动的主体是权威机构，通常是具有在法律上的权利和权力的机构，一般是由政府授权的。中国合格评定国家认可委员会（CNAS）是由国家认监委（CNCA）批准设立并授权的国家认可机构。而认证活动的主体是独立于供方和需方的第三方，它可以是民间的、私有的，也可以是官方的。认证机构以公正的身份依靠自身服务质量树立在行业中的威信，以此来吸引顾客，但不具备法律上的权威性。

认可活动的对象是机构或人员，其目的是承认其具备完成特定任务的能力和资格。而认证活动的对象是产品、服务和管理体系，其目的是证明其符合特定标准规定的要求。

三、认证的依据

认证的依据是相关的技术法规或标准。WTO/TBT协议（世界贸易组织/贸易技术壁垒协议）中将"技术法规"定义为"强制执行的规定产品特性或相应加工和生产方法的包括可适用的管理规定的文件。技术法规也可以包括专门规定用于产品、加工或生产方法的术语、符号、包装、标志或标签要求"；将"标准"定义为"为了通用或反复使用的目的，由公认结构批准的规定产品或相关加工和生产方法的规则、指南或特性的非强制执行的文件。标准也可以包括专门规定用于产品、加工或生产方法的术语、符号、包装标志或标签要求"。

ISO/IEC指南2：1996将"技术法规"定义为"规定技术要求的法规，它或者直接规定技术要求，或者通过引用标准、技术规范或规程来规定技术要求，或者将标准、技术规范或规程的内容纳入法规中"。《中华人民共和国标准化法》将标准按照认证的性质可以划分为强制性和推荐性两大类，根据WTO/TBT协议的定义，我国的强制性标准应属于技术规范的范畴，推荐性标准为自愿性的、非强制执行的标准。

四、认证的意义

(一) 获得认证的企业能树立良好的信誉和形象

如果一个企业的产品通过了国家著名认证机构的产品认证，就可获得国家级认证机构颁发的"认证证书"，并允许在认证的产品上加贴认证标志。这种被国际上公认为有效的认证方式，可使企业或组织经过产品认证树立起良好的信誉和品牌形象，同时让顾客和消费者也通过认证标志来识别商品的质量好坏和安全与否。

(二) 获准认证的产品具有较强的市场竞争力，提升企业业绩

因为获准认证的产品质量符合国家标准的严格要求，企业有权在产品、包装物、产品合格证、产品使用说明书上使用认证标志，证明该企业可以生产合格产品，自然会受到消费者的好评，有利于企业提高市场竞争力，提升市场份额和企业业绩。

(三) 享受免检的优惠待遇，降低检验费用

经过认证的产品，不光是在国内市场上受到消费者的信赖，在国际市场上也会抬高身价。尤其是经过通过国际认证的产品，其产品得到各个成员国的普遍认证，可以享受免检的优惠待遇。目前，世界各国政府都通过立法的形式建立起这种产品认证制度，以保证产品的质量和安全、维护消费者的切身利益，这已经成为一种新的国际贸易壁垒。

第二节 产品认证

一、产品认证概念

国际标准化组织（ISO）将"产品认证"定义为"是由第三方通过检验评定企业的质量管理体系和样品型式试验来确认企业的产品、过程或服务是否符合特定要求，是否具备持续稳定地生产符合标准要求产品的能力，并给予书面证明的程序"。

二、产品认证的类型

我国产品认证实行强制性认证和自愿认证相结合的制度。按照性质和约束力划分，产品认证分为强制性认证和自愿性认证（非强制性产品认证）。

(一) 强制性产品认证

强制性产品认证制度是各国政府为保护广大消费者人身和动植物生命安全，保护环境、保护国家安全，依照法律法规实施的一种产品合格评定制度，它要求产品必须符合国家标准和技术法规。强制性产品认证是通过制定强制性产品认证的产品目录和实施强制性

产品认证程序，对列入《目录》中的产品实施强制性的检测和审核。凡列入强制性产品认证目录内的产品，没有获得指定认证机构的认证证书，没有按规定加施认证标志，一律不得进口、不得出厂销售和在经营服务场所使用。

中国强制性产品认证，又名中国强制认证（China Compulsory Certification，简称 CCC，"3C"标志），是中华人民共和国实施的国家标准，是中华人民共和国国家质量监督检验检疫总局（AQSIQ）及中国国家认证认可监督管理委员会（CNCA）根据 2001 年 12 月 3 日公布的《强制性产品认证管理规定》（国家质量监督检验检疫总局令第 5 号）制定，由 CNCA 执行，于 2002 年 5 月 1 日起实施。根据国务院授权新成立的国家"认监委"的工作职能，实施强制性的产品认证制度。这一制度要求产品认证必须按照 ISO/IEC 导则 65 认可评定，并应得到政府的授权。

认监委对产品强制性认证，将启用新的统一的"中国认证"标志（CCC 标志）（如图 6-2），实行内外一致的新的认证收费标准，进一步整顿和规范市场。国家质检总局已授权中国进出口质量认证中心（CQC）开展产品认证（CCC 标志）的有关工作。CQC 是国家质检总局根据《中华人民共和国进出口商品检验法》及其《实施条例》设置的具有第三方公正性质的专业认证机构。CQC 分已加入了国际认证联盟（IQNET）和国际电工委员会电工产品合格测试与认证组织（IECEE）并成为中国国家认证机构（NCB）。

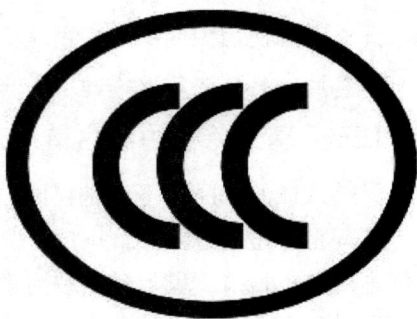

图 6-2 中国强制性产品认证标志（CCC 标志）基本图案

中国强制性产品认证种类标注是在基本图案的右侧标注认证种类，由代表该产品认证种类的英文单词的缩写字母组成。例如，安全认证（CCC+S）、电磁兼容认证（CCC+E）、安全与电磁兼容认证（CCC+S&E）、消防认证（CCC+F）等。

（二）自愿性产品认证

自愿性产品认证，也称为非强制性产品认证，是企业根据自愿原则向认证机构提出产品认证申请，由认证机构依据认证基本规范、认证规则和技术标准进行的合格评定活动，经认证合格的，由认证机构颁发产品认证证书，准许企业在产品或者其包装上使用产品认证标志。一般对于未列入 CCC 认证范围的其他产品，经其企业申请都可以实施自愿性产品认证。

三、产品认证方式

产品质量认证的主要方式，ISO 出版的《认证的原则与实践》一书，将国际上通用的认证模式归纳为以下八种：

（一）　型式试验

按照规定的试验方法对产品样品进行试验，来检验样品是否符合标准或技术规范。这种认证只发证书，不允许使用合格标志，只能证明现在的产品符合标准，不能保证今后的产品符合标准。

（二）　型式检验加认证后监督——市场抽样检验

这是一种带监督措施的型式检验。监督的办法是从市场上购买样品或从批发商、零售商的仓库中抽样进行检验，以证明认证产品的质量持续符合标准或技术规范的要求。

（三）　型式检验加认证后监督——工厂抽样检验

与第二种认证型式的区别在于，以工厂样品随机检验或成品库抽样检验代替市场样品的核查试验。

（四）　型式检验加认证后监督——市场和工厂抽样检验

这种认证制是第二、第三两种认证制的综合。从产品样品核查试验来看，样品来自市场和工厂两个方面，因而要求更加严格。

（五）　型式检验加工厂质量体系评定加认证后监督——质量体系复查加工厂和市场抽样检验

这一型式的认证，既对产品做型式试验，又对与产品有关的供方质量体系进行评定。评定内容包括供方的质量体系对其生产设备、材料采购、检验方法等能否进行恰当的控制，能否使产品始终符合技术规范。

（六）　评定供方的质量体系

这种认证类型是对供方按既定标准或技术规范要求对提供产品的质量保证能力进行评定和认可，而不对最终产品进行认证，故又称质量保证能力认证。这一认证型式已逐渐被国际上所接受。

（七）　批量试验

这是依据统计抽样试验的方法对某批产品进行抽样试验的认证。其目的在于帮助买方判断该批产品是否符合技术规范。这一认证型式只有在供需双方协商一致后方能有效地执行。一般说来，这种型式的认证较少被采用。

（八）　全数试验

对认证产品做百分之百的试验后发给认证证书，允许产品使用合格标志。在某些国家只有极少数与人民的身体健康密切相关的产品进行全数试验。

在以上八种认证模式中，第六种是质量体系认证，第五种认证型式是最复杂、最全面的产品认证型式，这两种是各国普遍采用的。但是，上述八种类型的质量认证制度所提供的信任程度都是相对的，即使是比较完善的质量认证制度也会受到客观条件的限制。

四、国内外产品认证种类

世界大多数国家和地区设立了自己的产品认证机构，使用不同的认证标志，来标明认证产品对相关标准的符合程度，如 UL 美国保险商实验室安全试验和鉴定认证、CE 欧盟安全认证、中国 CCC 强制性产品认证和 EMC 认证等。常见的国内和国际认证有以下几种。

（一）CCC 认证

中国强制性产品认证于 2002 年 5 月 1 日起实施，认证标志的名称为"中国强制认证"（英文 China Compulsory Certification 的缩写"CCC"）。对列入国家质量监督检验检疫总局和国家认证认可监督管理委员会发布的《第一批实施强制性产品认证的产品目录》中的产品，实施强制性的检测和审核。凡列入目录内的产品未获得指定机构认证的，未按规定标贴认证标志，一律不得出厂、进口、销售和在经营服务场所使用。

（二）CE 认证

欧盟 CE 标志的使用现在越来越多，加贴 CE 标志的商品表示其符合安全、卫生、环保和消费者保护等一系列欧洲指令所要表达的要求。CE 只限于产品不危及人类、动物和货品的安全方面的基本安全要求，而不是一般质量要求，协调指令只规定主要要求，一般指令要求是标准的任务。

"CE"标志是一种安全认证标志，被视为制造商打开并进入欧洲市场的护照。CE 代表欧洲统一（CONFORMITE EUROPEENNE），在欧盟市场"CE"标志属强制性认证标志，不论是欧盟内部企业生产的产品，还是其他国家生产的产品，要想在欧盟市场上自由流通，就必须加贴"CE"标志，以表明产品符合欧盟《技术协调与标准化新方法》指令的基本要求。这是欧盟法律对产品提出的一种强制性要求。

（三）CSA 认证

CSA 是加拿大标准协会（英文 Canadian Standards Association 的缩写"CSA"），它成立于 1919 年，在北美市场上销售的电子、电器等产品都需要取得安全方面的认证。目前 CSA 是加拿大最大的安全认证机构，也是世界上最著名的安全认证机构之一。它能对机械、建材、电器、电脑设备、办公设备、环保、医疗防火安全、运动及娱乐等方面的所有类型的产品提供安全认证。

（四）EMC 认证

EMC（电磁兼容性）的全称是 Electromagnetic Compatibility，其定义为"设备和系统在其电磁环境中能正常工作且不对环境中任何事物构成不能承受的电磁骚扰的能力"。该定义包含两个方面的意思，首先，该设备应能在一定的电磁环境下正常工作，即该设备应具备一定的电磁抗扰度（EMS）；其次，该设备自身产生的电磁骚扰不能对其他电子产品产生过大的影响，即电磁骚扰（EMI）。

欧共体政府规定，从 1996 年 1 月 1 起，所有电气电子产品必须通过 EMC 认证、加贴 CE 标志后才能在欧共体市场上销售。此举在世界上引起广泛影响，各国政府纷纷采取措施，对电气电子产品的 EMC 性能实行强制性管理。国际上比较有影响的，例如欧盟 2004/108/EC 指令（即 EMC 指令）、美国联邦法典 CFR 47/FCC Rules 等都对电磁兼容认证提出了明确的要求。

（五）UL 认证

UL 是美国保险商试验所（英文 Underwriter Laboratories Inc. 的缩写"UL"），UL 始建于 1894 年，是美国最有权威的，也是世界上从事安全试验和鉴定的较大的民间机构。它是一个独立的、营利的、为公共安全做试验的专业机构。

它采用科学的测试方法来研究确定各种材料、装置、产品、设备、建筑等对生命、财产有无危害和危害的程度；确定、编写、发行相应的标准和有助于减少及防止造成生命财产受到损失的资料，同时开展实情调研业务。UL 认证在美国属于非强制性认证，主要是产品安全性能方面的检测和认证，其认证范围不包含产品的 EMC 特性。

UL 主要从事产品的安全认证和经营安全证明业务，其最终目的是为市场得到具有相当安全水准的商品，为人身健康和财产安全得到保证作出贡献。就产品安全认证作为消除国际贸易技术壁垒的有效手段而言，UL 为促进国际贸易的发展也发挥着积极的作用。

（六）FCC 认证

FCC 全称是 Federal Communications Commission，中文为美国联邦通信委员会。于 1934 年建立，是美国政府的一个独立机构，直接对国会负责。FCC 通过控制无线电广播、电视、电信、卫星和电缆来协调国内和国际的通信。涉及美国 50 多个州、哥伦比亚以及美国所属地区。为确保与生命财产有关的无线电和电线通信产品的安全性，FCC 的工程技术部（Office of Engineering and Technology）负责委员会的技术支持，同时负责设备认可方面的事务。许多无线电应用产品、通信产品和数字产品要进入美国市场，都要求 FCC 的认可。FCC 委员会调查和研究产品安全性的各个阶段以找出解决问题的最好方法，同时 FCC 也包括无线电装置、航空器的检测等等。

（七）TUV 认证

德国莱茵公司技术监督公司（TUVRheinland）是德国最大的产品安全及质量认证机构，是一家德国政府公认的检验机构，也是与 FCC、CE、CSA 和 UL 并列的权威认证机构，凡是销往德国的产品，其安全使用标准必须经过 TUV 认证。同时，企业可以在申请 TUV 标志时，合并申请 CB 证书，由此通过转换而取得其他国家的证书。而且，在产品通过认证后，德国 TUV 会向前来查询合格元器件供应商的整流器机厂推荐这些产品；在整机认证的过程中，凡取得 TUV 标志的元器件均可免检。

（八） GS 认证

GS 的含义是德语 "Geprufte Sicherheit" （安全性已认证），也有 "Germany Safety" （德国安全）的意思。GS 认证是以德国产品安全法（GPGS）为依据，按照欧盟统一标准 EN 或德国工业标准 DIN 进行检测的一种自愿性认证，是欧洲市场公认的德国安全认证标志。

GS 标志表示该产品的使用安全性已经通过公信力的独立机构的测试，和 CE 不同的是，GS 标志并没有法律强制要求，但由于其安全意识已深入普通消费者，一个有 GS 标志的电器在市场会较一般产品有更大的竞争力。

（九） ETL 认证

ETL 是美国电子测试实验室（Electrical Testing Laboratories）的简称。ETL 是北美最具活力的安全认证标志，历史可追溯到 1896 年托马斯·爱迪生创建的电气测试实验室，在美国及世界范围内享有极高的声誉。同 UL、CSA 一样，ETL 可根据 UL 标准或美国国家标准测试核发 ETL 认证标志，也可同时按照 UL 标准或美国国家标准和 CSA 标准或加拿大标准测试核发复合认证标志。认证标志右下方的 "us" 表示适用于美国，左下方的 "c" 表示适用于加拿大，同时具有 "us" 和 "c" 则在两个国家都适用。ETL 标志是世界领先的质量与安全机构 Intertek 天祥集团的专属标志，获得 ETL 标志的产品代表满足北美的强制标准，可顺利进入北美市场销售。

（十） GOST 认证

GOST 认证是一种市场准入强制安全认证，被视为制造商打开并进入俄罗斯等独联体国家市场的护照。国外制造商生产的产品出口到以俄罗斯为代表的独联体国家，应满足俄罗斯的国家质量标准，也就是通过 GOST 认证。根据产品进入国的不同，分别有 GOST-R 认证（Russia，俄罗斯），GOST-B 认证（Belarus，白俄罗斯），GOST-K 认证（Kazakhstan，哈萨克斯坦）等。

（十一） PSE 认证

PSE 认证是日本强制性安全认证，用以证明电机电子产品已通过日本电气和原料安全法（DENAN Law）或国际 IEC 标准的安全标准测试。日本的 DENTORL 法（电器装置和材料控制法）规定，498 种产品进入日本市场必须通过安全认证。其中，165 种 A 类产品应取得菱形的 PSE 标志，333 种 B 类产品应取得圆形 PSE 标志。日本的电器产品市场极大，同时日本消费者对电器产品的安全性也非常重视。

（十二） TCO 认证

TCO 认证是由瑞典专业雇员协会（Swedish Federation of Professional Employees）推行的一种显示器认证标准，此标准已成为一个世界性的标准。要通过这个由瑞典劳工联盟提出的认证标准，必须在生态（ecology）、能源（energy）、辐射（emissions）、人体工学（ergonomics）四个方面都达到标准才可以。从这四个 e 不难看出，TCO 认证是针对人体健康和生态环境所设定的标准，直接关系显示器对使用者健康的影响。

（十三）　SAA 认证

SAA 认证为澳大利亚的标准机构 Standards Association of Australian 旗下认证，进入澳大利亚市场的电器产品必须符合当地的安全法规，即业界经常面对的认证。由于澳大利亚和新西兰两国的互认协议，所有取得澳大利亚认证的产品，均可顺利地进入新西兰市场销售。所有电器产品均要做安全认证（SAA）。SAA 的标志主要有两种，一种是形式认可，一种是标准标志。形式认证是只能样品负责，而标准标志是需每个进行工厂审查的。SAA 的认证范围主要分为质量管理体系、环境管理体系、职业健康与安全管理、信息安全管理；常见产品申请澳大利亚 SAA 认证的周期是 3~4 周，如果产品质量不达标，可能日期会有所延长。如果运送的产品未获认证，将会扣留或没收产品或罚款。目前国内申请 SAA 认证有两种方式，一种是通过 CB 测试报告转，若没有 CB 测试报告，则也可以直接申请。

（十四）　SASO 认证

SASO 是英文 Saudi Arabian Standards Organization 的缩写，即沙特阿拉伯标准组织。SASO 负责为所有的日用品及产品制定国家标准，标准中还涉及度量制度、标识等。沙特阿拉伯根据自己国家的民用及工业电压、地理及气候环境、民族宗教习惯等在标准中添加了一些特有的项目。为了实现保护消费者的目的，SASO 标准不只针对从国外进口的产品，对于在沙特阿拉伯本土生产的产品也同样适用。

SASO 认证包含所有成人及儿童在住所、办公或娱乐场所使用的产品，所有机动车及零配件以及建筑产品。沙特阿拉伯工业及商务部及 SASO 要求所有 SASO 认证标准包含的产品在进入沙特海关时有 SASO 认证证书。没有 SASO 证书的产品会被沙特港口海关拒绝入境。

（十五）　CB 认证

CB 体系（电工产品合格测试与认证的 IEC 体系）是 IECEE 运作的一个国际体系，IECEE 各成员国认证机构以 IEC 标准为基础对电工产品安全性能进行测试，其测试结果即 CB 测试报告和 CB 测试证书在 IECEE 各成员国得到相互认可的体系。目的是为了减少由于必须满足不同国家认证或批准准则而产生的国际贸易壁垒。IECEE 是国际电工委员会电工产品合格测试与认证组织的简称。CB 体系的主要目标是促进国际贸易，其手段是通过推动国家标准与国际标准的统一协调以及产品认证机构的合作，而使制造商更接近于理想的"一次测试，多处适用"的目标。

第三节　服务认证

服务认证是指由认证机构证明某项服务符合相关标准和技术规范的合格评定活动。我国已经开展了服务认证，但与产品认证相比，显得零零散散，仅为尝试而已。目前，我国已开展的服务认证有：信息安全服务资质认证、体育场所服务认证、商品售后服务评价体系认证、汽车玻璃零配安装服务认证、绿色市场认证、品牌认证、防爆电器设备修理服务认证、电子商务交易服务认证等。目前关于服务认证只有售后服务认证比较成熟规范，因此，重点介绍我国售后服务认证方面的内容。

一、售后服务认证标准

售后服务认证是国家批准的权威服务认证类别。正在使用的售后服务认证是以商品售后服务评价体系认证为主，依据是国家标准《商品售后服务评价体系》（GB/T 27922-2011）。为了阐明对实施售后服务过程的评价，该标准创新性地运用了评分法，解释了如何估量评分值、如何评分等问题，其也类别的服务认证主要是验证体系的符合性。在制定评分法的过程中，如何制定指标是尤为重要的一项工作。设定指标需要根据一个结构体进行全面的细分，但是这个过程不可能太细致，因为这是一个跨行业的标准，所以当千差万别的众多行业都使用一个过于细碎的标准时，就会暴露标准不易操作的问题。因此，对标准的分值分配的原则主要是顾及这些标准在重要性上的不同。

《商品售后服务评价体系》的核心方法和内容是 5 个评价指标和 6 个评价方法这两个部分。

（1）5 个评价指标部分规定了商品售后服务评价的数值及其含义，具体是下面的三大类：①针对售后服务体系的相关评价指标，是为了强调在售后服务的集体、管理、资源等基础条件方面企业所做出的努力；②针对商品服务的相关评价指标，明确规范企业围绕商品所产生的有关服务活动和行为；③针对顾客服务的相关评价指标，明确规范企业在与顾客打交道时需要关注的服务问题和行为。

（2）6 个评价方法部分主要是明确在售后服务评价活动实施过程中，评价的程序和如何评分、如何估量评分值等问题。

《商品售后服务评价体系》主要是针对传统商业模式下的售后服务制定的。相对于传统的购物方式，网络购物在时效性、便捷性等方面的优势明显，消费者越来越倾向于网络购物方式。网络交易毕竟带有虚拟性，不像实体店那样能直接体验，消费者大都参考广告和产品描述进行购物。好多广告夸大其词，消费者很难准确地判断商品的优劣。因此，在网络市场营销和售后服务体系下，需要加强电商售后服务认证。

二、电商售后服务认证

1. 电商售后服务的特点

电商售后服务不同于传统的售后服务，主要体现在以下几个方面：

（1）售后服务流程不同。电商平台的售后服务方式是消费者从网上申请售后服务，商家进行处理，商家将问题反馈到生产商，生产商再进行售后服务；若消费者对商家处理结果不满意，可申请电商平台的售后人员进行调解。传统的售后服务流程是消费者直接与生产商的售后人员联系，生产商的客服对商品问题进行处理。电商平台售后服务更复杂，流程繁琐，沟通不当导致的损失更大。

（2）售后服务内容不同。商品售后服务的方式以7天无理由退货、"三包"政策和过保后维修服务为主。电商平台给消费者提供的售后服务的主要形式包括：托管式的售后服务、自行组建售后服务网点、将两者的服务相结合。电商平台售后服务主要有7天无理由退货、15天或30天价保、有偿的"摔碰管修""无理由保修"、15天质量问题可换货、180天质量问题可换货、180天后执行国家"三包"等。电商平台售后服务相比于传统售后服务的种类更多，保障方面更完善。

（3）售后节点不同。售后服务开始的节点为商品送达消费者家中且消费者开箱验收后。电商售后服务的节点为快递送货入户开始。

2. 电商售后服务认证的重点控制要求

（1）电商退款的控制要求。目前国家对电商平台退款没有明示的法律法规，电商平台根据自身经营理念建立退款制度，建立统一的退款程序和机制，保存相关的可追溯性的文件化信息。明确售后商品确认产品退货的管理要求，通过现场判断、检验、复检、授权人批准，确认达到消费者的退货要求，电商平台应明确向消费者支付退款的时间周期，针对不同的支付方式与消费者确认接收款的周期。例如，电商平台确认退款后1个工作日内签发出退款，根据支付方式和地区与消费者确认接收款的周期。

（2）电商退换货的控制要求。依据《消费者权益保护法》和"三包"政策的规定，结合商品的特性，建立统一的退换货管理规定。针对退货的投诉信息进行分析处理，并进行消费者的线上线下沟通确认，必要性现场确认，保存相关的可追溯性的文件化信息。根据消费者提出的退换货要求，电商平台应及时确认相关信息，必要时根据商品的特性进行现场检验或复检，当消费者不满足修复后的商品质量时，时行协商退换货。授权现场检验人员权限。

（3）电商平台安装与维修的控制要求。依据"三包"政策的规定，建立安装与维修流程，明确安装与维修服务过程的控制要求、验收准则、服务标准。针对特种作业人员的安装与服务，应满足行业要求和《特种设备安全法》的规定，保存相关的可追溯性的文件化信息。明确高空作业的控制要注，明确针对对大气、土壤等环境造成污染的废物进行回收的控制要求，明确机械设备试运行、交付、接收的控制要求。

（4）售后服务信息可追溯性的控制要求。建立消费者售后服务系统，针对消费者投诉、顾客满意度调查、产品召回的控制要求，电商平台应充分利用这些信息，进行统计分析，识别消费者明示的和潜在的要求，保存相关的可追溯性的文件化信息。建立售后服务消费者信息的保密性控制要求，充分利用各种统计方法，对消费者的反馈信息进行分析，与厂家进行商品特性改进的沟通。必要时，可利用社会调研、消费者进行新商品特性的确认。

3. 研究制定电商售后服务认证标准

随着电子商务经济价值的不断增大，国家将会越来越重视电子商务给企业带来的利益和对社会的影响。同时，基于电子商务无实体化的销售服务特点，其售后服务质量必然成为企业服务链中至关重要的杠杆。针对电商商品售后服务存在的问题，通过对比分析传统售后服务与电商售后服务的区别，借鉴《商品售后服务评价体系》国家标准，研究制定电商售后服务认证标准和审核准则。

第四节　质量体系认证

一、质量管理体系认证

质量管理体系认证是指由取得质量管理体系认证资格的第三方认证机构，依据正式发布的质量管理体系标准，对企业的质量管理体系实施评定，评定合格的由第三方机构颁发质量管理体系认证证书度给予注册公布，以证明企业质量管理和质量保证能力符合相应标准或有能力按规定的质量要求提供产品或服务的活动。此概念有以下含义：

（1）认证的对象是供方（生产商、批发商、零售商或服务提供方）的质量管理体系而不是其提供的产品或服务。

（2）认证的主要依据是 ISO9001：2015《质量管理体系要求》。它是 ISO 族质量管理体系标准的核心标准之一。它规定了质量管理体系要求，并将其视为对产品（过程、服务）要求的补充，目的在于增进顾客满意。

（3）认证的机构是中国合格评定国家认可委员会（CNAS）认可的质量管理体系认证机构。

（4）认证获准的标识是注册和发给证书。按规定程序申请认证的质量管理体系，在评定结果判为合格后，由认证机构对认证企业给予注册和发给证书，列入质量管理体系企业名录，并公开发布。获准认证的企业可在宣传品、展销会和其他促销活动中使用注册标志，但不得将该标志直接用于产品或其包装上，以免与产品认证相混淆。

二、环境管理体系认证

（一）环境管理体系认证的简介

环境管理体系简称 EMS（Environmental Management System），是一项内部管理工具，旨在帮助组织实现自身设定的环境表现水平，并不断地改进环境行为，不断达到更新更佳的高度。根据 ISO 14001 的定义，环境管理体系是一个组织内全面管理体系的组成部分，它包括为制定、实施、实现、评审和保持环境方针所需的组织机构、规划活动、机构职责、惯例、程序、过程和资源；还包括组织的环境方针、目标和指标等管理方面的内容，目的在于防止对环境的不利影响。

ISO 14000 环境管理体系标准是创建绿色企业的有效工具，而且它是一个国际通用的标准，可以通过标准的认证，对企业持续地开展环境管理工作及对企业的可持续发展起到有效的推动作用。ISO 14000 是一个适用于任何组织的标准，既可以应用于制造业，也可用于服务业；既可用于公共部门，也可用于私营部门。它本身并没有规定环境保护的水平，而是指出了环境管理体系的要求。

（二）环境管理体系认证的特点

1. 适应市场的需求

世界各国公众环境意识不断提高，对环境问题的关注也达到了史无前例的高度，顾客"绿色消费"诉求促使企业在选择产品开发时越来越多地考虑人们消费观念中的环境原则。由于环境污染中相当大的一部分是由于管理不善造成的，而强调管理，正是解决环境问题的重要手段和措施，因此促进了企业开始全面改进环境管理工作。ISO 14001 系列标准一方面满足了各类组织提高环境管理水平的需要，另一方面为公众提供了一种衡量组织活动、产品、服务中所含有的环境信息的工具。

2. 强调预防污染发生

环境管理体系（ISO 14001-ISO 14009）强调对组织的产品、活动、服务中具有或可能具有潜在环境影响的环境因素加以管理，建立严格的操作控制程序，保证企业环境目标的实现。生命周期分析（ISO 14040-ISO 14049）和环境表现（行为）评价（ISO 14030-ISO 14039）则将环境方面的考虑纳入产品的最初设计阶段和企业活动的策划过程，为决策提供支持，预防环境污染的发生。这种预防措施更彻底有效、更能对产品发挥影响力，从而带动相关产品和行业的改进、提高。

3. 可操作性强

ISO 14001 系列标准体现了可持续的发展战略思想，将先进的环境管理经验加以提炼浓缩，转化为标准化的、可操作的管理工具和手段。例如，已颁行的环境管理体系标准，不仅提供了对体系的全面要求，还提供了建立体系的步骤、方法指南。标准中没有绝对量和具体的技术要求，使得各类组织能够根据自身情况适度运用。

4. 标准应用领域广泛

ISO 14001 系列标准应用领域广泛，涵盖了企业的各个管理层次，生命周期评价方法（ISO 14040—ISO 14049）可以用于产品及包装的设计开发，绿色产品的优选；环境表现（行为）评价（ISO 14030—ISO 14039）可以用于企业决策，以选择有利于环境和市场风险更小的方案；环境标志（ISO 14020—ISO 14029）则起到了改善企业公共关系，树立企业环境形象，促进市场开发的作用；而环境管理体系标准（ISO 14001—ISO 14009）则进入企业的深层管理，直接作用于现场操作与控制，明确员工的职责与分工，全面提高其环境意识。因此，ISO 14000 系列标准实际上构成了整个企业的环境管理构架。

5. 企业自愿认证

ISO 14001 体系认证是自愿认证，国际标准只能转化为各国国家标准，并不等同于各国法律法规，没有要求组织强制实施，因而也不会增加或改变一个组织的法律责任。组织可根据自己的经济、技术等条件选择采用。

（三）环境管理体系认证的意义

（1）企业获得国际贸易的"绿色通行证"。

（2）增强企业国际竞争力，扩大市场份额。

（3）树立优秀企业形象，提高企业的国际知名度。

（4）改进产品性能，制造"绿色产品"。

（5）改革工艺设备，实现节能降耗。

（6）增强员工环保意识，避免因环境问题所造成的经济损失。

（7）提高企业内部管理水平，减少环境风险，实现企业永续经营。

三、食品安全管理体系认证

（一）食品安全管理体系认证的简介

ISO 22000 食品安全管理体系是描述食品安全管理体系要求的使用指导标准，又是可供食品生产、操作和供应的组织认证和注册的依据。ISO 22000：2005 表达了食品安全管理中的共性要求，而不是针对食品链中任何一类组织的特定要求。

我国已等同采用 ISO 22000：2005 国际标准，并于 2006 年发布实施相应的国家标准 GB/T 22000—2006《食品安全管理体系——食品链中各类组织的要求》。GB/T 22000—2006/ISO 22000：2005 采用 ISO 9001 标准体系结构，在食品危害风险识别、确认，以及系统管理方面，参照了国际食品法典委员会颁布的《食品卫生通则》内容。GB/T 22000—2006/ISO 22000：2005 指出："食物链的任何环节均可能引入食品安全危害，必须对整个食品链进行充分的控制。因此，食品安全必须通过食品链中所有参与方的共同努力来保证。"这包括 ISO 22000 中整个食品供应链中组织，饲料加工、初级产品加工、食品的制造、运输和储存以及零售商和饮食业。另外，也包括与食品生产紧密关联的其他组织，如食品设备的生产、食品包装材料的生产、食品清洁剂的生产、食品添加剂的生产和其他食品配料的生产等。

（二）食品安全管理体系认证的特点

1. 认证组织覆盖面广

认证的申请组织范围覆盖了整个食品供应链的各个环节，即种植业、养殖业、食品初级加工业、食品生产制造业、食品分销业与零售业，其中也包括餐饮业；同时，与食品生产经营密切相关的行业，如杀虫剂、兽药、食品添加剂、仓储和运输业、食品设备、食品清洁服务、食品包装材料等行业，也可以申请认证。

2. 以 HACCP 原理为基础

GB/T 22000-2006/ISO 22000：2005 作为管理体系，将 HACCP 原理作为方法应用于整个体系，明确了危害分析作为安全食品实现策划的核心，并将国际食品法典委员会（CAC）所制定的预备步骤中的产品特性、预期用途、流程图、加工步骤和控制措施作为危害分析及其更新的输入；同时动态地将 HACCP 的原则及其应用与前提方案（PRP）整合起来，用危害分析来确定要采取的策略以确保食品安全危害通过 HACCP 和前提方案联合控制。这里所提到的前提方案是指整个食品链中为保持卫生环境所必需的基本条件，例如良好农业规范（GAP）、良好兽医操作规范（GVP）、良好管理操作规范（GMP）、良好卫生操作规范（GHP）、良好生产操作规范（GPP）、良好分销操作规范（GDP）、良好贸易规范（GTP）等，适合生产、处理和提供安全产品和人类消费的安全食品，可以说，ISO 22000 是对 HACCP 原理的丰富和完善，是 HACCP 在食品安全管理问题上的升级版。

3. 事前事后考虑完备

GB/T 22000-2006/ISO 22000：2005 要求组织应确定各种产品和（或）过程种类的使用者和消费者，并应考虑消费群体中的易感人群，应识别非预期但可能出现的产品不正确的使用和操作方法。一方面通过事先对生产（经营）全过程的分析，运用风险评估方式，对确认的关键控制点进行有效的管理；另一方面将"应急预案及响应"和"产品召回程序"作为系统失效的后续补救手段，以减少食品安全事件对消费者的不良影响。

4. 企业自愿认证

食品安全管理体系认证属于企业自愿性认证，ISO 22000 是一个有效的工具，它帮助食品制造业生产出安全、符合法律和顾客及自身要求的产品。

（三）食品安全管理体系认证的意义

（1）树立企业形象，提高企业的知名度。

（2）促使企业自觉遵守环境法律、法规。

（3）加强计划性，减少过程后的检验。

（4）更加有效和动态地进行食品安全风险控制。

（5）所有的控制措施都将进行风险分析。

（6）对必备方案进行系统化管理。

（7）聚焦于对必要的问题的控制。

（8）通过减少冗余的系统审计而节约资源。

四、职业健康及安全管理体系体系认证

（一）职业健康及安全管理体系认证简介

OHSAS18000 系列标准及由此产生的职业健康安全管理体系认证制度是近几年又一个风靡全球的管理体系标准的认证制度。OHSAS18000 系列标准是由英国标准协会（BSI）、挪威船级社（DNV）等 13 个组织于 1999 年联合推出的国际性标准，在目前 ISO 尚未制定的情况下，它起到了准国际标准的作用。

OHSAS18000 是国际性安全及卫生管理系统验证标准。职业健康及安全管理体系是一项管理体系标准，目的是通过管理减少及防止因意外而导致生命、财产、时间的损失，以及对环境的破坏。

OHSAS18001 为组织提供一套控制风险的管理方法，通过专业性的调查评估和相关法规要求的符合性鉴定，找出存在于企业的产品、服务、活动、工作环境中的危险源，针对不可容许的危险源和风险制定适宜的控制计划，执行控制计划，定期检查评估职业健康安全规定与计划，建立包含组织结构、职责、培训、信息沟通、应急准备与响应等要素的管理体系，持续改进职业健康安全绩效。

（二）职业健康及安全管理体系认证的特点

1. 管理上体现科学化和系统化

职业健康及安全管理体系要求企业全面规范和改进企业职业安全卫生管理现状，上层次、上水准，以切实保障企业员工职业安全卫生权利的有效实现，减少企业领导人、决策层的困惑和压力，从而进一步保障企业员工、财产的安全，保证企业综合经济效益的实现。OHSAS18001 体系运作的目的和着眼点，是企业员工的健康和安全，企业财产的安全。很多企业都有自己传统的安全管理体制和规则，也在起着不可缺少的作用，由于传统的模式有其一定的缺陷，尤其在整个管理体系中各相关职能的交流制约作用，员工的意识，资源的配置等多个方面，常常发生脱节或得不到落实，那么如果有一个崭新的方式将它们组织起来，会使企业获益匪浅。

2. 体系标准内容充实，可操作性强

国际组织在总结质量、环境体系的基础上推出的 18001 标准，无论从体系的设计，体系各要素之间衔接和贯通，都更加科学合理，OHSAS18001 体系标准内容充实，可操作性强，尤其是已经取得 ISO 9000 或 ISO 14000 认证的企业，在进行建立 OHSAS18001 体系中，就会更加得心应手。

3. 体现可持续发展

通过对企业生产过程中危害因素的认识，对企业面临的职业安全卫生风险的评价以及风险控制措施制定实施，按照 PDCA 的循环运作，要求从方针的制定、管理策划、实施与运行到检查与纠正措施和管理评审来持续提高管理水平和管理状态。逐渐消除或降低企业生产过程的风险，使员工的健康、安全和企业财产的安全有了体系上的保障，体现企业可持续发展要求。

4. 预防控制为主

危险源辨识、风险评价和风险控制是职业健康安全管理体系的核心，实施有效的危险源辨识、风险评价与控制，可实现对事故的预防和对生产作业的全过程进行控制。首先对目前的作业和生产过程进行评价，并在此基础上进行职业健康安全管理体系策划，对各种预知的风险因素做到事前控制，对各种潜在的事故制定应急程序，力图使损失最小化。

（三）职业健康及安全管理体系认证的意义

（1）建立相关方对企业符合职业健康及安全方针的信心，提高企业的信誉、形象和凝聚力。

（2）可以增强企业在国内外市场中的竞争能力，为企业在国际生产经营活动中吸引投资者和合作伙伴创造条件。

（3）可以促进企业的安全管理与国际接轨，消除贸易壁垒，是企业的第三张通行证。

（4）可以提高企业的安全管理和综合管理水平，促进企业管理的规范化、标准化、现代化。

（5）可以减少因工伤事故和职业病所造成的经济损失和因此所产生的负面影响，提高企业的经济效益。

（6）可以提高职工的安全素质、安全意识和操作技能，使员工在生产、经营活动中自觉防范安全健康风险。

五、IT 服务管理体系认证

（一）IT 服务管理体系认证简介

目前，全球的 IT 服务业正逐渐走向专业化和外包化。随着企业和政府组织的业务运作越来越依赖于 IT，越来越多的组织考虑将其 IT 服务运营外包给专业的 IT 服务提供商或对内部的 IT 支持部门提出更明确的服务要求，以确保提高服务质量，降低服务成本，降低因 IT 服务中断所导致的业务风险。

ISO 20000 是面向机构的 IT 服务管理标准，目的是提供建立、实施、运作、监控、评审、维护和改进 IT 服务管理体系（ITSM）的模型。建立 IT 服务管理体系（ITSM）已成为各种组织，特别是金融机构、电信、高科技产业等管理运营风险不可缺少的重要机制。ISO 20000 让 IT 管理者有一个参考框架用来管理 IT 服务，完善的 IT 管理水平也能通过认证的方式表现出来。

ISO 20000 标准着重于通过"IT 服务标准化"来管理 IT 问题，即将 IT 问题归类，识别问题的内在联系，然后依据服务水准协议进行计划、推行和监控，并强调与客户的沟通。该标准同时关注体系的能力，体系变更时所要求的管理水平、财务预算、软件控制和分配。

(二) IT 服务管理体系认证的特点

ISO/IEC 20000-2：2005 为审核人员提供行业一致认同的指南，并且为服务提供者规划服务改善或通过 ISO/IEC 20000-1：2005 审核提供指导。ISO/IEC 20000-2：2005 是基于已被替代的 BS 15000-2 而制定。

实践准则描述了在 BS 15000-1 中服务管理流程的最佳实践。为以最小成本满足业务需求，客户对使用先进设施会不断提出要求，服务提供就越发显得重要了。人们已经意识到服务和服务管理对于帮助组织开源节流的重要性。

ISO/IEC 20000 系列能使组织了解如何从内部和外部改进其服务质量。

由于组织对服务支持的日益依赖，以及技术多样性的现状，服务提供方有可能通过努力保持客户服务的高水准。服务供应方往往被动工作，很少花时间规划、培训、检查、调查并与客户一同工作，其结果必然导致失败。其失败就源于没有采用系统的、主动的工作方式。

服务供应商也常常被要求提高服务质量，降低成本、采用更大灵活性和更快反应速度。有效的服务管理能提供高水准的客户服务和较高的客户满意度。

ISO/IEC 20000-2 描述了 IT 服务管理流程质量标准。这些服务管理流程为组织在一定环境中开展业务提供了最佳实践指南，包括提供专业服务、降低成本、调查和控制风险。

ISO/IEC 20000-2 推荐服务管理者采用一致的术语和统一的方法进行服务管理，这可以为改进服务交付基础，并有助于服务提供者建立一个服务管理框架。

ISO/IEC 20000-2 为审核人员提供指南，并可为组织规划服务的改进提供帮助，以便组织通过 ISO/IEC 20000-1 认证。

(三) IT 服务管理体系认证的意义

(1) 建立 IT 部门一整套行之有效的持续改善机制和内控机制，提高信息技术服务和运营效率。

(2) 控制 IT 风险及相关的成本，提高与控制 IT 服务质量、降低长期的服务成本。

(3) 有效及高效地整合和利用信息、基础架构、应用及人员等 IT 资源。

(4) 建立持续改进的服务管理机制，快速应对市场需求，提供客户满意度。

(5) 向国际标杆靠齐，增强市场竞争力，提高组织声誉，提升投资回报。

第五节　商品质量监督管理

商品质量监督管理对于商品生产和商品消费有着重要的意义,它是保证和提高商品质量的重要措施和途径,又是保证消费者权益的重要手段,也是国家推行商品标准制度和标准化工作的重要组成部分。

一、商品质量监督管理概述

(一) 商品质量监督管理的概念

商品质量监督管理,是指根据国家的质量法律法规、商品质量标准以及相关的规范、原则,由国家指定的商品质量监督管理机构对生产领域、流通领域和进出口商品质量与质量保证体系进行监督管理的活动。此定义可从以下几个方面理解:(1) 商品质量监督管理是一种质量分析和评价活动;(2) 商品质量监督管理的对象是实体,如产品、服务、质量体系等;(3) 商品质量监督管理的范围包括从生产到运输、储存和销售整个过程;(4) 商品质量监督管理的依据是国家质量法规、产品标准或技术法规以及有关准则、规范等;(5) 商品质量监督管理的主体是国家指定的商品质量监督管理机构。

(二) 商品质量监督管理的主体和基本原则

商品质量监督管理是国家对商品质量进行宏观管理的手段。

1. 商品质量监督管理的主体与主要职责

我国担负商品质量监督管理职责的主体是国家市场监督管理总局及其所属各级机构。2018 年初,为整合市场监管资源,形成市场监管合力,加强食品安全监管,提高市场监管水平,将国家工商行政管理总局、国家质检总局、国家食品药品监管总局、国家发改委的价格监督检查与反垄断执法职责、商务部的经营者集中反垄断执法以及国务院反垄断委员会办公室等职责整合,组建国家市场监督管理总局。

国家市场监督管理总局在商品质量监督管理方面的主要职责是:

(1) 产品质量安全监督管理。管理产品质量安全风险监控、国家监督抽查工作,建立并组织实施质量分级制度、质量安全追溯制度,指导工业产品生产许可管理。

(2) 特种设备安全监督管理。综合管理特种设备安全监察、监督工作,监督检查高耗能特种设备节能标准和锅炉环境保护标准的执行情况。

(3) 食品安全监督管理。建立履盖食品生产、流通、消费全过程的监督检查制度和隐患排查治理机制并组织实施,防范区域性、系统性食品安全风险;推动建立食品生产经营者落实主体责任的机制,健全食品安全追溯体系;组织开展食品安全监督抽检、风险监测、核查处置和风险预警、风险交流工作;组织实施特殊食品注册、备案和监督管理。

（4）统一管理检验检测工作。推进检验检测机构改革，规范检验检测市场，完善检验检测体系，指导协调检验检测行业发展。

（5）统一管理、监督和综合协调全国认证认可工作。建立并组织实施国家统一的认证认可和合格评定监督管理制度。

2. 商品质量监督管理的原则

商品质量监督管理工作应遵循以下原则：

（1）科学性和公正性。科学性是指对商品质量进行的检验和评价要科学，出自监督检验机构的各种数据要准确。公正性是指质量监督管理要站在国家和人民的立场上秉公执法，严格依照技术标准和检测数据对商品质量进行评价。因此，必须培养和建立一支公正、廉洁、技术熟练、认真负责的质量监督检验和管理队伍；必须配备符合要求的试验仪器设备；必须建立一套科学、完整的管理制度；必须对商品质量检验机构进行测试能力的考核认证；监督检验机构必须独立地对外开展质量检验活动，不受外界的干扰和影响，使其一切活动处于国家、人民和法律的监督之下。

（2）统筹安排、分工协作、组织协调、服务监督。商品质量监督管理是政府机构管理经济的职能之一，要按照行政部门管理或行业管理的职能进行分级管理、合理分工、协调一致地进行质量监督管理工作。各专业性行政或行业管理部门也应对本部门或本行业的商品质量实行监督管理。此外，还要依靠新闻舆论、社会团体和广大群众实行社会监督。因此，需要在统一的方针指导下，统筹安排，避免重复抽查、检验，从而减轻企业负担。在组织协调下，质量监督管理部门要同时做好服务和监督工作。

（3）监督与帮助、处罚与教育相结合。对生产和流通领域中的产品或服务进行质量监督检验后，对不合格和伪劣产品或服务，应根据国家的有关法律法规、政策的规定，追究生产者（或服务提供者）、经营者的质量责任，及时进行经济的、行政的以至于法律的处理，以提高质量监督管理的有效性。在处理上述关系时，切记监督管理是主要职责，帮助、教育是辅助监督管理的手段。对于经营思想不端正，有意制造伪劣产品欺骗用户的企业和责任者，必须绳之以法；对于那些认识不清或技术和管理水平一时上不去的企业，则应立足于帮助、教育，必要时也要给予一定的处罚。

三、商品质量监督的依据

商品质量监督的依据有商品质量法律、法令和规章制度，以及强制性技术标准等。质量法律是指经全国人民代表大会及其常务委员会通过的有关商品质量的国家法律。质量法规是指国务院及其所属部门制定并发布的有关质量方面的行政法令、条例、规章、强制性标准等，它们构成了我国商品质量监督的依据。

（一）产品质量法

为了加强对产品质量的监督管理，提高产品质量水平，明确产品质量责任，保护消费者的合法权益，维护社会经济秩序，国家制定了中华人民共和国产品质量法，1993年2月

22 日第七届全国人民代表大会常务委员会第三十次会议通过，自 1993 年 9 月 1 日起施行。之后，为了适应社会主义市场经济的发展以及加入 WTO 的需要，对《产品质量法》进行了修改。并于 2000 年 7 月 8 日由中华人民共和国第九届全国人民代表大会常务委员会第十六次会议通过，自 2000 年 9 月 1 日起施行。

新修改的《产品质量法》加强了行政执法机构实施产品质量监督的执法手段，特别是对生产、销售伪劣产品的行为，加大了法律制裁的力度。《产品质量法》对于加强商品质量监督管理，明确商品质量责任，保护消费者和用户的合法权益，维护社会经济秩序，促进社会主义市场经济的发展具有重要的意义。

《产品质量法》要求产品质量应当检验合格，不得以不合格产品冒充合格产品。可能危及人体健康和人身、财产安全的工业产品，必须符合保障人体健康和人身、财产安全的国家标准、行业标准；未制定国家标准、行业标准的，必须符合保障人体健康和人身、财产安全的要求。禁止生产、销售不符合保障人体健康和人身、财产安全的标准及要求的工业产品。

国家对产品质量实行以抽查为主要方式的监督检查制度，对可能危及人体健康和人身、财产安全的产品，影响国计民生的重要工业产品以及消费者、有关组织反映有质量问题的产品进行抽查。抽查的样品应当在市场上或者企业成品仓库内的待销产品中随机抽取。监督抽查工作由国务院产品质量监督部门规划和组织。县级以上地方产品质量监督部门在本行政区域内也可以组织监督抽查。

因产品存在缺陷造成人身、他人财产损害的，受害人可以向产品的生产者要求赔偿，也可以向产品的销售者要求赔偿。属于产品的生产者的责任，产品的销售者赔偿的，产品的销售者有权向产品的生产者追偿。属于产品的销售者的责任，产品的生产者赔偿的，产品的生产者有权向产品的销售者追偿。

因产品存在缺陷造成受害人人身伤害的，侵害人应当赔偿医疗费、治疗期间的护理费、因误工减少的收入等费用；造成残疾的，还应当支付残疾者生活自助具费、生活补助费、残疾赔偿金以及由其扶养的人所必需的生活费等费用；造成受害人死亡的，并应当支付丧葬费、死亡赔偿金以及由死者生前扶养的人所必需的生活费等费用。因产品存在缺陷造成受害人财产损失的，侵害人应当恢复原状或者折价赔偿。受害人因此遭受其他重大损失的，侵害人应当赔偿损失。

（二）消费者权益保护法

1. 消费者权益保护法简介

消费者权益保护法是维护全体公民消费权益的法律规范的总称，是为了保护消费者的合法权益，维护社会经济秩序稳定，促进社会主义市场经济健康发展而制定的一部法律。1993 年 10 月 31 日第八届全国人大常委会第四次会议通过，自 1994 年 1 月 1 日起施行。2009 年 8 月 27 日第十一届全国人民代表大会常务委员会第十次会议的《关于修改部分法律的规定》进行第一次修正。2013 年 10 月 25 日第十二届全国人大常委会第 5 次会议《关于修改的决定》第二次修正。2014 年 3 月 15 日，由全国人大修订的新版《消费者权益保护法》（简称"新消法"）正式实施。《消费者权益保护法》分总则、消费者的权利、经营者的义务、国家对消费者合法权益的保护、消费者组织、争议的解决、法律责任、附则，共 8 章 63 条。

2. 消费者权益保护法的实施作用

《中华人民共和国消费者权益保护法》是维权的有力武器，《保护法》的颁布实施，催生和强化了消费者的权利意识和自我保护意识，标志着我国以消费者为主体的市场经济向法制化、民主化迈出了一大步。《保护法》规定了消费者享有安全权、知情权、选择权、公平交易权、获赔权、结社权、获知权、尊重权、监督权等 9 项权利。我国公民作为消费者应该拥有的权利，第一次在国家法律中做了系统规定。随着《保护法》的贯彻实施，越来越多的消费者开始知晓并注重维护自己应有的合法权益，《保护法》也因此成为知名度最高的法律之一。

3. 消费者权益保护法的意义

（1）保护消费者权益。《消费者权益保护法》的颁布，明确了消费者的权利，确立和加强了保护消费者权益的法律基础，弥补了原有法律、法规在保障消费者权益方面调整作用不全的缺陷。我国现有法律、法规中有不少内容涉及保护消费者权益，如《民法通则》《产品质量法》《食品安全法》等，但是对于因提供和接受服务而发生的消费者权益受损害的问题，只在《消费者权益保护法》中做出了全面而明确的规定。

（2）维护社会经济秩序。《消费者权益保护法》通过规范经营者应对维护消费者权益承担何种义务，特别是要规范经营者与消费者的交易行为，即必须遵循自愿、平等、公平、诚实信用的原则，对社会经济秩序产生重要的维护作用。

（3）促进经济健康发展。保护消费者权益不是消费者个人之事，当代社会的生产和消费的关系密不可分，结构合理、健康发展的消费无疑会促进生产的均衡发展。没有消费也就没有市场。保护消费者权益成为贯彻消费政策的重要内容，因此有利于社会主义市场经济的健康发展。

有关行政部门应当听取消费者和消费者协会等组织对经营者交易行为、商品和服务质量问题的意见，及时调查处理。相关部门应当定期或者不定期对经营者提供的商品和服务进行抽查检验，并及时向社会公布抽查检验结果。在发现并认定经营者提供的商品或者服务存在缺陷，有危及人身、财产安全危险的，应当立即责令经营者采取停止销售、警示、召回、无害化处理、销毁、停止生产或者服务等措施。

（三）其他有关健康安全的商品质量法律法规

《中华人民共和国食品安全法》是为保证食品安全、保障公众身体健康和生命安全而制定，由全国人民代表大会常务委员会于 2009 年 2 月 28 日发布，自 2009 年 6 月 1 日起施行。《食品安全法》规定，国务院设立食品安全委员会，由国家质检总局、国家工商行政管理总局和国家食品药品监督管理局分别对食品生产、食品流通、餐饮活动实施监督管理；国家建立食品安全风险监测制度，由卫生部会同国务院有关部门制定、实施国家食品安全风险监测计划；国家建立食品安全风险评估制定，由卫生部负责组织食品安全评估工作；卫生部应当会同国务院有关部门，根据食品安全风险评估结果、食品安全监督管理信息，对食品安全状况进行综合分析，对经综合分析表明可能具有较高程度安全风险的食品，卫生部应当及时提出食品安全风险警示，并予以公布。

《农业转基因生物安全管理条例》于2001年5月由国务院颁布，旨在加强农业转基因生物安全管理，保障人体健康和动植物、微生物安全，保护生态环境，促进农业转基因生物技术研究。农业行政主管部门履行监督检查职责时，有权采取询问、查阅、责令停止、封存和扣押等措施。

《中华人民共和国药品管理法》于1984年9月20日第六届全国人民代表大会常务委员会第七次会议通过，自1985年7月1日起施行。现行版本为2015年4月24日第十二届全国人大常委会第十四次会议修改。《中华人民共和国药品管理法》是以药品监督管理为中心内容，深入论述了药品评审与质量检验、医疗器械监督管理、药品生产经营管理、药品使用与安全监督管理、医院药学标准化管理、药品稽查管理、药品集中招投标采购管理，对医药卫生事业和发展具有科学的指导意义。

《农产品质量安全法》于2006年4月29日第十届全国人民代表大会常务委员会第二十一次会议通过的，自2006年11月1日起施行。《农产品质量安全法》是一部关于农产品的质量符合保障人的健康、安全要求的法律。人们每天消费的食物，有相当大的部分是直接来源于农业的初级产品，即《农产品质量安全法》所称的农产品，如蔬菜、水果、水产品等；也有些是以农产品为原料加工、制作的食品。农产品的质量安全状况如何，直接关系着人民群众的身体健康乃至生命安全，显然做好农产品安全质量工作，意义十分重大。

（四）商品质量检验、认证、监督管理等方面的法律法规

为适应我国社会主义市场经济建设和对外贸易发展的需要，加强商品质量监督管理与检验工作，保证商品质量，我国陆续颁布和实施了《中华人民共和国标准化法》《中华人民共和国计量法》《中华人民共和国反不正当竞争法》《中华人民共和国进出口商品检验法》以及《工业产品质量责任条例》《产品质量监督试行办法》《国家监督抽查产品质量的若干规定》《全国产品质量仲裁检验暂行办法》《进口商品安全质量许可证制度》《产品质量认证管理条例》《产品质量认证管理条例实施办法》《产品免于质量监督检查工作实施细则》《查处食品标签违法行为规定》《国务院关于进一步加强质量工作的决定》《产品质量申诉处理办法》《产品质量仲裁检验及产品质量鉴定管理办法》《产品质量认证证书和认证标志管理办法》《进出口商品认证管理的办法》《中华人民共和国认证认可条例》《进出口食品安全管理办法》《药品生产质量管理规范》等一系列法律、法规。根据这些法律、法规，各行业和地方还制定了相应的具体规定。目前，我国已经初步建立了国家认证认可制度、国家产品质量认证与监督检验制度、生产许可证制度，这对于解决商品质量

问题和促进与国际市场接轨起到了重要作用。

四、商品质量监督管理的类型、形式和体系

（一）商品质量监督管理的类型

我国的商品质量监督管理可以分为国家质量监督管理、社会质量监督管理和用户质量监督管理三种类型。

1. 国家质量监督管理

国家的商品质量监督管理是由国家市场监督管理总局及其所属部门分工主管的。国家的质量监督管理是指国家授权，指定专门机构以公正的立场对商品质量安全进行的监督检查活动。这种国家法定的质量监督管理，以政府行政的形式，对可能危及人体健康和人身、财产安全的商品，影响国计民生的重要工业产品，及用户、消费者组织反映有质量问题的商品，实行定期或经常监督抽查和检验，公开公布商品质量抽查检验结果，并根据国家有关法规及时处理质量问题，以维护社会经济生活的正常秩序和保护消费者的合法权益。

2. 社会质量监督管理

社会质量监督管理是指社会团体、组织和新闻机构根据消费者和用户对商品质量的反映，对流通领域的某些商品质量进行监督检查。社会质量监督管理，是从市场上一次抽样，委托第三方检验机构进行质量检验和评价，将检验结果特别是不合格的质量状况和生产企业名单予以公布，以造成强大的社会舆论压力，迫使企业改进质量，停止销售不合格商品，对消费者和用户承担质量责任，实行包修、包换、包退、赔偿经济损失。社会质量监督管理组织主要由中国质量管理协会用户委员会、中国消费者协会、中国质量万里行组织委员会等组成。

3. 用户质量监督管理

用户质量监督管理是指内外贸部门、使用单位和个人为确保所购买商品的质量而进行的质量监督管理。这种质量监督管理用户在购买大型成套设备和装置，以及采购生产物资时，进驻承制单位和商品生产现场进行质量监督管理，发现问题有权通知企业改正或停止生产，及时把住质量关，确保商品质量符合规定要求。用户质量监督包括用户自己派人或委托技术服务部门进驻承制单位实行质量监督；内外贸部门派驻厂人员进行质量监督；以及进货时进行验收检验。

（二）商品质量监督管理的形式

商品质量监督管理按其性质、目的、内容和处理方法的而不同，可以归纳为抽查型质量监督管理、评价型质量监督管理和仲裁型质量监督管理三种。

1. 抽查型质量监督管理

抽查型质量监督管理是指国家质量监督机构通过对从市场或企业抽取的商品样品进行

监督检验判定其质量，从而采取强制措施责成企业改进质量，直至达到商品标准要求的一种监督活动。抽查型质量监督形式，一般只抽检商品的实物质量，不检查企业的质量保证体系。抽查的主要对象是涉及人体健康和人身、财产安全的商品、影响国计民生的重要工业产品、重要的生产资料商品和消费者反映有质量问题的商品。

2. 评价型质量监督管理

评价型质量监督管理是指国家质量监督机构通过对企业的产品质量和质量保证体系进行检验和检查，考核合格后，以颁布产品质量证书、标志等方法确认和证明产品已经达到某一质量水平，并向社会提供质量评价信息，实行必要的事后监督管理，以检查产品质量和质量保证体系是否保持或提高的一种质量监督管理活动。评价型质量监督管理是国家干预产品质量、进行宏观管理的一种重要形式。产品质量认证、企业质量体系认证、评选优质产品、产品统一检验制度和生产许可证发放等都属于这种形式。

3. 仲裁型质量监督管理

仲裁型质量监督管理是指对于有质量争议的商品，通过质量监督机构进行检验和质量调查，分清质量责任，做出公正处理，维护经济活动正常秩序的一种质量监督管理活动。仲裁型质量监督管理具有较强的法制性，这项任务有质量监督管理部门承担，应选择省级以上人民政府产品质量监督管理部门或其授权的部门审查认可的质量监督检验机构作为仲裁检验机构。

（三）我国商品质量监督检查制度

我国商品质量监督检查制度有下述三种监督检查方式，它们均属抽查型质量监督管理。

1. 国家监督抽查

产品质量国家监督抽查制度是经国务院批准，由国家市场监督管理总局，有关省、自治区、直辖市质量安全监督管理部门，组织对全国有关省、自治区、直辖市或有关行业内生产一种或几种产品的所有行业，按照统一产品、统一部署、统一检验标准和检验方法、统一判定原则、统一汇总口径"五个统一"的要求进行产品质量安全监督检查。这种监督抽查制度具有权威性、随机性、公正性和公开性，其工作程序为：计划制定方案设计现场抽样样品检验结果反馈数据汇总公布结果督促整改和复查。

国家监督抽查的对象是那些量大面广、产品质量差、问题比较多的产品，以及直接关系到人身安全、健康的产品。例如，食品、家用电器和一些重要的生产资料如化肥、农药等。统检的具体做法有两种：一种是只对产品质量进行抽查检验；另一种是不仅对产品质量进行抽查检验，还要对生产企业的生产条件进行考核。相比之下，后一种检验内容全面，对企业改进生产质量有较大的促进作用。在检查中发现产品质量或生产条件不合格的企业，有关检查的组织单位应督促其整改并限期复查。

2. 定期监督抽查

产品质量定期监督抽查主要指地方（省、市、县）质量安全监督管理部门监督本地区产品质量的一种有效的质量监督形式。一般由县级以上的质量安全监督管理部门制定《受检产品目录》，对本辖区的重要产品实施经常性、周期性、连续性的监督管理。这种监督检查制度计划性强、可比性强，能系统地掌握受检产品质量动态，有利于了解产品质量状况和趋势，以便加强质量宏观管理。开展定期监督抽查的工作程序为，首先制定《受检产品目录》，把握确定好受检产品、检验依据、受检作业、承检单位和检验周期五个环节。凡纳入该目录的企业必须接受监督管理，积极配合监督检查工作。各承检单位必须按规定的检验依据和检验周期，对受检企业进行抽样、检验和判定，并及时将检验结果报质量监督管理部门。

定期监督抽查的结果要按月、季、年编制报表，报送上级质量监督管理部门和同级政府有关部门，对定期监督抽查产品不合格的生产企业，要根据不同情况分别给予批评、警告、通报和限期整改，对经多次检查不合格又不认真整改的，对违反产品质量法律法规的，要依法惩治。

3. 市场商品质量监督抽查

市场商品质量监督抽查是规范商业或其他服务企业经营行为，维护规范市场流通秩序，保护消费者权益，准确掌握一段时期内市场上重要商品（包括服务）的实际质量情况，为政府实行宏观管理提供依据的一种行之有效的商品质量监督形式。其监督对象为流通领域中的商品（包括服务）及其经销者的经销行为。监督抽查的场所包括有固定场地、专业市场，批发、零售企业、宾馆、饭店、美容美发店等。

（1）监督抽查的范围包括四个方面：①可能危害人体健康和人身、财产安全的商品（包括服务）；②与人民群众衣、食、住、行密切相关的商品（包括服务）；③消费者、有关组织投诉和反映问题比较集中的商品（包括服务）；④工商行政管理部门认为需要抽查的商品（包括服务）。

（2）市场商品质量监督抽查的形式有两种：①有计划的市场商品质量监督抽查。是根据市场上商品质量的状况，有针对性地选择一些商店、超市、集贸市场、服务场所，对其经营的商品（包括服务）质量有目的、有计划地安排抽查。对抽查中发现的质量问题，有关商品质量监督部门要追查到底，视情况不同给予经营单位甚至包含涉及的生产企业应有的处罚。②日常的市场商品质量监督抽查。是一种快速、灵活多变的市场执法监督检查形式，不受时间、计划的限制，根据消费者举报、投诉，随时进行检查。对发现有质量问题的单位进行现场处罚，可根据严重程度不同，决定是否立案处理。这是目前在市场质量监督管理和"打假"活动中常用的一种质量监督检查形式。

思考题：

1. 合格评定的定义和主要内容是什么？

2. 认证和认可的联系与区别有哪些？

3. 何为强制性认证？何为自愿性认证？

4. 产品认证的模式有哪些？

5. 质量体系认证的含义和主要内容是什么？

6. 什么是商品质量监督管理？其依据主要有哪些？

7. 社会的质量监督管理分为哪些类型？

8. 谈谈产品质量认证的意义。

第七章　商品检验

1. 了解商品检验工作的意义
2. 熟悉商品检验的类型
3. 掌握外贸检验的基本程序、内容与依据
4. 掌握外贸检验的时间、地点、机构
5. 熟悉外贸商品检验证书种类，掌握外贸合同检验条款的注意事项
6. 掌握商品品级的确定

导例

某港商与美商签订进口一批尼龙帘子布合同，总金额 210 000 美元，索赔期为 90 天。同年 6 月，此货到达最终用户时，发现货物质量与合同规定严重不符，不仅布幅明显窄于合同规定的宽度，拉伸强度不够，而且经向、纬向密度均低于合同规定指标。因此，该港商立即请香港商品检验机构进行检验并出具了"该商品质量不符合原合同规定"的检验证书，请美商尽快前来复验，并明确提出下列两点意见供美商选择：

1. 全部退货。除退还货款外，还应赔偿 3 个月资金积压之利息；负责赔偿用户工厂停工待料引起的间接损失，或者补足以高价购买原料的损失部分。

2. 降价。因幅宽和拉伸强度问题，致使消耗定额增大，且与设备的设计相矛盾，应降价 30%。

开始，美商不信，后又与生产商互相推诿。但该港商坚持既定的意见，穷追不舍，一份份传真、电传、信函、电报发向美商，并发出警告，若事情发展下去将会导致更大的索赔金额。美商终于在当年 9 月中旬会同生产厂代表来港看货。在事实面前，生产厂代表承认货物质量有问题，随即带些样品回美国，请技术专家做出解释。

当年 10 月底，美商再次与生产厂家的技术代表到用户工厂随机抽样 7 块帘子布复验，从拉伸、挂胶到成塑的全程证明该港商提出的索赔理由充分，经损失评估及多次谈判，最后美商以赔偿 65 000 美元结案。

第一节　商品检验的含义、类型

一、商品检验的含义

（一）商品检验的概念

广义的商品检验是指商品的供货方、购货方或第三方在一定条件下，借助某种手段和方法，按照合同标准或国际、国家有关法律、法规、惯例，对商品的质量、规格、重量，以及包装等方面进行检查，并做出合格与否或通过检验与否的判定。

狭义的商品检验是指仅对商品质量进行的检验，即大多数人在一般情况下所说的商品检验。它是有关部门或者人员根据相关规定，评价和确定商品质量优劣及商品等级的工作。

（二）实施商品检验工作的重要性

1. 从生产环节看

生产企业通过对生产各环节的商品质量检验来保证产品质量，促进产品质量不断提高。

2. 从流通环节看

商品流通部门在流通各环节进行商品检验，及时防止假冒伪劣商品进入流通领域，以减少经济损失，维护消费者利益。

3. 从市场监管看

质量监督部门通过商品检验，实施商品质量监督，向社会传递准确的商品质量信息，促进我国市场经济的发展。

4. 从贸易角度看

对进出口商品进行检验，一方面可防止低于合同或标准规定的商品出口，巩固和提高我国出口商品的国际声誉；另一方面，对品质不符合规定的进口商品，可根据商品检验的结论，在索赔有效期内向卖方提出索赔、退货或换货，从而避免由于进口商品品质不符合要求造成的损失。

5. 从消费者权益保护角度看

经过检验合格的商品才能更好满足消费者的需要，保证消费者的身体健康和生命安全，提高生活质量。

总之，正确地评价或评定商品的质量，能达到促进商品购销和进出口贸易，发展我国的社会主义市场经济，维护广大消费者权益的目的。商品检验是保证商品质量、提高商业经营管理水平的一项重要内容。

二、商品检验的分类

（一）根据商品检验的目的分类

1. 生产检验

生产检验是生产者为了维护本企业的信誉、保证商品质量而对原材料、半成品和成品进行检验的业务活动。对生产者而言，建立科学的检验程序，选用合适的检验方法，不仅可以提高检验质量，反映产品质量状况，还可以维护企业声誉。

2. 验收检验

验收检验时商品的买方（包括商业企业、外贸部门和商品用户）为了维护自身利益，保证商品的数量和质量，对所购买的商品进行的检验业务。验收检验的主要依据应当是各级技术标准或定货合同、工贸协议等等。买卖双方一旦发生争议，就由超脱于买卖双方以外的第三方进行公正检验。

3. 第三方检验

第三方检验是指处于买卖利益之外的第三方，以公正、中立身份所进行的商品检验业务。我国第三方检测机构起步较晚，但随着人们生活水平的提高以及国际贸易壁垒的加剧，我国第三方检测行业快速发展。

（二）根据被检验商品有无破坏

1. 破坏性检验

破坏性检验是为了取得必要的质量信息，经测定或试验后的商品遭受破坏的检验。如金属材料的拉伸试验、电子设备的加速恶化试验均属破坏性试验。随着检验技术的发展，破坏性检验日益减少，破坏性检验只能采用抽样检验方式。

2. 非破坏性检验

非破坏性检验是检验时产品不受到破坏，或虽然有损耗但对产品质量不发生实质性影响的检验。如射线检验、超声波检验等。非破坏性检验的使用范围在不断扩大。

（三）根据检验商品的相对数量

1. 全数检验

又称百分之百检验，是对整批商品逐个（件）地进行的检验。它的优点是能提供较多的质量信息，给人一种心理上的放心感。缺点是检验量大，费用高，易造成检验人员疲劳而导致漏检或错检。适合批量小、质量不稳定、精度要求高、质量关系到生命安全、较贵重、非破坏性的商品检验。

2. 抽样检验

按照已确定的抽样方案，从整批商品中随机抽取少量商品用作逐一测试的样品，并依据测试结果去推断整批商品质量合格与否的检验。它的优点是检验的数量相对较少，节省了检验费用、人力、物力和时间，具有一定的科学性和准确性，是比较经济的检验方式。缺点是检验结果相对于整批商品实际质量水平，总会有一定误差；若样品选择不当，代表性不强，易出现误判。适合于批量较大、质量稳定、价值较低的商品或具有破坏性的商品检验。这种方法在工作实践中应用较多。

3. 免于检验

对于生产技术水平高和检验条件好、质量管理严格、成品质量长期稳定的企业生产出来的商品，在企业自检合格后，商业和外贸部门可以直接收货，免于检验。我国技术监督局从 2000 年 8 月起，开始实施免于质量监督检查工作。获得免检的产品，可以自愿在商品或其品牌、包装物、使用说明书、质量合格证上使用免检标志，并在三年内免于各区、各部门各种形式的质量监督检查。

2008 年国家质检总局停止所有食品类生产企业获得国家免检产品资格，相关企业要立即停止其国家免检资格的相关宣传活动，其生产的产品和印刷的包装上已使用的国家免检标志不再有效。

(四) 根据商品的流通范围

1. 内贸商品检验

国内的商品经营者、用户、内贸部门的商品质量管理机构和检验机构或国家技术监督局及其所属的商品质量监督管理机构与其认可的商品质量监督检验机构，依据国家法律、法规、有关技术标准或合同对内销商品所进行的检验活动。我国国内市场上的商品质量，有四支力量从三个方面进行检验。生产企业为第一方检验；商业企业及用户、消费者是第二方检验；技术监督部门是第三方检验。

2. 外贸商品检验

由国家设立的检验机构或向政府注册的独立机构依照有关法律、法规、合同规定、技术标准、国际贸易惯例与公约等，对进出口商品进行的检验、鉴定和管理工作。外贸商品检验主要针对商品的品质和数量以及包装进行检验鉴定，以便确定是否合乎合同规定；有时还对装运过程中所发生的残损、短缺、或装运技术条件等进行检验和鉴定，以明确事故的起因和责任的归属。

第二节　商品的抽样和抽样检验

一、基本概念及用语

群体就是提供被作为调查（或检查）的对象，或者称采取措施的对象，也常称为批。群体（批）大小常以 N 表示，亦称批量 N。工序间、成品、进出库检验，以及购入构验等经常组以整批的形式交付检验的，不论是一件件的产品、还是散装料，一般都要组成批，而后提交检验，有些情形，中间产品由于条件的限制不允许组成批以后再提交给下一道工序进行检验、但可采用连续抽样检验（如每小时抽取 1 台产品进行检验的抽样方式）。

样本就是指我们从群体中（或批中）抽取的部分个体。抽取的样本数量常以 n 表示。

二、抽样和抽样检验的概念

抽样即按照技术标准或操作规程所规定的抽样方法和抽样工具，从整批商品中随机地采集一小部分在质量特性上都能代表整批商品的样品的过程。通过对该样品的检验，据此对整批商品的质量做出评定。

抽样检验又称抽样检查，是从一批产品中随机抽取少量产品（样本）进行检验，据以判断该批产品是否合格的统计方法和理论。它与全面检验的不同之处在于，后者需对整批产品逐个进行检验，把其中的不合格品拣出来，而抽样检验则根据样本中的产品的检验结果来推断整批产品的质量。如果推断结果认为该批产品符合预先规定的合格标准，就予以接收；否则就拒收。所以，经过抽样检验认为合格的一批产品中，还可能含有一些不合格品。采用抽样检验可以显著地节省工作量。在破坏性试验（如检验产品的寿命）以及散装产品（如矿产品、粮食）和连续产品（如棉布、电线）等检验中，也都只能采用抽样检验。抽样检验是统计质量管理的一个组成部分。

三、抽样的原则

1. 随机性

首要原则是随机原则，即从货物中抽出的用以评定整批商品的样品，应是不加任何选择，按随机原则抽取的。

2. 典型性

被抽取的样品能反映整批商品在某些方面的重要特征，能发现某种情况对商品质量造成的重大影响。如食品的变质、污染、掺杂及假冒劣质食品的鉴别。

3. 适时性

对于成分、含量、性能、质量等会随着时间或容易随着时间的推移而发生变化的商品，要及时适时抽样并进行鉴定。如新鲜果菜中各类维生素含量的鉴定及各类农副产品中农药或杀虫剂残留量的检验等。

4. 代表性

抽样是以从整批商品中所取出的全部个别样品（份样）集成大样来代表整批，不应以个别样品（份样）来代表整批，因为个别份样有高有低，但在抽取足够多的份样时，其平均数即接近整批商品的平均质量。抽样必须具有足够的代表性，否则检验时即使运用最先进的技术和设备，也不可能得出准确的检验结果，而会对商品质量做出错误的评定。

5. 可行性

抽样的数量及方法，使用的抽样装置和工具，应是合理可行，切合实际，符合进出口商品检验的要求，应在准确的基础上快速、经济，节约人力物力。

6. 先进性

适时改进抽样技术和抽样标准，达到国际先进水平，以符合国际贸易的要求。

四、抽样的方法

（一）单纯随机抽样

单纯随机抽样又称简单随机抽样，它是利用抽签或随机数抽样，这种方法的基本原则是每个抽样单元被抽中选入样本的机会是相等的。简单随机抽样通常用于批量不大的商品的抽样。简单随机抽样首先要有一份所有研究对象排列成序的编号名单，再用随机的方法选出进入样本的号码，已经入选的号码一般不能再次列入，直至达到预定的样本数量为止。

简单随机抽样的优点是在抽样过程中完全排除了主观因素的干扰，简单，易行，只要有总体各单位名单就行。缺点是只适应总体单位数量不大的调查，如果总体单位多，则编制抽样框的工作量太大；抽样误差大；样本可能比较分散或过分集中，会给调查带来困难。

（二）分层随机抽样

分层随机抽样又称分组随机抽样法、分类随机抽样法。它是先运用科学分组技术将总体 N 个单位分成互不重叠且穷尽的 L 个层，然后在各层内用抽样原理抽取子样本，最后根据子样本汇总对总体参数进行估计。分层随机抽样有两种类型：一类叫按比例分配分层随机抽样，各层内抽样比例相同；另一类叫最优分配、随机抽样，各层抽样比例不同，内部变异小的层抽样比例小。分层抽样要求层内变异越小越好，层间变异越大越好，因而可以提高每层的精确度，而且便于层间进行比较。分层随机抽样是目前使用最多、最广的一种抽样方法。

分层随机抽样的优点是：适用于总体单位数量较多、单位之间差异较大的调查对象，而且抽样误差较小或所需样本数量较少；缺点是：必须对总体各单位的情况有较多的了解，否则就无法科学分类，而这一点在实际调查之前又往往难以做到。

（三）系统随机抽样

系统随机抽样又称等距随机抽样法、规律性随机抽样法。它是按照一定顺序，机械地每隔一定数量的单位抽取一个单位进入样本。每次抽样的起点必须是随机的，这样系统抽样才是一种随机抽样的方法。被抽出的样本在整批商品中分布得比较均匀，故具代表性。

系统随机抽样的优点是：样本在总体中分布比较均匀，具有较高代表性，抽样误差小于简单随机抽样，而且比较简单易行；缺点是：调查总体单位不能太多，而且要有完整的登记册。操作中注意避免抽样间隔与调查对象的周期性节奏相重合。

五、抽样检验方法

（一）按照产品质量特性分类

1. 计量抽样检验

从批量商品中抽取一定数量的样品（样本），检验此样本中每个样品的质量，然后与规定的标准值或技术要求进行比较，由此确定该批商品是否合格的方法。

计量抽样检验的特点：样本较小，可充分利用质量信息等优点，但在管理上较麻烦，需进行适当的计算。适用于单项质量指标的抽样检查。

2. 计数抽样检验

从批量商品中抽取一定数量的样本，检验其中每个样品的质量，然后统计合格品数，再与规定的"合格判定数"比较，由此决定该批商品是否合格的方法。

计数抽样检验的特点：使用简便并能用于检验多项质量指标，缺点是质量信息利用较差。

（二）按照抽样检验的形式分类

1. 调整型抽样检验

它是由正常、加严、放宽等不同抽样检验方案与转移规则联系在一起而组成的一个完整的抽样检验体系。根据连续若干批商品质量变化情况，按转移规则及时转换抽样检验方案，以维护买卖双方的利益。调整型适合于各批质量有联系的连续批商品的质量检验。

2. 非调整型抽样检验

其单个抽样检验方案不考虑商品批的质量历史，使用中也没有转移规则，因此它较容易为质检人员所掌握，但只对孤立批的质量检验较为适宜。

（三）按照抽取样本的次数分类

1. 一次抽样检验

一次抽样检验是最简单的计数抽样检验方案，只需要抽样检验一批次样本就可以作出该批商品是否合格的判断，通常用（N，n，C）表示。即从批量为 N 的交验产品中随机抽取 n 件进行检验，并预先规定一个合格评定数 C。如果发现 n 中有 d 件不合格品，当 $d \leqslant C$ 时，则判定该批产品合格，予以接受；当 $d > C$ 时，则判定该批产品不合格，予以拒绝。

2. 二次抽样检验

先抽检第一批次样本进行检验，若据此可判断该批商品是合格，则终止检验。否则，再抽第二批次样本，再次检验后，用两次结果综合在一起判断该批商品是否合格。二次抽检方案包括五个参数，即（N，n_1，n_2；C_1，C_2）。含义是指从批量为 N 的交验产品中，随机抽取第一批样本 n_1 件进行检验，若发现 n_1 中的不合格品数为 d_1：

若 $d_1 \leqslant C_1$，则判定该批产品合格，予以接收；

若 $d_1 > C_2$，则判定该批产品不合格，予以拒收；

若 $C_1 < d_1 \leq C_2$，则不对该批产品合格与否作出判断，需要继续抽取第二批样本，即从同批产品中随机抽取 n_2 件进行检验，记录中的不合格品数：

若 $d_1 + d_2 \leq C_2$，则判定该批产品合格，予以接收；

若 $d_1 + d_2 > C_2$，则判定该批产品不合格，予以拒收。

第三节　商品检验主要方法

一、感官检验法

（一）感官检验的含义

感官检验，又称感官分析、感官检查或感官评价，是借助人的感觉器官（眼、鼻、口、耳、手等）的功能，通过眼看、鼻闻、口尝、耳听、手触，对商品的外形、色泽、气味、透明度、滋味、软硬、弹性、声音等感官指标，以及包装的结构和装潢等的审查，结合平时积累的实践经验，判断商品种类、品质优次和包装是否符合要求的检验方法。

（二）感官检验的必要性和重要性

为什么在产品检验中要进行感官检验呢？首先，感官检验是产品标准的要求。感官是判定产品质量的一个指标，感官检验是产品检验的一部分，只有感官检验进行了，整个产品检验才算完整。一般在产品指标中都有感官指标和理化指标，在食品、纺织、日化类别中感官指标占的比重稍大一些，要求较高，如食品的包装鉴别、标签鉴别、商标鉴别、质量等级鉴别，均为感官检验。相对而言，在化工、冶金、建材等第一产业中感官指标占的比重较小，但都有感官指标要求。其次，感官检验是进行产品检验的第一步，首先要通过感官检验确定样品的外观和化学组成是否变化。感官检验不但能发现感官性状在宏观上出现的异常现象，如样品是否受潮、风干、变质、变形、扭曲，而且也可以很敏锐地观察到感官性状发生微小变化的情况，如裂纹、异物、霉变等。这些检验能直观地鉴别出产品的变化，使检验人员做出决策和处理，而不再需要其他的分析。故在进行产品的检验时，有必要先进行产品的感官检验。

（三）感官检验的分类

1. 视觉检验法

视觉检验是利用人的视觉器官（眼），通过观察商品的外形、结构、新鲜度、成熟度、整齐度、完整度、外观疵点、色泽、式样、包装的结构和装潢，以及凡需用视觉鉴别的感官指标，来评定商品的品质。

视觉检验应用非常广泛，其内容和采用的方法因商品而异。进行商品检验时，一般需首先采用视觉检验法检验商品的外表情况。例如，烟叶的色泽和组织、水果的果色和果型、罐头容器外观情况（商标纸及罐盖硬印是否符合规定，底盖有无膨胀现象，接缝及卷边是否正常，焊锡是否完整均匀，有无锈斑、有无凸瘪变形等）和内容物的组织形态、玻璃罐的外观缺陷（波筋、疙瘩、裂口、压口、气泡和弯曲等）、粮谷色泽是否正常，异种粮粒的有无和多少、棉花色泽的好坏、疵点粒数的多少、高速钢冷拉钢材表面应洁净、光滑、不应有裂缝、折迭、结疤、夹杂和氧化铁皮等。

光源、光线强弱，以及照射方向对视觉检验的准确性都有影响。为了提高视觉检验的可靠性，尽量保证视觉检验结果客观、公正、准确，要求在标准照明（非直射典型日光或标准人工光源）条件下和适宜环境中进行，并且对检验人员进行必要的挑选和专门培训，某些食品应制定标准样品，如茶叶、烟叶、棉花、麻、羊毛、生丝等均制定有标准样品；检验者应具有丰富的检验商品外观形态方面的知识，并熟悉标准样品各等级的条件、特征和界限；光线的强度应适当，检验员不能是色盲等。

2. 嗅觉检验法

嗅觉检验是利用人的嗅觉器官（鼻）检验商品的气味从而评定商品品质的优次。

嗅觉检验广泛用于食品、药品、化妆品、化工品、香精、香料等商品的质量检验，还用于鉴别纺织纤维塑料等商品所燃烧气味的差别。嗅觉对人类来说可能是属于较为退化的一种感觉机能。据调查，在163个成年人中，只有17%的人嗅觉正常。因此，要对检验人员进行测试、严选和专门培训；进行检验的时间不要太长；检验场所的空气要清新，无烟味、酒味、臭味、霉味和香味等。

气味的优劣和正常与否是许多食品、工业品（如化妆品、牙膏、肥皂等）品质优次的重要品质指标。质量合格的商品均具有其特有的正常气味或优美馥郁的香气。正常无异味是对食品气味的基本要求。食品和某些工业品品质发生变化时，其气味也会发生相应的劣变，严重者则产生霉、酸、馊、哈、臭等怪味。像香烟、茶叶、面包等具有吸收异味性的商品，可能受到不利于气味的污染而影响品质，严重者可使商品失去使用价值。所以，应对食品和某些工业品进行嗅觉检验，以判断品质优次或是否正常。

对不同商品进行嗅觉检验的内容和要求不尽相同。例如，对茶叶进行检验时须对其香气审评，专业术语叫"闻香"。指将3克样茶置于容积为150毫升的审茶杯内，用沸水冲泡5分钟，将茶汤导入审茶碗后，评审茶杯以及茶杯中的香气。评审时，用左手持杯送至鼻下，一般在热时、温时、冷时相差较大，故审评香气应热闻、温闻、冷闻相结合。香香气审评，首先检验香气是否正常，有无异味，然后区别香气的类型（高档茶常具有花香、果香或蜜糖香等悦人的香气），最后检验香气的持久程度。检验乌龙茶的香气，是每次冲泡后，先揭开杯盖，闻杯盖里的香气。

嗅觉检验的结果与检验者的生理条件和检验经验有很大关系。此外，进行嗅觉检验时，检验场所、盛样器皿、检验者的手和衣服等物均不应有不利于嗅觉检验的异种气味，要求检验人员不得使用化妆品，生病（如感冒）时不得参加检验。

3. 味觉检验法

味觉检验是利用人的味觉器官（舌），通过品尝商品（点心、糖、烟、酒、茶、药品、调味品等）的滋味和风味，检验其品质的优次。

凡品质正常的食品均具有特有的滋味和风味。同一类别的天然食品，其滋味和风味可能因品种不同、调制方法不同、使用调料的不同等有明显区别。劣质食品的滋味相应低劣，如发霉、酸败或腐烂的食品，必然产生令人厌恶的怪味。

食品滋味检验者对所检验食品滋味方面的知识和经验的丰富程度，是检验结果准确程度的基本条件。人的基本味觉有甜、酸、苦、咸四种，并且舌的不同部位感知各种味道的灵敏程度不一样。味觉常受嗅觉、触觉、视觉，以及温度、时间、疾病等因素的影响，因此，要求检验人员必须具有辨别基本味觉特征的能力；被检样品与对照样品所处的温度要一致；宜在饭前一小时或饭后两小时进行，且检验前后要用温开水漱口等。食品温度过高或过低，均能影响味觉检验的准确性。为保证滋味审评的准确性，检验用的食品样品应保持适宜的温度。例如，茶叶的滋味是决定茶叶品质优次的重要因素。品少许茶汤入口，使茶汤停留在舌的上部，并用舌头打转 2~3 次，在茶汤与舌的味觉灵敏部位舌尖、舌边充分接触后，将茶汤吐出。审评茶叶和植物油脂滋味时，茶汤和植物油脂的温度应保持在 50℃ 左右；审评白酒时，其温度需在 35℃ 左右。

4. 听觉检验法

听觉检验是利用人的听觉器官（耳），通过辨别商品发出的音色、音质、音量等是否优美或正常，判断商品品质优次或是否正常。例如，通过摇动、拍打、敲击、开关、播放、弹奏等方式，对鸡蛋、瓷器、陶器、西瓜、钞票、乐器、冰箱、电视、金属制品和收声机等商品的音色、音质、音量进行辨别，判断其成熟度、新鲜度、冷冻度、是否有裂纹以及其真假优劣等。听觉检验至今还不能完全用仪器测定来取代，其重要原因之一就是人的耳朵灵敏度高。听觉检验要求在安静的环境条件下进行。

5. 触觉检验法

触觉检验是利用人的触觉器官（手、皮肤），通过触摸、折弯、按压或拉伸商品，根据商品的冷热、光滑细致程度、黏度、干湿、软硬、有无弹性、拉力大小、是否带静电等情况，判断商品品质优次和是否正常。

触觉检验主要用于检查纸张、塑料、纺织品、食品等商品。触觉检验要求对检验人员加强专门培训，保持手、皮肤处于正常状态。例如，茶叶的"细紧重实""粗松轻飘"中的"重实"和"轻飘"均需由触觉检验评定；经过烧烤的烟叶，其含水量不宜过高也不宜过低，可用触觉检验法检验其含水量；烟梗硬脆易断，手握沙沙作响，叶片易碎者，含水量 13%~14%，为干燥；烟梗清脆易断，手握烟叶有响声并稍碎者，含水量 15%~16%，含水量适中；烟梗稍软不易折断，手撮烟叶有响声但不碎者，含水量 16%~17%，为稍潮；烟梗软韧不易折断，叶片柔软，手握响声微弱者，含水量 18%~19%，为较潮；烟梗很韧，折不断，叶片湿润，手握无响声者，含水晕 19%~20%，是湿筋烟。

（四）感官检验的优缺点

1. 优点

一是感官检验法简单，快速易行，不需复杂、特殊的仪器设备和试剂或特定场所，不受条件限制。二是成本较低，且一般不易损坏商品。三是通过对产品感官性状的综合性检验，可以及时准确地鉴别出产品质量有无异常，大致区分出产品的优劣和真伪。感官检验便于早期发现问题，及时进行处理。感官检验是识别某些商品如药材中的冬虫草、羚羊角、牛黄等真伪的重要手段。四是某些与商品品质密切相关的品质指标，如气味、滋味、外形、外观疵点、花纹、图案、式样（款式）以及包装的造型和装潢等只能采用感官检验法评定之。

2. 缺点

一是不能检验商品的内在质量，如成分、结构、性质等。二是检验的结果不精确，在大多数情况下只能用比较性的用词（优良、中、劣等）表示或用文字表述，且只能用专业术语或记分法表示商品质量的高低，不能用准确的数字来表示，是一种定性的方法，结果只能用专业术语或记分法表示商品质量的高低。三是检验结果易带有主观片面性，常受检验人员知识、技术水平、工作经验、感官的敏锐程度等因素的影响。为提高感官检验结果的准确性，保证感官检验法的检验结果尽量客观、公正并有较高的检验条件（如房间位置、空间大小、座位舒适度、温度、湿度、灯光 气流、声音等），评价员、检验时间，以及被检样品等也必须符合要求。

二、理化检验

（一）理化检验的含义

理化检验是在实验室的一定环境条件下，利用各种仪器、器具和试剂为手段，运用物理、化学及生物学的方法来测试商品质量的方法。

（二）理化检验的类型

1. 物理检验法

物理检验法是检验者利用各种物理仪器或器械，测定商品的物理量及其在光、电、力、声、热作用下所表现出的物理特性，并判定商品品质或性能的方法。它可分以下几类：

（1）度量衡检验法。度量衡检验法是利用量具、量仪、天平、称等度量衡器具检验商品的长度、细度、体积、单位体积或容晕的重量等来判断商品质量的检验方法。粮食、水果、蔬菜、蛋类、烟草、棉花、羊毛、猪鬃等商品的度量衡指标都与其质量有直接关系。

（2）机械性能检验法。机械性能检验法是用拉力试验机、硬度机等机械仪器测定商品的机械性能的检验方法。常用的质量指标有抗拉强度、抗压强度、抗冲击强度、硬度、韧性、弹性等。钢材、水泥、纺织品等商品的质量与其机械性能密切相关。机械性能检验法是判断许多工业品和材料品质优次必须采用的检验方法。

（3）光学检验法。光学检验法是利用各种光学仪器（光学显微镜、折光仪、旋光仪等），检验商品的物理性质、成分或品质缺陷的检验方法。眼镜的光学性能、植物油脂的折光度、蔗糖的旋光度、鸡蛋等的检验等都与光学相关。

（4）热学检验法。热学检验法是通过对商品加热或降温，根据商品是否发生损毁、性能变化情况或物态发生变化时的温度等热学性质判断商品质量的方法。质量指标有商品的熔点、凝固点、导热性、耐热性和耐热急变性等。建筑材料、金属制品、保温瓶胆、水杯、玻璃制品等的热学性质与其质量密切相关。

（5）电学检验法。电学检验法是利用电学仪器鉴定商品的电学性质，如电压、电容、电阻、导电性、绝缘性、电击等。各种家电、仪器设备、电讯器材、塑料制品的电学指标是其质量高低的重要标志。

2. 化学检验法

化学检验法是用化学试剂和仪器对商品的化学成分及其含量进行测定，进而判定商品是否合格的方法。有化学分析法与仪器分析法两种。

（1）化学分析法。根据在分析过程中，试样和试剂发生的化学反应结果，检验商品的化学组成及其各成分的相对含量的一种方法。包括了重量分析法：根据生成物的重量与样品重量求出被测成分的含量；容量分析法：是在被测定成分溶液中，滴加一种已知准确浓度的试剂（标准溶液），根据他们反应完全时所消耗标准溶液的体积计算出被测成分的含量。气体分析法：是用适当的吸收剂吸收试样（混合气体）的被测成分，从气体体积的变化来确定被测成分的含量。

（2）仪器分析法。凡使用仪器设备对某一试样进行定性、定量分析、结构分析等都属于其范围。例如利用质谱仪器分析各种元素的同位素并测量其质量及百分含量。

3. 微生物学检验法

（1）微生物学检验法。微生物学检验法用于检验食品、动植物及其制品，以及包装容器中存在的微生物种类和数量。微生物学检验法是判断商品卫生质量的重要手段。细菌指标是商品（尤其是食品、药品、化妆品）卫生质量的重要内容，一般包括细菌总数、大肠菌群和致病菌。

在对外贸易中，应检查贸易合同及贸易双方国家公布的检疫对象，即被法令限制的微生物，从而保证进出口商品无危害人畜健康和农业生产的微生物。

（2）生理学检验法。生理学检验法是通过测量商品（主要是食品）的可消化率、发热量，判断其质量（如食品的营养价值）的检验方法。测定食品的可消化和可吸收性的方法是生理学检验法的重要内容。生理学检验法一般用兔、鼠等动物进行试验。

（三）理化检验的优缺点

1. 优点

一是检验结果精确，可用数字定量表示；二是检验的结果客观，不受检验人员的主观意志的影响；三是能深入地分析商品成分内部结构和性质。

2. 缺点

一是需要一定仪器设备和场所，成本较高，要求条件严格；二是往往需要破坏一定数量的商品，消耗一定数量的试剂，费用较大；三是检验需要的时间较长；四是要求检验人员具备扎实的基础理论知识和熟练的操作技术。因此理化检验法在商业企业直接采用较少，多作为感官检验的补充检验，或委托专门的检验机构进行理化检验。

三、通过商品防伪技术检验商品质量

检验商品品质需采用的检验方法因商品种类不同而异，有的商品采用感官检验法即可评价品质，有的商品既需采用感官检验法，也采用理化检验法，检验同一商品的同一品质指标，又往往有数种不同方法，或可采用数种不同的仪器；有的商品可以通过其包装或商品体上所使用的防伪技术和防伪标志来检验商品质量，做出初步的判定。如阳澄湖螃蟹的防伪技术。

（一）电码电话防伪技术

电码电话防伪由电码防伪标识物系统和电话识别网络系统组成，属于计算机网络防伪技术。电码电话防伪标识是一种在每件商品包装或标签上设置有一个顺序编码和一个随机密码的标识物，具有一次性使用、数码唯一性和保密性的特点。

（二）包装防伪技术

外包装防伪技术采用精美的特殊纸或塑料等材质，经过特殊工艺制成包装盒，难以仿制。如烫金色纸、压纹纸、压花纸、磨砂纸等防伪包装材料。采用内包装防伪技术的内包装容器可选用独特的材料、形状、颜色及隐含的暗记。

（三）印刷防伪技术

如激光全息防伪标识。激光全息防伪标识是采用激光全息摄影技术和全息图的模压技术制造。激光全息照片不但能记取被摄物体表面明暗度，而且能反映各部位相互空间关系。在每一张全息照片上都布满了非常复杂的条纹结构，其条纹的精细度，达到每毫米几千条，即使在相同的条件下也绝对拍不出有相同结构的全息照片来。如果再应用编码技术，就更能保证一张全息图成为一种绝对不可假冒的标识。

（四）油墨防伪技术

油墨防伪技术属于材料化学防伪技术，系利用化学物质在光、电、水、热、磁等特定条件下所产生的特殊化学现象来判别商品标识或包装的真伪。防伪油墨是在油墨连结料中加入特殊性能的防伪材料，经特殊工艺加上而成的特种印刷油墨。使用简单、成本低、隐蔽性好、色彩鲜艳、检验方便（甚至手温可改变颜色）。

（五）新型防伪技术

如智能卡防伪技术，也称 IC 卡或集成电路卡，是将具有存储、加密及数据处理能力的集成电路芯片模块封装在与卡尺寸大小相同的塑料片基中。IC 卡容量大，读写区间可任意选择，抗磁、抗静电、抗射线等能力很强，信息保存时间达 10～100 年，开始用于贵重商品的防伪。

第四节　商品品级

一、商品品级的概念

商品品级是对同一品种商品按其达到质量指标的程度所确定的等级。它是表示商品质量高低优劣的等级，也是表示商品在某种条件下用途大小的标志，是商品鉴定的重要内容之一。它是相对的、有条件的，有时会因不同时期、不同地区、不同使用条件及不同个性而产生不同的质量等级和市场需求。

划分和确定商品品级的过程叫商品分级，是根据商品的质量标准和实际质量检验结果，将同种商品划分为若干等级的工作。商品等级按一定的质量指标进行划分。商品品种不同，其分级的质量指标也不同。对每种商品每一等级的具体要求和分级方法，通常在商品标准中部有规定。商品分级是商品检验的目的之一和最后一个步骤。

商品分级的作用如下：

（1）有利于促进生产部门加强管理，提高生产技术水平、管理水平和产品质量。

（2）有利于限制劣质产品进入流通领域。

（3）有利于商业部门按质定价、优质优价的政策，便于消费者选购商品，维护消费者利益。

（4）有利于工商行政监督部门、质检部门和物价部门进行管理和监督，促进经济健康发展。

二、商品品级的表示方法

商品品级通常用等或级的顺序来表示。如一等（级）、二等（级）、三等（级），或甲等（级）、乙等（级）、丙等（级），也有用合格品、残次品或正品、副品或颜色（如布匹）或图形（如瓷器、冰箱）来表示的。在我国，根据国家《工业产品质量分等导则》有关规定，按照工业品的实物质量原则和国际先进水平、国际一般水平和国内一般水平三个档次，把工业品相应划分为优等品、一等品、合格品和不合格品四个等级。而食品特别是农副产品、土特产等多为四个等级，最多达到六七个等级，如茶叶、棉花、卷烟等。

1. 优等品

优等品是指商品的质量标准必须达到国际先进水平，且实物质量水平与国外同类产品相比达到近五年内的先进水平。

2. 一等品

一等品指商品的质量标准必须达到国际一般水平，且实物质量水平达到国际同类产品的一般水平。

3. 合格品

合格品指按照我国一般水平标准（国家标准、行业标准、地方标准或企业标准）组织生产，实物质量水平必须达到相应标准的要求。

4. 不合格品

不合格品指按照我国一般水平标准组织生产，实物质量水平未达到相应标准的要求。

商品质量等级的评定，主要依据商品的标准和实物质量指标的检测结果，由行业归口部门统一负责。优等品和一等品等级的确认，须有国家级检测中心、行业专职检验机构或受国家、行业委托的检验机构出具的实物质量水平的检验证明。合格品由企业检验判定。

三、商品品级的划分方法

商品质量分级的方法很多，一般有百分法、限定记分法和限定缺陷法三种。

（一）百分法

将商品各项质量指标规定为一定的分数，重要指标占高分，次要指标占低分。如果各项指标都符合标准要求，则打满分 100 分，某项指标欠缺则在该项中相应扣分。如果某项质量指标不符合商品标准的要求，就要相应减分，直接影响到总分下降。最后按总分达到的等级分数线划分等级。分数总和越高，等级也越高。该方法适用于在横向比较商品质量时，在食品的评级中被广泛使用，日用工业品中的打火机、收音机、电视机等也采用该种方法。

表 7-1　百分法在酒类产品评级中的应用

品种	颜色	气味	口味	风格	特殊
白酒	10 分	25 分	50 分	15 分	
啤酒	10 分	20 分	50 分		泡沫 20 分
葡萄酒	20 分	30 分	40 分	10 分	
香槟酒	15 分	20 分	40 分	10 分	气泡 15 分

（二）限定记分法

限定记分法是将商品的各种质量缺陷（即质量指标达不到质量标准要求的疵点）和各

项要求列出，根据各缺陷的重要性分别规定一定分数，由缺陷分数的总和及其所在的等级分数线来确定商品的等级。缺陷趋多，总分越高，品级越低。此种方法不是平均地看待每项缺陷，而是根据缺陷造成的质量问题的主次进行加权分配，做到轻重缺陷一起计分，有利于检验。限定记分法在国际成品交易中经常使用，多用于日用工业品、纺织品等商品的品级划分。

（三）限定缺陷法

该法是在商品可能产生的质量缺陷（疵点）范围内，规定各类商品每个等级所限定质量缺陷的种类、数量和程度，商品的缺陷累计超过规定数量，或缺陷的大小、位置超过标准规定者，视为不合格；而缺陷不足限定数量者视为合格。如全胶鞋，可能产生质量有 13 项，其中鞋面起皱或麻点这个缺陷，一级品限定"稍有"，二级品限定"有"；鞋面沙眼这个缺陷，一级品限定"无"，二级品限定其砂眼直径不得超过 1.5mm，深度不得超过鞋面厚度，而且低筒鞋限两处、套筒鞋限四处，同时不得集中于鞋的下部，在弯曲处不许有；还有其他许多缺陷限制。此外，在 13 项指标中，如果一级品超过四项不符合要求者，降为二级品；二级品超过六项不符合要求者，则降为不合格品。限定缺陷法适用于鞋类（如胶鞋）、一些日用工业品（如玻璃制品、搪瓷制品、陶瓷制品）和某些文化用品（如纸张）等商品的品级划分。无论采用哪一种商品品级的划分方法，凡达不到等级的，均应划为等外品或废品。

第五节　外贸商品检验

一、外贸商品检验的概念及作用

（一）含义

外贸商品检验是指在国际贸易活动中，对买卖双方成交的商品交由商品检验检疫机构对商品的质量、数量、重量、包装、安全、卫生、装运条件等进行检验，并对涉及人、动物、植物的传染病、病虫害、疫情等进行检疫的工作。

（二）作用

（1）促进提高出口产品质量及其在国际市场上的竞争能力，维护国家经济利益和对外信誉，保证质量、规格、包装、数量、重量符合买卖合同和有关标准要求。

（2）对进口商品的质量、规格、包装、数量、重量按照合同和有关标准规定严格检验，把好进口商品质量关，保障国内生产安全与人民身体健康，维护国家对外贸易的合法权益。

（3）是国家维护根本经济权益与安全的重要的技术贸易壁垒措施，以及保证一国对外贸易顺利进行和持续发展的需要。

（4）为买卖双方交接货物、货款结算、通关计税和索赔理赔提供了依据。

二、外贸商品检验的基本程序

（一）受理报检

商检机构在对每一批出口商品进行检验之前，都必须首先受理报检。报检和商检机构受理报检，是检验工作的起始程序。商检机构应当在规定的期限内检验完毕，并出具检验证单。商检机构对于违反《商检法》和其他法律、行政法规规定，对实施法定检验的出口货物故意漏报或逃避检验的违法行为，应依法给予违法行为人以批评教育或者罚款，直至通过司法机关追究其法律责任。

（二）抽样制样

检验机构接受报检以后，须及时派人到货物堆放地点进行现场检验鉴定。现场检验一般采用国际贸易中普遍使用的抽样法。抽检即抽样检验，是指从待检批的货物中抽取一些商品进行检验，并用检验的结果对全批的商品进行判断，确定其是否符合合同、信用证和有关国家技术规范、标准的规定。

（三）检验鉴定

对进出口商品进行检验鉴定的方法，一般包括感官检验、仪器分析、物理检验、化学检验、生物检验等。采用感官检验方法进行检验的项目有商品的规格型号、等级、标牌、色泽、气味、音质、外观质量等检验；采用仪器分析方法进行检验的项目有家用电器的性能、汽车轮胎的抗磨度等检测；采用物理检验方法进行检验的项目有商品力学性能、电器安全性能等检测；采用化学检验方法进行检验的项目有商品成分及其含量的定性分析和定量分析；采用生物检验方法进行检验的项目有食品的微生物学检验和生物试验等。

（四）签证放行

商检机构在对出口商品实施法定检验以后，对检验合格的商品，由检验检疫机构签发《检验证书》，或在《出口货物报关单》上加盖检验印章。经检验不合格的，由检验检疫机构签发《不合格通知单》。

对于进口商品，经检验后签发《入境货物通关单》进行通关。由收、用货单位自行验收的商品，如发现问题，应及时向检验检疫机构申请复验。如果复验不合格，检验机构签发检验证书，以供对外索赔。

三、外贸商品检验的内容

（一）品质检验

品质检验是指商检机构对进出口商品的外观、化学成分、物理性能等进行检验，以判断卖方交货的品质是否符合合同规定。品质检验一般要借助于仪器检验和感观检验这两种方法，仪器检验是利用各种有关仪器和机械对商品进行物理检验、化学分析和微生物检验等，而感观检验则是通过检验人员的耳、鼻、眼、口、手对商品进行鉴定。

（二）数量（重量）检验

商品数量（重量）检验是指商检机构使用合同规定的计量单位和计量方法对商品的数量（重量）进行鉴定，以确定卖方是否按照合同规定的数量（重量）向买方提交了货物。因各种检验商品数量（重量）的方法都有一定的局限性，所以实际业务中允许卖方交货数量（重量）与合同规定有一定的合理误差。

商品数量（重量）是买卖双方成交商品的基本计量和计价单位，直接关系着双方的经济利益，也是对外贸易中最敏感而且容易引起争议的因素之一。它们包括了商品个数、件数、双数、打数、令数、长度、面积、体积、容积和重量等。

（三）包装检验

包装检验指商检机构对商品包装的牢固性和完整性进行检验，以判断其是否适合商品的性质和特点，是否适应货物流转过程中的装卸、搬运，包装方法及包装材料（包括内包装和衬垫物料或填充物料）是否符合买卖合同及其他有关规定。

包装的检验中，除了检查商品包装上所印刷的唛头、批号、毛（净）重、规格、产地、装卸运输标志等与有关要求相符外，还要对它进行内外包装的质量检验，如包装材料、容器结构、造型和装潢等对商品贮存、运输、销售的适宜性，包装体的完好程度，包装标志的正确性和清晰度，包装防护措施的牢固度等。

（四）卫生检验

这是各国的商检机构对进出口贸易中与人类生命健康密切相关的肉、蛋、奶制品及水果等商品都必须进行的一种检验，对在检验中检出细菌或寄生虫的产品，一律不准出口和进口。

根据《中华人民共和国食品安全法》规定：国家出入境检验检疫部门对进出口食品安全实施监督管理。进口的食品、食品添加剂、食品相关产品应当符合我国食品安全国家标准。进口尚无食品安全国家标准的食品，由境外出口商、境外生产企业或者其委托的进口商向国务院卫生行政部门提交所执行的相关国家（地区）标准或者国际标准。国务院卫生行政部门对相关标准进行审查，认为符合食品安全要求的，决定暂予适用，并及时制定相应的食品安全国家标准。

（五）动植物检疫

动植物检疫是为防止动物传染病、寄生虫病和植物危险性病、虫、杂草以及其他有害生物（以下简称病虫害）传入、传出国境，保护农、林、牧、渔业生产和人体健康进行的检验工作。例如：猪、牛、羊等肉类的检验检疫，进口花卉等植物的病虫害检验，禽流感等畜禽疫病的诊断防治等。

根据《中华人民共和国进出境动植物检疫法》规定：输入动物、动物产品、植物种子、种苗及其他繁殖材料的，必须事先提出申请，办理检疫审批手续。国外发生重大动植物疫情并可能传入中国时，国务院应当采取紧急预防措施，必要时可以下令禁止来自动植物疫区的运输工具进境或者封锁有关口岸。

（六）残损检验

这是商检机构对发生残损问题的进口商品所进行的一种比较特殊的检验。商品的残损主要指商品的残破、短缺、生锈、发霉、虫蛀、油浸、变质、受潮、水渍、腐败等情况。进口商品的残损检验主要要对受损货物的残损部分予以鉴定，分析致残原因及残损对商品使用价值的影响，估定损失程度，并出具证明，作为向有关方面索赔的依据。在进口商品残损检验中，商检机构的检验依据主要包括发票、装箱单、保险单、重量单、提单、商务记录及外轮理货报告等有效单证或资料。

四、外贸商品检验的依据

（一）出入境检验检疫的依据

1. 法律依据

法律依据主要包括由全国人大及其常委会制定的用以调整出入境检验检疫工作的法律。这些法律有《中华人民共和国进出口商品检验法》《中华人民共和国国境卫生检疫法》《中华人民共和国进出境动植物检疫法》《中华人民共和国食品安全法》《中华人民共和国食品卫生法》《中华人民共和国刑法》等。这些法律是出入境检验检疫机构从事检验检疫工作的法律依据，其他检验检疫依据都不能与之相违背。

2. 行政法规依据

行政法规依据主要包括由国务院通过的调整出入境检验检疫工作的行政法规及法规性文件。这些行政法规有《中华人民共和国进出口商品检验法实施条例》《中华人民共和国国境卫生检疫法实施细则》《中华人民共和国进出境动植物检疫法实施条例》等。

3. 规章依据

规章依据主要是指由国家出入境检验检疫局和农业部、卫生部，以及原国家商检局根据法律行政法规制定的调整进出口商品检验、国境卫生检疫、进出境动植物检疫工作的规章。这些规章在出入境检验检疫工作中是运用最广泛的。

4. 地方性法规、规章依据

地方性法规规章依据主要是指有立法权的地方人大和政府在不与法律行政法规相抵触的前提下制定的在本辖区内实施的调整出入境检验检疫工作的地方性法规和规章。

5. 国际条约、国际惯例和贸易合同依据

我国参加制定的有关出入境检验检疫的国际条约也是检验检疫机构检验检疫的依据，但我国声明保留的条款除外；在国际交往中经过许多国家长期反复实践后逐渐形成并为各国所接受并承认法律效力的有关出入境检验检疫的行为规则，也是检验检疫的依据；国际贸易双方签订的贸易合同约定的检验检疫条款在不违反法律和社会公共利益的前提下也可以作为检验检疫的依据。

（二）出入境检验检疫的依据间关系

在进行商品检验时主要是以买卖合同中约定的检验标准和国家的法律、法规所规定的强制性的检验标准为依据。

（1）法律、法规规定有强制性检验标准，或其他必须执行的检验标准的，按规定的标准实施检验。

（2）法律、法规没有规定的，按对外贸易合同约定的检验标准检验；凭样品成交的，应当按照样品检验。

（3）法律、法规规定的强制性检验标准，低于合同约定的标准，按约定的检验标准实施检验。

（4）法律、法规未规定有强制性检验标准，对外贸易合同也没有约定检验标准或约定不明确的，按照生产国标准、有关国际标准或者国家商检机构指定的标准检验。

五、外贸商品检验的时间和地点

（一）在出口国检验

1. 在产地（工厂）检验

如果采用这种做法，则货物在产地启运或工厂出厂前，就要由产地或工厂的检验部门，有时还要会同买方的验收人员对货物进行检验和验收，并由买卖双方在合同中约定的检验机构出具检验证书，作为卖方交货的品质、数量（重量）等方面状况的最后依据。卖方对货物承担的责任只限于货物启运或出厂之前，而对日后货物在流转过程中可能发生的一切问题不承担任何责任。在国际贸易，特别是大型机械设备的交易中经常采用这种规定方法，于设备发运前在生产厂家进行设备的安装测试，一旦发现问题，就要由供货商立即解决。

2. 在装运港（地）检验

在国际贸易实践中习惯将这种规定商检时间和地点的方法称为"离岸品质和离岸重量"。它是指买卖双方在合同中规定，货物在装运港或装运地装运前，由双方约定的商检机构对商品的品质和重量进行检验并出具相应的检验证书，作为判断卖方所交货物的品质和重量与合同规定是否相符的最后依据。

（二）在进口国检验

1. 在目的港（地）检验

在国际贸易业务中习惯将这种规定检验时间和地点的方法称为"到岸品质和到岸重量"。它是指买卖双方在合同中约定，在货到目的港（地）卸货后，由双方在合同中约定的目的港（地）商检机构对货物的品质、重量（数量）、包装等进行检验并出具相应的检验证书，作为判断货物品质和重量是否符合合同规定的最后依据。在这种做法下，买方有权凭上述检验证书就到货品质或重量或其他方面的问题，向卖方提出索赔或按双方事先的约定处理。

2. 在进口方营业处所或最终用户所在地检验

国际贸易中有些货物使用的是密封包装，在目的港（地）不便拆开，或需要一定的检验条件和设备才能对货物进行检验。在这种情况下，显然无法在进口目的港（地）卸货后对货物进行检验。为此，可由合同规定的检验机构在进口方营业处所或最终用户所在地对这类货物进行检验，并以该机构出具的检验证书作为判断卖方交货品质、数量（重量）等是否符合合同规定的最终依据。

（三）出口国检验，进口国复验

这是国际贸易中规定检验时间和检验地点最常见的方法。按照这种规定方法，卖方在发运货物时，要委托合同约定的、装运港（地）的商检机构对货物进行检验并出具检验证书，作为向当地银行议付货款的单据之一，但并不作为卖方交货品质和数量（重量）的最后依据。待货到目的港（地）后，再由双方约定的、目的港（地）的商检机构对货物进行复验，如果发现货物的品质或数量（重量）与合同不符，并经分析证明确属卖方责任时，买方就可以凭复验证书向卖方提出异议。这种规定方式对买卖双方都比较公平合理，在国际贸易中被广泛采用，我国进出口业务中也多用此种规定方式来约定检验地点和检验时间。

（四）装运港（地）检验重量，目的港（地）检验品质

这种规定方法经常出现在大宗商品的交易中。为调和买卖双方在商品检验时间与地点问题上的矛盾，有时在合同中规定在出口国对货物的重量进行检验，而在进口国对货物的品质进行检验，称"离岸重量和到岸品质"。在采用这种做法时，装运港商检机构验货后出具的重量检验证书是判断卖方交货重量是否符合合同规定的最后依据，而目的港商检机构验货后出具的品质检验证书是判断卖方交货品质是否合乎合同规定的最后依据。若货到目的港（地）后，经检验发现由于卖方责任致使货物品质与合同规定不符，则买方可凭检验证书向卖方索赔；但若是货物重量出现不符，则买方不得向卖方提出异议。

六、外贸商品检验的机构

（一）国际上的检验检疫机构

1. 官方检验机构

其职能是按国家有关法律规定对出入境货物实施强制性检验、检疫和监督管理，如美国食品药物管理局（FDA）、日本通商省检验所。

2. 半官方检验机构

其职能是在国家政府授权范围内，代表政府行使某项检验或某一方面的检验管理工作，如美国担保人实验室（UL）。

3. 非官方检验机构

这是指私人创办的、具有专业检验、鉴定技术能力的公证行或检验公司，如瑞士日内瓦通用鉴定公司（SGS）、英国劳埃氏公证行（Lloyd's Surveyor）。

（二）我国商检机构

1. 我国官方商检机构概况

新中国成立后，我国进出口商品的检验工作一般主要是由中华人民共和国进出口商品检验局及其在各省、自治区、直辖市及进出口口岸、进出口商品集散地设立的分支机构来承担。与此同时，各专业部门的检验机构也根据专业特点和国家安排分别承担有关进出口商品的专业检验工作。这些机构主要包括农业部的中华人民共和国动植物检疫所及其所属各省、自治区、直辖市和陆海、空港口的检疫局；交通部的中华人民共和国船舶检验局和各地的分局；卫生部的中华人民共和国卫生检疫所、中华人民共和国药品检验所、食品卫生检验所等。1980年，为适应改革开放后我国对外贸易迅速发展的需要，我国成立了中国进出口商品检验总公司，并在各省、自治区、直辖市开办了分公司，以非官方机构的身份，独立开展进出口商品的检验、鉴定业务，签发相应的证书，并对进出口双方当事人提供有关商品检验的咨询服务。

1998年7月，为改变过去我国进出口商品检验工作由多家机构承担的状况，原国家商检局、原卫生部卫生检疫局、原农业部动植物检疫局共同组建了"中华人民共和国出入境检验检疫局"，简称"国家出入境检验检疫局"或"中国出入境检验检疫局"，对我国出入境商品检验进行统一管理。

2001年4月，为符合WTO对商品检验与质量监督的要求，也为了使我国的商品检验和技术认证与监督制度与国际接轨，国务院决定将国家出入境检验检疫局与国家质量技术监督局合并，成立中华人民共和国国家质量监督检验检疫总局，主管全国的质量、计量、出入境商品检验、出入境卫生检疫、出入境动植物检疫和认证、认可、标准化等工作，并行使行政执法职能。

2018年3月，根据国务院机构改革方案，将国家质量监督检验检疫总局的职责整合，组建中华人民共和国国家市场监督管理总局；将国家质量监督检验检疫总局的出入境检验检疫管理职责和队伍划入海关总署。2018 年 4 月 20 日起，该出入境检验检疫系统将统一以海关名义对外开展工作，一线旅检、查验和窗口岗位均要统一上岗、统一着海关制服、统一佩戴关衔。

2. 我国官方商检机构的工作职责

（1）法定检验

法定检验是根据国家法律、法规，对指定的重要进出口商品执行强制性检验，非经检验合格不许出口或进口，以维护国家的信誉和利益。

法定检验的范围包括以下方面：列入《出入境检验检疫机构实施检验检疫的进出境商品目录》（以下简称"《法检目录》"）的进出口商品；国家食品卫生法规定的出口食品的卫生检验；出口危险货物包装容器的性能鉴定和使用鉴定；装运出口易腐烂变质食品，冷冻品的船舱，集装箱等运输工具的适载检验；有关国际条约规定须经商检机构检验的进出口商品；其他法律，法规规定须经商检机构检验的进出口商品。

《法检目录》是检验检疫机构对进出境货物实施检验检疫监管的重要依据，由海关总署实施动态管理。其调整往往建立在产品风险分析、宏观质量监测的基础上，对于事关国门生物安全、生态环境安全和人民健康安全的进出境商品调入，实施严格检验检疫；将行业水平较高、产品质量稳定、长期监管无质量问题的进出境商品调出，在风险可控的基础上进一步便利通关。2021 年 6 月 1 日，海关总署发布 2021 年第 39 号公告，取消 234 个海关商品编码的进口法定检验；新增 24 个海关商品编码的出口法定检验。

①进口商品法定检验

a. 列入现行《出入境检验检疫机构实施检验检疫的进出境商品目录》规定的进口商品；

b. 有关国际条约、协议规定须经商检机构检验的进口商品；

c. 有关其他法律、行政法规规定须经商检机构检验的进口商品。

②出口商品法定检验

a. 列入现行《出入境检验检疫机构实施检验检疫的进出境商品目录》规定的出口商品；

b. 出口食品的卫生检验；

c. 贸易性出口动物产品的检疫；

d. 出口危险物品和《种类表》内商品包装容器的性能检验和使用鉴定；

e. 装运易腐烂变质食品出口的船舱和集装箱等运载工具的适载检验；

f. 有关国际条约、协议规定须经商检机构检验的出口商品；

g. 有关其他法律、行政法规规定须经商检机构检验的进口商品。

（2）鉴定检验

与法定检验性质不同，鉴定检验不是强制性检验。凭对外贸易关系人（进出口商、承运部门、保险公司等）的申请办理。

其工作范围和内容十分广泛，包括运用各种技术手段和经验、检验、鉴定各种进出口商品的品质、数量、质量、积载、残损、载损、海损等实际情况和使用价值，以及商品的运载工具、装卸等事实状态和其他有关业务是否符合合同、标准和国际条约的规定，以及国际惯例的要求，进而做出检验、鉴定结果与结论。提供有关数据，签发检验、鉴定证书或其他有关证明。

（3）监督管理

检验检疫机构依据国家法规对进出口商品通过行政和技术手段进行控制管理和监督。

监督管理工作范围如下：对法定检验范围之外的进出口商品的抽查检验；对重点的进出口商品生产企业派驻质量监督员制度；对进出口商品质量的认证工作，准许认证合格的商品使用质量认证标志；指定、认可符合条件的国外检验机构承担额定的检验鉴定工作，并对其检验鉴定工作进行监督抽查；对重点的进出口商品及其生产企业实行质量许可制度。

抽查检验是法定检验的重要补充。根据《进出口商品抽查检验管理办法》规定，抽查检验重点是涉及安全、卫生、环境保护，国内外消费者投诉较多，退货数量较大，发生过较大质量事故以及国内外有新的特殊技术要求的进出口商品。海关总署统一管理全国进出口商品的抽查检验工作，确定、调整和公布实施抽查检验的进出口商品的种类。主管海关负责管理和组织实施所辖地区的进出口商品抽查检验工作。

表7-2　海关总署开展法定检验商品以外进出口商品抽查检验的商品范围

抽检年份	进口商品	出口商品
2019年	文具用品、太阳伞、婴童纺织用品（手套、袜子、布鞋、围巾、围兜、围嘴、隔尿垫、床上用品等）、童装、太阳镜、保健枕、保健垫。	节日灯串、电动剃须刀、电热水龙头、吹风机、器具开关、电烤锅（电烤炉、空气炸锅等）、LED照明光源、仿真饰品、儿童滑板车、电动童车、毛绒玩具、儿童自行车。
2020年	童装、文具、领带、丝巾、围巾、坐便器、洗碗机、空气净化器、打印机、电热水器、微型计算机、电视机、监视器、垃圾食物处理机、电磁灶、机动车喇叭、机动车回复反射器、机动车制动软管、汽车内饰件、染料、颜料、着色料等。	仿真饰品、儿童自行车、儿童滑板车、电动童车、毛绒玩具、电热水龙头等。
2021年	洗碗机、空气净化器、电子坐便器、食物垃圾处理器、电磁炉、打印机、文具、仿真饰品、汽车内饰件、服装、头盔、儿童安全座椅，纸或纸板制的盘、碟、盆、杯及类似品等。	节日灯串、LED照明光源、儿童自行车、儿童滑板车、电动童车、玩具、塑料食品接触产品等。

3. 中国检验认证（集团）有限公司（CCIC）

中国检验认证集团（中检集团、CCIC）在原中国进出口商品检验总公司基础上改制重组、是经国家质量监督检验检疫总局（AQSIQ）许可、国家认证认可监督管理委员会（CNCA）资质认定、中国合格评定国家认可委员会（CNAS）认可，以"检验、鉴定、认证、测试"为主业的独立第三方检验认证机构，创建于1980年。在40年的发展历程中，CCIC始终致力于"质量、安全、健康、环保"领域，已成为在国际上享有盛誉、在中国最具影响力的综合性、跨国检验认证机构。

CCIC的服务对象包括企业、机构、政府及个人，服务范围涵盖石油、化矿、农产品、工业品、消费品、食品、汽车、建筑，以及物流、零售等重要行业。目前，CCIC在30多个国家（地区）的主要口岸和货物集散地设有机构，近2万名员工和数百家实验室，为10万余家国内外客户提供"一揽子"解决方案和"一站式"、"本地化"综合质量服务。

七、外贸商品检验证书

（一）检验证书的含义和种类

检验机构对进出口商品检验、鉴定后所出具的证明文件称为检验证书。目前，我国商检机构签发的检验检疫证书主要有以下几种。

1. 品质检验证书（Inspection Certificate of Quality）

证明进出口商品质量规格的证明文件，具体证明进出口商品的质量、规格是否符合买卖合同或有关规定。

2. 重量或数量检验证书（Inspection Certificate of Weight or Quantity）

证明进出口商品重量或数量的证件。其内容为何物经何种计重方法或计量单位得出的实际重量或数量，以证明有关商品的重量或数量是否符合买卖合同的规定。

3. 包装检验证书（Inspection Certificate of Packing）

用于证明进出口商品包装情况的证书。进出口商品包装检验，一般列入品质检验证书或重量（数量）检验证书中证明，但也可根据需要单独出具包装检验证书。

4. 兽医检验证书（Veterinary Inspection Certificate）

证明出口动物产品经过检疫合格的证件，适用于冻畜肉、冻禽、禽畜肉、罐头、冻兔、皮张、毛类绒类、猪鬃、肠衣等出口商品。凡加上卫生检验内容的，称为兽医卫生检验证书。

5. 卫生检验证书（Inspection Certificate of Sanitary）

又称健康检验证书（Certificate of Health），是证明可供人类食用或使用的出口动物产品、食品经过卫生检验或检疫合格的证件。其适用于肠衣、罐头、冻鱼、冻虾、食品、蛋品乳制品、蜂蜜等。

6. 温度检验证书（Inspection Certificate of Temperature）

证明出口冷冻商品温度的证书。如国外仅需要证明货物温度，不一定要单独的温度证书，可将测温结果列入品质证书。

7. 消毒检验证书（Inspection of Disinfection）

证明出口动物产品经过消毒处理，保证卫生安全的证件。其适用于猪鬃、马尾、皮张、山羊毛、人发等商品。其证明内容也可在品质检验书中附带。

8. 熏蒸证书（Inspection Certificate of Fumigation）

证明出口量谷、油籽、豆类皮张等商品，以及包装用木材与植物性填充物等已经经过熏蒸灭虫的证件。其主要证明使用的药物熏蒸的时间等情况。如国外不需要单独出证，可将其内容列入品质检验证书中。

在国际贸易实际业务中，买卖双方应根据成交货物的种类、性质、有关国家的法律和行政法规、政府的涉外经济贸易政策和贸易习惯等来确定卖方应提供何种检验证书，并在买卖合同中予以明确规定。

（二）商品检验证书的作用

（1）商检证书是买卖双方结算的依据。

（2）商检证书是计算运费、仓储等费用的依据。

（3）商检证书是办理索赔的依据。

（4）商检证书是计算关税的依据。

（5）商检证书可作为报关验放的有效证件。

（6）商检证书可作为证明情况、明确责任的证件。

（7）商检证书可作为仲裁、诉讼举证的有效文件。

八、外贸商品检验条款

（一）外贸商品检验条款的内容

对外贸易合同中，有关进出口商品检验的条款是十分重要的，它关系到贸易的成败和经济得失。出口商品能否顺利地交货履约，进口商品能否保证符合订货的质量要求，以及发生问题时能否对外索赔挽回损失，都同合同的商品检验条款密切相关。

进出口业务中，在签订对外贸易合同时，必须十分重视订好合同中的商品检验条款。合同中的商品检验条款，一般分为品质数量条款和检验索赔条款两个方面。

品质数量条款包括进出口商品品质、规格、等级、包装、数量和重量等具体要求，各种商品、各个合同往往都不一样。品质数量条款是评定进出口商品是否合格的重要的检验依据。有的商品应订明有关的检验标准或抽样、检验方法，有的商品甚至还要规定使用的检测仪器设备，防止使用不同的标准，不同的抽样、检验方法，或使用不同精度的检测仪器设备，得出不同的检验结果而引起争议。

检验索赔条款是有关检验交货和复验索赔的条款，包括发货人的检验机构、检验时间、检验地点，收货人的复验、复验机构、索赔期限、检验费用，以及仲裁等条款。这些条款一般称基本条款，各种商品、各个合同往往在基本原则一致的基础上，签订基本相同的条款。

（二）订立进出口商品检验条款的注意事项

一是商检条款应与买卖合同的其他条款相互衔接，防止顾此失彼，出现脱节，互相矛盾。二是所订条款应明确、具体，不能含糊其辞，所用词语既要防止绝对化，又要防止笼统化。三是双方应当本着实事求是、利益兼顾的态度，商定检验机构、检验的时间和地点、检验方法、抽样方法、检验费用负担等问题。四是订立在进口国复验条款时，复验期限要根据检验的难易程度、港口拥挤情况及港口装卸能力而定，复验机构应当是双方认可的商检机构并将复验费用明确下来。

九、跨境电商商品检验

当前，跨境电子商务逐渐成为我国进出口贸易的新兴增长点。纵观各国各地区跨境电子商务发展，通关仍是影响跨境贸易便利化的最大壁垒，尤其是通关过程中的检验检疫监管环节。为了应对贸易方式变化，防范质量安全风险与国外疫情疫病，《国务院办公厅关于促进跨境电子商务健康快速发展的指导意见》（国办发〔2015〕46号）中对通过跨境电子商务进口商品的检验检疫监管政策措施进行了明确规定。要完善检验检疫监管政策措施。对跨境电子商务进出口商品实施集中申报、集中查验、集中放行等便利措施。加强跨境电子商务质量安全监管，对跨境电子商务经营主体及商品实施备案管理制度，突出经营企业质量安全主体责任，开展商品质量安全风险监管。进境商品应当符合我国法律法规和标准要求，对违反生物安全和其他相关规定的行为要依法查处。2017年，国家质量监督检验检疫总局发布了《质检总局关于跨境电商零售进出口检验检疫信息化管理系统数据接入规范的公告》（2017年第42号），该系统涉及众多跨境电商交易主体，包括电商企业、电商平台、物流企业及支付企业等，涉及经营主体备案、商品备案等八大类业务单证信息，有了数据的接入，更多的数据样本，就能对跨境电商大数据进行分析，更好地对跨境电商检验检疫工作的开展作出指导。

现存跨境贸易电子商务的具体形式主要有两种：一是集货模式，也叫"直邮进口"模式、B2C模式。是指境内消费者通过跨境贸易试点单位电子商务平台购买的进口食品化妆品，自境外通过空运快件、邮件、海运包裹等方式直接送达境内消费者的贸易行为。该模式对于跨境电商的产品检验监管主要按照个人自用物品进行，关注有无疫情疫病和有害生物。二是备货模式，也叫"网购保税进口"形式、B2B2C模式。是指境内消费者通过跨境贸易试点单位电子商务平台购买的进口商品，入境后暂存于特殊监管区域内，最后以个人自用物品申报进口，以包裹形式通过"跨境贸易电子商务物流中心"，送达境内消费者的贸易行为。该模式下商品品质风险介于快件和一般贸易之间，缺乏配套法律法规制度的支持。因此，我国大部分跨境电子商务试验区货物检验检疫通关仍使用传统进出口贸易监管方法，或是探索性地出台各具特色的做法。主要包括：建立跨境电子商务企业和产品备案管理制度，完善跨境电子商务产品申报和放行制度，开展跨境电子商务信息化平台管理，实施以"负面清单"为主的跨境电子商务食品分类管理，强化跨境电子商务产品质量安全风险监控和监督抽查管理等等。

目前，对跨境电商的监管仍在过渡期，中国国家质检总局工作主要放在风险监测上，并实时发布警告给消费者提示。2015年，质检总局对通过跨境电商渠道进口的儿童消费品，包括玩具、服装、纸尿裤、餐厨具、湿巾等，进行了质量抽查，总计抽样654批，检出品质不合格217批，不合格率为33%。2016年跨境电商零售进口食品、化妆品监测的不合格率为4.6%。

2015年8月，中国国家质检总局决定在中国第一个跨境电商综试区所在地杭州设立跨境电子商务检验检疫产品质量安全风险国家监测中心（下称国家监测中心），并在中国13个跨境电商综试区设立风险监测分中心，探索跨境电商"互联网+风险监测"的检验检疫监管新模式。风险监测数据中心初步建成并落地运行，全面收集业务数据、风险通报、投诉举报、用户评价、舆情信息等。目前，国家检测中心已利用信息化手段搭建了9大系统，涉及信息采集处理、数据分析评估、安全质量监测、投诉举报受理、违法案件取证、质量安全追溯、信息发布展示、公共门户网站和指挥调度协调等功能。2017年，国家监测中心还将对接主要跨境电商平台15个，国内外主要网络站点100个，真正形成跨境电子商务大数据中心，全面覆盖中国跨境电商的风险监测工作。

除了政府推动的跨境电商检验检疫监管系统，不少跨境电商企业也在摸索检验模式。跨境电商平台已成为年轻消费者们连接世界的窗口，随着进口消费需求增长，正品保障是平台和品牌的生命线。2020年3月，考拉海购发起成立品质联盟，当天举办了"云发布会"。联盟将推动进口商品质量标准建立，为消费者、商家和供应商提供专业的正品及品质鉴定能力。"考拉海购品质联盟"成员包括杭州海关技术中心、中国消费品质量安全促进会，以及浙江省检科院、SGS集团、TüV莱茵、Intertek天祥、中检电商中心等25家权威质检机构。

由于各国商品采用标准不同，跨境电商零售进口商品面临着标准不统一的问题，在消费者有鉴定需求时，却找不到权威鉴定机构。考拉海购品质联盟的成立，就是为解决这些行业痛点。未来，联盟将组织制订跨境商品国别化的行业技术标准体系；完善平台入驻中产品质量相关规则，推进平台产品的认证及采信；此外，联盟还会为政策制订提供决策参考。在品质联盟输出的能力基础上，考拉海购还与权威检测机构共建了时尚类商品鉴定中心、化妆品成分检测实验室，为消费者提供日常质量鉴定服务。

思考题：

1. 简述商品抽样的方法。

2. 简述商品检验的方法。

3. 简述外贸商品检验的主要内容。

4. 简述外贸商品检验时间和地点的安排有哪些类型。

5. 简述订立进出口商品检验条款的注意事项。

第八章　商品包装

学习目标

1. 了解商品包装的类型和基本作用
2. 熟悉各类包装材料的特点
3. 掌握外贸运输包装的种类、标志和要求
4. 掌握外贸销售包装的种类、标志和要求
5. 熟悉外贸合同中的包装条款的内容并掌握注意事项

导 例

进出口商品包装不合格，涉及数量和重量不符、外观标识不合格、危包使用不合格等问题。相关企业应把好出入境货物质量关。

2015年，黄骅港检验检疫局在对一批德国进口钢板实施现场查验过程中，检验检疫部门发现这批货物的木质托盘包装未加施IPPC（国际植物保护公约）标识，不符合进境木质包装的相关要求。针对这一情况，检验人员及时向企业出具了检疫处理通知书，并对该批木质包装进行了销毁处理。木质包装原材料来源于树木，容易传带植物有害生物，造成远距离跨境传播和扩散，威胁进口国的植物生长和生态安全。因此，国家质检总局等部门曾明确要求，进境货物木质包装应加施IPPC专用标志。

2016年，北京出入境检验检疫局（以下简称"北京国检局"）在首都机场口岸查验时发现，一批产自俄罗斯的油漆未按照相关要求使用危险品包装，国检人员遂依法要求其实施整改合格后，方可调离口岸。该批货物总重量为740千克。国检人员现场查验发现，该批货物提供的《进口危险化学品经营企业符合性声明》声明货物UN编号为3082，但货物包装表面注明货物UN编号却为1263，为第三类易燃液体。按照联合国《关于危险货物运输的建议书规章范本》以及我国国家标准的要求需要使用危险品包装。实际到货油漆包装为钢桶，并且钢桶包装上没有危险货物包装的相应UN标记，表明该批货物没有按照相关法律法规使用危险品包装。目前，按照相关管理规定的要求，国检人员要求收货人对货物包装实施整改，包装整改合格后方能调离口岸，避免相关安全事故的发生。

危险品具有易燃、易爆、腐蚀性等危害特性，其运输要求非常严格，必须使用经过性能鉴定和使用鉴定的危险品包装盛装危险化学品，从而在储存和运输过程中起到应有的防护作用。自2012年危险化学品依法在口岸开验以后，北京国检局始终以包装符合性核查

为抓手，切实排查安全风险，确保口岸危险化学品操作安全。对于此次所查获的包装不合格现象所暴露出的出口国对于危险品包装把关不严的情况，北京国检局将积极配合有关部门开展调查，防止系统性危险的发生。

第一节　商品包装的含义、功能及分类

一、商品包装的含义

（一）商品包装的概念

1. 概念

根据 GB/T 4122.1—2008《包装术语第 1 部分：基础》，包装是指为在流通中保护商品，方便储运，促进销售，按一定技术方法而采用的容器、材料及辅助物等的总体名称。也指为了达到上述目的而采用容器、材料和辅助物的过程中施加一定技术方法等的操作活动。

2. 包装四要素

任何一个商品包装，都是采用一定的包装材料，通过一定的技术方法制造的，都具有各自独特的结构、造型和外观装潢。包装材料、包装结构造型、包装技法和装潢是构成包装的四大要素。

包装材料是包装的物质基础，是包装功能的物质承担者；包装所采用的技术是包装实现保护功能、保证商品质量的关键；包装的造型、结构是包装材料和包装技术的具体形式；包装装潢是通过对图案、色彩、商标、商品条码和文字等进行整体设计进而美化、宣传、介绍商品，是方便商品流通的主要手段。

（二）包装的重要性和约定包装条件的意义

商品种类繁多，性质特点和形状各异，因而它们对包装的要求也各不相同，除少数商品难以包装、不值得包装或根本没有包装的必要而采取裸装或散装的主式外，其他绝大多数商品都需要有适当的包装。

商品包装是商品生产的继续，凡需要包装的商品，只有通过包装，才算完成生产过程，商品才能进入流通领域和消费领域，才能实现商品的使用价值和价值。这是因为，包装是保护商品在流通过程中完好和数量完整的重要措施，有些商品甚至根本离不开包装，它与包装成为不可分割的统一整体。经过适当包装的商品，不仅便于运输、装卸、搬运、储存、保管、清点、陈列和携带，还防丢失或被盗，为各方面提供了便利。

在当前国际市场竞争十分激烈的情况上，许多国家都把改进包装作为加强对外销售的重要手段之一，因为良好的包装，不仅可以保护商品，而且还能宣传美化商品，提高商品身价，吸引顾客，扩大销路，增加售价，并在一定程度上显示出口国家的科学、文化、艺术水平。鉴于包装如此重要，所以生产企业和销售部应共同搞好包装工作，使我国出口商品的包装符合科学、经济、牢固、美观、适销和创汇的要求。

此外，在国际货物买卖中，包装说明是货物的重要组成部分，包装条件是买卖合同中的一项主要条件，按照某些国家的法律规定，如卖方交付的货物未按规定的条件包装，或者货物的包装与行业习惯不符，买方有权拒收货物；如果货物另按约定的方式包装，但却与其他货物混杂在一起，买方可以拒收违反约定包装的那部分货物，甚至可以拒收整批货物。由此或见，搞好包装工作和按约定的条件包装，具有重要的意义。

二、商品包装的功能

（一）保护功能

这是商品包装最原始、最基本、最首要的功能。商品从生产者到消费者，要经历运输、保管、装卸、储存、销售、分发使用等环节，由于物理机械性因素、气候环境性因素、生物性因素、社会性因素等影响，它们对产品的性能、成分、结构都可能造成不同程度的危害，轻则降低商品质量，影响使用效能，重则使商品严重破坏、变质，失去使用价值。科学合理的包装，能使商品抵抗各种外界因素的破坏，从而保护商品的性能，保证商品质量和数量的完好。

（二）便利功能

1. 方便生产

合理包装能够节省人的体力消耗；对于大批量生产的产品，应适宜进行流水线生产，有利于机械作业。

2. 方便储运

将商品按一定的数量、形状、规格、大小及不同的容器进行包装，而且在商品包装外面印上各种标志，有利于运输工具的方便装卸，便于堆码，达到减少损失、提高运输能力和经济效益的目的。

3. 方便陈列与展销

通过对商品包装结构造型、装潢设计等方面进行设计，能比较合理地利用物流空间。这也是促销的重要手段。

4. 方便选购

包装既是无声的推销员，也是一种广告工具，是传达商品信息的重要媒介。它担负着传达商品牌号、性质、成分、容量、使用方法、生产单位等职能，起着方便消费和指导消费的作用。

5. 方便携带和使用

商品包装通过附有说明或通过设计方便消费的结构与形式，以简明扼要的语言或图示向消费者传递使用某产品的方法及注意事项等。

6. 方便回收与废弃处理

方便回收是指部分包装具有重复使用的功能。通过采用可回收或可降解的包装材料在保护商品的同时,达到节省成本、保护环境及节省资源的效果。

(三) 促销功能

精美的商品包装可起到美化商品、宣传商品和促进销售的作用。包装既能提高商品的市场竞争力,又能以其新颖独特的艺术魅力吸引顾客、指导消费,成为促进消费者购买的主导因素,是商品的无声推销员。

(四) 节约功能

商品包装与生产成本密切相关。合理的包装可以使零散的商品以一定数量的形式集成一体,从而大大提高装载容量并方便装卸运输,可以节省运输费、仓储费等费用支出。有的包装还可以多次回收利用,节约包装材料及包装容器的生产,有利于降低成本,提高经济效益。

三、商品包装的分类

(一) 按商品包装所处领域、所起作用分类

按商品包装所处领域、所起作用的不同,分做运输包装(也可称为大包装、外包装)和销售包装(也可称为小包装、个包装)。

(1) 运输包装是以运输储存为目的的包装。它具有保障产品的安全,方便储运装卸,加速交接、点验等作用。

(2) 销售包装是以销售为目的,与内装物一起到达消费者手中的包装。它具有保护、美化、宣传产品,促进销售的作用。

(二) 按商品包装所用材料分类

按商品包装所用材料的不同分为纸制包装、木制包装、金属包装、塑料包装、玻璃与陶瓷包装、纤维制品包装、复合材料包装。

1. 纸质包装

纸和纸板在包装行业的应用历史悠久。纸制包装是以纸与纸板为原料制成的包装。它包括纸箱、瓦楞纸箱、纸盒、纸袋、纸管、纸桶、包装用纸等。纸制包装适用于百货、纺织、五金、电讯器材、食品、医药等商品。

据世界包装组织(WPO)统计,全球纸浆总产量中的60%用于包装。发达国家的纸浆生产集中在少数大公司。其中,北美的纸包装行业发展尤为成熟,2017年占比其包装市场总规模的59%。根据国际瓦楞纸箱协会ICCA统计,2015年世界瓦楞纸箱产量与销量亚洲地区占比最大,达到51.2%,其次分别为欧洲、北美、中美及南美、非洲及大洋洲

地区。

2. 木质包装

木制包装是以木材、木材制品和人造板材（如胶合板、纤维板等）制成的包装。主要有木箱、木桶、胶合板箱、纤维板箱和桶、木制托盘等。木制包装适用于大型或重量大的机电产品以及怕摔、怕压的仪器、仪表等商品。现在主要用于装运时制作外包装木箱。

常见的木质包装多用于运输包装。从成本上看，与塑料托盘等产品相比，用于进出口的托盘和木箱等木质包装是最终用户的一种经济高效的选择；从性能上看，木质包装产品具有 100% 可回收、可自然吸收细菌，有助于保护产品免受交叉污染等优势；技术发展趋势上看，近年来，木质包装制造商正在推出可堆叠托盘、小型木托盘、应用于自动化供应链的智能托盘和木箱等。通过在设计和尺寸方面的创新，进一步引导市场对木质包装的需求。凭借这些优势，木质包装市场有望在预测期内跟随国际贸易的发展大幅增长。据预测，在 2019~2023 的预测期内，全球的木质包装市场将保持 4% 的年增长率。

3. 金属包装

金属包装是指以黑铁皮、白铁皮、马口铁、铝箔、铝合金等金属材料制造的各种包装。主要有金属桶、金属盒、马口铁及铝罐头盒、油罐、钢瓶等。金属包装广泛用于食品、石油化工产品等液体、粉状、糊状商品以及贵重商品。

2019 年金属包装市场价值为 1381.1 亿美元，预计到 2025 年将达到 1932.4 亿美元，在 2020~2025 年的预测期内复合年均增长率为 4%。美国和欧洲对铝罐等金属包装产品的需求一直较高。金属包装的可回收性是预测期内推动全球金属包装市场的重要因素之一。由于具有优越的回收基础设施，以及优秀的耐用性和高阻隔性，铝和钢包装材料是最为热门的包装原材料之一。而由于绿色环保意识的增强，在许多情况下，绿色环保的金属包装材料对于该地区的消费者在选择产品时更增添了一份吸引力。此外，在新型冠状病毒肺炎疫情爆发之后，欧洲金属包装协会（MPE）及欧洲的硬质金属包装生产商均认识到金属包装行业是确保关键货物流通不间断的关键。考虑到北美地区的疫情发展情况，金属包装在未来几年预计会有额外的发展空间。

4. 塑料包装

塑料包装是指以人工合成树脂为主要原料的高分子材料制成的包装，其形状有箱、桶、盒、瓶、罐、薄膜袋、捆扎带、缓冲包装等。塑料包装适用于纺织、五金交电、食品、医药等商品。塑料包装具有重量轻、耐用性好、可塑性强、价格较低等优势，因而在食品饮料、个人和家庭护理、消费电子、医疗保健、工农业包装等领域广泛应用。塑料的多样性及可塑性令塑料材料及其复合材料在日化产品包装中的应用范围越来越大，成为日渐流行的包装物料，市场需求大幅增长。2017 年全球塑料包装市场规模为 1979.8 亿美元。

2015 年全球销售的包装高达 4 万亿件。塑料是包装最常用的材料，占到全部包装材料的 50%。其中绝大部分，约 60% 为软塑包装，其需求主要来自食品业。软塑包装占比塑料包装材料使用量的 60%，且大部分用于食品工业。

此外，塑料包装的第二大类（占 40%）就是硬塑包装。此类包装的最重要买家就是饮料业。这其中，PET 多年来一直占据饮料包装的头把交椅。全球对软饮料，尤其是瓶装水的日益增长需求将会造成今后数年间对 PET 包装需求的不断增长。另外一个增长因素就是玻璃正被硬塑容器不断取代。

5. 玻璃包装

玻璃与陶瓷包装是指以硅酸盐材料玻璃与陶瓷制成的包装。这类包装主要有玻璃瓶、玻璃罐、陶瓷罐、陶瓷瓶、陶瓷坛、陶瓷缸等。这类材料制成的包装隔离性好、耐腐蚀，缺点是容易破碎。主要用作食品、化妆品、化工品的包装。

玻璃器皿行业集中度不高，世界上有超过一百家制造商，高端产品主要来自美国和西欧。全球巨型制造商主要分布在美国和欧盟。除亚太地区外，主要消费市场位于欧美等发达国家。欧洲的市场份额为 30.76%，其次是北美，2017 年为 24.73%。2018 年全球玻璃器皿市场总值达到了 294.6 亿元，预计 2025 年可以增长到 319.3 亿元。

6. 其他包装

纤维制品包装是指以棉、麻、丝、毛等天然纤维和以人造纤维、合成纤维的织品制成的包装。主要有麻袋、布袋、编织袋等。

复合材料包装是指以两种或两种以上材料粘合制成的包装，亦称为复合包装。常见的有纸与塑料、塑料与铝箔和纸、塑料与铝箔、塑料与木材、塑料与玻璃等材料制成的包装。复合包装综合利用材料性能，可制成柔性良好又可保证内容物性能的钦性包装，广泛用于食品、化妆品等范围，是一种新型的包装产品。

（三）按对商品包装质量的要求分类

按对商品包装质量的不同要求分为内销商品包装、外销商品包装、特殊商品包装等。

（1）内销包装是供商品在国内销售时使用的包装，具有简单、经济、实用的特点。

（2）外销包装又称出口商品包装，是专供出口商品使用的包装，其保护性、装饰性、竞争性要求较高。

（3）特殊商品包装一般是指对文物、精密仪器、贵重设备、工艺美术品以及军需品等进行的包装。

（四）按包装层次分类

按包装层次分为小包装、中包装和外包装。

（1）小包装又称个体包装，是直接用来包装商品的包装。它通常与商品形成一体，在销售中直接到达用户手中。因此，小包装都属于销售包装，如卷烟盒、墨水瓶、罐头听、化妆品瓶等。由于个体包装要到达最终用户手中，通常在个体包装上部贴或印有商标、成分、使用说明、保管方法以及厂家名称等，以便用户选择，正确使用。个体包装对商品有着重要的美化、宣传、保护和促销的作用。

（2）中包装是介于外包装和小包装之间的包装，由若干个个体包装构成并包装在一起而成。中包装在销售过程中可以一起售出，也可以拆开成个体包装出售。

（3）外包装是指商品最外层的包装，其主要作用是在流通过程中保护商品，方便储存、运输和装卸。外包装都是运输包装。

（五）按商品包装所采用防护技术分类

按商品包装所采用防护技术的不同分为防潮包装、防震包装、防盗包装 防锈包装、防霉包装、防虫包装、防染包装、防伪包装、集合包装、防尘包装、真空包装、条形包装、贴体包装、泡罩包装、无菌包装、充气包装、保鲜包装、速冻包装、隔热包装、收缩包装等。

此外，我们还可以根据商品包装使用周期、包装软硬程度、商品包装内容物等对商品包装进行分类。

第二节　商品包装材料

一、包装材料的概念

包装材料是指用于制造包装容器和包装运输、包装装潢、包装印刷等有关材料和包装辅助材料的总称。包装材料既包括纸、金属、塑料、玻璃、陶瓷、竹木与野生藤类、天然纤维与化学纤维、复合材料等，又包括缓冲材料、涂料、黏合剂、装潢与印刷材料和其他辅助材料等。

包装材料可以从不同角度进行分类。按材料的来源可分为天然包装材料和加工包装材料两类；按材料的软硬性质可分为硬包装材料、半硬包装材料、软包装材料三类；而常用的分类方法是按材质分，即木材、纸与纸板、塑料、玻璃与陶瓷、复合材料和其他材料。

二、包装材料的性能

包装材料的性能涉及许多方面。从现代商品包装具有的使用价值来看，包装材料应具有以下几个方面的性能：

1. 保护性能

保护性能主要指保护内装物，防止其变质，保证其质量。对此应研究包装材料的机械强度、防潮防水性、耐腐蚀性、耐热耐寒性、透光性、透气性、防紫外线穿透性、耐油性、适应气温变化性、无毒、无异味等。

2. 加工操作性能

加工操作性能主要指易加工、易包装、易充填、易封合、效率高而适应自动包装机械操作。对此，应研究包装材料的刚性、挺性、光滑度、易开口性、切削钉着性、可塑性、可焊性、可锻性、可黏（缝）性、可涂覆印刷性、防静电性等。

3. 外观装饰性能

外观装饰性能主要指材料的形、色、纹理的美观性，能产生陈列效果，提高商品身价和激发消费者购买欲。对此，应研究包装材料的透明度、表面光泽、印刷适应性，不因带电而吸尘等。

4. 方便使用性能

方便使用性能主要指便于开启包装和取出内装物，便于再封闭。对此，应研究包装材料的开启性能、不易破裂等。

5. 节省费用性能

节省费用性能主要指经济合理地使用包装材料。对此，要研究节省包装材料费用、包装机械设备费用、劳动费用、包装效率、自身重量等。

6. 易处理性能

易处理性能主要指包装材料要有利于环保，有利于节省资源。对此，要研究回收、复用再生等。

包装材料的有用性能，一方面来自材料本身的特性，另一方面还来自各种材料的加工技术。随着科学技术的发展，新材料、新技术的不断出现，包装材料满足商品包装的有用性能在不断地完善。

三、包装材料的选用

选择包装材料应当同时兼顾到以下三个方面：它必须保证被包装的产品在经过流通和销售的各个环节之后，最终能质量完好地到达消费者手中；它必须满足包装成本方面的要求，经济可行；它必须兼顾到生产厂家、运输销售部门和消费者的经济利益，使得三方面都能接受。

（一）包装材料与包装物的相互对等性

包装物的种类、韧性及价格的不同，所采用的包装材料有很大的区别。

贵重的包装物（如精密仪器、高档电器、照相器材、金银首饰等）一般选用性能良好的高档包装材料。主要考虑使包装物得到完好的保护，以确保流通时的安全，至于包装材料费和作业费就是次要问题了。

一般包装物只要根据其种类、大小和重量，着眼于降低包装材料费和包装作业费，方便开箱作业来选用适当的包装规格和包装材料。

日用品和盥洗用品多数属于低档商品，应当注意尽量降低包装材料费、包装作业费和运输费用，使消费者感到经济实用、货真价实。由于要通过市场零售，要设法在外包装上体现出装潢功能和货架陈列功能。为满足特定消费群体的需求，应有一些高档商品，它们的功能与低档商品没有很大差别，却给消费者明显不同的印象，即在单体包装、内包装和外包装的材质与印刷质量方面力求豪华，所采用的包装容器要有厚实感，给人以高级商品的感觉，不必计较包装成本。总之，在包装材料和印刷造型方面，满足不同层次消费者的心理要求是第一位的。

（二）包装材料与包装类别、单元的协调性

单体性、内包装与外包装，对于包装物所起的保护作用是各不相同的。某种包装材料应用于哪一方面才能充分发挥其包装功能，必须认真加以探讨。

单体包装所使用的材料直接与包装物相接触，所以，对单体包装的材料而言，必须能起到保护包装物质量的作用；常采用的是软包装材料，如塑料薄膜、纸、箔材、布，以及复合材料；在选用材料时，如果单层材料能够满足需要，就使用单层材料；如果单层材料不能满足要求，就采用多层复合材料。内包装位于单体包装与外包装之间，具有装潢与缓冲双重功能；主要采用纸板、加工纸等材料；要求适于装潢印刷，表面有光泽，易于机械加工、填装方便、易于封缄等。外包装是包装最外层的包装，除了要求有装潢与缓冲作用外，还要能承受运输过程中发生的冲击、撕裂等；常采用硬性包装材料，如瓦楞纸板、塑料、胶合板等。

包装单元由包装物的特性、运输条件、销售的要求等因素决定。常见的三种单元是：以重量为单元的包装、以价格为单元的包装和集合包装。以重量为单元的包装，如工业药品、化肥、粮食、食品等，一般要求包装材料的密度要小，重量要轻；以价格为单元的包装，如服装、玩具、日用品等，一般要求包装材料的费用尽量小。集合包装可以降低流通费用，能使包装负荷均匀化，减少流通过程对包装物的损伤，对内装物和外包装材料的强度要求也可进一步降低。

（三）包装材料与流通条件的适应性

流通条件在很大程度上左右着包装材料的选择，它包括流通环境的气候条件、运输方式、运输范围、流通周期等四个方面。

就气候条件而言，我国从南到北、从温带到寒带，气候变化很大，冬季温差高达30℃以上，湿度相差悬殊。商品流通过程期间对包装材料的选用，要特别注意包装材料的高温、寒冷适应性以及耐湿性。

就运输方式而言，飞机、火车、汽车、船舶运输以及人工挑运等不同的运输方式对包装材料性能要求不同；水上、陆地、空中运输过程中，除温度、湿度相差甚大外，物体的振动情况大不一样。因此选用包装材料既要考虑材料耐温、耐湿性能上又要考虑材料的强度与可塑性等。

就运输范围而言，不同的国家由于其民族的生活习性及宗教信仰不同，商品的包装差异较大；各国有自己的运输和包装法规，如色彩标志、包装材料规格以及检疫法等。因此在选用包装材料时除要考虑地理差别外，还应考虑国情的不同。

就流通周期而言，不同的商品和不同的流通地区，商品的流通周期是各不相同的。选用包装材料要适应预计流通周期的要求，还要注意流通周期是随季节不同而有所改变的

特点。

（四）包装材料应保证包装物能有效保存和促进销售

延长商品的有效保存期，是选择包装材料最重要的目的之一。现代商品的大批量生产，广范围销售与品质的稳定性，都要求延长商品的有效保存期。有的商品的有效保存期与流通期之比为 2∶1，也就是说，商品的有效保存期的一半是消耗在流通过程中，这是为了在流通期间商品不发生变质所必需的。在商品流通过程中，经常会发生气候条件和运输条件的变化，有些地区，老鼠与虫害严重，因此有些包装物（如粮食和食品），应该选用强度和阻隔性能较好的包装材料以防止老鼠与虫害。

在市场竞争激烈的情况下，商品销售的成败，取决于这种商品的包装是否能帮助推销。包装的形态、图案、材料及广告，都是影响商品销售成功与否的因素。从包装材料的选用来说，主要考虑的因素有：材料的颜色、材料的挺度、材料的透明佳、价格等。不同的颜色会使人产生不同的联想：在热带地区，商品包装选用暖色销路很好；在寒冷地区，用蓝色、灰色和绿色包装的商品其销售是成功的。材料的挺度越好，商品的货架陈列效果愈佳，它使顾客看着心里舒畅，无形中会使商品的外观给人以美观大方的感觉；包装材料的透明性可以为商品直接做广告，告诉顾客该产品的形状、颜色等，尤其是一些小商品；材料的价格对包装物的销售影响很大，对于礼品包装，材料价格高、装饰效果好、保护性好是一般人心里所希望的；但对于顾客自用的商品，其包装材料价格愈低愈好，这样顾客才会觉得少花钱多办了事。

第三节　外贸运输包装的要求、种类和标志

一、运输包装的含义

运输包装是指保护商品，防止货物在运输途中出现货损货差，以及便于运输、储存计数和分拨的包装，也称大包装外包装。

二、外贸运输包装的要求

国际贸易中的商品，一般都需要通过长途运输才能到达收货人和消费者手中。为了保证长途运输中的货物不受外界影响和安全到达，国际货物运输包装比国内货物运输包装的要求更高。因此，我们制作出口货物的运输包装时，应当体现下列要求。

（一）必须适应商品的特性

每种产品都有自己的特性，例如，水泥怕潮湿，玻璃、陶瓷制品易破碎，流体货物容易渗漏和流失等，这就要求运输包装相应具有防潮、防震、防漏等性能。

（二） 必须适应各种不同运输方式的要求

不同运输方式对运输包装的要求不同。例如，海运包装要求牢固，并具有防止挤压和碰撞的功能；铁路运输包装要求具有不怕振动的功能；航空运输包装要求轻便且不宜过大。

（三） 必须考虑目标国家的法律规定和客户的要求

各国法律对运输包装的规定不一。例如，美国政府宣布，从 1998 年 12 月 17 日起，凡未经处理的中国木制包装和木制托架，一律不准进境，以免带进天牛而危害美国森林。又如，有些国家禁止使用柳藤、稻草之类的材料做包装用料，恐将病虫害带进去。此外，文字用进口国的官方语言，如客户就运输包装提出某些特定的要求，也应根据需要和可能予以考虑。

（四） 要便于运输物流各环节有关人员进行操作

运输包装在流通过程中需要经过装卸、搬运、储存、保管、清点和查验，为了便于这些环节的有关人员进行操作，包装的设计要合理，包装规格和每件包装的重量与体积要适当，包装方法要科学，包装上的各种标示要符合要求。而这就需要事先运输包装标准化。因为，标准化的运输包装，既易于识别、计量和查验，又便于装卸、搬运和保管。

（五） 运输包装应该注意节约成本

运输包装的大小，都直接关系到费用开支和企业的经济效益因此，在选用包装材料、进行包装设计和打包时，在保证包装牢固的前提下，应注意节约。比如，选用量轻、价廉而又结实的包装材料，有利于降低包装成本和节省运费；包装设计合理，可以避免用料过多或浪费包装容量；包装方法科学，也有利于节省运费，因为轻泡货物按体积收取运费，包装紧密，体积小，可以少付运费。此外，还要考虑进口国家的关税税则。对输往从价征税的国家的出口包装，就不宜采用价格昂贵的包装，以免遭受损失。

（六） 运输包装应符合目标国安全交货的要求

运输包装件应按惯例或买方的要求进行必要的检测，取得检测机构检测报告或书面证明，并在包装容器上标明检验号。必要时应注明产地和生产批次。检测依据的试验大纲应在合同书中确认，或合同书直接规定试验项目和强度。

三、外贸运输包装的种类

（一） 外贸运输包装的分类

1. 按包装方式划分

可分为单件运输包装和集合运输包装。

2. 按包装造型划分

可分为箱、袋、包、桶和捆等不同形状的包装。

3. 按包装材料划分

按包装材料不同，可分为纸制包装、金属包装、木制包装、塑料包装等。

4. 按包装质地划分

有软性包装、半硬性包装和硬性包装。

5. 按包装程度划分

按包装程度不同，可分为全部包装（Full Packed）和局部包装（Parted Packed）。

在国际贸易中，买卖双方究竟采用何种运输包装，应根据商品特性、形状、贸易习惯、货物运输路线的自然条件、运输方式和各种费用大小等因素，在洽商交易时谈妥，并在进出口合同中具体注明。

（二）外贸运输包装的主要类型

1. 瓦楞纸箱（corrugated box）

瓦楞纸箱是采用具有空心结构的瓦楞纸板，经成型加工制成的包装容器。它的应用范围是非常广泛的，几乎涵盖所有的日用消费品，如水果蔬菜、加工食品、针棉织品、玻璃陶瓷、化妆品、医药品等各种用品及自行车、家用电器、精美家具等。由于采用包括单瓦楞、双瓦楞和三瓦楞等各种类型的纸板，大型纸箱所装货物可达3 000千克。从世界各国瓦楞纸箱的发展来看，它已经取代或正在取代传统的木箱包装，这是一种必然趋势。因为瓦楞纸箱较木箱包装优越，更适合物流的需要。

现就运输包装的功能来考察瓦楞纸箱的优缺点。

（1）从保护功能来看，瓦楞纸箱的设计可使它具有足够的强度；富有弹性，具有良好的防震缓冲性能；密封性好，能防尘、确保产品清洁卫生等。

（2）从便利功能来看，瓦楞纸箱便于实现装箱自动化；它本身重量轻，便于装卸堆空箱能折叠，体积能大大缩小，便于储运等。

（3）从传达功能来看，瓦楞纸箱表面光洁，印刷美观，标志明显。

（4）从经济合理功能来看，纸箱本身价格低，加上它体积重量要比木箱要小要轻，有利于节约运费，经废品回收，还可造纸，节约费用。

在瓦楞纸箱的采用过程中，也产生了一些新问题，主要是抗压强度不足和防水性能不好，这两项都会影响瓦楞纸箱的保护功能。

瓦楞纸箱箱型结构，在国际上有两种通用的表示方法：一种是国际纸箱箱型标准；另一种是美日国家标准，我国采用国际标准箱型按照国际纸箱箱型标准，纸箱结构又分为基型和组合型两大类。

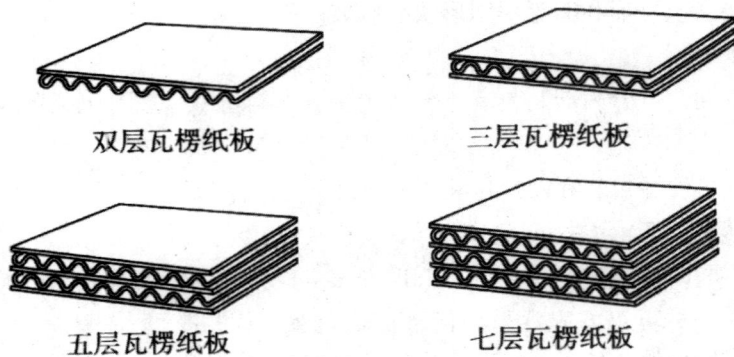

双层瓦楞纸板　　　　三层瓦楞纸板

五层瓦楞纸板　　　　七层瓦楞纸板

图 8-1　多层瓦楞纸板示意图

2. 木箱（wooden case）

木箱作为传统的运输包装容器，虽在很多情况下逐步被瓦楞纸箱所取代，但在某些方面仍有其优越性和不可取代性。加上木箱在目前还比较适合我国包装生产和商品流通条件的现状，所以在整个运输包装容器中仍占有一定的地位。常见的有：

（1）普通木箱

又称钉板箱（小型箱），其内装物质限于 200 kg 以下。它由侧面、端面、底及盖构成。现将端面装在侧面上，然后将底和盖装在侧面和端面上而成。钉板箱简称木箱。各面用木板钉制而成，具有良好的抗破裂及抗穿透性，能经受较大的码垛负荷，尤其在受潮的情况下，不会因强度下降而变形，导致倒垛事故，为内装物提供有效的保护。但是木板的弹性小，缓冲防震性能差，受潮后不易干燥，拼缝留有孔隙而难以密封。

（2）滑木箱（中型箱）

采用滑木结构的底盘，侧面和端面采用箱档制成的木箱。滑木箱属于中型木箱，其内装物质量限于 200~1 500 kg，外尺寸长，宽，高之和限于 7m，宽和高在 1.5m 以下。主要用于机械产品的包装，也可用于小件货物的集装。普通木箱主要以端面和侧面为基础来承载，而滑木箱主要是以底座为基础的木箱，它比普通木箱能承受更大的载荷。因此，适合作为中型产品的外包装用木箱。滑木箱由底座、侧面、端面及顶盖构成，现将侧面和端面安装在底座上，然后将顶盖装在侧面和端面上而成。

（3）框架木箱（大型箱）

侧面和端面采用框架式结构的箱档秘箱板结合，底盘采用滑木结构制成的木箱。它的内装物最大重量和最大外尺寸是根据通常的运输条件确定的。一般来说，框架木箱的外长在 12m 以下，外宽在 3.5m 以下，外高在 3.5m 以下，其内装物重量为 500~20 000 kg。这种木箱主要用来包装大型的机械产品，也可以用来集装小件货物。框架木箱也是由底座、侧面、端面及盖顶构成。使用时，先将内装物牢固地固定在底座上面，再安侧面板和堵头挡板，最后安装顶盖。墙板可根据需要覆盖木板条、胶合板。组装方式分为钉子和螺栓两种，货物轻者采用钉子，货物重者用螺栓，覆盖木板条、胶合板。它与滑木箱在结构上的区别在于，两者都是以底座为基础来载重的，但框架木箱比滑木箱在端面和侧面上还多出框架结构，正是由于这些框架结构，使得框架木箱比滑木箱所能承受载荷要大得多。

（4）花格子木箱

花格木箱简称条板箱。它是用板条做成箱架，成为稀疏的木条箱。它具有成本低、体轻、易看清商品、避免粗暴装卸等特点，适于装易碎商品。

（5）木撑合板箱

木撑合板箱的各面是由撑框结构钉以胶合板而构成，它与钉板箱的承载能力基本相同，但这种板箱有比钉板箱轻、木撑结构易于搬运、便于印刷、节省木材等优点。然而其耐穿佳差，强度低，箱体尺寸不宜过大。

3. 塑料周转箱

（1）含义和特点

塑料周装箱，顾名思义它的材质是塑料的，但是并不是普通的塑料，是一种高强度的塑料。它的用途非常广泛，可以装各种零部件并且堆放非常整齐，不管是生活领域还是生产领域都得到了广泛的应用。塑料周转箱是一种可以重复使用的临时包装容器，它在商品流通过程中起着临时性的运输包装作用。这种包装形式常用于啤酒、糕点等商品的流通周转中。一般情况下，在商品销售完毕后，商品生产厂家须将周转箱收回并再次使用。

应当指出的是，周转箱的制造通常是采用注射成型的，因而其侧壁上应当尽可能地避免侧孔与侧凹，并应当设置 5°～10° 的脱模斜度，由于其底部常呈一个大平面，因此应当适当地设置防变形结构；有时，为了减轻整个周转箱的重量，可以将箱壁及箱底设计成栅格状。

塑料物流箱具备美观轻巧、色泽鲜艳、刷洗方便、清洁卫生、坚固耐用、叠装运输、组合设计、操作简便的特点。包装箱式周转箱既可用于周转又可用于成品出货包装，轻巧、耐用，并可多箱重叠，有效利用厂房空间，增大零部件储存量，节约生产成本。不足之处是不宜在阳光下暴晒、密封性差、承载强度有限等。可根据用户需求订做各种规格、尺寸，铝合金包边，可加盖，防尘，外形美观大方。

（2）塑料物流箱的分类

①普通型可堆式周转箱，此类型物流箱是最为普遍的可堆式物流周转箱，无论是有配套箱盖或没有箱盖都不会影响到上下两个箱体或多个箱体的灵活堆叠。

②斜插型周转箱，可配套内凹型外翻箱盖，在箱体堆叠时使用。此类型物流箱的特点是可以在空箱时减少仓储体积，方便物流周转时的来回费用。注意如使用此款物流箱在上下两个箱体或多个箱体堆叠时，必须要配套箱盖同时使用才可实现堆叠。

③套叠型周转箱，在结合了标准物流箱和斜插式物流箱的优点，不仅可以实现灵活的多个箱体堆叠而且不需要其他辅助附件的帮助就可实现空箱的套叠堆放，同样可减少空箱时的仓储体积和物流周转的来回费用。

④折叠型周转箱，在空箱的时候可以减少仓储体积，同时也减少来回的物流费用，物流用的塑料物流箱的规格很多，形状也多样。

4. 集合包装

集合包装（assembly Packaging）是为了适应当前世界运输、装卸工作现代化的要求，将一定数量的商品或包装件装入具有一定规格、强度和长期周转用的更大的包装容器内，形成一个更大的搬运单元，这种包装形式称为集合包装。

集合包装可以实现运输机械化、自动化，减少工人劳动强度；提高了港口装卸速度，可以搞"门对门"运输；保证商品在运输中的安全，减少破损；促进包装标准化，降低运输费用，提高装载率。常见的集合包装有集装箱、集装托盘、集装袋三种。

四、集装箱

（一）集装箱的定义

关于集装箱的定义，历年来国内外专家学者存在一定分歧。现以国际标准化组织（ISO）对集装箱的定义做以下介绍，国际标准化组织（ISO）对集装箱下的定义为："集装箱是一种运输设备，应满足以下要求：具有耐久性，其坚固强度足以反复使用；便于商品运送而专门设计的，在一种或多种运输方式中运输时无需中途换装；设有便于装卸和搬运的装置，特别是便于从一种运输方式转移到另一种运输方式；设计时应注意到便于货物装满或卸空；内容积为1平方米或1平方米以上。"

目前，中国、日本、美国、法国等世界有关国家，都全面地引进了国际标准化组织的定义。除了 ISO 的定义外，还有《集装箱海关公约》《国际集装箱安全公约》英国国家标准和北美太平洋班轮公会等对集装箱下的定义，内容基本上大同小异。在我国国家标准GB1992—1985《集装箱名称术语》中，引用了上述定义。

（二）集装箱的标准

为了有效地开展国际集装箱多式联运，必须强化集装箱标准化，应进一步做好集装箱标准化工作。集装箱标准按使用范围分，有国际标准、国家标准、地区标准和公司标准四种。

1. 国际标准集装箱

根据国际标准化组织（ISO）第104技术委员会制订的国际标准来建造和使用的国际通用的标准集装箱。

集装箱标准化历经了一个发展过程。国际标准化组织 ISO/TC104 技术委员会自1961年成立以来，对集装箱国际标准做过多次补充、增减和修改，现行的国际标准为第1系列共13种，其宽度均一样（2 438 mm）、长度有四种（12 192 mm、9 125 mm、6 058 mm、2 991 mm）、高度有四种（2 896 mm、2 591 mm、2 438 mm、2 438 mm）。

2. 国家标准集装箱

各国政府参照国际标准并考虑本国的具体情况，制订本国的集装箱标准。我国现行国家标准《集装箱外部尺寸和额定重量》（GB 1413—85）中集装箱各种型号的外部尺寸、极限偏差及额定重量。

3. 地区标准集装箱

此类集装箱标准，是由地区组织根据该地区的特殊情况制订的，此类集装箱仅适用于该地区。如根据欧洲国际铁路联盟（VIC）所制订的集装箱标准而建造的集装箱。

4. 公司标准集装箱

某些大型集装箱船公司，根据本公司的具体情况和条件而制订的集装箱船公司标准，这类箱主要在该公司运输范围内使用。如美国海陆公司的 35ft 集装箱。

此外，目前世界还有不少非标准集装箱。如非标准长度集装箱有美国海陆公司的 35ft 集装箱、总统轮船公司的 45ft 及 48ft 集装箱；非标准高度集装箱，主要有 9ft 和 9.5ft 两种高度集装箱；非标准宽度集装箱有 8.2ft 宽度集装箱等。由于经济效益的驱动，目前世界上 20ft 集装箱总重达 24ft 的越来越多，而且普遍受到欢迎。

（三）集装箱的分类

运输货物用的集装箱种类繁多，从运输家用物品的小型折叠式集装箱直到 40 英尺标准集装箱，以及航空集装箱等，不一而足。这里仅介绍在海上运输中常见的国际货运集装箱类型。

1. 按用途分类

（1）通用干货集装箱（Dry Cargo Container）

这种集装箱也称为杂货集装箱，用来运输无需控制温度的杂货。其使用范围极广，据统计，世界集装箱中杂货集装箱占比九成。这种集装箱通常为封闭式，在一端或侧面设有箱门。这种集装箱通常用来装运文化用品、化工用品、电子机械、工艺品、医药、日用品、纺织品及仪器零件等。这是平时最常用的集装箱。不受温度变化影响的各类固体散货、颗粒或粉末状的货物都可以由这种集装箱装运。

（2）保温集装箱（Keep Constant Temperature Container）

它们是为了运输需要冷藏或保温的货物，所有箱壁都采用导热率低的材料隔热而制成的，可分为以下三种：

①冷藏集装箱（Reefer Container）：以运输冷冻食品为主，能保持所定温度的保温集装箱。它专为运输如鱼、肉、新鲜水果、蔬菜等食品而特殊设计的。目前国际上采用的冷藏集装箱基本上有两种：一种是集装箱内带有冷冻机的叫机械式冷藏集装箱；另一种箱内没有冷冻机而只有隔热结构，即在集装箱端壁上设有进气孔和出气孔，箱子装在舱中，由船舶的冷冻装置供应冷气，这种叫做离合式冷藏集装箱（又称外置式或夹箍式冷藏集装箱）。

②隔热集装箱：为载运水果、蔬菜等货物，防止温度上升过大，以保持货物鲜度而具

有充分隔热结构的集装箱。通常用于冰作制冷剂，保温时间为 72 小时左右。

③通风集装箱（Ventilated Container）：为装运水果、蔬菜等不需要冷冻而具有呼吸作用的货物，在端壁和侧壁上设有通风孔的集装箱，如将通风口关闭，同样可以作为杂货集装箱使用。

（3）罐式集装箱（Tank Container）

它是专用以装运酒类、油类（如动植物油）、液体食品以及化学品等液体货物的集装箱。它还可以装运其他液体的危险货物。这种集装箱有单罐和多罐数种，罐体四角由支柱、撑杆构成整体框架。

（4）散货集装箱（Bulk Container）

它是一种密闭式集装箱，有玻璃钢制和钢制的两种。前者由于侧壁强度较大，故一般装载麦芽和化学品等相对密度较大的散货，后者则用于装载相对密度较小的谷物。散货集装箱顶部的装货口应设水密性良好的盖，以防雨水侵入箱内。

（5）台架式集装箱（Platform Based Container）

它是没有箱顶和侧壁，甚至连端壁也去掉而只有底板和四个角柱的集装箱。这种集装箱可以从前后、左右及上方进行装卸作业，适合装载长大件和重货件，如重型机械、钢材、钢管、木材、钢锭等。台架式的集装箱没有水密性，怕水湿的货物不能装运或用帆布遮盖装运。

（6）平台集装箱（Platform Container）

这种集装箱是在台架式集装箱上再简化而只保留底板的一种特殊结构集装箱。平台的长度和宽度与国际标准集装箱的箱底尺寸相同，可使用与其他集装箱相同的紧固件和起吊装置。这一集装箱的采用打破了过去一直认为集装箱必须具有一定容积的概念。

（7）敞顶集装箱（Open Top Container）

这是一种没有刚性箱顶的集装箱，但有由可折叠式或可折式顶梁支撑的帆布、塑料布或涂塑布制成的顶篷，其他构件与通用集装箱类似。这种集装箱适于装载大型货物和重货，如钢铁、木材，特别是像玻璃板等易碎的重货，利用吊车从顶部吊入箱内不易损坏，而且也便于在箱内固定。

（8）汽车集装箱（Car Container）

它是一种运输小型轿车用的专用集装箱，其特点是在简易箱底上装一个钢制框架，通常没有箱壁（包括端壁和侧壁）。这种集装箱分为单层的和双层的两种。因为小轿车的高度为 1.35~1.45 米，如装在 8 英尺（2.438 米）的标准集装箱内，其容积要浪费 2/5 以上。因而出现了双层集装箱。这种双层集装箱的高度有两种：一种为 10.5 英尺（3.2 米），一种为 8.5 英尺高的 2 倍。因此，汽车集装箱一般不是国际标准集装箱。

（9）动物集装箱（Pen Container or Live StockContainer）

这是一种装运鸡、鸭、鹅等活家禽和牛、马、羊、猪等活家畜用的集装箱。为了遮太阳，箱顶采用胶合板露盖，侧面和端面都有用铝丝网制成的窗，以求有良好的通风。侧壁下方设有清扫口和排水口，并配有上下移动的拉门，可把垃圾清扫出去；还装有喂食口。动物集装箱在船上一般应装在甲板上，因为甲板上空气流通，便于清扫和照顾。

（10）服装集装箱（Garment Container）

这种集装箱的特点是，在箱内上侧梁上装有许多根横杆，每根横杆上垂下若干条皮带扣、尼龙带扣或绳索，成衣利用衣架上的钩，直接挂在带扣或绳索上。这种服装装载法属于无包装运输，它不仅节约了包装材料和包装费用，而且减少了人工劳动，提高了服装的运输质量。

2. 按箱体材料分类

（1）钢集装箱

钢集装箱的外板用钢板，结构部件也均采用钢材。这种集装箱的最大优点是强度大、结构牢，焊接性和水密性好，而且价格低廉。但其重量大，易腐蚀生锈，由于自重大，降低了装货量；而且每年一般需要进行两次除锈涂漆，使用期限较短，一般为11~12年。

（2）铝集装箱

通常说的铝集装箱，并不是纯铝制成的，而是各主要部件使用最适量的各种轻铝合金，故又称铝合金集装箱。一般都采用铝镁合金，这种铝合金集装箱的最大优点是重量轻，铝合金的相对密度约为钢的1/3，20英尺的铝集装箱的自重为1 700 kg，比钢集装箱轻20%~25%，故同一尺寸的铝集装箱可以比钢集装箱能装更多的货物。铝集装箱不生锈，外表美观。铝镁合金在大气中自然形成氧化膜，可以防止腐蚀，但遇海水则易受腐蚀，如采用纯铝包层，就能对海水起很好的防蚀作用，最适合于海上运输。铝合金集装箱的弹性好，加外力后容易变形，外力除去后一般就能复原。因此最适合于在有箱格结构的全集装箱船上使用。此外，铝集装箱加工方便，加工费低，一般外表需要涂其他涂料，维修费用低，使用年限长，一般为15~16年。

（3）玻璃钢集装箱

它是用玻璃纤维和合成树脂混合在一起制成薄薄的加强塑料，用黏合剂贴在胶合板的表面上形成玻璃钢板而制成的集装箱。玻璃钢集装箱的特点是强度大、刚性好。玻璃钢的隔热性、防腐性、耐化学性都比较好，能防止箱内产生结露现象，有利于保护箱内货物不遭受湿损。玻璃钢板可以整块制造，防水性好，还容易清洗。此外，这种集装箱还有不生锈、容易着色的优点，故外表美观。由于维修简单，维修费用也低。玻璃钢集装箱的主要缺点是重量较大，与一般钢集装箱相差无几，价格也较高。

（4）不锈钢集装箱

不锈钢是一种新的集装箱材料，它有如下优点：强度大，不生锈，外表美观；在整个使用期内无需进行维修保养，故使用率高，耐蚀性能好。其缺点是：价格高，初始投资大；材料少，大量制造有困难，目前一般都用作罐式集装箱。

3. 按大小分类

我们通常见到的20英尺、40英尺集装箱叫干货集装箱（Dry Cargo Container），也叫杂货集装箱，还有人称其为货柜。这种集装箱用来运输无需控制温度的杂货，使用范围很广，常用的有 20 英尺和 40 英尺两种，还有一种加高了的 40 英尺集装箱也属于干货集装箱。这种集装箱结构特点是常为封闭式。一般在一端或侧面设有箱门，箱内设有一定的加固货物的装置，这种箱子在使用时要求箱内清洁、不渗水、漏水。对装入的货物要求有适当的包装，以便充分利用集装箱的箱容。现在我们来详细介绍一下这三种常用干货集装箱的外尺寸和内容积：

（1）20 英尺集装箱

外尺寸为 6.1M×2.44M×2.59M（20ft×8ft×8ft6in）；内容积为 5.69M×2.13M×2.18M。这种集装箱一般配装重货，配货毛重一般不允许超过 17.5 吨，能容纳货物体积为 24~26 立方米。

（2）40 英尺集装箱

外尺寸为 12.2M×2.44M×2.59M（40ft×8ft×8ft6in）；内容积为 11.8M×2.13M×2.18M。这种集装箱一般配装轻泡货，配货毛重一般不允许超过 22 吨，能容纳货物体积约为 54 立方米。

（3）40 英尺加高集装箱

外尺寸为 12.2M×2.44M×2.9M（40ft×8ft×9ft6in）；内容积为 11.8M×2.13M×2.72M。这种集装箱也配装轻泡货，配货毛重同样不允许超过 22 吨，能容纳货物体积约为 68 立方米。

（四）集装箱的标记

为了便于集装箱在国际运输中的识别、管理和交接，便于单据编制和信息传输，所以国际标准化组织与 1995 年 12 月通过了《集装箱的代号、识别和标记》（ISO 6346—1995），该标准明确地规定了集装箱的内容、标记字体的尺寸、标记的位置等。按此标准，集装箱标记可分为必备标记和自选标记两类，每一类标记中又分识别标记和作业标记。

图 8-2　典型集装箱标记图

1. 必备标记

（1）识别标记

它包括箱主代号、设备识别代号、顺序号及核对数字。

①箱主代号。箱主代号是集装箱所有人向国际集装箱局登记注册的三个大写的拉丁文字母表示，比如中远集团自有箱的箱主代号之一是"COS"。

②设备识别代号。识别代号是紧接着箱主代号的第四位字母，用以表示集装箱的类型，最常见的是"U"，用于表示所有常规的集装箱。另外，"J"表示带有可拆卸的集装箱，"Z"表示集装箱的拖车和底盘车。这与1981年旧标准有所区别，在旧标准中，箱主代号是四位字母组成，箱主代号中即已经包括设备识别代号，而没有所谓的设备识别代号。

③顺序号。又称箱号，由6位阿拉伯字母组成。如有效数字不是6位时，则在有效数字前用"0"被足6位，以区别于同一箱主的集装箱，如"000789"。

④核对数字。核对数字是用来对箱主代号和顺序号记录是否准确的依据。它位于箱号后，以一位阿拉伯数字加一方框表示。

（2）作业标记

它包括以下四个内容：

①额定重量和自定重量标记。额定重量即集装箱总重，自重即集装箱空箱质量（或空箱重量），ISO688规定应以公斤（kg）和磅（lb）同时表示。

②空陆水联运集装箱标记。空陆水联运集装箱指的是可以在飞机、船舶、卡车、火车之间联运的集装箱，装有顶角件和底角件，具有与飞机机舱栓固系统相配合的栓固装置，箱底可全部冲洗并能用滚装装卸系统进行装运。为适用于空运，这种集装箱自重较轻，强度较弱，只能堆码两层，因而国际标准化组织对该集装箱规定了特殊的标志。该标记为黑色，位于侧壁和端壁的左上角，并规定标记的最小尺寸为：高127mm（5 in），长355mm（14 in），字母标记的字体高度至少为76mm（3 in）。在陆地上堆码的时候，只允许在箱上堆码2层，在海上运输的时候，不准在甲板上堆码，在舱内堆码的时候，只能堆装1层。

③登箱顶触电警告标记。凡是装有登箱顶梯子的集装箱，应设有该标记。登箱顶触电警告标记为黄色底各色三角形，一般设在罐式集装箱和位于登顶箱顶的扶梯处，以警告登体者有触电危险。

④超高标记。该标记为在黄色底上标出黑色数字和边框，此标记贴在集装箱每侧的左下角，距箱底约0.6m处，同时该贴在集装箱主要标记的下方。凡高度超过8.5 ft（2.6m）的集装箱应贴上此标记。

2. 自选标记

自选标记同样有识别标记和作业标记之分，新旧标准也存在教大的差异。旧标准中，识别标记包括国家代号、尺寸及类型代号；作业标记包括超高标记与国际集装箱联盟标记。新标准中，识别标记中取消了国家代号，只保留了尺寸与类型代号，分别用两位数字表示；作业标志中超高标记划入到必备标记中，保留了国际集装箱联盟标记，同时还增加了"最大载货重量"标记。

（1）尺寸代号以两个字符表示。

（2）类型代号可反映集装箱的用途和特征。类型代号原用 2 个阿拉伯数字表示，1995年改为用 2 个字符表示。其中第一个字符为拉丁字母，表示集装箱的类型。如 G（General）表示通用集装箱；V（Ventilated）表示通风集装箱；B（Bulk）表示散货集装箱；R（Reefer）表示保温集装箱中的冷藏集装箱；H（Heated）表示集装箱中的隔热集装箱；U（Up）表示敞顶集装箱；P（Platform）表示平台集装箱 T（Tank）表示罐式集装箱；A（Air）表示空陆水联运集装箱；S（Sample）表示以货物命名的集装箱。第二个字符为阿拉伯数字，表示某类型集装箱的特征。如通用集装箱，一端或两端有箱门，类型代表为 G0。

（3）国际铁路联盟标记中方框上部的"i"和"c"表示国际铁路联盟。方框下面数字是各个国际铁路联盟（UIC）成员的代码，例如 81 代表德国，87 代表法国，70 代表英国，33 代表中国等。

3. 通行标记

集装箱在运输过程中能顺利的通过或进入它过境，箱上必须贴有按规定要求的各种通行标志，否则，必须办理繁琐证明手续，延长了集装箱的周转时间。

集装箱上主要的通行标记有；安全合格牌照、集装箱批准牌照、防虫处理板、检验合格徽及国际铁路联盟标记等。

五、托盘

（一）托盘的概述

1. 概念

托盘是指在运输、搬运和储存过程中，将物品规整为货物单元时作为承载面并包括承载面上辅助结构件的装置。托盘现已广泛应用于生产、运输、仓储和流通等领域。

从构造上看，托盘由两层铺板中间夹以纵梁（或垫块）或单层铺板下设纵梁（或垫块、支腿）所组成。

从制作材料看，目前使用的托盘主要由木质、塑料、金属等材料制成。

2. 托盘的优缺点

托盘作为一种集装化运输的工具，具有以下优点：

（1）自重量小，因而用于装卸搬运和运输所消耗的劳动较小，无效运输和无效装卸搬运作业量也都很小。

（2）容易交换使用。托盘造价不高，体积较小，只要组织得当，托盘比较容易在贸易各方之间实现交换使用，因而可以减少空托盘运输。

（3）返空运输比较容易。返空运输时占用运输设备的载运空间也很少。

（4）使用灵活方便，货物装盘卸盘比较容易，适用的作业场合和货物种类也比较广泛。

托盘的主要缺点：对货物的保护性比集装箱差，露天存放困难，需要有仓库和较宽的通道等配套设施。

3. 托盘在现代物流中的作用

（1）利用托盘将若干个零件的单件物品集装成较大规格的装卸搬运单元货件，可以加大每一次货物装卸搬运量，便于实现装卸搬运作业机械化和自动化，提高装卸作业的速度和效率。

（2）利用托盘进行理货和装卸搬运作业，可以提高货物的搬运活性，便于迅速将货物从一种状态转入另一种状态，从一个物流环节转入另一个物流环节，从一种运输方式向另一种运输方式，全面提高物流作业速度。

（3）以托盘为依托，将零散货物集装成一个较大的包装单元，可以简化商品的运输包装，节约包装材料和费用；并且便于货物数量清点及管理，减少货损、货差率。

（4）在仓储过程中利用托盘储存货物，便于货物高层堆码或采用高层货架存放货物，实现立体化储存，可充分利用仓库空间，提高仓库容积利用率，并且便于实现机械化、自动化存取作业。

（二）托盘的类型及应用

1. 平托盘

平托盘是由承载面和一组纵梁相结合构成的平板货盘，其承载面上一般没有辅助结构件，底部设有叉车叉孔，可用于集装物料，可使用叉车或托盘搬运车等进行作业。

（1）平托盘的结构类型

平托盘根据承载面的数量和型式可以分为单面型、单面使用型、双面使用型和翼边型等类型；根据叉车货叉的插入方式可以分为双向进叉型、四向进叉型等类型，由此组合形成平托盘的基本结构类型。

（2）平托盘的材料类型

平托盘根据制造材料的不同，可以分为木制平托盘、塑料平托盘、钢制平托盘、铝合金托盘、复合材料平托盘和纸制托盘等多种类型。其中，木制平托盘是应用最广泛的平托盘。

2. 立柱式托盘

立柱式托盘是指带有用于支撑堆码货物的立柱的托盘。

立柱式托盘的基本结构是在托盘的四个角设置钢制立柱，立柱与托盘之间的连接型式有固定式、折叠式和可拆装式三种型式；有的柱式托盘为了增强立柱的支撑刚度，在立柱之间用横梁相互连结，形成框架式结构。

立柱式托盘的性能特点是：利用立柱可以防止托盘上所放置的货物在运输和装卸等过程中发生坍塌；在托盘货件堆垛存放或运输时，利用立柱支撑上层货物的重量，以防下层货物受压损坏。

3. 箱式托盘

箱式托盘就是在四面装有壁板，构成箱形的托盘。箱式托盘的壁板有整板式、密装板式和格栅式等结构型式，壁板与底座之间的连接形式有固定式、折叠式、可拆卸式三种型式。

4. 轮式托盘

轮式托盘是在立柱式托盘或箱式托盘的基础上，在底部装有小型轮子而构成的一种托盘。

5. 特种货物专用托盘

上述各种托盘，对于一般货物和大多数物流作业场合都可以适用，具有广泛的通用性。对于一些特殊行业和特殊货物，专门设计制造一些特殊的专用托盘。这些托盘结构特殊，形式多样，种类繁多，适用范围较小，但功能专一，使用效率较高，对于特殊货物物流作业具有重要的作用。常见的比较经典的特种货物专用托盘主要有平板玻璃专用托盘、轮胎专用托盘、油桶专用托盘。

（1）平板玻璃专用托盘是专门用于集装大规格平板玻璃的托盘，也称为平板玻璃集装架。平板玻璃专用托盘的结构类型有很多种，常用的有 L 型单面装放平板玻璃的单面进叉式、A 型双面装放平板玻璃的双面进叉式、吊叉结合式以及框架式。

（2）轮胎专用托盘是专门用于装运汽车及工程机械轮胎的托盘，一般采用单层或多层框架式结构，实际上是一种特殊的立柱式托盘。

（3）油桶专用托盘是指专门用于装运油桶等桶类货物的托盘，油桶一般采用卧式摆放和立式摆放两种方式。

六、集装袋

（一）概念

集装袋是指用柔软、可折叠的涂胶布、树脂加工布、交织布，以及其他柔韧材料制成的大容积软性包装容器，主要用来包装粉粒状物料，如谷物、豆类、干货、矿砂、化工产品等。

（二）集装袋包装的优点

集装袋是一种新型包装容器，问世时间虽不长，但发展很快，主要有下列优点：

（1）可大大提高装卸效率。它容量大，装卸快，比常规纸袋包装提高工效十几倍以上。

（2）运输方便。集装袋上有专用吊环，便于起重设备吊运、装料和卸料。

（3）占用空间少。空袋可折叠、体积小，满袋容量大，比小袋包装节省空间。

（4）寿命长，可多次使用。集装袋是由强度很高的材料制成，经久耐用，并能回收再用。

（5）能有效地保护产品。集装袋材料有防雨、不透水性能，填满后置于室外也能防潮。

（6）包装范围大。只要是粉粒状产品，集装袋几乎都能包装。

（三）集装袋的种类

1. 集装袋基本分类

（1）普通型集袋装

一般为 U 型或圆筒型，分涂膜或不涂膜。这种袋制作简单，使用普遍。

（2）隔板袋型集装袋

这种袋能防止装货后出现的袋体鼓肚变形现象，有利于货物的装运，增大装运空间。

（3）防漏型集装袋

这种袋在缝制时加入了防漏材料，主要用于盛装细微粉状物品，能防止盛装物品从缝线处渗出。

（4）透气型集装袋

这种集装袋在织造时，布的经向间隔形成缺经编织，具有良好的散湿性能，能防止盛装物品的霉变。

（5）食品类集装袋

公司在生产这类集装袋时，原料实行单独采购，所有原料均符合食品安全卫生要求，公司有完善的质量安全控制体系，生产产品符合盛装食品的要求。

（6）危包类集装袋

公司具有危险品包装生产许可证，产品性能完全能达到包装危险品的要求。

（7）抗静电类集装袋

将袋体上的静电通过接地或其他手段释放掉，避免静电引发的灰尘积聚或放电爆炸等危险。

以上集装袋均可根据用户要求将顶部设计成敞口、裙口、料口，底部设计成平地或料口，并可配上 PE 内衬袋包括瓶颈式一体化内衬袋。

2. 集装袋其他分类：

（1）按袋子形状分，主要有圆筒形和方形。

（2）按制袋材料分，主要有涂胶布、树脂加工布、交织布、复合材料等集装袋。

（3）按卸料口分，可分有卸料口和无卸料口集装袋两种。

（4）按使用次数分，可分一次性使用和多次性使用集装袋两种。

（5）按装卸方式分，主要有顶部吊装、底部吊装、侧面吊装、铲车式、托盘式等。

（6）按制袋方法分，可分为用黏合剂黏合的和缝制的集装袋两种

七、外贸运输包装标志

（一）运输包装标志的含义

运输包装标志是为了方便货物交接、防止错发、错运、错提货物，方便货物的识别、运输、仓储，以及海关等有关部门依法对货物进行查验等，而在商品的外包装上标明或刷写的标志。

（二）分类

1. 运输标志（Shipping mark）

运输标志即唛头，是国际货物买卖合同及货运单据中有关货物标志事项的基本内容。它一般由一个简单的几何图形和字母、数字及简单的文字等组成，通常印刷在运输包装的明显部位，目的是为了使货物运输途中的有关人员辨认货物，核对单证。其主要内容包括：目的地的名称或代号；收、发货人的代号；件号；批号。此外，有的运输标志还包括原产地、合同号、许可证号和体积与重量等内容。运输标志的内容，繁简不一，由买卖双方根据商品特点和具体要求商定。运输标志包括四项核心内容：

（1）收货人或买方的名称字首或简称。

（2）参照号码，如买卖合同。

（3）货物运送的最终目的地或目的港的名称。

（4）件数号码，本批每件货物的顺序号和该批货物的总件数。

需要指出的是，为了便于刻唛、刷唛、节省时间和费用，以及在制单及其信息传递过程中使用电讯手段，国际标准化组织推荐的标准运输标志不使用几何图形或其他图形。

2. 指示性标志（Indicative mark）

又叫操作标志、注意标志，是根据商品的特性，对一些容易破碎、残损、变质的商品，在搬运装卸操作和存放保管条件方面所提出的要求和注意事项，用图形或文字表示的标志。

3. 警告性标志（Warning mark）

又称危险品标志（Dangerous cargo mark），是指在装有爆炸品、易燃物品、腐蚀物品、氧化剂和放射物质等危险货物的运输包装上用图形或文字表示各种危险品的标志。其作用是警告有关装卸、运输和保管人员按货物特性采取相应措施，以保障人身和物资安全。

4. 重量体积标志

是指在运输包装的体积和毛重，以方便储运过程中安排装卸作业和舱位。

5. 产地标志

商品产地是海关统计和征税的重要依据，由产地证说明，一般商品的内外包装上均注明产地，作为商品说明的一个重要内容。

表 8-1　常用储运图示标志和文字

中文 Chinese	英文 English	法文 French	西班牙文 Spanish	图示标志 Pictorial marking
小心轻放	Handle With Care	Attention	Manejese Con Curdado	
玻璃制品	Glass	Verre	Vidrio	
易碎品	Fragile	Fragile	Fragil	
禁用手钩	Use NO Hand Hooks	Manier Sans Crampons	No Se Usen Gancho	
向上	This Way Up	Cette Face En Hallt	Este Lade Arriba	
怕热	Keep In Cool Place	Garder En Lieu Frais	Manten-Gase En Lugar Fresco	
怕湿	Keep Dry	Proteger Contre Humidite	Preservare Dall Umidita	
由此开启	Open Here	Ouvrir Ici	Lato da Aprire	

第四节　外贸销售包装的要求、种类和标签

一、销售包装的含义和形态

（一）含义

销售包装（Sales Package）又称内包装，它是直接接触商品并随商品进入零售网点并和消费者直接见面的包装。这类包装除必须具有保护商品的功能外，更应具有促销的功能。因此，在销售包装的造型结构、装潢画面和文字说明等方面，都有较高的要求。不断改进销售包装的设计，改善包装的用料，更新包装式样，美化装潢画面，搞好文字说明，

提高销售包装的品质，是提高对外竞销能力的一个重要方面。

（二）按照销售包装设计形态

1. 挂式包装

凡带有吊钩、吊带、挂孔等装置的包装，称为挂式包装，这类包装便于悬挂。

2. 堆叠式包装

凡堆叠稳定性强的包装（如罐、盒等）称为堆叠式包装，其优点是便于摆设和陈列。

3. 携带式包装

在包装上附有带提手装置的为携带式包装，这类包装携带方便，颇受顾客欢迎。

4. 易开包装

对要求封口严密的销售包装，标有特定的开启部位，易于打开封口，其优点是开启安全，使用方便，如易拉罐等。

5. 喷雾包装

流体商品的销售包装本身，有的带有自动喷出流体的装置，它如同喷雾器一般，使用相当便利。

6. 配套包装

对某些需要搭配成交的商品，往往采用配套包装，即将不同品种、不同规格的商品配套装入同一包装内。

7. 礼品包装

对某些用于送礼的商品，为了包装外表美观和显示礼品的名贵，往往采用专门的送礼用的包装。

8. 复用包装

这种包装除了用作包装出售商品外，还可用作存放其他商品或供人们观赏，它具有多种用途。

二、对销售包装的要求

1. 符合相关国际公约协议或目标国法律法规的规定

包装必须符合相关国际公约或协议的规定，采用的技术措施必须依据国际公认的准则。产品的包装和标签必须符合目标国关联该产品的法令、法规或法定国家标准的规定。产品包装和标签表达的计量单位必须符合目标国关于度量衡的法规。产品包装应符合目标国对该产品的技术要求，适应该产品在目标国的商业运作和贸易规则。

2. 符合消费习惯

产品的包装装潢和标签的设计必须充分考虑目标国及其消费者的宗教信仰、历史文化、生活习惯或某些偏爱或禁忌。包装和标签的文字表达必须使用目标国法定的官方语言。

表 8-2　北美国家消费者的偏爱或禁忌

国家	适用的颜色或图案	忌用的颜色或图案
美国		大象
加拿大	枫叶	
墨西哥	红、白、绿色的组合	红、深蓝、绿色的组合

表 8-3　目标国法定的官方语言

美国	加拿大	墨西哥
英语	英语法语	西班牙语英语[①]

注 1：非真正定义的官方语言，是实际惯用的。

3. 维护消费者利益

标签应真实表达商品名称，准确标示净含量，给出消费者应知晓的产品信息。标签的任何文字或图形不致使消费者产生误解。包装产品容器应满足供应链和使用过程的功能；确保产品清洁卫生；保障消费者安全，在此条件下，尽可能减少材料用量和有害物质的含量。

4. 保障生命安全

各国普遍推行安全认证（合格评定）的市场准入制度，如我国的"CCC"认证、欧共体"CE"认证、美国"UL"认证等。主要是食品包装。还包括有危险性的商品、家用电器、儿童玩具等商品的包装和标签。对于有危险性的商品，包装的主要措施是采用具有提示和警告作用的安全标签，用明确的图示或语句表达在包装或标签上。这些商品包括可能造成某种伤害的、慢性病的、有潜在危险的商品，例如含有危险性物质的商品（胶水、涂料、文具等），还有家用电器、儿童玩具等等。

5. 保护生态环境

包装工业的发展促进了经济繁荣，与此同时也消耗了大量的自然资源。例如，包装用纸约占全球纸业产量的 60%。在城市固体废弃物流中主要成分是包装废弃物。直接填埋包装废弃物，重金属和其他危险性物质可能随渗滤液进入地下水源。要求全部包装容器或组分含有害重金属铅、镉、汞、六价铬的总量不超过万分之一，是全球范围内的普遍共识。

6. 具备促销功能

包装便于陈列展售。许多商品在零售时，一般都要陈列在商店或展厅货架上，让成千上万种商品构成一个一个琳琅满目的"商品海洋"，以吸引顾客和供消费者选购。因此，包装的造型结构必须适于陈列展示。

包装便于携带和使用。销售包装的大小要适当，以轻便为宜，必要时，还宜附有提手装置，为人们携带商品提供方便。对于某些要求密封的商品，在保证封口严密的前提下，要求开启容易，便于使用。

包装不仅能显示商品的名贵，而且包装本身也具有观赏价值，有的还可做装饰品用，这就有利于吸引顾客，提高售价和扩大销路。

三、销售包装容器的分类

销售包装可采用不同的包装材料和不同的造型结构与式样，这就导致了销售包装的多样性。究竟采用何种销售包装，主要根据商品特性和形状来定。常见的销售包装有下列几种：

（一）纸制包装容器

纸制包装容器是用纸和纸板制成的容器，前者属于软性容器，后者属于刚性容器。常见的有纸盒、纸杯、纸管、纸桶、纸袋等。

纸制容器有如下特点：原料充足，价格低廉，容易实现生产自动化；重量轻，有利于降低流通费用；具有良好的可印刷性，且印刷成本低；纸容器无毒、卫生，一次性使用，并可回收利用。

1. 纸盒

纸盒是用纸板折叠或糊制而成，式样可变化，属刚性容器。纸盒可借其形状、表面图案设计及印刷，增进其展示效果。纸盒在纸制包装容器中占有很重要的地位。若与金属箔或塑料加工纸制作，可在许多场合取代玻璃、陶瓷、金属、塑料包装容器。

纸盒主要可分为两大类：折叠纸盒和固定纸盒。

（1）折叠纸盒（Folding carton）

折叠纸盒是经印刷后的白板纸或玻璃面卡纸等经纸盒工厂裁切、折痕压制后运交用户，由用户折叠成形和包装产品。若将有关板瓣插入相应的切缝或板瓣中成盒，也可将盒展开的叫拆装式折叠纸盒；若盒体侧面折叠后，其接缝处需粘合成盒的叫固定式折叠纸盒。折叠纸盒可具有各种外形，还可添加其他特殊结构及附件，如加开窗孔、开启孔、倾倒口等，以满足各种产品的需要。常用于包装糕点、糖果、药品、化妆品和日用品。

（2）固定纸盒（Bet-up box）

固定纸盒用的纸板比折叠纸盒用的纸板要厚，成盒前也不能折叠。经装订或粘糊后外型固定，其强度高，防冲击保护性好；外观质地设计选择范围大；具有较强的展示性和促销功能。按结构形式有以下几种：

①筒盖式：此类纸盒较高。呈筒状，筒上有盖。纸筒横截面可为任意几何图形。

②抽屉式：盒体多为扁方形，类似火柴盒。盒的两端都能开启。多用于文教用品。

③摇盖盒：有摇盖的纸盒种类很多，并不仅限于固定纸盒。有的盒身两侧有两个小摇盖，盒的外摇盖大于盒身宽度，封口时将大于盒宽的部分插入盒内有的外摇盖做成带锁扣的；有的做成咬插式的。

④罩盖盒：有天印地式纸盒与帽盖式纸盒等。前者由盒盖与盒底两部分组成，纸盒的盖和底高度相同，盒内装入商品后，将食指叩罩盒底部，商品不易脱出，一般用于装小五

金等商品；后者类似于皮鞋盒，盒盖的高度比盒底的高度小，装入商品后易开启。

⑤异形盒：是指盒体本身为异形（如椭圆形、心形与星形等）或盒顶为圆弧状。

各类产品的纸盒均有独特的传统结构，如药品多用摇盖式纸盒，火柴、香烟多用抽屉式纸盒；服装、糕点多用罩盖式纸盒；粉末、颗粒或流体商品多用较高的筒盖式纸盒等；另外手提式纸盒在酒类、服装、食品、玩具等商品包装上得到广泛的应用。

固定纸盒表面还被糊上绸、缎、人造革等并加上小工艺品装饰，用来包装贵重商品（如金、银、钻石首饰等），又叫作装潢锦盒。

2. 纸袋（paper bag）

纸袋是纸制包装容器中使用量大、用途广、种类繁多的一类容器。根据纸袋形状可分为信封式、方底式、携带式、M 形折式、筒式、阀式六种。

（1）信封式

纸袋的袋口和折盖均具有较大尺寸的侧面，底部可形成平面，常用于纸制商品、文件资料或粉状商品的包装。

（2）方底式

纸袋沿长方向有搭接缝，每一侧面以折皱使其折平，底部先折成平的菱形，然后将菱形顶点在中心处相接，使纸袋打开后成方形截面，可直立放置，分开口和闭口两种。

（3）携带式

纸袋常以纸塑结合制成的双层袋，在袋口处设加强边，并配有提手，可使用多次。

（4）M 形折式

纸袋一般具有较大的容积，因此在袋的侧边上折成三边裙印呈 M 形，使用时能使纸袋扩张形成长方方形截面。

（5）筒式

纸袋的开口和口盖通常在具有较小尺寸的侧面上带有一个或几个与较长边平行的接缝，底部有折回边并有胶带粘在袋的外面形成封底。

（6）阀式

纸袋两端都封闭，只在其中一端装上一个阀门，内装物通过阀门充填进袋。在袋内物品的压力下自动关闭阀门。

纸袋是用纸张制成的软件容器，大多采用黏合与折叠结构，适用于纺织品、衣服、日用品、小食品、小商品的销售包装。

3. 纸杯

纸杯是用纸板制成杯筒与杯座，经模压咬合再上蜡或涂树脂而制成杯体的小型纸制容器。通常口大底小，可以一只只套叠起来，便于取用、储存、运送，具有轻便、卫生，可印刷彩色图文，装饰佳强的特点，广泛应用于盛装冰淇淋、乳制品、果冻等食品。

4. 纸管

它的管口直径小，是纵向尺寸大的管状包装容器。可平卷成单层或多层，有活盖和死盖两种。有活盖的纸管常用于包装毛笔、玻璃温度计及羽毛球之类的商品；有死盖的可包装像巧克力豆之类的小食品。

5. 特殊纸容器

它是一种采用纸基复合材料制成的包装容器。这种包装容器通常由包装机械配合，经过制袋灭菌、充填、封装、标示后，形成商品销售包装。常用于牛奶、果汁、糖浆等商品包装。

（二）塑料容器

塑料质轻、坚牢、抗腐蚀，着色简便，形态多样，外观漂亮，加工容易，如经改造或复合，可获得与金属相当的强度和刚度，可获得与玻璃相当的阻隔性能，因而塑料包装容器几乎可用于所有商品的包装。

1. 塑料袋（Plastic bag）

塑料包装袋都是以塑料单膜或复合膜经裁切及热合而制成的商品包装袋，是典型的软包装容器。它能包装具有固定造型的商品，也能包装粉状、粒状、膏状或液体状的商品，其应用十分广泛。按其用途大致可分为下列几类：

（1）普通塑料食品袋或药品袋

它主要用于糖、盐、点心、奶粉、水果等食品的包装，所用材料应无毒，符合卫生标准，有一定的气体和水汽的阻隔性。也有用于医药品的包装。

（2）耐压塑料食品袋

主要指真空和充气包装技法所采用的包装袋。所用塑料薄膜应具有较高的强度和气体与水汽的阻隔性，亦应无毒，符合卫生标准。

（3）日用品的塑料包装袋

此类包装袋用于衣料、被面、绢花、洗衣粉和文具等类商品的包装，因而要求塑料薄膜透明度要高，带电忾小。

（4）仪器、工具包装袋

这类包装袋用于仪器、工具、小五金和小零件的包装，要求塑料薄膜有高的气体和水汽的阻隔性，防止商品生锈发霉。

各类塑料包装袋必须根据商品特点、流通储存期限、成本费用等要求，选用合适的单膜或复合薄膜材料。

塑料包装袋包装产品后，必须进行封口，常采用下列封口方式：

①封合袋

采用热合法封口，以塑料包装袋密封。因材料和包装机械不同产生三种形式：

a. 上下两面热封：多用于糖果、海产品等商品的包装。

b. 三面热封：多用于较小的包装袋如调味料的包装。

c. 四面热封：多用于冷冻食品、酱菜等商品的包装。

② 敞口袋

a. 手提式：按袋身形状、有无折边、提手变化而形成多种独特造型，并可不断变化更新，常用于购物袋。

b. 结扎式：它以绸带或其他材料扎紧袋口，多用于玩具、绢花、糖果等的包装。

c. 束扣式：它采用束套和提手，装袋后束紧，可用于玩具和小食品的包装。

d. 粘贴式：用粘胶将袋口粘封，多用于服装、被面和枕套的包装。

塑料包装袋的外观会因封口方式不同而产生不同的造型。它还可用薄膜的印刷来装，尤其是采用复合薄膜时，由于彩印在薄膜之间，故能收到很好的效果。

2. 塑料杯、盘、盒等包装容器

塑料杯、盘、盒等包装属于广口塑料包装容器，通常分为两类。

（1）浅杯、浅盘及浅盒型

这类容器多采用半刚性塑料薄板，利用真空或压缩空气成型，封口采用塑料薄板、薄膜及涂树脂纸张等热封方式。适宜于包装果冻、酱菜、熟食、糕点、快餐、黄油等。

（2）深杯、深盘、深盒型

它们多采用注射成型方法，其特点是壁薄、强度高、深度大，封口可采用螺纹盖或塑料薄膜和复合薄膜热封。容器可带有凹凸文字、图案，可着色或采用烫金、印刷或粘贴标签等方式进行装潢。主要用于盛装糕点、糖果、果酱、果冻、奶油蛋糕、冰淇淋、冰糕、刨冰、豆腐、人造黄油、奶酪等。

3. 塑料瓶

塑料瓶多属细口型容器，通常采用吹塑成型法，容器可以是刚性或半刚性，可以透明或半透明，容量也不受限制，主要用来包装液体或半流体商品。如洗涤剂、化妆品、食油、酒、饮料、调味品、牛奶、药水等。

塑料瓶有重量轻、强度高、便于携带和处理、耐热、不易破碎、外观清澈明洁的特点。在柔韧性强和重量/容量比小这两个方面，几乎超过所有的包装容器；在内装物的可见度造型多样化、表面光泽和外观方面，可与玻璃瓶相媲美。但作为食品包装时，也具有保香、保气性能差，带有微量乙醛气味等缺点。

4. 塑料罐

塑料罐大多数是由内塑料、纸、铝箔、镀铝塑料膜等几种材料复合或组合而成。多用于饮料、食品包装及机械润滑油等产品。塑料罐重量轻、密封性能好，大量生产的成本低于金属罐，罐体形状稳定并具有一定强度，装运方便，货架寿命长，便于在货架上存放，使用方便。

5. 塑料软管

塑料软管是一种较常见的密封包装容器，是经挤出成型的软质塑料管或复合材料卷制的复合管，按需要的尺寸分切并密封两端而制成。用于化妆品、药品、食品、化工产品和家庭用品等销售包装。

（三）金属容器

金属容器用于现代商品销售包装，所用材料除马口铁外还采用镀铬薄钢板、板、铝板等金属材料；在造型上已发展成罐、听、盒、软管等几大类。

金属包装容器的特点：

（1）密封佳好，完全不透气。

（2）能承受的内压强度大。

（3）抗破碎能力强。

（4）材料回收循环使用效率高。

但对内装物没有可见度，重新密封性差，柔韧性差，受外力作用后易变形。

1. 金属罐

金属罐按制造方法可分为组合罐（由罐身、罐底和罐盖组成，亦称三片罐）和整体冲制罐（滚轧和焊接罐盖，亦称二片罐）；按罐的形状可分为圆形罐和异形罐（如长方形、腰圆形和椭圆形）；按罐的作用可分为密封罐和非密封罐等；按罐头的开启方式分为易开罐、罐盖切开罐和罐身卷开罐（拉线罐）。主要用于食品罐头。用来盛装啤酒和饮料的俗称易拉罐，它是由带底的罐体和罐盖组成，多用铝板材经几次冲轧拉伸而成。

2. 金属听盒

金属听盒是盒盖可自由开合的金属包装容器，其外形为圆柱形或多棱形，其盖为内嵌式或外套式，口部可用铝箔封口防盗。此类听盒十分注意印刷装潢，俗称美术罐。适用于干燥食品、化妆品等商品包装。

3. 喷雾罐

喷雾罐是一种特殊形式的包装，它是利用喷发剂（液化气体或非液化气体）的喷发力，将液态的、气态的，乃至混合状态的商品，经由喷嘴喷出使用。如将香水、调味液、发乳、杀虫剂等与喷发剂混合装入铝罐中，打开活门，可喷射成雾化的粒子。

4. 铝箔容器

铝箔容器是指以铝箔为主体的容器。其特点是：重量小、传热好，既可高温加热，又能低温冷冻，并能承受温度的急剧变化；外表美观，隔绝性好，可制成不同容量、种类、形状的容器；加工性能好，容器主体可进行彩印；开启方便，用后易于处理；铝箔容器广泛用于食品包装及医药、化妆品、工业产品等方面。

铝箔包装容器有两类：一类是以铝箔为主体、经成型加工制成的容器，如盒式容器、盘式容器等；另一类是袋式容器，是以纸/铝箔、塑料/铝箔、纸/铝箔/塑料黏接的复合材料制成的。

5. 金属软管

金属软管是一种用于包装膏状产品的特殊容器。膏状物具有一定的黏度，易黏附和变形，采用金属软管包装，使用非常方便。其特点是：完全密封，隔绝外界光、氧、湿的影响，有极好的保香性；材料易加工，效率高，表面印刷及充填产品迅速而准确，成本较低；便于定量使用商品。常用金属软管有：

（1）铝制软管

质轻美观，无毒、无味、成本低，广泛用于化妆品、医药品、食品、家庭用品、颜料等的包装。

（2）锡制软管

由于其价格高，只有某些药品因产品性质的关系而必须采用。

（3）铅制软管

由于铅有一定的毒性，目前已较少采用，只有含氟化物的产品必须采用。

（四）玻璃容器

商品销售包装所用玻璃容器主要是玻璃瓶罐。它们具有耐酸、耐碱、无毒、无味、透明、易于密封、气密住好，便于消毒灭菌、造型美观、价格低廉、能重复循环使用和回收利用、制造原料充足等特点。在北美，传统的玻璃容器包装被认为是最卫生的，它尤其受到一些老年人的偏爱。玻璃包装瓶因其能保持新鲜，味道和香气，同时确保质量，而被用于许多酒精和非酒精饮料。由于消费者接受程度高，市场显示出乐观的未来趋势。大多数消费者喜欢用玻璃瓶来维持饮料的味道。

玻璃瓶罐品种繁多，从容量为 1 毫升的小瓶到十几立升的大瓶不等；从圆形、方形到异形瓶与带柄瓶；从无色透明瓶到琥珀色、绿色、蓝色、黑色的遮光瓶，以及不透明的乳浊玻璃瓶等，不胜枚举。就制造工艺来说，一般分为模制瓶和管制瓶两类。模制瓶又分为大口瓶（瓶口直径在 30 毫米以上）与小口瓶；前者用于盛装粉末状、块状和膏状物品，后者用于盛装液体，有些出口高级酒和药酒多采用异形瓶。就瓶口形式来说，又分为软木塞瓶口、螺纹瓶口、冠盖瓶口、液压瓶口、磨砂瓶口等。就盛装物来说，有酒瓶、饮料瓶、罐头瓶、酸瓶、医药瓶、试剂瓶、化妆品瓶等。

玻璃瓶罐的缺点是易碎、体重、加工制造效率低、成本高等。

四、销售包装的标签

（一）装潢画面

在销售包装标签中，一般都附有装潢画面。与精致的文字表达搭配的色彩图案等平面设计内容可以增强包装的外观展示效果。同时，精致的结构设计结合功能也能给产品带来立体感和真实感。比如某些材料加工技术，如印刷的工艺和特殊纸张的选择，可以提高产品外观的视觉效果，再加上流行的二维码技术和增强现实技术，可以增加客户的互动体验，使消费者能够感知和接收产品识别信息以外的内容。装潢画面除了要美观大方，富于艺术吸引力，并突出商品的特点外，其图案和色彩应适应有关国家、民族的习惯和爱好。例如，信仰伊斯兰教的国家忌用猪形图案，日本人认为荷花不吉祥，意大利喜欢绿色，埃及禁忌蓝色等。在设计装潢画面时，应充分考虑进口国的喜好，以利于扩大出口。

（二）文字说明

标签是所有商品的"身份证"，其作用是向消费者传达商品信息。通过规范标签内容保护消费者利益是发达国家普遍采取的有效措施。标签包含了销售包装上必要的文字说明，如商标、品牌、品名、产地、数量、规格、成分用途和使用方法等。文字说明要同装潢画面紧密结合，互相衬托，彼此补充，以达到宣传和促销的目的。使用的文字必须简明扼要，并能让顾客看懂，必要时中外文同时并用。具体要求如下：

（1）商品名称，即与商品的属性或功能符合一致的、公认的或通用的名称；

（2）净含量按法定计量单位在规定的显著位置，用规定的字体（包括尺寸）准确标示；

（3）必要时，给出消费者应知晓的产品信息，如，用途、用量、用法、保存条件等的描述；

（4）生产商、包装商或经销商的名称及其营业地点，即可追溯的、对产品负有责任的企业信息。

（5）食品标签可从理论上分为销售标签和成分标签。销售标签根据不同类型的食品，在一般商品标签的基础上增加必要的特定项目。成分标签标示主要原料和配料，一定条件下还应标示食品的能量值和营养素，因此也称食品营养标签。

（6）纺织品标签也分为销售标签和成分标签。纺织品销售标签应符合规定的基本要求，纺织纤维的商品名称是技术法规核准的，不允许随意。例如，在美国棉纤维含量在95%以上才可称"纯棉"。纺织纤维及其制品成分标签大致可分为纤维成分标签和成衣组分标签两大类。纤维成分标签类似食品成分标签，通常按纤维的含量百分比依次列出；成衣组分标签标示一件或一套成衣的所有属于纺织纤维范畴的制品。

在销售包装上使用文字说明或制作标签时，还要考虑目标国的相关法律法规。例如，日本政府规定，凡销往该国的药品，除必须说明成分和服用方法外，还要说明其功能，否则就不准进口。美国进口药品，也有类似的规定。有些国家进口罐头等食品，必须注明制造日期和食用有效期，否则也不准进口。此外，有些国家甚至对文字说明所使用的语种也有具体规定，如加拿大政府规定，销往该国的商品，必须同时使用英、法两种文字说明。

第五节　外贸包装的约定与新发展

一、外贸合同中包装条款的基本内容

出口合同中的包装条款主要包括包装方式、包装材料、包装规格、包装费用、包装总件数和包装标志等内容。

（一）包装方式

不论是运输包装还是销售包装，其方式多种多样，买卖双方洽商交易时，究竟采用何种包装方式，应予明确规定。就运输包装而言，是采用集合运输包装还是单件运输包装，是采用集装箱还是固定在托盘上，是采用集装袋还是集装包，均应事先明确。若采用单件包装，则包装方式是桶装还是箱装还是其他方式包装，也应具体写明。就销售包装而言，应根据商品特性、销售习惯和市场需要等因素，约定具体的包装。

（二）包装材料

包装材料多种多样，其中包括金属、塑料、木材、玻璃、陶瓷、竹、麻等，究竟采用何种材料制成的包装，也应一并在包装条款中说明。

（三）包装规格

根据成交商品的形状、特点和适合运输与销售等方面的要求来确定包装的规格及其尺寸大小，并在包装条款中注明，以便买卖双方交接货物时有所遵循。

（四）包装标志

为了保证货物安全、迅速、准确地运交收货人，在运输包装上需要书写、压印、刷制唛头及其他有关标志，在销售包装上一般也应附有装潢画面和文字说明等标志。交易双方商定包装条件时，对这些标志也应事先谈妥，并在合同中具体列明。

（五）包装费用

在交易双方约定由卖方提供包装的情况下，包装连同商品一起交给买方，包装费用通常包括在货价之内，不另行计收。但有时也会不计在货价之内，而规定由买方另行支付。有时虽约定由卖方供应包装，但交货后，卖方要将原包装收回，至于原包装返回给卖方的运费，究竟由何方负担，应在包装条款中一并写明。如果交易双方约定由买方供应包装或包装物料，则应列明买方提供包装或包装物料的时间，以及由于包装或包装物料未能及时提供而影响货物发运时所应承担的责任。

国际货物买卖合同中的包装条款举例。

如：每件装一塑料袋，半打为一盒，十打装一木箱。

Packing：Each piece in a poly-bag, half doz. In a box and 10 dozen in a wooden case .

又如：单层新麻袋，每袋约 50 千克。

Packing：In new single gunny bags of about 50kg each.

二、中性包装和定牌

采用中性包装和定牌生产，是国际贸易中常见的习惯做法。

（一）中性包装（Neutral Packing）

中性包装是指既不标明生产国别、地名和厂商的名称，也不标明商标或牌号的包装。也就是说，出口商品包装的内外，都没有原产地和出口厂商的标记。中性包装包括无牌中性包装和定牌中性包装两种。前者是指包装上既无生产地名和厂商名称，又无商标、品牌；后者是指包装上仅有买方指定的商标或品牌，但无生产地名和出口厂商的名称。采用中性包装，是为了打破某些进口国家与地区的关税和非关税壁垒以及适应交易的特殊需要（如转口销售等）把生意做活，我们对国际贸易的这种习惯做法，也可酌情采用。

（二）定牌（Brand Designated by the Buyer）生产

定牌是指卖方按买方要求在其出售的商品或包装上标明买方指定的商标或品牌，这种做法叫定牌生产。当前，世界许多国家的超级市场、大百货公司和专业商店，对其经营出售的商品，都要在商品上或包装上标有本商店使用的商标或品牌，以扩大本店知名度和显示该商品的身价。许多国家的出口商，为了利用买主的经营能力及其商业信誉和品牌声誉，以提高商品进出口商品的包装售价和扩大销路，也愿意接受定牌生产。在我国出口贸易中，如外商订货量较大，且需求比较稳定，为了适应买方转售的需要和扩大我国产品出口，我们也接受定牌生产，具体做法如下：

1. 在定牌生产的商品和（或）包装上，只用外商所指定的商标或品牌，而不标明生产国别和出口厂商名称，这属于采用定牌中性包装的做法；

2. 在定牌生产的商品和（或）包装上，标明我国的商标或品牌，同时也加注国外商号名称或表示其商号的标记；

3. 在定牌生产的商品和（或）包装上，采用买方所指定的商标或品牌的同时，在其商标或品牌下标示"中国制造"字样。

三、订立外贸合同包装条款的注意事项

为了使包装条款科学、合理，以利于合同的履行，在商定包装条款时，主要应考虑下列事项。

1. 根据成交商品特点，选择适合的包装

商品种类繁多，其特性和形状各异，因而对包装的要求也不同，故在约定包装材料、包装方式和包装标志时，必须考虑商品的特点，以此确定适合的包装。

2. 成交商品所采用的运输方式的要求

进出口商品一般都需要通过长途运输，而不同运输方式对包装的要求各不相同。因此，交易双方在商定包装条款时，应根据成交商品所采用的运输方式来确定适用何种运输包装。

3. 要考虑有关国际的法律规定

许多国家对市场销售的商品规定了有关包装和标签管理条例，其内容十分繁杂和具

体，凡进口商品必须遵守其规定，否则，不准进口或禁止在市场上销售。如有些国家规定，凡直接接触食品的包装、标签纸上，只要发现荧光物质，一律禁止进口，如此等等。对于这类情况，交易双方在商定包装条款时，均应予以考虑。

4. 在不影响包装品质的前提下注意节省各种费用

交易双方在商定包装条款时，除考虑商品特点、运输要求和有关法律规定外，在选用包装材料和确定包装方式、包装规格等方面，还应考虑有利于节省包装费用和减少其他费用开支。

5. 要考虑有关国家的消费水平、消费习惯和客户的具体要求

由于各国经济、文化背景不同，消费水平和消费习惯各有差异，故客户对包装样式、包装材料、包装规格、包装装潢画面及文字说明等方面都有特定的具体要求，如有些客户要求用公制和英制来标明容量或重量，有些客户要求同时用英文和法文两种文字的唛头。在洽商交易和订立合同时，应尽可能考虑其要求，以利于合同的顺利履行。

6. 要正确运用中性包装和定牌生产

中性包装和定牌生产是国际贸易中常见的习惯做法，正确运用这些贸易习惯做法，有利于打破某些国家的关税和非关税壁垒，发展转口贸易和扩大出口，在我国对外贸易中，也可酌情采用这些行之有效的做法。但运用定牌生产时要注意工业产权问题，避免侵犯其他国家的工业产权。

7. 不宜轻易接受按某国家式样包装的条件

采用按某国家式样包装的条件，既增加了履约的难度，又容易引起争议，故在包装条款中一般不宜轻易接受此种条件。

8. 对包装的规定要明确、具体

为便于履行合同，包装条款应明确具体。如系麻袋包装，应注明是一层还是两层，是新的还是旧的。如一项商品有两种或两种以上包装方法，应明确由何方选择，以利于合同的履行。在这里，要强调指出的是，规定包装条款时，切忌使用笼统、含糊的词句。例如，一般不宜采用"海运包装"（Seaworthy Packing）和"习惯包装"（Customary Packing）之类的贸易术语。这类贸易术语含义含糊，且无统一解释，容易引起争议。

四、跨境电商商品包装

当前，跨境电商持续发力，正有力推动我国外贸高质量发展。伴随着中国经济的快速增长，中国居民收入稳步提升，消费层次不断提升，品质化、个性化、定制化需求日益增强，国外高品质商品在中国日趋走热。同时，跨境电商在美国、欧洲等成熟市场上快速发展，中东、新加坡、澳洲等市场正成为新兴站点，跨境电商企业出口渠道的多元正进一步加速中国企业的跨境电商全球化布局。

跨境电商的爆炸式发展，使得商品包装的发展呈现出新的趋势。不同于传统的商品包装，跨境电商的包装有其特别的要求。好的跨境电商包装必须要同时具备运输包装与销售

包装的功能。一方面，要保证产品在到达买家手中时完好无损，而国际运输的时间短则一星期长则一个月，因此只有坚固的运输包装才能抵御路途中的挤压颠簸。另一方面，产品通过跨境运输直达消费者手中，商品包装应该便于识别和使用，并具备观赏性，增加产品附加值，提升消费者体验。

1. 包装方式适应各种环境

和国内电商相比，跨境电商产品需要经过更远的运输距离、更长的运输周期。在运输过程中，商品包装要具备在各种温差，湿度不同的地方的适应能力。包装的防水性需要特别注意，包裹进水的话，不仅导致因为超重而付额外的手续费，也会影响产品品质。对于那些易碎、易变形的货物格外需要包装好，使用聚苯乙烯填充粒子或是气泡纸来包装，才能避免货物在运输途中出现问题，引起损失和纠纷。如果两个商品同时装在一个箱子里，务必在包装后商品的中间，有足够的空间加入填充材料，避免移动中碰撞。

2. 标注产品有效期限

通过跨境电商方式销售的产品，直接销售给消费者的包装定量和数量应考虑产品的使用寿命（有效期）。跨境电商销售的商品可能会直发到消费者手中，也可能通过海外仓转运。当通过海外仓发货的时，为了便于货物入库以及仓库的后续管理，会过期的产品的期限必须印在仓库管理人员可看的到的地方，在各个层次的包装外，都要做标注。例如需要用气泡布包的产品就必须贴有一张期限的标签。

3. 避免过度包装

不少跨境电商卖家为了避免物流运输途中因包装不足损造成的损失，常通过增加包装层数、填充填料、贴密封胶带等方式来加固。轻量化、可回收、环保的包装方式是未来的趋势，亚马逊平台为此已经提出了环保包装供应商激励计划，避免过度包装的加剧。过度包装不仅加剧网购对环境产生有害影响，更重要的是，浪费资金。国内电商的时候很多时候都是用纸盒包装，佀是纸盒的重量其实是比较重的，一只纸盒重量从几十克到几百克不等，跨境电商物流标准是按照克数计费，这样如果产品包装过度，就会增加成本，或者减少竞争力，减少包裹的大小和重量可以使运输成本得到巨大的节省。

4. 包装标签清晰明了

在很多国家，物流管理已经成为跨境电商平台商业运作的重要组成部分。以物流管理和良好的商业信誉为基础的电子商务也日臻成熟。为适应日益智能化的物流管理，包装应在显著位置印刷或张贴由跨境电商平台或进口商提供的货物的编号（货号）或条形码，卖家应该要确保货物的编号（货号）或条形码标签在不被拆开的前提下是可以被扫描的。但如果卖家是重复利用之前用过的纸箱就必须把上面原本有的条码都撕掉或覆盖掉，确保面上没有无关的条码信息。有些不规则商品，外包装不平整，包装完成后必须确保它的条码还能被刷。

5. 结合产品定位进行合理的包装

为了在激烈的市场中开展差异化竞争，有些卖家卖的是套装产品，也就是 2–5 个产品，甚至更多的产品装在一起进行售卖。对于这类套装产品，卖家需要提前先打包好这些套装。在外包装上贴上"套装误拆（This is a set，do not separate）"的标识，以防止海外仓库代发货时出现不应有的工作失误。现在，消费者越来越偏爱品质商品，许多跨境电商卖家为摆脱低水平竞争，正通过多渠道培育自有品牌，从而让产品有知名度、有流量、有转化、有销量。大部分的跨境消费者在购买产品的时候，包装的色彩、造型以及质感等均会影响其对品牌的印象和评价。通过品牌包装不仅能够展示品牌形象，也满足了纪念日或节假日消费旺季，不少消费者会买产品互赠的需求。

思考题：

1. 简述商品包装的功能。
2. 简述销售包装应满足的条件。
3. 简述集装箱的主要种类。
4. 简述外贸商品包装的条款包括哪些内容。
5. 跨境电商商品包装的注意事项。

第九章　商品仓储

学习目标

1. 掌握商品仓储的概念，了解商品仓储的意义
2. 熟悉商品在仓储中的损耗与质量劣变
3. 熟悉储存商品的技术方法
4. 掌握仓储管理的基本要求、仓库的分类
5. 掌握保税仓库的概念及应用

导例

　　亚马逊是全球主流的跨境电商平台之一，它大规模建设的"物流中心"（FBA）是电子商务行业的经典案例。通过 FBA 工程，亚马逊建立起了全球最灵活的物流设施。物流中心除了为亚马逊自己的货物提供收发货、仓储周转服务外，也为亚马逊网站上代销的第三方卖家提供物流服务。无论是个人卖家还是中小企业，都可以把货物送到较近的亚马逊物流中心，客户下单后，亚马逊的员工就会负责订单处理、包装、发货、第三方配送及退换货事宜，并按每件货物 0.5 美元或每磅 0.4 美元收取订单执行费。2016 年亚马逊的物流为全球卖家配送超过 20 亿件商品，采用 FBA 的活跃卖家数量增长 70% 以上。来自全球130 多个国家和地区的亚马逊卖家借助 FBA 服务为 185 个国家和地区的顾客配送了商品。亚马逊独有的上货特色是：随意摆放、人动货不动。负责上架的员工，会根据行走的路线，以及货架上是否有空间，随意摆放并扫描至系统里。这样做的好处是，缩短捡货的距离。亚马逊强大的系统，能够根据随意摆放记录的位置以及订单所需求的货物，进行最短捡货路径的计算。系统会将几张订单分配给一个员工，并优化出最佳路径，员工甚至是无纸化进行操作，每捡完并扫描一件货品后，手持终端会自动告诉他下一个要去的货架。

　　亚马逊混乱库存和传统有序的库存管理制度相比，混乱库存相对更灵活方便，能更加迅速地应对各种产品存货变化等突发事件，这样减少了计划的总工作量，因为在混乱库存中，无论各种产品整体数量还是某种商品销售量都不需要做提前计划。混乱库存能更有效地利用存储空间，因为只要空出了位置马上就被安放其他商品。而在固定位置的存储系统中，一些货架位是预留给某种商品的，即便那个商品的实际存货非常少也得留着，这就产生了空间资源浪费的现象。

第一节　商品仓储概述

一、商品仓储的概念

仓储是对有形物品提供存放的场所，对存放的物品进行相应的保管并实施物品存取过程管理的行为总称。

"仓"即仓库，为存放、保管、储存物品的建筑物和场地的总称，可以是房屋建筑、洞穴、大型容器或特定的场地等，具有存放和保护物品的功能。

"储"即储存、储备，表示收存以备使用，是指商品在流通中的暂时停留过程，物流中称之为"保管"，是保存和管理物品的一系列活动的总称。

二、商品仓储的意义

仓储是集中反映工厂物资活动状况的综合场所，是连接生产、供应、销售的中转站，对促进生产提高效率起着重要的辅助作用。马克思提出"没有商品储备，就没有商品流通"。商品的仓储活动是由商品生产和商品消费之间的矛盾所决定的。商品在从生产领域向消费领域转移过程中，一般都要经过商品的仓储阶段，这主要是由商品生产和商品消费在时间上、空间上，以及品种和数量等方面的不同步所引起的，也正是在这些不同步中，仓储活动发挥了重要的作用。

（一）搞好仓储活动是社会再生产过程顺利进行的必要条件

商品由生产地向消费地转移，是依靠仓储活动来实现的。可见，仓储活动的意义正是由于生产与消费在空间、时间，以及品种、数量等方面存在着矛盾所引起的。尤其是在社会化大生产的条件下，专业化程度不断提高，社会分工越来越细，随着生产的发展，这些矛盾又势必进一步扩大。因此，在仓储活动中不能采取简单地把商品生产和消费直接联系起来的办法，而需要对复杂的仓储活动进行精心组织，拓展各部门、各生产单位之间相互交换产品的深度和广度，在流通过程中不断进行商品品种上的组合，在商品数量上不断加以集散，在地域和时间上进行合理安排。通过搞活流通，搞好仓储活动，发挥仓储活动连接生产与消费的纽带和桥梁作用，借以克服众多的相互分立又相互联系的生产者之间、生产者与消费者之间地理上的分离，衔接商品生产与消费时间上的不一致，以及调节商品生产与消费在方式上的差异，使社会简单再生产和扩大再生产能建立在一定的商品资源的基础上，保证社会再生产顺利进行。具体来讲，仓储活动主要从以下几个方面保证社会再生产过程的顺利进行。

1. 克服生产与消费地理上的分离

从空间方面来说，商品生产与消费的矛盾主要表现在生产与消费地理上的分离。在自给自足的自然经济里，生产者同时就是其自身产品的消费者，其产品仅供本人和家庭消费。随着商品生产的发展，商品的生产者逐渐与消费者分离。生产的产品不再是为了本人的消费，而是为了满足其他人的消费需要。随着交换范围的扩大，生产与消费空间上的矛盾也逐渐扩大，这是由社会生产的客观规律所决定的。

2. 衔接生产与消费时间上的背离

商品的生产与消费之间，有一定的时间间隔。在绝大多数情况下，今天生产的商品不可能马上就全部卖掉，这就需要商品的仓储活动。有的商品是季节生产、常年消费；有的商品是常年生产、季节消费；也有的商品是季节生产、季节消费或常年生产、常年消费。无论何种情况，在产品从生产过程进入消费过程之间，都存在一定的时间间隔。在这段时间间隔内，形成了商品流通的暂时停滞。商品在流通领域中的暂时的停滞过程就形成了商品的仓储。同时，商品仓储又是商品流通的必要条件，为保证商品流通过程得以继续进行，就必须有商品的仓储活动。为了使商品更加符合消费者的需求，许多商品在最终销售以前，要进行挑选、整理、分装、组配等工作。这样便有一定量的商品停留在这段时间内，也会形成商品储存。此外，在商品运输过程中，车、船等不同运输工具会需要衔接，由于在时间上不可能完全一致，因此也会产生在途商品对车站、码头流转性仓库的储存要求。

3. 调节生产与消费方式上的差别

生产与消费的矛盾还表现在品种与数量方面。专业化生产将生产的产品品种限制在比较窄的范围之内。专业化程度越高，一个工厂生产的产品品种就越少，而消费者却要求更广泛的品种和更多样化的商品。另一方面，生产越集中，生产的规模越大，生产出来的产品品种越少。这样，在生产方面，每个工厂生产出来的产品品种比较单一，但数量却很大；而在消费方面，每个消费者需要广泛的品种和较少的数量。因此，整个流通过程就要求不断在众多企业所提供的品种上加以组合，在数量上不断加以分散。商品的仓储活动不是简单地把生产和消费直接联系起来，而是需要一个复杂的组织过程，在品种和数量上不断地进行调整。只有经过一系列调整之后，才能使遍及全国各地的零售商店向消费者提供品种、规格、花色齐全的商品。总之，商品生产和消费在空间、时间、品种、数量等方面都存在着矛盾。这些矛盾既不能够在生产领域里得到解决，也不可能在消费领域里得到解决，只能在流通领域，通过连接生产和消费的商品仓储活动加以解决。商品仓储活动在推动生产发展、满足市场供应中具有重要意义。

（二）搞好仓储活动是保持物资原有使用价值和合理使用物资的重要手段

任何一种物资，在它生产出来以后至消费之前，由于其本身的性质、所处的条件，以及自然的、社会的、经济的、技术的因素，都可能使物资使用价值在数量上减少、质量上降低，如果不创造必要的条件，就不可避免地使物资受到损害。因此，必须进行科学的管理，加强对物资的养护，搞好仓储活动，以保护好处于暂时停滞状态的物资的使用价值。同时，在物资仓储过程中，努力做到流向合理，加快物资流转速度，注意物资的合理分配、合理供料，不断提高工作效率，使有限的物资能够及时发挥最大的效用。

（三）搞好仓储活动，是加快资金周转、节约流通费用、降低物流成本、提高经济效益的有效途径

仓储活动是物质产品在社会再生产过程中必然出现的一种状态。这对整个社会再生产，对国民经济各部门、各行业的生产经营活动的顺利进行，都有着巨大的作用。然而，在仓储活动中，为了保证物资的使用价值在时空上的顺利转移，必然要消耗一定的物化劳动和活劳动。尽管这些合理费用的支出是必要的，但是由于它不能创造使用价值，因而，在保证物资使用价值得到有效的保护、有利于社会再生产顺利进行的前提下，这种费用支出越少越好。那么，搞好物资的仓储活动，就可以减少物资在仓储过程中的物资损耗和劳动消耗，就可以加速物资的流通和资金的周转，从而节省费用，降低物流成本，开拓"第三利润源泉"，提高物流社会效益和企业的经济效益。

（四）物资仓储活动是物资供销管理工作的重要组成部分

物资仓储活动在物资供销管理工作中有特殊的地位和重要的作用。从物资供销管理工作的全过程来看，它包括供需预测、计划分配、市场采购、订购衔接、货运组织、储存保管、维护保养、配送发料、用料管理、销售发运、货款结算、用户服务等主要环节。各主要环节之间相互依存、相互影响，关系极为密切。与其中许多环节相比，仓储活动所消耗和占用的人力、物力、财力多，受自然的、社会的各种因素影响很大，组织管理工作有很强的经济性，既涉及经济学、管理学、物理、化学、机械、建筑、气象等方面的知识，又涉及物资流通的专业知识和专业技能，它与经济管理专业的其他课程都有密切的联系。因此，仓储活动直接影响到物资管理工作的质量，也直接关系到物资从实物形态上确定分配供销的经济关系的实现。

第二节　商品在仓储中的损耗与质量劣变

一、商品在仓储中的损耗

损耗是指商品在仓储过程中，由于自然环境因素与商品本身特性的正常作用和非正常的人为原因而造成的数量损失和消耗。商品损耗时，也往往伴随着商品一定程度的质量下降。商品损耗的原因在于储运过程中商品发生了物理变化和机械损伤。

（一）物理变化

商品的物理变化是指仅改变商品本身的外部形态，不改变商品性质的变化。商品在储运过程中，由于各种因素的作用，会发生各种形式的物理变化。如挥发、溶化、熔化、发硬、发软、脆裂、干缩、渗漏、黏结、串味等变化。通常有以下几种形式。

1. 挥发

某些液体商品或经液化的气体商品（液氨、液氮）在一定的条件下，其表面分子能迅速汽化而变成气体散发到空气中去的现象叫挥发。

具有挥发性的液态商品，一般其表面分子都比较活跃，能不断地散发到空气中去。液态商品的挥发，不仅会造成商品数量减少，其商品质量也会降低，例如，各种香水中的香精受热易挥发，结果香水质量降低。而且有些商品挥发出来的蒸汽（如乙醚、丙酮）还会影响人体健康，甚至发生燃烧或爆炸事故。

液态商品的挥发速度与商品中易挥发成分的沸点、气温高低、空气流速，以及与它们接触的空气表面积等因素有关。在一般情况下，商品中易挥发成分的沸点越低，气温越高，空气流速越快，接触空气表面积越大，挥发的速度就越快；反之，则慢。因此，对易挥发的低沸点的液态商品，如汽油、白酒、氨水、松节油、花露水、香水以及文化用品中的涂改液等，应特别注意其包装容器的严密性并严格控制仓库温度，保持在低温条件下储存，并要经常检查，防止事故的发生。

2. 溶化

溶化是某些具有较强吸湿性和水溶性的晶体、粉末或膏状商品（如食品中的食糖、糖果等；化工商品中的明矾、氯化镁、硫代硫酸钠、氯化钙等；化肥中的氮肥及某些医药中的制剂等）吸收潮湿空气中的水分至一定程度后溶解的现象。

影响商品溶化的因素，主要是商品的吸湿性和水溶性，二者缺一不可，此外还与空气接触表面积、空气相对湿度和气温等有关。一般情况下，气温和相对湿度越高，这类商品越容易溶化。所以这类商品在储运过程中应避免其防潮包装受损，也不能与含水量大的商品混存，要保持储运环境的干燥凉爽，堆码也不宜过高，以防止压力过大而加速商品溶化流失。对这类商品还可采用密封的方法进行存放保管。

3. 熔化

熔化是指某些固体商品在温度较高时，发生变软变形甚至熔融为液体的现象。

易发生熔化的商品有：医药商品中的油膏类、胶囊类；化妆品中的香脂、发蜡等；化工商品中的松香、石蜡等。商品熔化的结果，有的会造成商品流失；有的会浸入包装，使商品和包装黏连在一起；有的商品产生体积膨胀，胀破包装；有的可能损害其他商品；有的甚至因商品软化而使货垛倒塌，造成损失。

造成商品熔化的内在因素是商品成分熔点较低和易熔商品中含有某些杂质；其外界因素是日光直射和气温较高。所以，这类商品在储运中应控制较低的温度，采用密封和隔热措施，防止日光照射，尽量减少温度的影响，特别是在炎夏季节，还要根据情况，适当采取降温措施。

4. 脆裂、干缩

某些商品在干燥空气中或经风吹后，会出现脆裂、干缩现象。如纸张、皮革及其制品、木制品、糕点、水果、蔬菜等。

商品的脆裂、干缩会导致商品质量严重降低，也会给储存、运输和销售部门带来很大不便，所以储运这类商品，应控制环境的相对湿度，防止日晒、风吹，使其含水量保持在合理范围内。

5. 渗漏、黏结

渗漏是指液体商品，由于包装容器不严，包装质量不合格，包装内液体或受热或结冰膨胀等原因而使包装破损所发生的外漏现象。

商品的渗漏不但会造成商品流失，还会造成严重的空气和环境污染。所以对这类商品的储运，应加强交接验收，定期检查以及环境温湿度控制和管理。同时，木质容器要防止干燥干裂，金属容器要注意防潮防锈。另外，还要根据商品的特性，做好防高温或防冻工作。

黏结是稠状液体商品，如桶装黄油、水玻璃、建筑用胶、化妆品等，因黏着于容器或包装，不能取出的那一部分所造成的减量现象。商品发生的这种损耗属于正常损耗，通常很难避免。但应注意这些商品容器或包装不能随意丢弃，以免污染环境。如桶装的各种油漆、建筑用胶等，应集中回收处理。

（二）机械损伤

商品在运输、搬运、装卸和堆码时，往往受到外力的碰撞、摩擦和挤压等机械作用而发生形态的变化，叫机械损伤。

商品机械损伤形式，主要有破碎、散落、变形等。例如，玻璃、陶瓷制品等在受到碰、撞、挤、压和抛掷时会破碎；搪瓷制品会掉瓷；铝制品会变形或压瘪；皮革制品受压变形后，影响美观；有的商品，由于包装不严，易造成脱落散开等。

商品的机械损伤，有时会造成数量损失，有时会使质量发生变化，有时甚至完全失去使用价值。所以上述商品在储运过程中应轻拿轻放，避免高温、曝晒、撞击、湿度过大、重压，并保持包装完整。

二、商品在仓储中的质量劣变

质量劣变是指商品在仓储过程中，由于外界环境因素的作用，发生化学变化、生理生化变化和生物学变化，造成商品质量劣变甚至完全丧失使用价值的现象。常见的化学变化形式有氧化、分解、水解、聚合、老化、腐蚀等。生理生化变化形式主要有动植物食品商品的呼吸作用、后热作用、发芽、抽薹、僵直、成熟和自溶等。生物学变化形式有霉变、发酵、腐败、虫蛀、鼠咬等。

（一）化学变化

1. 分解、水解

分解是指某些化学物质不稳定的商品，在光、热、酸、碱及潮湿空气作用下，会发生化学分解的现象。分解不仅使商品的质量变劣，而且还会使其完全失效，有时产生的新物质还有危害性。例如用作漂白剂和杀菌剂的双氧水，在常温下缓慢分解，在高温下则迅速分解，生成氧气和水，此时双氧水失去了效用，氧气若遇到强氧化性物质还会发生燃烧或爆炸。

水解是指某些商品在一定条件下（如酸性或碱性条件）与水作用而发生的复分解反应的现象。各种不同的商品，在酸或碱的条件下，发生水解的情况也不一样。例如，棉纤维在酸性溶液中，特别是在强酸的溶液中，易于水解，使纤维的大分子链断裂，分子量降低，从而大大降低了纤维的强度。但是棉纤维在碱性溶液中却比较稳定，这就是棉纤维怕酸耐碱的道理。所以，这些商品在储运中应尽量避免发生这些变化所需的外部条件；尤其是不能与酸性或碱性商品混存。

2. 氧化

商品与空气中的氧或其他氧化性物质接触，会被氧化。商品的氧化，不仅会降低商品质量，有时还会在氧化过程中产生热量，发生自燃，有时甚至发生爆炸事故。

易于氧化的商品种类很多，例如，某些化工原料中的亚硝酸钠、亚硫酸钠、硫代硫酸钠、保险粉等，都属于易氧化的商品；棉、麻、丝等纤维织品，如长期与日光接触，会发生变色现象，这也是由于织品的纤维材料被氧化的结果。此外，桐油布、油纸等桐油制品，若尚未干透即行打包储存，就易发生自燃。所以对于上述这些商品在储运中应选择低温透光条件，避免与氧接触，同时还要注意通风散热等，如有条件可在包装容器内放入脱氧剂。

3. 腐蚀

金属与周围环境（主要是空气）发生化学反应或电化学反应所引起的破坏现象，即为金属腐蚀。由于金属所处环境的差异，所引起的化学反应也不相同。主要有化学腐蚀和电化学腐蚀两种。

在干燥的环境中或无电解质存在的条件下，金属制品遇到空气中的氧而引起氧化反应，叫化学腐蚀。化学腐蚀的结果是在其表面形成一层薄薄的氧化膜，它可使金属表面变暗，有些金属的氧化膜，对金属还能起到保护作用。如家具中铜床的床头，使用久了，外观色泽变暗、变旧，但对制品质量无显著影响。这种腐蚀占腐蚀总量的 $10\% \sim 20\%$。

在潮湿的环境中，金属制品通过表面吸附、毛细管（表面裂纹和结构缝隙）凝聚，特别是结露作用，水蒸气可在金属表面形成水膜，水膜溶解表面的水溶性黏附物或沉淀物（多为盐类）和空气中的二氧化碳、二氧化硫等可溶性气体，最终成为一种具有导电性的电解液。金属制品接触到这种电解液后，电位较低的金属成分成为负极（阳极），电位较高的杂质或其他金属成分成为正极（阴极），从而引起电化学反应，反应中金属以离子形式不断进入电解液而被溶解，这种腐蚀称为电化学腐蚀。

电化学腐蚀的结果是使金属制品表面出现凹陷、斑点等现象，然后使破坏掉的金属转变成金属氧化物或氢氧化物而附于金属表面，最后或快或慢地往里深入，最终成片地往下脱落。腐蚀严重的，使商品内部结构松弛，机械强度降低，甚至完全失去使用价值。所以电化学腐蚀是金属商品的主要破坏形式。电化学腐蚀取决于金属电位的高低，电位愈低的金属愈容易发生腐蚀。另外环境因素中最主要的是湿度、温度和氧，同时还与金属表面附着的尘埃、污物和空气中的二氧化碳、二氧化硫等气体有关。

4. 老化

老化是某些以高分子化合物为主要成分的商品，如橡胶制品、塑料制品以及纤维（合成纤维）制品等，受日光、热和空气中氧等环境因素作用而失去原有优良性能，以致最后丧失其使用价值的化学变化。

上述商品的老化变质，主要是高分子化合物在光、热等因素的作用下，它们的成分发生了裂解或聚合反应所引起的。例如，橡胶制品在高温或烈日下曝晒，会变得发软、发黏而变质；塑料制品和合成纤维在日光、热和空气中的氧等因素作用下，会发生变色、发脆、强力降低等。所以在储运这些商品时，要注意防止日光照射和高温，尤其是曝晒，同时堆码时不能过高，以免底层的商品受压变形。

（二）生理生化变化

1. 呼吸

呼吸是鲜活食品在储运中最基本的生理活动。其本质是在酶的参与下进行的一种缓慢的生物氧化过程。

呼吸作用具有两种类型：一种是有氧呼吸，是指鲜活食品在储运中，为了维持生命需要，在体内氧化还原酶的作用下，其体内葡萄糖和其他简单有机物与吸入的氧发生氧化反应，即 $C_6H_{12}O_6+6O_2\rightarrow6CO_2+6H_2O+674$ 千卡。另一种是缺氧呼吸，是指在无氧或缺氧情况下的呼吸，即 $C_6H_{12}O_6\rightarrow2C_2H_5OH+2CO_2+28$ 千卡。从上述两种呼吸类型可看出，它们的呼吸基质是一样的，最终都是消耗了有机体内的营养成分并产生热量。

有氧呼吸产生的热量，部分用作鲜活食品生理活动的能量，部分释放到外界环境中，可使储藏环境的温度升高，加速鲜活食品的腐烂变质，同时还会促使霉腐微生物生长繁衍，这对维护储运的植物性鲜活食品如原粮、蔬菜、水果等质量是十分不利的。

缺氧呼吸实质是酒精发酵，其最终产物是酒精和中间产物乙醛等，会破坏鲜活食品的组织，使其腐烂，如积累过多，还会引起鲜活食品细胞中毒，其后果比有氧呼吸更为严重。据研究，在苹果组织中乙醇积累等超过 0.3% 就遭受毒害。乙醛浓度在 0.04% 以上时，果品细胞组织即被杀死，且易产生生理病害，这不仅降低果品的品质，而且影响耐藏性，缩短储藏期。

综上所述，鲜活食品商品在储运中由于呼吸作用的进行，使其营养物质和水分不断消耗而导致重量减轻和组织衰老，同时放出热量和二氧化碳等气体而改变了储运环境的条件。因此，储运鲜活食品商品时往往应控制它们的呼吸作用，采取必要的管理措施，如控制储运场所适宜的低温和储运环境中适度的氧，或者视其不同种类和品种选择合理的气体比例以及适当的通风换气等措施，以使鲜活食品商品的呼吸作用降到最低限度。但对储运的动物性鲜活食品如活禽、活家畜、活水产品等来说，为了延长其生命，还必须提供能满足其正常呼吸所需的氧气和温度。所以这两类食品商品在储运中应做到保持较弱的有氧呼吸，防止缺氧呼吸。这是这两类商品进行储运时需要掌握的基本原则。

呼吸作用进行的快慢，常用呼吸强度表示（CO_2 毫克或毫升/（小时·千克））。在储运期间，鲜活食品呼吸强度的大小，直接影响着其品质及储藏期限。呼吸强度大，消耗养料多，加速衰老过程，缩短储藏期；呼吸强度过低，正常的新陈代谢受到破坏，产生生理病害，降低对微生物的抵抗力，也会缩短其储藏期。因此，控制呼吸作用的最低强度，也是这两类食品商品储运的关键问题。而呼吸强度的变化，又受其生物学特性（如种类、品种、成熟度、不同器官和组织以及不同的发育时期等）和外界环境条件（如湿度、空气成分、机械伤害和病虫害等）的因素影响。例如，蔬菜的呼吸强度以叶菜最高，果菜次之，块根菜和块茎菜最低。果实的呼吸强度以浆果最大，仁果次之，核果再次之，柑橘类较小。

2. 后熟

后熟是菜果采收以后其成熟过程的继续。主要发生在果品、瓜类及果菜类（茄子、豆类等）商品的储运中。因上述这些食品成熟后再采摘，不耐储运且容易腐败变质，所以这些食品必须在成熟前采摘。它们脱离母体后，物质的积累被迫停止，但食品中的有机成分的合成—水解平衡更趋向于水解作用方向，呼吸作用更趋向于缺氧呼吸类型，使商品质量和生理特性发生一系列变化，而后逐渐达到适用成熟度。后熟对这类食品在色泽、香气、口味及口感等方面有明显的提高，食用质量也得以改进。例如，香蕉、柿子、西瓜和甜瓜等，只有到达后熟时，才具备良好的食用价值。但也会因它们的成分在组织或器官之间的转移和重新分配而逐渐进入衰老期，致使商品形态变劣，组织粗老和食用品质大为降低。

促进这类食品后熟的因素主要是高温、氧气和某些刺激性气体的成分，如乙烯、酒精等。例如，苹果组织中产生的乙烯（又称内源乙烯），虽然数量极微，却能大大加快商品的后熟和衰老的进程。所以苹果在储运中，为了延长或推迟后熟和衰老过程，除采用适宜的低温和掌握适量的通风条件外，还可采取措施如放置活性炭、焦炭分子筛等吸收剂排除苹果库房中的乙烯成分。有时为了及早上市，对于某些菜果如番茄、香蕉、柿子等，还可利用人工催熟的方法加速其后熟过程，以适应市场销售需要。例如，香蕉在密封条件下，温度为 20℃，空气相对湿度为 85%，乙烯浓度约为空气体积的 1% 时，就可催熟。

3. 发芽和抽薹

发芽和抽薹是两年生的蔬菜（如马铃薯、葱头、大蒜等）在储存时经过休眠期后的一种继续生长的生理活动。发芽是蔬菜短缩茎上的休眠芽开始发芽生长，而抽薹则是短缩茎上生长点部位所形成的花茎生长的结果。主要发生在一些变态的根、茎、叶菜储存的后期，如马铃薯芽眼中休眠芽萌发，萝卜顶部抽薹等。发芽和抽薹的蔬菜，因大量的营养成分转向新生的芽或花茎，所以使这类食品组织细胞变得糠松粗老或空心，失去原有的鲜嫩品质，并且不耐储存。

造成蔬菜发芽和抽薹的因素主要有高温、高湿、充足的氧气和日光照射等。因此储存这类蔬菜时，应将温度控制在 5℃ 下，相对湿度 80%~85%，避光以及采用气凋储藏法等措施控制其休眠期，以延缓发芽和抽薹的时间。此外，还可以在蔬菜收获前后，施以适当浓度的植物生长素或者用 γ 射线辐射处理等，对控制发芽和抽薹也有明显的效果。

4. 僵直

僵直是刚屠宰的家畜肉、家禽肉和刚死亡的鱼等动物性生鲜食品的肌肉组织发生的生理生化变化。

动物死亡之后，呼吸停止，依靠血液循环的肌肉供氧也随之停止，但这时肉中的各种酶仍未失活，一些酶催化的生化反应仍在进行，此时因无氧存在，糖元、葡萄糖的分解只能以无氧酵解的方式进行，其产物为乳酸。这样使肉的 pH 值逐渐下降，原来使肌肉呈柔软状态的成分如二磷酸腺苷也减少，其结果造成肌肉组织收缩，失去原有弹性和柔软性，肉质变得僵硬。处于僵直阶段的肉，弹性差，保水性也差，无鲜肉自然气味，烹饪时不易煮烂，熟肉的口味也差，不宜直接食用。但僵直阶段的鲜肉（鱼）其主要成分尚未分解，基本保持了原有的营养成分，适合直接冷冻储藏。

5. 成熟和自溶

当肉的酸度达到其最低的 pH 值时，肉的僵直程度也达到了最高点，肉中的水解酶开始活化并分解肌肉中的蛋白质、三磷酸腺苷等，一方面使肌肉的 pH 值逐渐回升，另一方面也使肌肉的保水性增强，同时由于三磷酸腺苷的分解，还生成了肉的特殊香味成分次黄嘌呤。成熟过程使肉变得柔软且有弹性，有汁液、光泽，易熟、易消化且风味鲜美。

当肉的成熟作用完成后，肉的生物化学变化就转向自溶作用。

自溶作用是肉腐坏作用的前奏。在自溶酶的作用下，肌肉中的复杂有机化合物进一步被分解为分子量低的物质过程叫作自溶。由于空气中的二氧化碳与肉中的肌红蛋白的相互作用，可使肉色泽变暗，弹性降低，处于自溶阶段的肉，虽尚可食用，但气味和滋味已大为逊色。而且，随着自溶作用的进行，肉的 pH 值逐渐向中性发展，这就为各种细菌的繁殖创造了适宜的条件。实际上，肉在自溶阶段的后期，常伴随有细菌的活动，而且处于自溶阶段的肉，已不适合长期保存。

肉的成熟和自溶与外界温度条件有密切关系。当温度低时，成熟和自溶作用缓慢，当温度高时，成熟和自溶作用则加速进行。这主要是由于温度可以影响自溶酶的活性所致。所以，生鲜肉类、禽类和水产品都需要在低温下储存和运输。

（三）生物学变化

1. 霉变

商品霉变是由于霉菌在商品上生长繁殖而导致的商品变质现象。霉菌是一种低等植物，无叶绿素，菌体为丝状。主要靠孢子进行无性繁殖。空气中含有很多的肉眼看不到的霉菌孢子，商品在生产、储运过程中，它们落到商品表面，一旦外界温度、湿度适合其生长，商品上又有它们需要的营养物质，就会生长菌丝。其中部分伏在商品表面或深入商品内部，有吸取营养物质和排泄代谢产物的功能，称为营养菌丝；另一部分菌丝竖立于商品表面，在顶端形成子实体或产生孢子，称之为气生菌丝。菌丝集合体的形成过程，就是商品出现"长毛"或有霉味的变质现象。

霉菌在世界上有 30 000 多种，每年霉坏的商品相当可观。但在生产实践中，对霉菌的应用也很广泛。例如毛霉是制腐乳、豆豉等食品的重要菌种，也是药材、肉类、粮食、水果、蔬菜、糕点、香烟、鞋帽商品上经常发生的霉腐微生物，对商品的破坏性也很大。霉菌中对商品危害较大的除毛霉外，还有根霉、曲霉和青霉。

霉菌在生长和繁殖中所需的营养物质有水分、碳源、氮源和无机盐等。水分是霉菌机体的重要组成成分，是其吸收其他营养物质的载体，如溶解营养物质、吸收代谢热和调节细胞温度等。水分占霉菌体重的 75%～85%。碳源即含碳物质，如糖类、有机酸、纤维素、醇类和酯类等，它是构成霉菌细胞和代谢产物中碳素来源的营养物质，也是霉菌能量的主要来源。氮源指含氮物质，如蛋白质、氨基酸、铵盐、硝酸盐等，它是构成霉菌细胞和代谢产物中氮素来源的营养物质，也是合成霉菌原生质和细胞结构的原料。无机盐是霉菌所需的灰分营养，即为霉菌提供其生命活动所必需的硫、磷、钾、镁、钙、铁等元素。而具有上述营养物质的商品种类很多，如粮食及加工制品、水果、蔬菜及干制品、茶叶、酒类、皮革制品、棉纺织品、棉鞋帽、卷烟等，所以它们非常容易发生霉变。

霉菌因不含叶绿素，不会自己制造养料，所以只能寄生于含营养的物质，只能靠菌丝细胞膜的渗透作用，通过水的溶解作用将养分吸入体内或将代谢产物排出体外。但霉菌的细胞膜只能透过低分子物质，对淀粉、纤维素、木质素等大分子物质，只能靠体内释放出的酶，先将大分子分解为水溶性的低分子物质，才能吸收到体内。因此霉菌种类不同，其所含的酶的种类也不同，其对商品的危害也有差异。例如，根霉因含有丰富的淀粉酶，故主要危害粮谷、面粉、糕点等商品；曲霉中含有丰富的淀粉酶和蛋白酶，其中黑曲霉对植物性商品的破坏力强，对含淀粉的商品破坏更甚；黄曲霉不仅危害含淀粉的食品而且危害含蛋白质的商品，其产生的黄曲霉毒素是致癌物质，并能诱发癌症，其中尤以花生、玉米、大米、薯干等商品最易受黄曲霉毒素的污染。青霉对有机商品的破坏力很强，能使粮食、糕点、鲜果、蔬菜、香烟、茶叶、针棉制品、布鞋等霉腐，同时还产生青霉毒素，具有剧毒，所以霉变后的食品不能再食用。

商品霉变是霉菌在商品上吸取营养物质与排泄废物的结果。这是因为霉菌吸收营养时必然要分解商品体原有的成分，由此使商品内在质量受到不同程度的破坏；而霉菌代谢产物如色素、有机酸和其他有机物，又使商品污染上色，破坏其外观，产生难闻的霉味及毒素；同时，商品的组织结构由于其成分被分解和有机酸等代谢产物的作用，还会出现变糟、发脆或强度降低等变质现象。

2. 发酵

发酵是某些酵母（尤其是野生酵母）和细菌所分泌的酶，作用于食品中的糖类、蛋白质而发生的分解反应。发酵分为两种。一种是正常发酵。它广泛应用于食品酿造业。例如，我国白酒的生产工艺概括起来有固态发酵工艺、半固态发酵工艺和液态发酵工艺。另一种是非正常发酵，即空气中的这些微生物在适宜环境条件下作用于食品而进行的发酵。常见的这类发酵有酒精发酵、醋酸发酵、乳酸发酵和酪酸发酵等。这些微生物能在酱油、醋、葡萄酒等商品表面形成一层薄膜，不但破坏了食品中的有益成分，使其失去原有的品质，而且会出现不良气味，影响食品的风味和质量，有的还会产生有害人体健康的物质。所以防止食品在储运中发酵的方法，除了注意卫生外，密封和控制较低温度也是十分重要的。

3. 腐败

腐败主要是腐败细菌作用于食品中的蛋白质而发生的分解反应。尤其对含水量大和含蛋白质较多的生鲜食品最容易出现腐败。例如，植物性食品中的豆制品、动物性食品中的肉、乳、鱼、蛋等。腐败的基本原理是，食品中的蛋白质通过细菌自身分泌出的蛋白酶，先把蛋白质分解成氨基酸，除吸收一部分外，余下的将被进一步分解成多种有酸臭味和有毒素的低分子化合物，同时还放出硫化氢、氨等有臭味的气体。食品腐败后，不仅其营养成分分解，产生恶臭，更严重的是还产生许多剧毒物质，如胺类化合物等，使食品完全丧失食用价值，并危及食用者的健康。

引起商品霉变、发酵和腐败的微生物统称为霉腐微生物，包括霉菌、酵母菌和部分细菌。它们能在商品体上生长、繁殖，除商品上有它们需要的营养物质外，还与外界环境因素有密切关系，如水分、温度、日照、酸碱度等。在霉腐微生物中，细菌、酵母菌属于高湿性微生物，个别属于中湿性，多数霉菌是中湿性。其最适宜的生长温度分别为30℃～60℃和25℃～37℃，适应发育的最低相对湿度为90%以上和80%～90%。霉腐微生物属于好氧性微生物，其细胞的呼吸作用要在有氧条件下进行。光对霉菌的影响很大，如霉菌在日光下曝晒数小时，大多数会死亡，所以，对发霉商品可采取日光下曝晒的方法治霉。但一般微生物生长均不需要光。所以当人们有意识地控制某一因素并使其劣化至霉腐微生物无法适应的范围，它们便无法生长繁殖，从而可防治或避免商品霉腐。如在储运中采用低温（10℃以下）或将相对湿度控制在65%以下或造成低氧环境，均能取得防治商品霉腐的良好效果。因此，研究微生物的生长发育条件，对防治霉腐微生物危害商品有着非常重要的实际意义。

表 9-1　食品水活度（AW）与微生物群生产所需水活度对比

食品种类	AW	微生物类群	生长需求的 AW
果蔬	0.97～0.99	多数细菌	0.94～0.99
鲜肉	0.95～0.99	多数酵母	0.88～0.94
果子酱	0.75～0.85	多数霉菌	0.73～0.94
面粉	0.67～0.87	嗜盐性细菌	0.75
蜂蜜	0.54～0.75	干性霉菌	0.65
干面条	0.5	耐渗酵母	0.60

食品种类	AW	微生物类群	生长需求的 AW
奶粉	0. 2		
蛋	0. 97		

4. 虫蛀、鼠咬

商品在储运过程中，经常遭受仓库害虫的蛀食和老鼠的咬损，使商品体及其包装受到损失，它们排泄的各种代谢废物还玷污了商品，有的甚至使商品完全丧失使用价值。

仓库害虫种类较多，在我国已有记载的有 200 多种，在商业仓储部门现有发现危害商品的就有 40 多种，危害包装物的达 120 多种。其主要代表佳仓虫是鞘翅目昆虫，俗称甲虫，是目前仓库中种类最多、危害性最大的仓虫。容易受其虫蛀的商品，主要是碳水化合物、蛋白质和油脂等营养含量较高的动植物性商品，如毛织品、丝织品、毛皮制品、竹制品、藤制品、纸张及纸制品、卷烟和烟叶、干果等，因为这些商品可提供它们生命活动所需的营养物质和有它们喜食的成分。

鼠类虽不属仓虫范围，但其危害比仓虫有过之而无不及，也是仓储的大害。仓储中的主要鼠类是褐鼠、黑鼠和小家鼠。鼠类有咬啮的习惯，以使门齿保持适当的长度，所以，凡是硬度比鼠齿小的商品或物品，均是老鼠咬啮的对象。如破坏包装物、工业品（木制品、竹制品、皮箱、聚氯乙烯制品等）、建筑材料、通信设备等。此外纤维制品还常成为老鼠觅取做窝的材料。同时，它们的粪便还玷污了商品，传染疾病。

对虫蛀、鼠咬的防治，应熟悉虫、鼠的生活习性和危害规律，首先立足于防，尽力做到商品进仓无虫，仓内无虫，对鼠捣其巢穴，断其来路，进行诱捕；搞好运输工具和仓库的清洁卫生工作；加强日常管理。其次是采用化学药剂或其他方法杀虫、灭鼠，坚持经常治理与突击围剿相结合的方针。

第三节　储存商品的技术方法

一、防霉腐方法

商品的成分结构和环境因素，是霉腐微生物生长繁殖的营养来源和生活的环境条件。因此，商品的防霉腐工作，必须根据微生物的生理特性，而采取适宜的措施进行防治。

（一）药剂防霉腐

药剂防霉腐是利用化学药剂使霉腐微生物的细胞和新陈代谢活动受到破坏或抑制，进而达到杀菌或抑菌，防止商品霉腐的目的。

药剂防霉腐要和生产部门密切配合。在生产过程中就把防霉剂、防腐剂加到商品中，这样既方便又可收到良好的防霉腐效果。此外，对批量小的易霉腐的工业品商品如皮革制品等，也可在储运时把防霉腐药剂加到商品表面。例如，工业用防霉腐剂可用于纺织品、鞋帽、皮革、纸张、竹木制品及纱线等商品的防霉腐；食品防霉腐剂可用于汽酒、汽水、面酱、蜜饯、山楂糕、果味露、罐头等食品的防霉腐。但防霉腐药剂的选用，必须遵循低毒、高效、无副作用、价格低廉等原则，而且在使用时还必须考虑对使用人员的身体健康无不良影响和对环境不造成污染等。

（二）气相防霉腐

气相防霉腐是利用药剂挥发出来的气体渗透到商品中，杀死霉菌或抑制其生长和繁殖的方法。这种方法效果较好，应用面广。常用的气相防霉剂有环氧乙烯等，主要用于皮革制品等日用工业品的防霉。应注意的是，气相防霉剂应与密封仓库、大型塑料膜罩或其他密封包装配合使用，才能获得理想效果。另外，使用中要注意安全，严防毒气对人体的伤害。

对于已发生霉腐的商品，为避免进一步变化造成更大的损失，应及时采取救治措施。霉腐商品的救治方法很多，常用的方法有晾晒、烘烤、熏蒸、机械除霉及加热灭菌等。使用时应根据实际情况合理选择。

（三）气调防霉腐

气调防霉腐是根据好氧性微生物需氧代谢的特性，通过调节密封环境（如气调库、商品包装等）中气体的组成成分，降低氧气浓度，来抑制霉腐微生物的生理活动、酶的活性和鲜活食品的呼吸强度，达到防霉腐和保鲜目的的一种方法。

气调防霉腐有两种方法。一种是靠鲜活食品本身的呼吸作用释放出的二氧化碳来降低塑料薄膜罩内的氧气含量，从而起到气调作用，叫自发气调；另一种是将塑料薄膜罩内的空气抽至一定的真空度（$8.0 \times 10^3 Pa - 2.1 \times 10^4 Pa$），然后再充入氮气或二氧化碳气的气调方法，叫机械气调。据研究，塑料薄膜罩内的二氧化碳含量达到50%时，对霉腐微生物就有强烈的抑制和杀灭作用。气调还需要有适当低温条件的配合，才能较长时间地保持鲜活食品的新鲜度。气调防霉腐可用于水果、蔬菜的保鲜。近些年来也开始用于粮油、调料、肉及肉制品、鱼类、鲜蛋和茶叶等多种食品的保鲜。

（四）低温防霉腐

含水量大的商品尤其是生鲜食品，如鲜肉、鲜鱼、鲜蛋、水果和蔬菜等，多利用低温抑制霉腐微生物繁殖和酶的活性，以达到防霉、防腐的目的。按降低温度的范围，分为冷却和冷冻两种。冷却法又称冷藏法，其温度控制在0℃~10℃，此时商品并不结冰，此法适用于不耐冰冻的商品，尤其是水分含量大的生鲜食品和短期储存的食品。冷冻法其温度经过两个阶段的控制，先经过速冻阶段，即在短时间内将温度降到-25℃~-30℃，当商品

深层温度达到 -10℃ 时，再移至 -18℃ 左右的温度下存放。此法适用于长期存放或远距离运输的生鲜动物性食品。

(五) 干燥防霉腐

干燥防霉腐是通过各种措施降低商品的含水量，使其水分含量在安全储运水分之下，抑制霉腐微生物的生命活动。这种方法可较长时间地保持商品质量，且商品成分的化学变化也较小。干燥防霉腐有自然干燥法和人工干燥法两种。自然干燥法是利用自然界的能量，如日晒、风吹、阴晾等方法使商品干燥。该法经济方便，广泛应用于原粮、干果、干菜、水产海味干制品和某些粉类制品。人工干燥法是在人工控制环境条件下对商品进行脱水干燥的方法。比较常用的方法有热风干燥、喷雾干燥、真空干燥、冷冻干燥及远红外和微波干燥等。该法因需要用一定的设备、技术，故费用较高，耗能也较大，在应用上受到了一定的限制。

(六) 辐射防霉腐

辐射防霉腐是利用放射性同位素（$^{-60}$钴或$^{-137}$铯）产生的 γ 射线辐射状照射商品的方法。γ 射线是一种波长极短的电磁波，能穿透数英尺厚的固体物，它能杀死商品上的微生物和害虫，抑制蔬菜霉变并无明显影响。针对不同商品、水果的发芽或后熟，而对商品本身的营养价值并无明显影响。针对不同商品的特性和各种储存目的，辐射防霉腐可分三种类型。

1. 低剂量（小剂量）辐照

辐射剂量低于 0.1×10^6 拉德（指被照射对象吸收的量，是国际统一使用单位），主要用于抑制马铃薯、洋葱的发芽，杀死害虫和肉类的病原寄生虫，还可延迟水果的后熟。

2. 中剂量辐照

辐射剂量为 $0.1 \times 10^6 \sim 1.0 \times 10^6$ 拉德，主要是减少商品中微生物的数量和改变食品的工艺特性。适用于肉类、鸡蛋、鱼、贝类、水果、蔬菜等杀灭微生物，尤其对致病细菌、害虫杀死力较大。

3. 大剂量辐照

辐射剂量为 $1.0 \times 10^6 \sim 5.0 \times 10^6$ 拉德，可彻底杀灭微生物、害虫，可延长冻肉、冻鱼、贝类的储藏时间。

关于辐射食品的安全性问题目前还有争议，因而对其照射的剂量、时间，适宜的照射条件要严格控制。

二、防治害虫的方法

储运中害虫的防治工作应贯彻"以防为主，防治结合"的方针。对某些易生虫的商品如原材料，必须积极地向生产企业提出建议和要求，在生产过程中，对原材料采取杀虫措施，如竹、木、藤原料，可采取沸水烫煮、汽蒸、火烤等方法，杀灭隐藏的害虫。对某些易遭虫蛀的商品，在其包装或货架内投放驱避药剂。此外，储运中害虫的防治还常采用化学、物理、生物等方法，杀灭害虫或使其不育，以维护储运商品的质量。

1. 化学杀虫法

化学杀虫法是利用化学药剂来防治害虫的方法。在实施时，应考虑害虫、药剂和环境三者之间的关系。例如，针对害虫的生活习性，要选择其抵抗力最弱的虫期进行施药，药剂应低毒、高效和低残毒，且对环境无污染。在环境温度较高时施药，可获得满意的杀虫效果。

化学杀虫按其作用于害虫的方式，主要有熏蒸法、触杀杀虫和胃毒杀虫三种。

（1）熏蒸法

杀虫剂的蒸汽通过害虫的呼吸系统进入虫体内并使其中毒死亡的作用叫熏蒸作用。而具有熏蒸作用的化学杀虫剂称为熏蒸剂。常用的熏蒸剂有溴甲烷、磷化铝等。熏蒸剂挥发出剧毒气体，渗透力很强，能杀死商品内部的害虫，但对人的毒性也很强，使用时要注意熏蒸场所的密封和人身安全。熏蒸时最好选择害虫的幼龄期进行毒杀，因其抗药能力较弱而毒效也会更好。

（2）触杀剂和胃毒剂

杀虫剂接触虫体，透过表皮进入虫体内，而使其中毒死亡的作用叫触杀作用。具有触杀作用的杀虫剂，又称为触杀剂。如果杀虫剂随着诱饵（食物）被害虫吞吃，通过胃肠吸收，进入虫体内而使其中毒死亡的作用叫胃毒作用。这类杀虫剂又称为胃毒剂。胃毒剂和触杀剂虽然在不同毒杀方法上效果各有不同，但往往具有触杀作用的杀虫剂，也都具有胃毒作用，个别种类杀虫剂还有熏蒸作用。这类杀虫剂种类很多，常用的有拟除虫菊酯类杀虫剂、氨基甲酸酯类杀虫剂和某些高效低残毒的有机磷杀虫剂等。

2. 物理杀虫法

物理杀虫法是利用各种物理因素如热、光、射线等破坏储运商品上害虫的生理活动和机体结构，使其不能生存或繁殖的方法。主要有高、低温杀虫法，射线杀虫与射线不育法，远红外线与微波杀虫法和充氮降氧杀虫法等。

（1）高、低温杀虫法

高温杀虫法是利用日光曝晒（夏天日光直射温度可达50℃左右）、烘烤（一般温度为60℃~110℃）、蒸汽（温度为80℃左右）等产生的高温作用，使商品中的害虫致死的方法。例如，一般害虫在38℃~40℃时即发生热麻痹；48℃~52℃时，经过一定时间即死亡；54℃时，经2~6小时，全部死亡。其原因是：高温下害虫体内水分大量蒸发，蛋白质发生凝固，破坏了虫体细胞组织，因此最终导致死亡。

低温杀虫法是利用低温，使害虫体内酶的活性受到抑制，生理活动缓慢，处于半休眠状态，不食不动，不能繁殖，时间过久会因体内营养物质过度消耗而死亡。低温杀虫法有库外冷冻、库内通冷风、机械制冷、人仓冷冻密封等。

（2）射线杀虫与射线不育法

射线杀虫与射线不育法是分别用高剂量的与低剂量的 γ 射线辐射虫体，前者几乎可使所有害虫立即死亡，后者可引起生殖细胞突变，导致害虫机体不育。该法具有杀虫效率高，商品组成成分、商品包装不被破坏，环境不受污染等特点。

（3）微波和远红外线杀虫法

微波是一种局频率电磁波。微波杀虫是利用高频电磁场作用，使害虫体内的水分、脂肪等物质在微波作用下，分子发生振动，分子之间产生剧烈摩擦，生成大量的热能，使虫体内部温度迅速上升（可达 60℃ 以上），导致害虫死亡的一种方法。

远红外线杀虫的作用与微波相似，主要是利用远红外线的光辐射和由其产生的高温（可达 150℃），一方面迅速干燥储运商品，使害虫得不到生命活动所需的水分，另一方面也可直接杀死害虫。

三、防鼠与灭鼠的方法

防鼠与灭鼠，要针对鼠类的特性和危害规律，采取防治与突击围剿相结合的办法，要捣其巢穴，断其来路，消其疑忌，投其所好，进行诱捕。

防鼠的主要方法是保持库房内外清洁卫生，清除垃圾，及时处理堆积包装物料及杂乱物品，不给鼠类造成藏身的活动场所。另外，还可以用碎瓷片、碎玻璃与黄沙、石灰或水泥掺和，堵鼠洞，截断其活动通路。

灭鼠有多种方法，除一些传统有效方法（如鼠夹、鼠笼、粘鼠胶等）外，还可用电猫（微电流局压电击灭鼠装置）等新的物理机械灭鼠方法。这些捕鼠方法，对人畜比较安全，只是效果差些。目前还是用灭鼠药（如杀鼠灵、氯敌鼠等抗凝血灭鼠剂）毒杀效果较好。但要妥善处理死鼠，以免被其他动物吃掉，造成死亡或污染环境。在食品储藏库中不宜采用灭鼠药灭鼠。除上述两种灭鼠方法，还有采用驱鼠剂（如放线酮等）驱除鼠类，或用植物性复合不育剂及生物毒素灭鼠的新方法。由于驱鼠剂对鼠类口腔黏膜有强烈的刺激作用，因此鼠类闻到此药会很快逃避。

四、防腐蚀方法

电化学腐蚀是造成金属商品损失的重要因素之一，所以做好金属商品的防腐蚀工作非常重要，也是仓储过程中商品养护的一项重要任务。金属商品的电化学腐蚀除内在因素如金属及其制品本身的组成成分、电位高低、表面状况等之外，还主要决定于金属表面电解液膜的存在。因此，在防止金属商品电化学腐蚀的方法中，相当多的方法是围绕防止金属表面生成水膜而进行的。在生产部门，为了提高金属的耐腐蚀性能，最常采用的方法是在金属表面涂盖防护层，例如喷漆、喷塑、搪瓷涂层、电镀等，把金属与促使金属腐蚀的外界条件隔离开来，从而达到防腐蚀的目的。在仓储过程中使用的主要防腐蚀方法有改善仓储条件、涂油防锈、气相防锈和可剥性塑料封存等。

（一）涂油防锈

涂油防锈是流通中常用的一种简便有效的防腐蚀方法。它是在金属表面涂覆一层油脂薄膜，在一定程度上使大气中的氧、水分，以及其他有害气体与金属表面隔离，从而达到防止或减缓金属制品生锈的方法。此法属于短期的防锈法（最长不超过 5 年），随着时间的推移，防锈油会逐渐消耗，或由于防锈油的变质而使金属商品又有重新生锈的危险。目前常用的防锈油种类有溶剂型薄层防锈油、蜡膜防锈油（含某些油溶性蜡）、水溶性防锈油（环保型）、凡士林防锈油、气相防锈油等。

（二）气相防锈

气相防锈是利用挥发性气相防锈剂在金属制品周围挥发出缓蚀气体，来阻隔空气中的氧、水分等有害因素的腐蚀作用以达到防锈目的的一种方法。这是一种较新的防锈方法，具有使用方便、封存期较长、使用范围广的特点。它适用于结构复杂，不易为其他防锈涂层所保护的金属制品的防锈。常用的气相防锈剂有亚硝酸二环己胺、肉桂酸二环己胺、肉桂酸、福尔马林等。常用的气相防锈形式有三种。

1. 气相防锈纸防锈

气相防锈纸是用牛皮纸、石蜡纸、仿羊皮纸、防水纸等浸涂气相防锈剂干燥后而成，用于金属商品的内包装，外层再用塑料袋或蜡纸密封。

2. 粉末法气相防锈

该法是用气相防锈剂粉末，均匀喷洒在金属制品表面或散装在金属制品的包装袋中，也可制成片剂、丸剂放入包装袋，然后密封。

3. 溶液法气相防锈

此法是用有机溶液或水溶解气相防锈剂而形成的溶液，浸涂或喷涂于金属制品表面，形成一层防锈剂薄膜，然后用塑料袋包装。

应注意的是，采用气相防锈，要根据不同的金属制品，选择不同种类的气相防锈剂，气相防锈的形式也要根据需要和实际情况进行选择，只有这样才能达到满意的效果。

（三）可剥性塑料封存

可剥性塑料是用高分子合成树脂为基础原料，加入矿物油、增塑剂、防锈剂、稳定剂以及防腐剂等，加热溶解后制成的。这种塑料液喷涂于金属制品表面，能形成可以剥落的一层特殊的塑料薄膜，像给金属制品穿上一件密不透风的外衣，它有阻隔腐蚀介质对金属制品的作用，以达到防锈目的。在可剥性塑料中，常用的树脂有乙基纤维素、醋酸丁酸纤维素、聚氧乙烯树脂、过氯乙烯树脂和改性酚醛树脂等。可剥性塑料按其组成和性质的不同，可分为热熔型和溶剂型两类。

1. 热熔型可剥性塑料

该塑料是一种具有一定韧性的固体，它加热熔化后，浸涂于金属制品表面，冷却后能形成一层 1～3 mm 厚的塑料膜层。

2. 溶剂型可剥性塑料

它是一种黏稠液体，涂刷于金属制品表面，能形成一层 0.3～0.5 mm 厚的膜层。溶剂型可剥性塑料适用于一般五金零件的封存防锈。由于膜层较薄，所以它的防锈期较短。

以上两种薄膜都有阻隔外界环境不良因素、防止生锈的效用，启封时用手即可剥除。

五、防老化方法

防老化是根据高分子材料性能的变化规律，采取各种有效措施以减缓其老化的速度，达到提高材料的抗老化性能，延长其使用寿命的目的。高分子商品的老化有其内因和外因，所以防老化应从两方面着手。

（一）提高商品本身的抗老化作用

高分子材料的防老化，首先应提高高分子材料本身对外界因素作用的抵抗能力。例如，通过改变分子构型，减少不稳定结构；或除去杂质，可提高高分子材料本身对外界因素作用的抵抗能力。还可以在加工生产中，用添加防老化剂（抗氧剂、热稳定剂、光稳定剂、紫外线吸收剂等）的方法来抑制光、热、氧等外界因素的作用，提高其耐老化性能。此外，还可以在高分子材料商品的外表涂以漆、胶、塑料、油等保护层，有显著的防老化作用。如塑料商品可用某些塑料粉末在其表面涂一层薄膜，可提高耐磨、耐热和耐气候等性能。

在上述防老化方法中，其中添加防老化剂是常用而又有效的一种方法。防老化剂是一种提高高分子材料和制品的热加工性能和储运、使用寿命的化学物质，其添加量很小，但能使材料和成品的耐老化性能提高数倍乃至数千倍。

（二）控制储运中引起老化的因素

商品的防老化主要是在生产过程中考虑，但储运中也不能忽视，应采取一系列防老化措施。

1. 妥善包装

完好而妥善的包装可使商品与外界环境处于隔离状态，这样可减少外界因素的影响。

2. 控制温度

温度对商品老化有直接的影响，所以高分子商品应存放在受温度影响较小的库房里，不宜露天存放，更不宜曝晒。

3. 合理堆码

高分子商品堆码时要注意通风散热，底层商品承重不能过大，以免造成挤压，加剧老化。

第四节 商品仓储的业务及要求

一、商品仓储的基本业务及流程

（一）商品储存的基本业务内容

仓储的基本任务是存储保管、存期控制、数量管理、质量维护。同时，利用物资在仓储的存放，开发和开展多种服务，是提高仓储附加值、促进物资流通、提高社会资源效益的有效手段，也是仓储的重要任务。

商品储存保管的基本业务有以下几个方面。

1. 物资存储

物资的存储有可能是长期的存储，也可能只是短时间的周转存储。进行物资存储既是仓储活动的表征，也是仓储的最基本的任务。

2. 流通调控

流通控制的任务就是对物资是仓储还是流通做出安排，确定储存时机、计划存放时间，当然还包括储存地点的选择。

3. 数量管理

仓储的数量管理包括两个方面：一方面为存货人交付保管的仓储物的数量和提取仓储物的数量必须一致；另一方面为保管人可以按照存货人的要求分批收货和分批出货，对储存的货物进行数量控制，配合物流管理的有效实施，同时向存货人提供存货数量的信息服务，以便客户控制存货。

4. 质量管理

为了保证仓储物的质量不发生变化，需要采取先进的技术、合理的保管措施，妥善地保管仓储物。

另外，随着社会发展，储存保管产生了一些新的业务，如交易中介、流通加工、配送、配载等。

交易中介仓储经营人利用大量存放在仓库的有形资产，利用与物资使用部门广泛的业务联系，开展现货交易中介，具有较为便利的条件，同时也有利于加速仓储物的周转和吸引仓储。

流通加工是生产企业将产品的定型、分装、组装、装潢等工序留到最接近销售的仓储环节进行，使得仓储成为流通加工的重要环节。配送有利于生产企业降低存货，减少固定资金投入，实现准时生产。商店减少存货，降低流动资金使用量，且能保证销售。

配载是货物在仓库集中集货，按照运输的方向进行分类仓储，当运输工具到达时出库装运。而在配送中心就是在不断地对运输车辆进行配载，确保配送的及时进行和运输工具的充分利用。

(二) 仓储业务的基本流程

仓储业务作业是指从商品入库到商品发送的整个仓储作业全过程。主要包括入库流程、出库流程和库房管理等内容。仓储业务作业全过程所包含的内容有商品验收入库作业、商品保管作业、商品盘点作业、呆废商品处理、退货处理、账务处理、安全维护、商品出库作业、资料保管等。

二、仓储管理的基本要求

商品储存包括接收商品、存放商品、拣取商品、配送商品等环节，为了保证商品的质量，防止商品质量劣变和损耗，在储存管理中应做好以下工作。

(一) 商品入库验收

商品入库验收是指物品进入仓库储存时所进行的检验及接受一系列技术作业（包括物品的接运、装卸、验收、搬运、堆码和办理入库手续等）过程。主要包括数量验收、包装验收和商品质量验收三个方面。商品入库验收必须严格认真、一丝不苟，以保证入库商品数量准确，质量完好，包装符合要求。

入库验收一般包括验收准备、核对证件、检验实物、验收中发现问题处理等环节。商品入库验收的要求如下：

1. 校对凭证、清点检查

商品入库时，要校对凭证，清点检查。主要核对检查货单所列的品名、规格、型号、附件、货物数量和质量（重量）等是否与入库商品实际内容相符。此外，应注意检查食品、药品、化妆品等要求标明保质期的商品有否过期。

2. 商品包装验收

在清点商品规格数量的同时，还要检查包装，如木箱、塑料袋、纸盒等是否符合要求，有无玷污、残破、拆开等现象，有无受潮水湿的痕迹，有无发霉、虫蛀等问题。

3. 商品质量（品质）验收

商品验收时，除查看包装外部情况外，还要适当开箱拆包，查看内部商品是否有生霉、腐烂、锈蚀、溶化、熔化、虫蛀、鼠咬等质量（品质）劣变。同时，对液体商品，要检查有无沉淀及包装有无破损等。有问题的商品不能进入货区。

4. 合格货物入库对于合格的货物，仓库收货员应填写入库单，及时办理交接、入库手续，建立储存商品档案。仓库收货员根据货物的性质和仓库内货位分配原则，为货物安排合适的存放位置。

（二）商品在库管理

1. 做好商品储存规划

主要包括储存场所的分配、堆垛设计、建立储存秩序。商品储存场所主要包括货场（露天式仓库）、货棚（半封闭式仓库）和库房（封闭式仓库），各种商品性质不同，对储存场所的要求不同。应根据储存商品的特性来选择合适的商品储存场储存场所，以确保在库商品的安全。储存场所的分配是指在仓库作业区内，为库存商品分配适宜的存放地点。其目的是做到物得其所，库尽其用，地尽其力，包括保管区域的划分、库房、料棚、料场的分配、对楼库各层的使用分配、确定存入同一库房的商品品种等。

2. 储存场所的布置

储存场所的布置指按照一定的原则，将各种待储存商品合理地分布放置在库房、货棚和货场的平面与空间。保管场所的布置，应满足下列要求：最大限度地提高保管场所的平面利用率和空间利用率；有利于提高商品保管质量，符合技术作业过程的要求，便于日常查点和收发；便于机械化作业。

3. 妥善进行苫盖堆码

货垛是为了便于保管和装卸、运输，按一定要求分门别类堆放在一起的一批物品。堆码是将物品整齐、规则地摆放成货垛的作业。苫垫是指对堆码成垛的商品上苫下垫。上苫即苫盖，是商品货垛的遮盖物，保护堆码的商品避免受到日晒雨淋和风露冰雪的侵蚀；或为堆码的商品遮光防尘，隔离潮气。下垫即垫底，是指货垛底层的物料铺垫。可隔离地面潮湿，便于通风，防止商品受潮霉变、生虫。

商品堆码是指商品的堆放形式和方法。商品的合理堆码是储存中一项重要的技术工作。堆码形式要根据商品的种类性能、数量和包装情况，以及库房高度、储存季节等条件决定，符合安全、方便、多储的原则。商品堆码存放管理工作包括进行分区分类、货位编号、空底堆码、分层标量、零整分存，便于盘点和出入库。

4. 物品的定位管理

定位是对被保管的物品所在的库号（库房或库内货区代号）、架号（货沿或货垛代号）、层号（货架或货垛层次代号）、位号（层内货位代号）用相应的字母或数字表示。如"四号定位"，它是用一组四位数字来确定存取位置的固定。这四个号码是序号、架号、层号、位号。这就使每一个货位都有一个组号，在物资入库时，按规划要求，对物资编号，记录在账卡上，提货时按四位数字的指示，很容易将货物拣选出来。这种定位方式可对仓库存货事先做出规划，并能很快地存取货物，有利于提高速度，减少差错。

定位管理的实质是在仓库作业过程中，通过建立和健全物流的信息管理系统、合理的生产作业流程，完善必要的工位器具和运送装置，使得物流的运行和停滞都处于受控状态，实现人、物、场所在空间和时间上的优化组合，使仓储作业在适宜的条件下顺畅进行，以达到生产作业的高效率、安全和文明。

5. 商品的在库检查

商品在储存期间，质量会不断发生变化，特别是在不利的环境因素的作用下，劣变的速度会加快，如不能及时发现和处理，会造成严重损失。因此，对于库存商品要做定期和不定期、定点和不定点、重点和一般相结合的质量检查制度，并根据检查结果随时调节储存条件，减慢商品的劣变速度。

检查方法以感观检查为主，充分利用检测设备，必要时要进行理化检验。检查内容包括：商品质量状况检查，对检查中发现的问题应立即分析原因，采取相应的补救措施以保证商品的安全；安全检查，对库房的消防设备状态、仪表设备运行情况以及卫生状况是否符合要求，进行认真的检查，并做好防虫、防火、防霉等工作；建立商品保管账卡，商品保管账卡是用于记录所储商品的数量动态，它要真实反映库存商品情况，便于仓库清查、盘点。

6. 仓库温湿度的控制与管理

（1）仓库的温度和湿度

仓库温度的控制包括库房内外的温度（库温和气温）和储存物资的温度（垛温）。常用的温度单位是摄氏温度（℃）、华氏温度（℉）和绝对温度（K）。

空气湿度指空气中水蒸气含量的多少或空气的干湿程度。常以绝对湿度、饱和湿度、相对湿度和露点来表示。

仓库的温度和湿度，对商品质量变化的影响极大，是影响各类商品质量变化的重要因素。各种商品由于其本身特性，对温、湿度一般都有一定的适应范围的要求，因此，应根据库存商品的性能要求、质量变化规律、本地区的气候条件与库内温湿度的关系，适时采取密封、通风、吸潮和其他控制与调节温、湿度的办法，力求把仓库温、湿度保持在适应商品储存的范围内，以维护商品质量安全。

（2）仓库的密封

仓库密封就是利用密封材料把整库、整垛或整件商品尽可能地密封起来，减少外界不良气候条件的影响，以达到商品安全储存的目的。对库房采用密封就能保持库内温、湿度处于相对稳定状态，达到防潮、防热、防干裂、防冻、防溶化的目的，还可收到防霉、防火、防锈蚀、防老化等各方面的效果。密封措施是仓库环境管理工作的基础。没有密封措施也就无法运用通风、吸潮、降温、升温和气调的方法。

密封储存应注意的问题：采取密封储存除应考察库内外的温、湿度变化情况外，还必须考虑商品的质量、温度和含水量是否正常、密封的时期的选择、加强商品密封后的检查管理工作等。

密封储存有整库密封、按垛密封、货架密封法、按件（箱）密封几种形式。

（3）通风

通风是根据空气自然流动规律或借助机械形成的空气定向流动，使库内、外的空气交换，以达到调节库内空气温、湿度的目的。

通风原理：自然通风主要是利用空气自然对流的原理进行的。其有两个决定因素，即温压和风压。温压又叫热压，是指库房内外因温差而产生的压力。如库外温度低，空气密度大，压力则大；库内温度高，空气密度小，压力则小。这样利用库内外空气温、湿度的不同构成的气压差，使库外密度大的冷空气会从库房下部门窗或孔隙进入仓内，而库内的热空气就从库房的上部门窗或孔隙被挤出，形成了库内外冷热空气的自然交换，从而达到调节库内温、湿度的目的。库内外温差越大，内外空气的交换量则超大，通风效果就越好。

通风方法有自然通风和机械通风。

（4）吸潮

吸潮是与密封紧密配合用以降低库内空气湿度的一种有效方法。在梅雨季节或阴雨天，当库内湿度过大又无适当通风时机的情况下，在密封库里常采用吸潮的办法，以降低库内的湿度。吸潮方法常采用吸潮剂吸潮和去湿机吸潮。

（三）商品出库管理

商品出库业务是指商品发出时仓库各业务部门所需办理的手续及其作业的全过程，包括商品出库的程序（包括商品出库前的准备，保证商品按时出库、备料、点交、清理收尾等）、清理善后工作和商品出库中发生问题的处理等。

商品出库要求做到"三不三核五检查"。"三不"，即未接单据不登账，未经审单不备货，未经复核不出库；"三核"，即在发货时，要核实凭证、核对账卡、核对实物；"五检查"，即对单据和实物要进行品名检查、规格检查、包装检查、件数检查、重量检查。

商品出库是仓储业务的最后阶段，要求做到以下几点。

（1）必须有业务部门开具齐备的提货单，并认真验证核查，手续齐备，商品才能出库。

（2）对交付的商品，要认真对单核对品种、规格、数量要准确，质量要完好，复核要仔细，不错、不漏，单货同行。

（3）商品的包装完整，标志准确、清晰，符合运输要求。

（4）对预约提货的商品，应及早备货。

（5）为了维护企业经济利益，商品出库该符合先进先出，接近失效期先出、易坏先出的"三先出"原则，及时发货，但对变质失效的商品不准出库。

（6）物品出库完毕，应及时销账，及时清理现场，并将提货凭证注销后归档存查。

三、商品仓储的场所

商品的储存场所是指储存商品的仓库（库房），它是商业、供销部门组织商品流通，进行储存及运输必不可少的物质技术基础。为了有效地组织商品流通，在流通的各个环节，需要有相应不同类型、不同规模、不同职能的仓库，以承担复杂繁重的商品储存任务。根据仓库担负的职能和储存商品的性能及条件，一般对仓库有如下分类。

（一）按仓库储存商品的功能及条件分类

1. 普通仓库

又叫通用仓库，用来储存人们生活中所需的工业品及农副产品。其技术设施比较简单，只要有一般的装卸、搬运、堆码、养护设备即可。这类仓库在商业网中分布最广，比重最大，利用率最高。

2. 专用仓库

用于储存某些特殊性质的商品。许多商品性能特殊，易受外界因素影响而引起质量变化，要有专库储存。在技术设备方面，比普通仓库相应地增加了密封、吸潮、空调、防火、防虫等设施。如卷烟仓库、食糖仓库、粮食仓库、食盐仓库等。

3. 特殊仓库

这是用于储存具有特殊性能、要求特别储存养护条件商品的仓库。根据商品的物理及化学性质和储存条件，仓库具有特殊设施和技术要求，如冷藏库、石油库、危险品仓库等。

（二）按仓库的建筑结构分类

1. 库房

指用于存放商品的房屋。主要存放怕风吹日晒、雨雪浸淋的商品。按照建筑形式分，有平房、多层、地下室和高层。其中多层仓库是两层以上的建筑物各层之间依靠垂直运输机械联系，或者以坡道相连（称坡道仓库）。虽然在各层间使货物上下移动作业影响了作业效率，但在土地稀缺的港湾、市区可以有效扩大仓库的实际使用面积。立体仓库的建筑物本身虽是平房结构，但仓库的顶很高。可以放置保管10层以上托盘的高层货架。立体仓库是一种自动化程度较高、存货能力较强的仓库。根据库房高度使用高9米、12米，甚至22米的货架，使货物堆放立体化。高层仓库在作业方面，主要使用电子计算机控制，有堆码机、吊机等装卸机械配合，实现机械化和自动化。因此也称为自动化仓库，或称为无人仓库。

2. 货棚

用于储存商品的货棚有蔽棚、半蔽棚、墙棚等。其结构简单，造价低廉，使用年限短，防潮、保温、隔热性能差。主要存放受自然温湿度影响较小的商品，常用于储存中转、加工的、临时存放的商品。

3. 货场

用于露天存放商品的场地。货物的四周用围墙、铁丝网、篱笆或水沟隔离。场地的地坪经过平整，用水泥或末石苫垫。用其储存商品有一定的局限性，主要储存经得起风吹、日晒、雨淋、雪浸，批量大和价值低的商品，如煤炭、砖瓦、原木、陶瓷制品等。苫垫堆垛存放的商品主要有稻谷、苞米、薯类，以及防雨淋、日晒的罐装、桶装的商品。

（三）按仓储经营主体分类

1. 企业自营仓储

企业自营仓储包括生产企业和流通企业的自营仓储。生产企业自营仓储是指生产企业使用自有的仓库设施，对生产使用的原材料、半成品和最终产品实施储存保管的行为。生产企业自营仓储的对象一般来说品种较少，基本上是以满足生产需要为原则。流通企业自营仓储则是流通企业自身以其拥有的仓储设施对其经营的商品进行仓储保管的行为。流通企业自营仓储中的对象种类较多，其目的为支持销售。企业自营的仓储行为具有从属性和服务性特征，即从属于企业，服务于企业，所以，相对来说规模较小、数量众多、专用性强、仓储专业化程度低、一般很少对外开展商业性仓储经营。

2. 营业仓储

营业仓储是仓库所有者以其拥有的仓储设施，向社会提供商业性仓储服务的仓储行为。仓储经营者与存货人通过订立仓储合同的方式建立仓储关系，并且依据合同约定提供服务和收取仓储费。营业仓储的目的是为了在仓储活动中获得经济回报，追求目标是经营利润最大化。其经营内容包括提供货物仓储服务、提供场地服务、提供仓储信息服务等。

3. 公共仓储

公共仓储是公用事业的配套服务设施，为车站、码头提供仓储配套服务。其主要目的是对车站、码头的货物作业和运输流畅起支撑和保证作用，具有内部服务的性质，处于从属地位。但对于存货人而言，公共仓储也适用营业仓储的关系，只是不独立订立仓储合同，而是将仓储关系列在作业合同、运输合同之中。

4. 战略储备仓储

战略储备仓储是国家根据国防安全、社会稳定的需要，对战略物资实行战略储备而形成的仓储。战略储备由国家政府进行控制，通过立法、行政命令的方式进行，由执行战略物资储备的政府部门或机构进行运作。战略储备特别重视储备品的安全性，且储备时间较长。战略储备物质主要有粮食、油料、能源、有色金属、淡水等。

（四）按仓储物的处理方式分类

1. 保管式仓储

保管式仓储是指存货人将特定的物品交由仓储保管人代为保管，物品保管到期，保管人将代管物品交还存货人的方式所进行的仓储。保管式仓储也称为纯仓储。仓储要求保管物除了发生的自然损耗和自然减量外，数量、质量、件数不应发生变化。保管式仓储又可分为物品独立保管仓储和物品混合在一起保管的混藏式仓储。

2. 加工式仓储

加工式仓储是指仓储保管人在物品仓储期间根据存货人的合同要求，对保管物进行合同规定的外观、形状、成分构成、尺度等方面的加工或包装，使仓储物品满足委托人所要求达到的变化的仓储方式。

3. 消费式仓储

消费式仓储是指仓库保管人在接受保管物时，同时接受保管物的所有权，仓库保管人在仓储期间有权对仓储物行使所有权，待仓储期满，保管人将相同种类、品种和数量的替代物交还委托人所进行的仓储。消费式仓储特别适合于保管期较短的商品储存，如储存期较短的肉禽蛋类、蔬菜瓜果类农产品的储存。消费式仓储也适合一定时期内价格波动较大的商品的投机性存储，是仓储经营人利用仓储物品开展投机经营的增值活动，具有一定的商品保值和增值功能，同时又具有较大的仓储风险，是仓储经营的一个重要发展方向。

（五）按仓储功能分类

1. 储存仓储

储存仓储是指物资较长时期存放的仓储。储存仓储一般设在较为偏远的但具备较好交通运输条件的地区。存储费用低廉就很有必要，储存仓储的物资品种少，但存量大。由于物资存期长，储存仓储特别注重两个方面：一是仓储费用的尽可能降低；二是对物资的质量保管和养护。

2. 物流中心仓储

物流中心仓储是指以物流管理为目的的仓储活动，是为了有效实现物流的空间与时间价值，对物流的过程、数量、方向进行调节和控制的重要环节。一般设置在位于一定经济地区中心、交通便利、储存成本较低的口岸。物流中心仓储品种并不一定很多，但每个品种基本上都是较大批量进货、进库，一定批量分批出库，整体吞吐能力强，故要求机械化、信息化、自动化水平要高。

3. 配送仓储

配送仓储也称为配送中心仓储，是指商品在配送交付消费者之前所进行的短期仓储，是商品在销售或者供生产使用前的最后储存，并在该环节进行销售或使用前的简单加工与包装等前期处理。配送仓储一般通过选点，设置在商品的消费经济区间内，要求能迅速地送达销售和消费。配送仓储物品品类繁多，但每个品种进库批量并不大，需要进货、验货、制单、分批少量拣货出库等操作，往往需要进行拆包、分拣、组配等作业，主要目的是为了支持销售和消费，配送仓储特别注重两个方面：一是配送作业的时效性与经济合理性；二是对物品存量的有效控制。基于此，配送中心仓储十分强调物流管理信息系统的建设与完善。

4. 运输转换仓储

运输转换仓储是指衔接铁路、公路、水路等不同运输方式的仓储，一般设置在不同运输方式的相接处，如港口、车站库场所进行的仓储。它的目的是为了保证不同运输方式的高效衔接，减少运输工具的装卸和停留时间。运输转换仓储具有大进大出以及货物存期短的特性，十分注重货物的作业效率和货物周转率。基于此，运输转换仓储活动需要高度机械化作业为支撑。

5. 保税仓储

保税仓储是指使用海关核准的保税仓库存放保税货物的仓储行为。保税仓储一般设置在进出境口岸附近。保税仓储受到海关的直接监控，虽然说货物也是由存货人委托保管，但保管人要对海关负责，入库或者出库单据均需要由海关签署。

第五节　保税仓与海外仓

一、保税制度

保税制度开始于 16 世纪的英国，随后为各国所效仿，受到世界各国政府的普遍重视。海关保税制度也成为当今国际物流的重要组成部分，被喻为"20 世纪末最流行的经济维他命"。

保税制度所管理的对象被称为保税货物，主要指那些为再出口而进口的外国货物，如果这些货物处于海关监管的特定场所，如保税仓库、保税工厂或出口加工区、保税区内，在进行储存、加工或装配的过程中，可以暂缓缴纳进口关税。保税制度是海关对保税货物实施进口、储存、加工、装配、出口全过程监管的一整套制度规范。

在我国，保税概念的大量使用是在 20 世纪 80 年代以后，随着改革开放政策的实施，对外加工贸易迅速发展，大量外国商品进入我国。这些源自海外的原材料、零部件经过一定的生产加工过程后再次出口供应全球市场，形成所谓"大进大出"的生产模式。根据这些商品将再出口的特性，也为了鼓励出口，1981 年海关总署制定了《海关对保税货物和保税仓库监管暂行办法》，规定："保税货物，系指已经入境但经海关特许缓办进口纳税手续或者存放后再复运出口的货物。"这是首次明确提出保税概念的官方文件。1982 年 10 月，海关总署决定施行《海关对加工装配和中小型补偿贸易进出口货物监管和征免税实施细则》，第一次明确规定加工装配及补偿贸易进口的原料、设备都是保税货物。《中华人民共和国海关法》则最终以法律形式确定了保税货物的概念，对促进我国外向型经济的发展起到了重要推动作用。

二、保税货物

所谓的保税货物是指经海关批准未办理纳税手续进境，在境内储存、加工、装配后复运出境的货物。

（一）保税货物的特点

与一般进口货物相比，保税货物具有以下明显特征：

1. 要经过海关的批准

无论加工贸易的原材料，还是用于免税销售的外国商品，任何货物都不能自然成为保税货物，而需各国海关根据有关的法律、法规批准后才能保税进口。根据我国的实践，批准的保税货物一般不受国家贸易许可管制，无须申请进出口许可证；明确货物进口的目的是为了再出口（或复出口）；在国内停留阶段，海关可以利用保税仓库等方式进行监管，避免出现走私现象。

2. 暂缓缴纳进口关税

保税货物在进口时可以暂缓缴付进口关税，一直到货物再出口，都被视同处于所在国关境之外，但如保税货物最终没能再出口，而是在进口国本地销售或消费，则需要缴纳进口关税。

3. 海关监管

自进口到再出口，保税货物始终处于海关监管之下，监管的场所可以有保税仓库、保税工厂等多种形式。

4. 出口需经海关核销结关

一般出口货物放行就是结关，但保税货物在海关查验放行后，还需要确认再出口的货物与原进口的货物一致，或者确认原进口货物已经作为原材料在生产加工过程中被消耗，成为再出口成品的一部分，这一过程被称为"核销"。核销是保税制度中的重要一环，也是较为复杂的一个环节。特别是针对加工生产类保税货物的核销，更是保税制度中的难点。

（二）保税货物的种类

申请保税的货物主要包括：

1. 转口贸易货物

所谓转口贸易指商品由一国经第三国交易进入消费国，第三国即进行转口贸易的国家。对第三国而言，进口货物经短暂储存后会再次出口到消费国，所以可以申请作为保税货物暂缓缴纳进口关税。

2. 免税销售的外国商品

各国为刺激旅游事业的发展，也为了带动商品的出口，纷纷在机场、码头或其他外国游客集中的旅游地开办免税店，针对外国游客销售免税商品，主要包括烟酒、化妆品等高档商品，这些商品在存储期间可以作为保税货物。

3. 加工贸易用原材料

无论来料加工贸易，还是进料加工贸易，经海关批准后都可以对进口的原材料、零配件进行保税处理。

4. 其他

如为维修进口耐用消费品而进口的维修用零配件，在存储期间可以申请保税，暂缓缴纳进口关税。

三、保税仓库

(一) 保税仓库的含义

所谓保税仓库指经海关核准的专门用于存放保税货物的仓库，保税仓库是应用最为广泛的一种保税制度，服务性和灵活性都很强，有力地促进了出口贸易的发展。

从各国的实践来看，保税仓库的所有经营活动都在海关监管之下。保税货物在进入保税仓库后可以暂时不必缴纳进口关税，也就不要求提供进口许可证等特定批文，即进入保税仓库的货物被视为处于海关关境之外。如果保税货物在存储一段时间后复出口（一般不超过一年），则经海关检验后予以放行；如果转向进口国市场销售或供进口国生产加工使用，则要根据相关法律规定办理进口手续，按要求缴纳进口关税。

(二) 保税仓库的功能

1. 国际中转

对于一些国际中转货物，贸易公司只是利用第三方国家进行货物的暂时中转，以换乘船只，这样可以有效地保护商业机密。

就深圳来说，一般会通过保税物流公司来操作。境外货物，转入深圳保税区，根据实际需要，或直接转运出口，或对货物对行简单的加工，如换标签、贴唛头、换包装等相对简单的加工业务。这个业务如果在我国香港地区操作，因为人工和仓储费用高，导致成本难以控制。所以目前国际中转业务，大部分都已经由深圳保税物流公司操作。

2. 进口拆箱配送

贸易公司在国外买了大批的货物，由于买家相当多，但性质各不一样，所以需要进入保税区仓库进行拆箱。不同的客户可根据自己的情况，从保税区申报进口，做一般贸易征税进口或者加工贸易保税进口。目前福田保税区这类货物相当多，深圳保税物流公司的操作已经相当成熟。

3. 出口拼箱

我们经常可以看到，国外买家在中国大陆的多个工厂进行货物采购后，将货物送到福田保税仓库，最终从盐田港或者蛇口港通过海运出口。而香港仓库对于要出口到东南亚、台湾，则是最好的拼箱选择。

在不同的情况下，中国内地外贸公司和香港的贸易公司采购货物，为了保护商业秘密，国际上的做法，一般需要分开供应商和最终客户。所以在操作中，会先让供应商将货送到一个指定的仓库，然后贸易公司再安排海运出口。这种模式的操作，一般会选择在出口监管仓或者保税区操作，这种主动权可以牢牢掌握在贸易公司手中。但相对来说，保税区的操作灵活性更大。

(三) 保税仓库的种类

保税仓库按仓库所有人的不同，也可分为公用型保税仓库和自用型保税仓库，但由于保税仓库的设立较一般仓库更加困难，因此自用型保税仓库所占的比重比一般仓库更少。

1. 公用型保税仓库

公用型保税仓库是公用型仓库的一种特殊形式，是由海关总署批准设立的用于向所有进出口企业或不特定货主（公众）提供保税货物存储服务的仓库。保税仓库中可以存放加工贸易用原材料，也可以存放免税商店销售的免税商品。

2. 自用型保税仓库

自用型保税仓库是自用型仓库的一种，指仓库经营人为存储生产、经营中需要的保税货物而经海关批准设立的仓库。一些常年从事加工贸易的企业就专门设立自用型保税仓库存放从国际市场上采购回来的原材料、零部件等物资。此外，专为外国产品在我国境内寄售、维修进口机器设备所需零部件及进口免税商品等提供储存服务的寄售、维修、免税商品保税仓库，也是其中一种形式。

（四）利用保税仓库的电商业务

过去，在中国网购海外商品并不是件容易的事。按以往的流程，海外的商家从中国消费者获得的每笔订单都要分别通过空运等方式将商品出口至中国。商品即便到了中国国内也需要经过较长时间的通关手续。有中国网购者表示"以前要等上 1 个月才能收到商品"。

如今，通过活用保税区仓库，则可大幅节省时间和成本。海外的商家利用集装箱船以较低的成本将商品集中运往中国，无需办理通关手续即可将商品保存在中国国内的保税仓库。而当接到中国消费者的订单后便可直接从保税仓库发货。这样一来，配送时间可大幅缩短至 2~3 天。

通关手续只需在商品出库时办理，可以大大减轻商家的税费负担。由于被视为个人进口货品，因此除了个人电脑等电器产品和食品等商品外，大多数情况下不会被征收进口关税。而此前，商品被进口时必须办理通关手续，相当于在销售前已经支付了关税。日本电商人士表示"和普通进口商品相比，（经由保税仓库发货的商品）价格可便宜 2 成左右"。2009 年我国海外代购市场交易规模仅 50 亿元，到 2018 年我国海外代购市场规模达到了 2601 亿元，海外代购保持高速增长，由一、二线向三四线消费群体延伸。

利用保税仓库进口海外商品的机制对中国政府来说也将受益。一直以来，很多中国网购者都是通过海外的代购商购买海外商品。这些代购商将自身采购的商品作为个人物品通过国际快递（EMS）等方式邮寄至中国，因此海关无法对所有包裹进行检查。据中国电子商务研究中心预测，2014 年经由海外代购商的网购交易额将增至上年的 2 倍，达到 1549 亿元。代购商有时还会自己乘坐飞机将商品带回中国国内。而其中大部分商品都不会通过海关。因此从海关当局来看，非法品流入中国的风险正日益增加。而利用保税仓库则有助于降低上述风险。利用保税仓库，可在商品入库时严格检查商品，出库时按照规定征税。

利用保税仓库的电商业务目前正稳步发展。除了上海市设立的"中国（上海）自由贸易试验区"之外，浙江省的杭州和宁波、广东省广州等地的保税区也正试验性启动面向电商市场的保税仓库，探索跨境电子商务发展模式。虽然目前只在上海自贸区、杭州市的保税区等部分地区才有保税仓库，但是中国正计划在全国范围内构筑保税仓库机制，发展跨境电商综合试验区。在新冠疫情影响下，中国传统外贸受到较大冲击。2020 年 4 月国务院常务会议决定，在已设立 59 个跨境电商综合试验区基础上，再新设 46 个跨境电商综合试验区。至此，中国跨境电商综合试验区扩容至 105 个。

四、海外仓概述

（一）海外仓的含义

海外仓又称为海外仓储，指的是企业在本国以外的国家或地区建立或租赁海外仓库，企业按照一般贸易方式，将商品批量出口到境外仓库，通过互联网拿到订单后，再将商品从当地仓库送达境外客户的模式。海外仓可以为全球跨境电商卖家在目标国提供货物仓储、分拣、包装、派送、售后等一站式管理服务。

（二）海外仓模式的运作流程

1. 头程运输

卖家自己将商品通过陆运、海运、空运或多式联运等方式运送至海外仓，或者委托承运商将货发至海外仓。卖家需要对比头程费用以及清关能力，选择合适的运输方式及承运商。

2. 仓储管理

卖家在线远程管理海外仓储。卖家使用物流商和海外仓的物流信息系统，远程跟踪和操作海外仓储货物的状态，并保持实时更新。卖家需要关注货物仓储在海外仓库时产生的费用，妥善处理好滞销货物。

3. 本地配送

根据卖家指令进行货物操作。海外仓储中心依托自动化操作系统，根据订单信息，严格按照卖家指令对货物进行分拣、包装、配送等操作。卖家不仅需要关注货物在海外仓进行配送处理时的费用，还要跟踪货物是否安全、准确、及时到达终端买家手中。

五、海外仓模式的优势和劣势

（一）海外仓模式的优势

1. 运输时效性强

将货物发至海外仓库，将可以实现本地发货，批量发货更是可以降低货物平均的物流成本，降低物流纠纷，缩短卖家回款周期。买家收货的时间可以从 15～40 天缩短到 2～7 天。以圣诞节、万圣节等国外节日为例，货物小包裹集中在节前后大量发货，国际物流商难以将超负荷的货量运转，将导致货物的囤积，极大地影响了货物的发货时效，更大的影响是直接吓跑了客户，海外客户因此也会造成流失。如果采用海外仓储，就可以按往年同期销售或者销售预计来预算一段未来时间的销售量，将部分货量提前发货至海外仓库，有效地规避了因物流滞后带来的种种恶性循环。

2. 产品曝光度提升

海外本地发货的商品可获得更高的曝光及流量，增强买家的购买信心，带来更高的转化及销量，提高了产品的竞争力。物流服务响应速度得到大大提升，可以通过消费额或售价的提升，提供更加灵活的退换货服务，完善售后服务环节，以更大的优势在市场上竞争。

3. 退换货便捷

如有特殊原因导致顾客需要进行退换货服务，只需将货物直接退至海外仓储的仓库，免去了国内外转运的运输成本，节约了时间，同时有助于提升顾客满意度，提升综合竞争力。

（二）海外仓模式的劣势

1. 成本较高

海外仓储系统，不管是选择租赁还是自建，其运维成本普遍较高。另外也会遇到库存周转、库存消化以及配送和售后等一系列问题。不同国家或地区、不同海外仓仓储费用不尽相同，跨境电商卖家需要计算成本。

2. 存在货物滞销方面的风险

因为海外仓储模式往往事先将货物运输至海外仓库，如果对海外需求没有做到十足的预测而把货物运往海外仓库，则很有可能出现货物滞销的情况。此时，滞销货物的运输费用和在仓库的保管费用均会给跨境电子商务企业带来很大的压力。

3. 海外物流仓储服务未完全满足需求

由于目前的电商市场规模正在急速扩大，海外物流仓储服务没有办法完全满足来自于卖家订单配送量方面所带来的需求。尤其是遇到销售旺季，当海外仓无法承载庞大的货运量时，会进行"限流"，打乱卖家的销售计划。

思考题：

1. 简述商品仓储的概念。
2. 商品在仓储中面临哪些损耗与质量劣变？
3. 阐述储存商品的主要技术方法。
4. 阐述仓库的分类。
5. 阐述仓库作业的基本要求。

第十章　商品运输

学习目标

1. 掌握运输的概念和特点

2. 掌握国际货物运输的特点、要求，了解国际货物运输的基本任务和作用，熟悉国际货物运输的当事人

3. 了解海运的发展，熟悉海上运输的特点，掌握国际海上运输经营方式

4. 了解航空货运的发展，熟悉航空运输的特点，掌握国际航空运输经营方式

5. 了解铁路运输的发展，熟悉铁路货物运输的特点，掌握国际铁路货物联运的业务特点，熟悉内地对港澳地区的铁路货物运输

6. 熟悉公路运输、内河运输、管道运输、国际邮政快递的业务内涵

导例

　　跨境物流一直是制约整个跨境电商行业发展的关键性因素，尽管问题不断地在解决、服务水平不断地在提高，似乎境况仍不够理想。面对国际物流中诸多不可控因素，我们在选择运输服务的时候，应该考虑：第一，运费。国际运输与国内运输的最大的不同，就是运费成本高，很多情况下，产品的价格比国际快递或国际小包的价格反而低，这也就出现这样的情况，在2007~2010年，很多卖家以倒挂的方式在做ebay，但这种情况现在是不行了，外国电商也明白了，首选是免运费的，这也是有平台的数据统计，有80%的外国人会首选免运费的产品下单，所以为了减少运营成本，找一家能提供有价格优势的国际物流公司就显得很重要，也有不少的跨境电商卖家推荐。第二，运输时间。国际物流最大的痛点就运输时间长，最快的国际快递也要个2~5天，并且运费超贵。在2010年的时候，有一大批的ebay卖家账号挂掉，最大的原因就是当年当时正处于旺季的时候，大家卖了一大批货发出去，暴增的包裹让邮局一时吃不消，无处处理，很多件还没到中国海关就被退了回来，而客户又焦急地等着货物去过圣诞节，最终给卖家等来就是差评，账户指标一落千丈，最终平台无情地关闭了一大批的账号，也让很多卖家朋友一夜失业的啊，这个案例也告诉我们，物流体验直接影响用户的体验，直接影响你的生意的，此时选一家有实力的物流公司就显得特别重要。第三，通关能力如何及服务能力。如果你选择的物流公司有强大的协助通关能力，那么，这能给你极大的帮助和省事。还有一个重要的因素那就是服务能力，这家货代能不能给你提供追踪、查件、理赔等服务，选择一个服务好的物流公司有时

比选择便宜的物流公司就显得更重要!

（http：//www.admin5.com/article/20170320/727454.shtml）

第一节　国际货物运输概述

当代国际服务贸易和国际货物贸易越来越全球化，各国之间的经济交往越来越频繁，各地区之间互通有无实现了优势互补。交通运输服务贸易就是伴随着国际货物贸易的产生和发展而逐渐形成并壮大起来的。国际货物贸易运输是国际贸易的一个重要环节，在某种商品达成交易以后，只有通过国际货物运输并按照合同约定的时间、地点和交货条件把商品交给对方或其代理人，这样国际贸易才算完成。

一、运输概述

（一）运输的概念

运输（Transportation）就是人和物的载运和输送，即以各种运载工具，沿着相应运输媒介和输送路线，将人和物等运输对象从一个地方运送到另一个地方的位移过程，这种"转移"称作运输。

（二）运输的功能及其原理

运输的两大功能是物品移动和短时储存。

1. 物品移动

运输的主要目的就是以最短的时间、最低的成本将物品转移到规定地点，运输的主要功能就是产品在价值链中实现位移，运输可以创造空间效用和时间效用。

2. 短时储存

运输的另一功能是对物品在运输期间进行短时储存，就是将运输工具（车辆、船舶、飞机、管道等）作为临时储存设施。

运输的基本原理是规模经济和距离经济。

规模经济是随装运规模的增长，使单位重量的运输成本降低。另外，通过规模运输还可以获得运价折扣，也使单位货物的运输成本下降。距离经济是指每单位距离的运输成本随距离的增加而减少。距离经济的合理性类似于规模经济，尤其体现在运输装卸费用的分摊上。

（三）运输的性质与特点

1. 运输的性质

运输具有生产的本质属性，是一种特殊化的生产。运输是国民经济的基础，是社会物质生产的必要条件之一，马克思称运输是一种特殊的生产，是"第四个物质生产部门"。运输具有以下特征：

（1）运输和一般生产一样，也必须具备三个基本条件，即劳动者（运输者）、劳动手段（运输工具和通路）、劳动对象（运输对象，即货物或人）。

（2）运输的过程（货物或人的位移）和一般生产的过程一样，是借助于活劳动（运输者的劳动）和物化劳动（运输工具、设备与燃料的消耗）的结合而实现的。

（3）运输的结果使运输对象发生了位移，就是在转移旧价值的同时，改变了运输对象的地位，这也和一般生产的结果制造出新产品一样创造了新价值。

（4）运输和一般生产一样，始终处在变化和发展的状态中，并且，运输的变化和发展是与一般生产的变化和发展紧密地结合在一起且经历了几个相同的阶段。

2. 运输的特点

（1）运输是在产品的流通领域内进行的，是生产过程在流通过程中的继续。

（2）运输不能改变劳动对象的性质和形状，不能生产出任何独立物质形态的产品。

（3）运输使投入流通领域的产品发生位置移动，从而将生产和消费（包括生产消费和生活消费）联结起来，使产品的使用价值得以实现。

（4）在运输费用中，没有原料费用，固定资产（运输设备）的折旧和工资是运输的主要费用。

二、国际货物运输的概念

运输，就其运送对象来说，可分为货物运输和旅客运输。货物运输可按地域划分为国内货物运输和国际货物运输两类。其中，国际货物运输，就是货物在不同的国家、不同的国家与地区之间的运输，按其运输对象的性质可以分为贸易物资运输和非贸易物资运输两种类型，其中贸易物质运输占有绝大部分比重，非贸易物资运输仅指展览品、个人行李、援外物资等。因此，国际贸易运输通常被称为国际货物运输，对一个国家而言，就是对外贸易运输，即"外贸运输"。

国际贸易和国际货物运输具有相互促进的作用。随着世界各国商品生产的不断发展和各国间商品交换范围日益扩大，国际贸易得到了更大的发展，也就出现了越来越多可运的物品。这也加速了国际货物运输的发展。正是国际货物运输的发展才可以使国际货物以更快的速度进行交换，降低运输成本，开拓越来越远的市场，从而推动了国际贸易的发展。

三、国际货物运输的本质属性

运输是一个独立的特殊物质生产部门。马克思指出："除了采矿工业、农业和加工制造业以外，还有第四个物质生产部门，它也经过手工业生产、工场手工业生产和机器生产三个不同阶段。这就是运输业，不论它是客运还是货运。"运输业作为特殊的独立生产部门，它所生产的东西是商品的场所变动，这就是运输的生产过程。商品在空间上的流通，即通过运输使商品位置发生的移动，改变了商品使用价值的位移，从而使商品的交换价值增大，它可以按照高于原来产地的价格出售。由运输追加到商品中去的价值，等于使商品的使用价值发生位移所需要的劳动量，这个劳动量，一部分是物化劳动量（即运输工具的价值转移），另一部分是活劳动量（即运输劳动的价值追加），这同其他一切商品的价值增加过程是一样的。然而，作为一个独立的物质生产部门，国际货物运输同国内运输一样，有着自己的特殊性。这种特殊性主要体现在以下三个方面：

1. 物质产品的生产是运输生产的基础

运输生产是物质产品生产过程在流通领域中的继续。没有物质产品生产就没有运输生产，反过来，没有运输把生产的产品运到消费地点，产品的使用价值就无法实现，物质产品的生产就会失去意义。

2. 运输业生产的产品是无形的

在运送商品的过程中，运输不能改变劳动对象（即商品）的形状和性质，也不能生产出独立形态的产品。因此，运输在国际贸易中被划为服务贸易范畴。

3. 国际货物运输增加了商品的价值

国际贸易商品价格中包含了商品的运输价值，即运价，它在商品价格中所占比重一般取决于商品的价值。运价一般是以商品的运输距离和运输量来确定，与商品的价值关系不大。这样，运价在低值商品价格中所占比重就大一些，如运价在原料性商品的价格中会占到50%甚至100%以上，而在高值的制成品中一般只占10%~40%。因此，从事商品贸易的人不得不重视运输在商品中增加的价值。

认识国际货物运输的本质属性很重要。它有利于人们重视国际运输业的发展，从宏观上加强发展规划和指导，从微观上加强投资和技术改造，使国际货物运输及相关产业成为国民经济发展的重要产业。实践证明，世界主要航运大国多集中在发达国家，航运业已成为这些国家的重要产业。

四、国际货物运输的特点

（一）国际货物运输是一项政策性很强的工作

国际货物运输是国际贸易的一个组成部分，在组织货物运输的过程中，需要经常同国外发生直接或间接的业务联系，这种联系不仅是经济上的，也常常会涉及国际政治问题，是一项政策性很强的涉外活动。这就要求我们不仅要用经济观点去办理各项业务，而且要有政策观念，按照我国的对外政策的要求从事国际运输业务。

（二）国际货物运输路线长、环节多

国际货物运输是国家与国家、国家与地区之间的运输，一般来说，运输的距离都比较长，往往需要使用多种运输工具，通过多次装卸搬运，要经过许多中间环节，如转船、变换运输方式等，经由不同的地区和国家，要适应不同的法规和规定。

（三）国际货物运输涉及面广、情况复杂，可变性大

国际贸易运输涉及国内外许多部门，需要与不同国家和地区的货主、交通运输企业、商检机构、保险公司、银行或其他金融机构、海关、港口，以及各种中间代理商等打交道。同时，由于各个国家和地区的法律、政策规定不一，贸易、运输习惯和经营做法不同，金融货币制度的差异，加之政治、经济和自然条件的变化，都会对国际货物运输产生较大的影响。

（四）国际货物运输的时间性强

按时装运进出口货物，及时将货物运至目的地，对履行进出口贸易合同、满足商品竞争市场的需求、提高市场竞争能力、及时结汇，都有重要意义。特别是对一些鲜活、季节性和敏感性强的商品，要求迅速运输，不失时机地组织供应，才有利于提高出口商品的竞争能力，有利于巩固和扩大销售市场。因此，国际货物运输必须加强时间观念，争时间、抢速度，以快取胜。

（五）国际货物运输的风险大

由于国际货物运输的环节多，运输距离长，涉及面广，情况复杂多变，加之时间性又很强，在运输沿途国际形势的变化、社会的动乱、各种自然灾害和意外事故的发生，以及战乱、封锁禁运或海盗活动等，都可能直接或间接地影响到国际货物运输，以至于造成严重后果，因此，国际货物运输的风险较大。为了转嫁运输过程中的风险损失，各种进出口货物和运输工具，都需要办理运输保险。

五、国际货物运输的基本任务

（一）按时、按质、按量地完成进出口货物运输

"按时"就是根据贸易合同的装运期和交货期条款的规定履行合同；"按质"就是按照贸易合同质量条款的要求履行合同；"按量"就是尽可能地减少货损、货差，保证贸易合同中货物数量条款的履行。

（二）节省运杂费用，为国家积累建设资金

由于国际货物运输是国际贸易的重要组成部分，而且运输的距离长，环节较多，各项运杂费用开支较大，故节省运杂费用的潜力比较大，途径也多。因此，从事国际货物运输的企业和部门，应该不断地改善经营管理，节省运输费用，提高企业的经济效益和社会效益，为国家积累更多的建设资金。

（三）为国家节约外汇支出，增加外汇收入

国际货物运输是一种无形的国际贸易，它是国家外汇收入的重要来源之一。CIF 即"成本、保险费加运费"，是指在目的港当货物装上船时卖方即完成交货。FOB（离岸价）

由买方负责派船接运货物，CIF 通常是指 FOB+运费+保险费。国际贸易合同在海上运输一般采用 CIF 和 FOB 等贸易术语成交，按照 CIF 条件，货价内包括运费、保险费，由卖方派船将货物运至目的港；按照 FOB 条件，货价内则不包括运费和保险费，由买方派船到装货港装运货物。为了国家的利益，出口货物多争取 CIF，进口货多争取 FOB，则可节省外汇支出，增加外汇收入。而国际货物运输企业为了国家利益，首先要依靠国内运输企业的运力，再考虑国内的租船、中外合资船公司和侨资班轮的运力，再充分调动和利用各方面的运力，使货主企业同运输企业有机地衔接，争取为国家节约外汇支出，创更多的外汇收入。

（四）认真贯彻国家对外政策

国际货物运输是国家涉外活动的一个重要组成部分，它的另一个任务就是在平等互利的基础上，密切配合外交活动，在实际工作中具体体现和切实贯彻国家各项对外政策。

六、国际贸易运输的要求

（一）选择最佳的运输路线和最优的运输方案，组织合理运输

各种运输方式有着各自较合理的适用范围和不同的技术经济特征，选择时必须进行比较和综合分析，首先要考虑商品的性质、数量的大小、运输距离的远近、市场需求的缓急、风险的程度等因素。比如鲜活商品、季节性商品，要求运输速度快、交货及时，以免贻误销售时机；贵重货物因商品价值高，要求严格地保证运输质量等；另外，要考虑运输成本的高低和运行速度的快慢，比如，货价较低的大宗商品则要求低廉的运输费用，以降低商品成本，增加竞争能力。在同一运输方式，如铁路或公路运输，可根据不同商品选择不同类型的车辆，海运可选择班轮或不定期船等。

正确选择运输路线和装卸、中转港口。一般来说，应尽量安排直达运输，以减少运输装卸、转运环节，缩短运输时间，节省运输费用。必须中转的进出口货物，也应选择适当的中转港、中转站。进出口货物的装卸港，一般应尽量选择班轮航线经常停靠的自然条件和装卸设备较好、费用较低的港口。进口货物的卸港，还根据货物流向和大宗货物用货地来考虑，出口货物的装港，则还应考虑靠近出口货物产地或供货地点，以减少国内运输里程，节约运力。

1. 合理运输

所谓合理运输，就是按照货物的特点和合理流向以及运输条件，走最少的里程，经最少的环节，用最少的运力，花最少的费用，以最短的时间，把货物运到目的地。所以，国际货物运输就是要根据所运商品的特定要求，综合考虑速度、价格、质量等因素，求得其最佳效益。

实现合理运输需要考虑以下因素：

（1）运输方式的选择

比较各运输方式的特点；考虑商品的性质、数量、运输距离、客户的具体要求、需要的缓急程度、风险程度、装卸地的情况等多方面因素。

（2）运输路线和港口

尽量安排直达运输，如没有就需要选择适当的中转地点，出口商品基地尽量做到"四就"——就地加工、就地包装、就地检验、就地出口，进口货物的卸港应靠近用户所在地，一般应选择有班轮航线经常挂靠、自然条件好、装卸设备齐全、收费较低的港口。

（3）货物的包装

货物的包装分为运输包装和销售包装，运输包装起到保护商品的作用，销售包装起到美化商品、促进销售的作用。

（4）积载

积载就是根据货物的体积、重量、包装、接收地的先后顺序，结合运输工具的特点，在不影响安全的前提下，进行合理搭配装载，充分利用运力，达到满载足吨。

（5）做好运输计划

制订运输计划，不仅有利于把握运输时间，协调运输各环节的工作安排，而且根据计划来预算运输费用是否超支及合理，可以预估成本。

2. 不合理运输

所谓不合理运输，就是指在各种运输方式之间，或在同一运输方式内部各条线路或航道上，发生相同产品（或可以互代产品）的对流或相向运输、重复运输，以及过远运输、迂回运输和违反各种运输合理分工原则的运输，其结果是造成不必要的货物周转或装卸工作量，浪费运输能力，增加运输费用。

迂回运输、对流运输、重复运输、往返运输、过远运输和无效运输等奇怪现象都是不合理运输的表现形式。产生这些现象的原因很复杂，不合理运输不仅增加了不必要的运输中转环节，延长了在途时间，浪费了运输能力，影响了商品质量，增加了经营成本，同时也影响了出口商品的对外成交、合同履行和商品及时供应市场，对外贸的发展是极为不利的。

在对外贸易运输中，不合理运输原因归结如下：

（1）生产、加工、包装、仓储选点布局不合理，造成迂回、过远运输。

（2）对外签订的进出口合同的运输条款规定的不合理，如未考虑货源的产地和销售地的情况，港口选择不当，导致履约上的困难和运输费用的增加。

（3）货物和运输工具以及运输方式选择不配套，如铁路沿线地区长途运输使用汽车，而短途运输反而使用火车，宜水从陆，宜陆从水，能直达的中途卸装，这些情况都会偏离合理运输的目标，货物和运输工具不相适应又会造成运输容积的浪费和可能的货损。

（4）出口货物在产地检验不严或在单证不齐的情况下盲目发运，货到口岸不能及时出口，以致压车、压船、压库，结果就地处理或原货退回，造成无效运输、往返运输。

（5）计划调度不当，增加不必要的中转环节，造成迂回运输或对流运输；车船调度不当，一方面有货无车（船），而另一方面却是车（船）等货，使运力不能得到充分的发挥。

（6）出口包装不合理，装运时配载不当造成货物的损耗和运输容积的浪费；运输包装要求牢固、经济、科学和标准化，危险品的包装更要注意。

（7）另外，国家运输条件紧张，运输计划管理人员素质不高，各部门信息不能沟通或配合不当。

（二）树立系统观念，加强与有关部门配合协作，努力实现系统效益和社会效益

在国际货物运输的过程中，要切实加强货主、运输企业、商检、海关、银行金融、港口、船代和货代等部门与企业之间的联系，相互配合、密切协作，充分调动各方面的积极性，形成全局系统观念，共同完成国际货物运输任务。特别是作为货运代理企业，还要综合运用各方面的运力，要以综合运输系统和国际贸易整体的系统利益出发，除了努力争取本企业的经济利益以外，更重要的是考虑系统效益和社会效益，在完善企业自身的同时，要考虑企业的社会责任。

（三）树立为货主服务的观点，实现"安全、迅速、准确、节省、方便"的要求

根据国际货物运输的性质和特点，针对国际货物运输的任务，经过多年的实践，中国外运集团提出的国际货物运输要"安全、迅速、准确、节省、方便"的"十字方针"，已被广大货运代理企业和有关部门所认可。

七、国际货物运输的作用

国际商品流通是世界性商品生产的需要，而国际货物运输又是国际商品流通的需要。国际贸易的发展要求运输业的规模与之相适应，运输业的发展又有力地促进了国际贸易的发展，两者的关系是相辅相成的。

从国际贸易的发展历史看，国际分工使全球成为一个统一的大市场，使商品的国际流通成为必然，而连接这个大市场的最现实纽带是国际运输。运输工具的技术革命及运用使得需要交换的商品在很短的时间里实现了国际转移，过去郑和下西洋需要几个月的时间，而使用当今的运输工具则只需十几天，大型航空货物运输机的使用可在一天的时间内将东半球的货物运送至西半球。可以这样说，没有国际贸易就没有国际货物运输，而缺少国际运输的国际贸易也是不可想象的。因此，要大力发展国际贸易就必然要大力发展国际货物运输。

此外，国际运输业的发展对于一国经济发展的带动作用也越来越明显，建立国际航运中心，发展临港产业，带动腹地经济发展，已成为当今贸易大国经济发展规划的重要内容。

八、国际货物运输的当事人

国际货物运输的当事人主要有三个：交通运输部门（承运人）、外贸部门或进出口公司（货主）、运输代理公司（货运代理人）。

（一）承运人（Carrier）

承运人是指专门经营水上、铁路、公路、航空等客货运输业务的交通运输部门。如轮船公司、铁路或公路运输公司、航空公司等，一般都拥有大量的运输工具为社会提供运输服务。

（二）货主（Cargo Owner）

货主是指专门经营进出口商品业务的外贸部门或进出口商，为履行贸易合同，必须组织办理进出口商品的运输，是国际货物运输工作中的托运人（shipper）或收货人（Consignee）。如经贸部所属各专业总公司，地方外贸专业公司，各部委所属工、农、技贸公司，从事外贸业务的其他国有企业和集体企业。

（三）货运代理公司，即货运代理人（Freight Forwarder）

货运代理人是指根据委托人的要求，代办货物运输业务的机构。为代理承运人向货主揽取货物、代理货主向承运人办理托运、兼营两方面的代理业务，与海关、商检、保险、银行以及包装、仓储等部门也有着较为密切的关系。它们属于运输中间人性质，在承运人和托运人之间起着桥梁作用。如外经贸所属中国外贸运输总公司及其分支机构，外经贸部批准的其他货运代理公司，铁道部所属铁路服务公司，交通部所属中国外轮代理公司及各港口分公司，中外合资、合营、外资的货运代理公司。

第二节　海上货物运输

一、海运的发展

海上运输，简称海运，是以船舶为工具通过海上航道进行客货运输的一种运输方式，是世界上最古老的运输方式之一。

在遥远的古代，海上活动主要以帆船作为主要的运输工具。航运业的真正发展，还是在19世纪工业革命，船舶制造技术改进以后，1801年，第一艘蒸汽动力船舶"卡洛登达斯"号建成，6年后美国人富尔敦的蒸汽船在哈得逊河上成功首航，从此开始了航运的蒸汽时代。1833年，全程使用蒸汽动力的船舶第一次成功横渡北大西洋，正式拉开了现代国际航运的历史。

在随后的年代，随着生产技术的进步，船舶制造技术有了突飞猛进的发展。早期依靠燃烧煤炭获得动力的蒸汽船舶逐渐被燃油为动力的内燃机船舶所替代，船体的结构也由木材改为钢材，钢质内燃机船舶凭借强大的动力、载货能力、续航能力，以及抵挡海上风浪的能力成为以后船舶的主要特征。

通信技术的发展也为海上航行提供了便利。无线电的发明和利用，罗盘、雷达、卫星定位、卫星通信设备的广泛使用，进一步保障了海上航行的安全，也成为海运业发展的坚实基础。

我国拥有 1.8 万千米的海岸线，数量众多的天然良港，具有发展海上运输事业的良好自然条件。

新中国成立之初，我国的主要对外贸易伙伴是苏联和东欧的社会主义国家，商品运输以铁路运输为主。1950 年，我国第一家专门从事对外贸易进出口货物运输的公司——"中国对外贸易运输总公司"成立。在随后将近 30 年期间该公司还是我国唯一的国际货运代理公司。1951 年 6 月，我国首家航运公司，也是我国首家中外合资企业——"中波海运公司"成立，从事中欧等多条航线的杂件货物运输工作。1961 年 4 月，"中国远洋运输公司"在北京宣告成立，同时第一艘悬挂中华人民共和国国旗的"光华"号客轮出海，1973 年，中外合作的第一艘集装箱班轮试航，创了我国集装箱运输的先河。

目前，我国已成为世界上具有重要影响力的水运大国，正稳步开启加快建设交通强国水运篇新征程。港口规模居世界第一。2020 年，全国港口货物吞吐量完成 145.5 亿吨，港口集装箱吞吐量完成 2.6 亿标箱，两项指标均居世界第一；在全球港口货物吞吐量和集装箱吞吐量排名前 10 名的港口中，中国港口分别占 8 席和 7 席。海运船队规模持续壮大。截至 2020 年底，我国海运船队运力规模达 3.1 亿载重吨，居世界第二位；中远海运集团、招商局集团经营船舶运力规模分别已经达到全球综合类航运企业第一位和第二位。科技创新达到世界先进水平。至 2020 年，累计建成集装箱自动化码头 9 个、在建 7 个。全自动集装箱码头引领世界智慧港口的新潮流，自动化码头设计建造技术、港口机械装备制造技术达到世界领先水平。

二、海上运输的概念和特点

海上运输（Ocean/Maritime Transport），简称海运，是指以船舶为工具，通过海洋航道运送货物和旅客的一种运输方式。国际海上货物运输是指使用船舶或者其他水运工具通过海上航道在不同的国家和地区的港口之间运送货物的一种运输方式。海运历史悠久，发展极为迅速。尤其是第二次世界大战后，国际海上运输的货运量迅速增加。从总体上看，无论是现在还是将来，海上货物运输在对外贸易中都将占据绝对的主导地位。目前，世界外贸海运量在国际货物运输总量中占 80%左右。海上运输具有以下特点：

1. 天然航道

海洋运输借助天然航道进行，不受道路、轨道的限制，通过能力更强。随着政治、经贸环境，以及自然条件的变化，可随时调整和改变航线完成运输任务。

2. 载运量大

随着国际航运业的发展，现代化的造船技术日益精湛，船舶日趋大型化。超巨型油轮载重量已达 60 多万吨。2015 年，以航海家郑和名字命名的 18 000 标准箱超大型集装箱船在上海完工，"郑和"号轮为世界第七代集装箱船，标志着中国造船跨入了世界超大型集装箱船开发、设计和建造的第一方阵 。

3. 运费低廉

海上运输航道为天然形成，港口设施一般为政府所建，经营海运业务的公司可以大量节省用于基础设施的投资。船舶运载量大、使用时间长、运输里程远、单位运输成本较低，为低值大宗货物的运输提供了有利条件。

4. 运输的国际性

海洋运输一般是国际贸易，它的生产过程涉及不同的国家和地区的个人和组织，海洋运输还受到国际法和国际管理的约束，也受到各国政治、法律的约束和影响。

5. 速度慢、风险大

海洋运输是各种运输工具中速度最慢的运输方式。由于海洋运输是在海上，受自然条件的影响比较大，另外，还有诸如海盗的侵袭，风险也不小。

6. 不完整性

海洋运输只是整个运输过程的一个环节，它的两端的港口必须依赖其他运输方式的衔接和配合。

尽管海洋运输有明显的不足之处，如海洋运输易受自然条件和气候的影响、航期不易确定、遇险的可能性大，但是由于其运输量大和运费低廉的优越性，它在国际贸易中所占的地位和所起的作用及其重要性仍然大大超过了其他几种运输方式。

三、国际海上运输经营方式

按照船舶的经营方式，国际海上运输经营方式主要有班轮运输（Liner Transport）和租船运输（Shipping by Chartering）。

（一）班轮运输

班轮运输又称定期船运输，简称班轮（Liner），是指船舶按固定的航线、港口，以及事先公布的船期表航行，以从事客货运输业务并按事先公布的费率收取运费。

班轮运输比较适合于一般杂货和小批量货物的运输。班轮运输手续简便，为货方带来方便，而且能提供较好的运输质量，因此，使用班轮运输有利于国际贸易的发展。

1. 班轮运输的特点

（1）"四固定一负责"

"四固定"，即固定航线、固定港口、固定船期和相对固定的运费率。"一负责"，即货物由承运人负责配载装卸，运费内已包括装卸费用，承运人和托运人双方不计算滞期费和速遣费；承运人和托运人双方的权利义务和责任豁免以签发的提单条款为依据。"四定一负责"是班轮运输的基本特点。

（2）不规定货物的装卸时间

由于班轮必须按照船期表规定的时间到港和离港，运价内已包括装卸费用，承运人对货物负责的期限是从货物装上船起，到货物卸下船止。承运人和托运人双方不计算滞期费和速遣费。

（3）班轮提单是运输合同的证明

在班轮运输中，承、托双方的权利、义务、责任均以提单条款为依据。货物装船之后，提单由承运人（代理）或船长签发给托运人。由于班轮运输距离短，托运人来不及用快递把提单寄到收货人手中，因此，便委托承运人来办理提单，这称为"随船提单"。

2. 班轮运输的作用

（1）有利于一般杂货和小额贸易货物运输

在国际贸易中，除大宗商品利用租船运输外，零星成交、批次多、到港分散的货物，只要班轮有航班和舱位，不论数量多少，也不论直达或转船，班轮公司一般均愿意接受承运。

（2）有利于国际贸易的发展

班轮运输的"四固定"特点，为买卖双方洽谈运输条件提供了必要依据，使买卖双方有可能事先根据班轮船期表，商定交货期、装运期，以及装运港口，并且根据班轮费率表事先核算运费和附加费用，从而能比较准确地进行比价和核算货物价格。

（3）提供较好的运输质量

参加班轮运输的船公司所追求的目标是：保证船期，提高竞争能力，吸引货载。班轮公司派出的船舶一般技术性能好，设备较全，质量较好，船员技术水平也较高。此外，在班轮停靠的港口，一般都有自己专用的码头、仓库和装卸设备，有良好的管理制度，所以货运质量较有保证。

（4）手续简便，方便货方

班轮承运人一般采取码头仓库交接货物的做法，并负责办理货物的装卸作业和全部费用。通常班轮承运人还负责货物的转口工作，并定期公布船期表，为货方提供极大方便。

（二）租船运输

租船运输（Carriage of Goods by Chartering）是相对于班轮运输的另一种海上运输方式。它既没有固定的船舶班期，也没有固定的航线和挂靠港，而是按照货源的要求和货主对货物运输的要求，安排船舶航行计划，组织货物运输。

租船运输中，船舶经营是根据船舶出租人与承租人双方签订的租船合同（Charter Party，C/P）来进行。船舶出租人提供的是货物运输服务，而承租人是按约定的租金或运价支付运费。

1. 租船运输的特点

第一，按照船舶所有人与承租人双方签订的租船合同安排船舶就航航线，组织运输。

第二，适合于大宗散货运输，货物的特点是批量大、附加值低、包装相对简单。

第三，舱位的租赁一般以提供整船或部分舱位为主，主要是根据租约来定。

第四，船舶营运中的风险以及有关费用的负担责任由租约约定。承租人一般可以将舱位或整船再租于第三人。

第五，租船运输中的提单的性质完全不同于班轮运输，它是货物收据、权利凭证、运输合同的证明。

第六，承租人与船舶所有人之间的权利和义务是通过租船合同、运输合同来确定的。

第七，船舶港口使用费、卸货费及船期延误费，按租船合同规定由船舶所有人和承租人分担及计算。

2. 租船市场与租船经纪人

（1）租船市场

狭义的租船市场也称为海运交易市场，是需求船舶的承租人与提供船舶运力的船舶所有人洽谈租船业务，协商租船合同内容并签订合同的场所，这种场所有的处于货主和船东汇集的城市，有的则分散在其方便的办公场所，通过通信手段进行联系。

广义的租船市场不强调有形的市场形态，它是船舶出租者、船舶租赁者及其他租船业务参与者，以及所有船舶租赁相关信息的总和，是一个抽象的市场概念。

租船市场具有以下主要作用：提供交易机会、加强信息沟通、调整航运市场。

（2）租船经纪人

租船经纪人可分船东经纪人、承租人经纪人、双方当事人经纪人。

海运市场中存在着大批专门从事船舶的租赁、订舱、买卖、保险等中介业务的航运经纪人。某中专门从事租船订舱的经纪人称为租船经纪人。他们掌握市场动态，作为当事双方的桥梁与纽带。主要提供以大宗散杂货为主的租船、揽货、订舱、船舶买卖、信息咨询的中介服务。

船东经纪人（Owner's Broker）指根据船东的授予权和指示代表船东利益在租船市场上从事船舶出租或承揽货源的人。

承租人经纪人（Charterer's Broker）是代表承租人利益在租船市场上为承租人洽租合适船舶的人。

双方当事人经纪人（Both Parties's Broker）指以中间人身份尽力促进船东和承租人双方达成船舶租赁贸易以从中赚取佣金。

3. 租船经纪人进行租船业务洽谈的方式

（1）由船舶所有人和承租人各自指定一个租船经纪人，由其代表各自委托人的利益进行洽谈。征得各自"本人"同意后代表其"本人"签字。

（2）船舶所有人和承租人共同指定一个租船经纪人进行洽谈。这时候租船经纪人就是中间人。

（3）船舶所有人或承租人的一方与他方指定的租船经纪人进行租船业务洽谈。

"本人"应向租船经纪人支付"经纪人佣金"，一般在运费或租金的 1%或 4%。租船经纪人的佣金通常在签订合同时，按租船合同中佣金条款来支付。如果合同规定"佣金在签订合同同时支付"，则租船经纪人无论合同执行情况如何均可获佣金；如果合同规定"佣金在货物装运时支付"，则当合同于货物装卸前被解除，租船经纪人不能获取佣金；如果合同规定"佣金在赚取运费时支付"，则租船经纪人只能在租船合同得以履行，且船舶所有人获得运费后才可获得。

第三节　航空货物运输

一、航空货运的发展

（一）国际航空货运发展概况

世界上第一架飞机正式问世于 1903 年，由美国莱特兄弟发明，这是个装有 16 马力 4 气缸发动机的双翼飞机，人类由此开始进入航空时代。第二次世界大战前，最初的飞机仅用于运送邮件，后来逐渐发展为载运货物和旅客。法国于 1909 年率先创办商业航空运输，随后，美、德等国也相继开办。航空运输作为一种国际贸易运输方式是在第二次世界大战以后才出现的。由于航空运输具有速度快、航线不受地形条件限制、安全准确和手续简便等优点，使其在开辟新市场、适应市场需要与变化、及时调整运力等方面具有其他运输方式不可比拟的优越住。因此，自问世以来，其发展十分迅速，在整个国际贸易运输方式中所占的地位日益显著，航空货物的周转量也在稳步增长，尤其是近十多年来，航空运输发展非常迅速。

（二）中国航空货运发展历程

第一阶段（1949~1978 年），民航业开始筹建，实行军事化管理时期。

1949 年 11 月 2 日，中共中央政治局会议决定，在人民革命军事委员会下设民用航空局，受空军指导。1958 年 2 月 27 日，中国民用航空局划归交通部领导。1960 年 11 月 17 日，中国民用航空局改称"交通部民用航空总局"。1962 年 4 月 13 日，第二届全国人民代表大会常务委员会第五十三次会议决定民航局名称改为"中国民用航空总局"。1962 年 4 月 15 日，中央决定将民用航空总局由交通部属改为国务院直属局，其业务工作、党政工作、干部人事工作等均直归空军负责管理。在这一时期，民航由于领导体制几经改变，航空运输发展受政治、经济影响较大。1955 年 1 月中开辟了中苏航线，1956 年开辟了缅甸航线，接着又开辟了朝鲜、越南、蒙古、老挝、柬埔寨等国航线。1974 年后，先后开辟了东京、大阪、卡拉奇、巴黎、长崎、曼谷等地航线。

第二阶段（1978~1987年），民航业走企业化道路，逐步放松市场进入时期。

1978年10月9日，邓小平同志指出民航要用经济观点管理。1980年2月14日，邓小平同志指出："民航一定要企业化。"同年3月5日，中国政府决定民航脱离军队建制，把中国民航局从隶属于空军改为国务院直属机构，实行企业化管理。这期间中国民航局是政企合一，既是主管民航事务的政府部门，又是以"中国民航"名义直接经营航空运输、通用航空业务的全国性企业。下设北京、上海、广州、成都、兰州（后迁至西安）、沈阳6个地区管理局。1980年后又建立了通航纽约、旧金山、伦敦、悉尼、墨尔本等地的航线。从1982年开始，国家对民航实行全行业财务承包，对地方管理局实行利润包干。紧接着国家放松了对民航业的市场准入。1984年，第一家股份制地方航空公司厦门航空成立，拉开了地方兴办航空企业的序幕后。随后全国先后兴办数十家地方航空公司和机场。

第三阶段（1987~2002年），民航业全面进行体制改革，开始实行市场化经营机制时期。

1987年，中国政府决定对民航业进行以航空公司与机场分设为特征的体制改革。首先是组建了6个国家骨干航空公司：中国国际航空公司、中国东方航空公司、中国南方航空公司、中国西南航空公司、中国北方航空公司。其次是组建了民航华北、华东、中南、西南、西北和东北六个地区管理局，地区管理局既是管理地区民航事务的政府部门，又是企业，负责领导管理各民航省（区、市）局和机场。最后，航空运输服务保障系统也按专业化分工的要求相应进行了改革。组建了中国航空油料总公司、中国航空器材公司和航空结算中心等。

第四阶段（2002年至今），我国民航业体制改革取得重大突破。

主要内容包括：重组运输航空公司，机场实行属地管理，改革空中交通管理体制，改组民航服务保障企业，改革民航行政管理体制，改革民航公安体制。按照《民航体制改革方案》，民航体制改革之后，民航总局作为国务院主管全国民航事务的直属机构，不再代行对六大集团公司和下发机场的国有资产所有者职能，主要承担民用航空的安全管理、市场管理、空中交通管理、宏观调控及对外关系等方面的职能。

二、航空运输的概念和特点

（一）概念

航空运输又称飞机运输，它是在具有航空线路和飞机场的条件下，利用飞机、直升机及其他航空器进行运送人员、货物、邮件的一种运输方式。

（二）特点

1. 运送速度快

飞机的巡航速度已接近音速，而且是可走两点之间的直线距离，故航空运输具有较高的运送速度。适合鲜活易腐和季节性商品、精密贵重物品和小件急需物资的运输，还是国际多式联运的重要组成部分，在国际物流中发挥着越来越重要的作用。

2. 不受地面条件影响，空间跨度大

航空运输利用天空作为自然通道，不受地理条件的限制，能跨越高山和大洋，并能深入内陆城市，使具有机场的城市与世界相连，对外的辐射面扩大。

3. 安全、准确

与其他运输方式相比，航空运输的安全性高，风险率约为三百万分之一。航空运输管理制度完善、操作规范严格，故货运事故和货损都比较少。

4. 节约包装、保险、利息等费用

由于采用航空运输方式，货物在途时间短、周转速度快，企业存货可以相应减少。一方面有利于资金的回收，减少利息支出；另一方面企业仓储费用也可以降低。又由于航空货物运输安全准确、货损货差少、保险费用较低，与其他运输方式相比，航空运输的包装简单，包装成本减少，这使得企业经营成本下降，收益增加。此外，由于航空运输速度快，货物周转期短，货损货差少，可以减少货物的包装、保险和利息等方面的费用。

由于航空货运的运输费用较其他运输方式更高，不适合低价值货物；航空运载工具——飞机的舱容有限，对大件货物或大批量货物的运输有一定的限制；飞机飞行安全容易受恶劣气候影响等。但总的来讲，随着新兴技术得到更为广泛的应用，产品更趋向薄、轻、短、小、高价值，管理者更重视运输的及时性、可靠性，航空货运将会有更大的发展空间。

三、国际航空货物运输的经营方式

(一) 班机运输

班机运输是指在固定的开航时间，固定的航线，固定的始发站、目的港和途经站的飞机运输方式。一般航空公司使用客货混合型飞机。一方面搭载旅客，另一方面又运送少量货物。但一些较大的航空公司在一些航线上开辟定期的货运航班，使用全货机运输。

航空班机运输的特点：

（1）班机由于固定航线、固定停靠港和定期时间，所以采用班机运输货物可以比较容易掌握货物的起运和到达时间，并能安全迅速地到达世界上各通航地点，使贸易合同的履行较有保障。因此多数贸易商首选班机货运形式，特别是对市场上急需的商品、鲜活易腐货物，以及精密、贵重商品（包括高档奢侈品）的运送一般采用班机运输方式。

（2）班机运输一般是客货混载，因此货舱舱位有限，不能使大批量的货物及时出运，往往需要分期分批运输，这是班机运输不足之处。

(二) 包机运输

包机运输的优点很多，在空运旺季能缓解航班紧张状况，解决班机仓位不足的矛盾，特别是可解决批量海鲜、活动物的运输问题。同时，还能弥补没有直达航班的不足，且不用中转，减少货损、货差或丢失的现象。货物全部由包机一次运出，节省时间和简化多次发货的手续。包机运输方式可分为整机包机和部分包机两类。

1. 整机包机

整机包机即包租整架飞机，指航空公司按照与租机人事先约定的条件及费用，将整架飞租给包机人，从一个或几个航空港装运货物至目的地，适合大批量货物的运输。

整机包机的要求：包机人一般要在货物装运前一个月与航空公司联系，以便航空公司安排运载和向起降机场及有关政府部门申请、办理过境或入境的有关手续。

整机包机的费用：一次一议，随国际市场供求情况变化。原则上包机运费，是按每一飞行千米固定费率核收费用，并按每一飞行千米费用的80%收取空放费。因此，大批量货物使用包机时，均要争取来回程都有货载，这样费用比较低。只使用单程，运费就比较高。

2. 部分包机

部分包机即由几家航空货运公司或发货人联合包租一架飞机或者由航空公司把一架飞机的舱位分别卖给几家航空货运公司装载货物。运用于托运不足一整架飞机舱位，但货量又较重的货物运输（通常为1吨以上）。

部分包机与班机的比较：

（1）由于航线的起止点和中途停靠点以及起飞时间都可以由承租飞机的双方议定，所以部分包机形式更具灵活性。

（2）由于部分包机可使飞机的实载率比较高，飞行时间也可见缝插针，因此运输费用比班机运输低。

（3）运输时间比班机长，尽管部分包机事先也议定好开航时间，但往往因需要等待其他货主备齐货物；也可能由于货源不足，而等待运输货物，不能按时起飞。

各国政府为了保护本国航空公司利益常对从事包机业务的外国航空公司实行各种限制，如包机的活动范围比较狭窄，降落地点受到限制。

（三）集中托运

1. 集中托运的概念

航空公司的舱位销售主要是依靠航空货运代理实现的，这是航空货物运输与其他货物运输方式的一个显著区别。航空货运代理的主要业务之一是办理集中托运业务，在该业务中被称为集中托运商。集中托运就是集中托运商（consolidator）将不同托运人的货物集中起来，以较低的运价交付给承运人承运，然后再由其在目的地的分拨商（break bulk agent）将货物分别交付不同收货人的业务。

2. 集中托运方式的特点

一是集中托运商在货物运输的组织上起着主导作用。不论集中托运商以自己的名义还是以承运人代理人的名义组织运输，都是利用自己的经营网络，将众多小批量货物组织起来，集中交给承运人运输，在目的地再通过自己的分拨商将货物分交给收货人，并且代理托运人办理货物出入境手续，完成货物的运输工作，从而大大方便了货主和承运人。

二是集中托运商提供了更良好的服务。集中托运商通过完善的地面服务网络，提供专业的服务项目，更能提高服务质量，不仅使托运人、收货人受益，也使承运人受益。

三是集中托运商签发分运单，能够让托运人更早取得航空货运单，提前结汇，加快了资金周转。

四是集中托运的货物范围受到限制。航空承运人为了方便货物管理，一般不接受集中托运商集中托运某些特殊的货物。航空公司一般都规定下列货物不得采用集中托运形式：贵重物品、活动物、尸体、骨灰、外交信袋和危险物品。这些货物都必须办理直接运输，即由托运人，或通过代理人直接向航空公司办理单票托运。

五是由于集中托运需要时间收集货物，不能保证随托随运，所以不适合易腐烂变质的货物、紧急货物或其他对时间要求高的货物运输。

3. 集中托运的货运单证及合同关系

（1）分运单

集中托运时，集中托运商必须签发分运单。分运单是由航空代理人签发的航空货运单。航空代理人在收到托运货物后，必须向托运人签发航空货运单，表明代理人，或代表承运人收到货物，并开始承担运输责任。分运单的格式一般同航空公司签发的主运单相同，但必须填写真正的发货人和收货人。

航空货运代理人如果以自己的名义签发航空货运单，其对于托运人和收货人来说，已不再是运输代理人，而是承运人，应当承担承运人的法定义务；如果签发分运单时声明是代表承运人签发的，则未改变其代理人身份。

（2）主运单

主运单是由空运承运人向集中托运商签发的航空货运单。主运单除了具有货物收据和空运合同的作用外，还是空运代理人向航空承运人结算运费的依据。主运单中的发货人和收货人应分别填写为集中托运商和分拨商。

航空分运单是航空货运代理人与各分托运人之间的货物运输合同的证明，而航空运单是航空公司和航空货运代理人之间的货物运输合同证明，所以，分托运人与航空公司没有直接的契约关系；货物通过航空公司运输到目的地后，由启运地航空运代理公司在目的地的分公司或代理人凭主运单从航空公司处提取货物，再凭分运单将货物拨交各收货人，因此，收货人与航空公司也没有直接的货物交接关系。但是，如果集中托运商在与各分托运人签发分运单时，声明其为航空公司的代理人时，各分托运人与承运人之间则存在运输合同关系。

（3）集中托运货物舱单

集中托运货物舱单是载明各票货物相关信息的货物清单。由于众多货物集中托运，将各票货物的相关信息——写在主运单中极不方便。实践中人们将这些信息记载在货物舱单上，然后将其附在主运单背面，并在主运单正面的品名一栏中注明"集中托运货物的相关信息见附带的舱单"。

4. 集中托运与直接运输的区别

一是接管货物人不同：前者由集中托运商接管，后者由承运人接管。

二是使用的航空货运单形式不同：前者使用的是分运单和主运单，后者使用的是航空公司的航空货运单。

三是航空货运单的填写不同：前者的分运单和主运单中的托运人和收货人应分别填写为真正的货主和集中托运商、分拨商，后者只填写为真正货主；前者的分运单和主运单中显示的是两种不同的运价，后者只显示一种运价；前者有两个出单日期一般应以分运单出单日期为运输合同开始日期，后者只有一个出单日期。

（四）航空快递

航空快递是指由专门从事航空快递业务的公司与航空公司合作，以最快的速度在货主、航空公司、用户之间运送急件的业务。

1. 航空快递方式的产生和发展

航空快递业务的产生和不断发展源于市场的需求。1969年，美国三个大学生看到了航空快递业务的市场前景，联络朋友创立了世界上第一家快递公司，专门从事银行、航运文件的传送工作，后来又将业务扩大到样品等小包裹运输服务。该公司以该三个人名字的第一个字母命名，于是世界上第一家快递公司DHL-AIRWAY（敦豪空运）诞生了。由于其快捷、安全的运送特点，航空快递备受贸易界、工商界、运输界，以及政府部门的青睐，因而在世界范围迅速发展起来。目前，我国从事快递业务的公司已达130多家，世界上几大航空快递公司，如DHL、FedEx、UPS、TNT、OCS、EMS，都在我国抢占市场。随着物流业的发展，航空快递业务必将在工商企业的物流管理和供应链管理中发挥更大的作用。

2. 航空快递业务形式

（1）门到门（或桌到桌）服务

门到门服务是航空特快专递最主要的业务种类。所谓的门到门服务实际上是提供桌到桌服务，即航空快递公司在收到发件人电话通知后，立即派人到发货人办公室取货，然后将所有收到的快件集中到一起，根据其目的地分拣、整理、制单、报关、发往世界各地。快件到达目的地后，再由当地的分公司办理清关、提货手续，并分送至收件人手中。在这期间，客户还可依靠快递公司的电脑网络随时对快件的途中位置和抵达情况进行查询。

（2）门（桌）到机场服务

门到机场服务是指快递公司从发件人处提取快件并发运，在快件到达目的地机场后由快递公司通知收件人自己去办理清关、提货等相关手续。对于急件物品或海关当局有特殊规定的货物多采用这种方式。

（3）专人派送

专人派送是指由快递公司派专人携带快件随机将快件直接送到收件人手中的一种服务

方式。这种服务方式虽然周到，但费用很高，一般很少采用。

3. 航空快递业务特点

航空快递业务与普通航空货运及国际邮政业务相比较，其基本业务程序基本相同，但作为一项专门业务具有下列特点：

（1）收件范围受限

由于航空快递依赖的运输工具——飞机的货舱舱容有限，又由于快件运输的即时性，使得快递公司无法提前预订固定的舱位，这就决定了航空快递的收件范围只能是体积较小的文件和物品。其中文件包括银行票据、贸易合同、商务信函、船务单据等，包裹包括机器小零件、小件样品、小件行李等。因此，通过航空快递的物品在重量和体积方面都受到限制。对于包裹，多数航空公司要求毛重不超过 32 千克，其外包装单边长不得超过 102 厘米，外包装三边长不得超过 175 厘米。对于超过规定体积的较大货物，需要与航空公司商洽。而普通的航空运输业务则以运送货物为主，规定每件货物体积不得小于 5 厘米×10 厘米×20 厘米。邮政业务则以私人信函为主要对象，对包裹要求每件重不超过 20 千克，长度不超过 1 米，比航空快递要求得更小。

（2）运输单据特点

航空快递业务使用的运输单据为"交付凭证"。而航空货运使用航空货运单，邮政使用的是包裹单或邮寄凭证。

航空快递的交付凭证共有四联：第一联用于出口报关；第二联贴在货物包装上随货同行，作为收件人核收货件的依据，并且在随货单据丢失时，可作为进口报关单据；第三联用于快递公司结算运费和统计；第四联交发件人作为发运凭证。在该联背面印有条款，以明确当事各方的责任和义务，并作为日后解决争议的依据。

（3）运送速度快

由于航空快递公司大多建有全球的分拨网络，快件的流向简单清楚，减少了错误，提高了操作效率，缩短了运送时间。

（4）业务范围覆盖全球

经营航空快递的公司大多属于跨国公司，这些公司以独资或合资的形式将业务深入世界各地，并建立全球网络。可以说，如今航空快递公司可以将快件运送至世界各个角落。

（5）服务质量高

与传统的空运和邮政业务相比，航空快递业务的服务质量更高。

第四节　国际铁路货物运输

一、铁路运输发展

希腊是第一个拥有路轨运输的国家，至少 2000 年前已有马拉的车沿着轨道运行。

1804 年，理查德·特里维西克（Richard Trevithick）在英国威尔斯发明了第一台能在铁轨上前进的蒸汽机车。第一台取得成功的蒸汽机车是史蒂芬森在 1829 年建造的火箭号。20世纪 20 年代，英格兰的史托顿与达灵顿铁路成为第一条成功的蒸汽火车铁路，后来的利物浦与曼彻斯特铁路更显示了铁路的巨大发展潜力。1825 年，世界上第一条铁路在英国的斯托克顿和达灵顿之间开始运营。

高架电缆在 1888 年发明后，首条使用高架电缆的电气化铁路在 1892 年启用。第二次世界大战后，以柴油和电力驱动的火车逐渐取代蒸汽火车。20 世纪 60 年代起，多个国家均建设高速铁路。而货运铁路亦连接至港口，并与船运合作，以货柜运送大量货物可以大大减低成本，20 世纪 70 年代以来，随着人们对环保问题的逐渐关注，电气化的铁路运输以其能耗低、大气污染少等特点重新得到人们的重视 。

1876 年，中国土地上出现了第一条铁路，这就是英国资本集团采取欺骗手段擅筑的吴淞铁路。这条铁路经营了一年多时间就被清政府赎回拆除了。5 年后，在清政府洋务派的主持下，于 1881 年开始修建唐山至胥各庄铁路，从而揭开了中国自主修建铁路的序幕。1909 年，中国人自己勘测、设计、施工的第一条铁路乐张铁路，全长 200 千米。新中国成立后，1952 年建成的第一条干线铁路成渝铁路，全长 502 千米，掀开了铁路建设史上的新篇章。2008 年，中国第一条真正意义上的高速铁路京津城际高铁诞生。我国电气化铁路总里程已突破 24 000 千米，成为继俄罗斯之后世界第二大电气化铁路国家。我国铁路电气化率已经达到 27%，承担着全国 43%的货运。

铁路运输在国际贸易货物运输中，尤其是在与我国内陆接壤的国家之间的贸易中，起着无可替代的作用。据中经未来产业研究院发布的《2016 年中国铁路货运改革机会与发展前景分析报告》显示，截至 2015 年，全国铁路营业里程达到 12.1 万千米，比上年末增长 8.2%。其中，高铁营业里程超过 1.9 万千米，西部地区营业里程 4.8 万千米、增长10.1%。路网密度 126 千米/万平方千米，比上年增加 9.5 千米/万平方千米。我国已经成为世界上高速铁路发展最快、系统技术最全、集成能力强、运营里程最长、运营速度最高、在建规模最大的国家。

二、铁路运输概述

（一）铁路运输含义

铁路运输有狭义和广义之分，狭义上通常是指一种以具有轮对的车辆沿铁路轨道运行，以达到运送旅客或货物为目的的陆上运输方式；广义的铁路运输包括磁悬浮列车、缆车、索道等并非使用车轮形式，但仍然沿特定轨道运行的运输方式，通称轨道运输或轨道交通。轨道交通在国际货物运输中的地位仅次于海洋运输。

（二） 铁路货物运输的特点

1. 铁路运输的准确性和连续性强

铁路运输几乎不受气候影响，一年四季可以不分昼夜地进行定期的、有规律的、准确的运转。

2. 铁路运输速度比较快

一般货车可达 80~100 千米/小时左右，远远高于海上运输。

3. 运输量比较大

铁路一列货物列车一般能运送 3 000~5 000 吨货物，远远高于航空运输和汽车运输。

4. 铁路运输成本较低

铁路运输费用相对低廉，特别是在货量较大、运距较长的情况下，相对于汽车、航空等运输方式更有优势。

5. 铁路运输安全可靠，风险远比海上运输小。

6. 初期投资大

铁路运输需要铺设轨道、建造桥梁和隧道，建路工程艰巨复杂；需要消耗大量钢材、木材；占用土地，其初期投资大大超过其他运输方式。

7. 运输手续办理的快捷性、便利性相对不足

一般需提前向铁路部门报送运送计划，大宗急件运输时间难以保证。

（三） 铁路货物运输在国际贸易中的作用

1. 有利于发展同欧亚各国的贸易

通过铁路把欧亚大陆连成一片，为发展中东、近东和欧洲各国的贸易提供了有利的条件。在新中国成立初期，我国的国际贸易主要局限于东欧国家，铁路运输占我国进出口货物运输总量的 50% 左右，是当时我国进出口贸易的主要运输方式。进入 20 世纪 60 年代以后，我国海上货物运输开始发展，铁路运输进出口货物所占的比例虽然有所下降但其作用仍然十分重要。

2. 有利于开展港、澳特别行政区的贸易

通过香港进行转口贸易，铁路运输是内地和港、澳开展贸易的一种运输方式。港、澳两地日用品长期以来是由内地供应，随着内地对该地区供应的不断扩大，运输量也逐渐增加，做好对港、澳运输的优质、适量、均衡、应时，在政治上和经济上都非常重要。

香港是著名的自由港，与世界各地有着非常密切的联系，海、空定期航班比较多，作为转口贸易基地，开展陆空、陆海联运为我国发展与东南亚、欧美、非洲、大洋洲各国和地区的贸易，对保证我国出口创汇起着重要作用。

3. 对进出口货物在港口的集散和各省市之间的商品流通起着重要作用

我国幅员辽阔，海运进口货物大部分利用铁路从港口运往内地的收货人，海运出口货物大部分也是由内地道过铁路向港口集中，因此铁路运输是我国国际货物运输的重要集散

方式。至于国内各省市和地区之间调运外贸商品、原材料、半成品和包装物料，主要也是通过铁路运输来完成的。我国国际贸易进出口货物运输大多要通过铁路运输这一环节，铁路运输在我国国际货物运输中发挥着重要作用。

4. 利用欧亚大陆桥运输是必经之道

大陆桥运输是指以大陆上铁路或公路运输系统为中间桥梁，把大陆两端的海洋连接起来的集装箱连贯运输方式。大陆桥运输一般是以集装箱为媒介，采用国际铁路系统来运送。

我国目前开办的西伯利亚大陆桥和新欧亚大陆桥的铁路集装箱运输具有安全、迅速、节省的优点。这种运输方式对发展我国与中东、近东及欧洲各国的贸易提供了便利的运输条件。为了适应我国经济贸易发展的需要，利用这两条大陆桥开展铁路集装箱运输，也将会促进我国与这些国家和地区的贸易发展。

三、国际铁路货物联运

国际铁路货物联运是指使用一份统一的国际铁路联运票据，在跨及两个及两个以上国家铁路的货物运送中，由参加国铁路负责办理两个或两个以上国家铁路全程运送货物过程，由托运人支付全程运输费用，而无须收、发货人参加的铁路运输组织形式。

国际铁路联运牵涉面广，从发货站发运货物起，须经过出口国的国境站，经过国的进口和出口国境站，直到进口国的进口国境站，环节多，交接复杂。因此，要求货物的包装要适合长途运输的需要，票据规范、清晰，随附单证齐全，运送车辆为国际列车，设备必须完好无损。

国际铁路货物联运的特点：

1. 是不同国家或地区之间的货物运输

国际铁路运送的货物都要涉及两个或两个以上国家，因此涉及多个国境站。

2. 对运输条件有统一要求

国际铁路联运要求每批货物的运输条件要符合有关国际联运的公约、规则的统一规定，如货物包装、转载、票据的编制、添附文件及车辆使用等。

3. 国际铁路联运的组织工作复杂

因为联运货物必须有两个或两个以上国家铁路参加运送，在办理国际铁路联运时，其运输票据、货物、车辆及有关单证都必须符合相关国家的有关规定，并且要办好衔接工作。

4. 使用一份铁路联运票据完成货物的跨国运输

5. 国境换装作业不需要贷方参加

四、内地对港澳地区的铁路货物运输

（一）内地对港澳地区铁路货运业务基础

1. 内地对港澳地区铁路货运的方式

内地与香港之间的铁路货运包括内地进港铁路货物运输、利用九龙回空车辆装运进口货物和集装箱直达运输三种方式。

内地与澳门之间因目前无铁路直接相通，内地运往澳门的货物需先从发站与铁路办理国内段的铁路运输至广州地区的货运站中转至澳门。零担和整车货物到站为广州南站，危险品到站为吉山站，集装箱和快件到站为广州车站，收货人为发货人委托在广州的货运代理人，然后再由该货运代理人代委托人办理广州至澳门的公路或水路运输。

2. 相关铁路线路与场站设施

（1）深圳口岸

深圳市位于广东省南部、广州市的东南，是目前内地经陆路通往香港的必经之地。该市设有海运、公路、航空和铁路口岸，海、陆、空均较发达，市内交通便利，是连接京广和京九两大铁路干线的广深线的终端站，通过深圳车站与香港九广铁路接轨。内地各铁路车站发往香港的整车和零担货车，均在深圳北站进行解体、编组，以及进行必要的货物装卸、联检作业。深圳北站共40多条股道，可容纳车辆700辆左右。

（2）九广铁路

它是从香港九龙到广州的铁路，全长181千米，其中香港地区境内铁路也称香港九广铁路或香港铁路，干线长34千米（九龙至罗湖），广东区干线长147千米（由罗湖至广州火车站）。现有货物列车行驶于罗湖与九龙之间，日对开12班，由上午8：00至晚上8：00运行。目前，港段铁路的货运业务，包括接货、托运、调度、组织装卸、交货，均由香港中旅货运有限公司承包。其装卸作业多采用汽车对铁路货车直取作业方式，收货人必须在规定的时间内到货场提货，否则货物将被卸入其他仓库，核收高额的仓储费用。

（3）京九铁路

它北起北京西站，连接九龙，跨越北京、天津、河北南、山东、安徽、湖北、江西、广东省九江市，全长2381千米，于1997年5月18日正式开行运营。这改变了长期以来，香港与内地的联系主要靠海运和公路而远距离运输到内陆腹地的货物得不到畅快调运的状况。

（二）内地运往港澳地区铁路货运业务

1. 对香港的铁路运输

对香港的铁路运输是由大陆段和港九段两部分铁路运输组成，其特点为"两票运输"，租车到达深圳北站后，由深外运作为各地出口单位的代理向铁路租车过轨，交付租车费（租金从货车到深圳之日起至车从香港返回深圳之日止，按车上标定的吨位，每天每吨若千元人民币）并办理出口报关等手续。

经海关放行过轨后，由香港的"中国旅行社有限公司"（以下简称"中旅"）作为深外运在港代理，由其在港段罗湖车站向港九铁路另行起票托运至九龙，货到九龙站后由"中旅"负责卸货并交收货人。

对香港地区的铁路运输不同于国际联运，也不同于一般的国内运输，而是一种特定的运输方式，有如下特点：

其一，区别于国际联运，也区别于国内运输，是一种独特的运输方式。

其二，国际铁路货物联运是以联运运单为运输契约，以联运运单副本作为结汇凭证，铁路作为承运人负责全程运输。

其三，对香港地区的铁路运输是按内地运输办理的，但又不是一般的国内运输，它的全过程分为两段，即内地段铁路运输和港段铁路运输，货车到达深圳后，要过轨至香港，继续运至九龙车站。内地铁路和香港铁路不办理直通联运，因此，就形成了现行的这种运输方式：发送地以国内运输向铁路办理托运至深圳北站，收货人为深圳外运分公司，深圳外运分公司作为各外贸单位的代理与铁路办理租车手续，并付给租车费，然后租车去香港，货车过轨后，香港中国旅行社则作为深圳外运分公司的代理在香港段重新起票托运至九龙。

由此可见，对香港地区的铁路运输的特点是"租车方式，两票运输"。国内运单不能作为对外结汇的凭证，目前，由各地外运公司以运输承运人的身份向外贸单位提供经深圳中转香港货物的"承运货物收据"，作为向银行结汇的凭证。

2. 对澳门的铁路运输

出口单位或货代在发送地车站将货物托运至广州，整车到广州南站新风码头 42 道专用线，零担到广州南站，危险品零担到广州吉山站，集装箱和快件到广州车站，收货人均为广东省外运公司，货到广州后由省外运公司办理水路中转将货物运往澳门，货到澳门由南光集团的运输部负责接货并交付收货人。

第五节　其他运输方式

一、公路运输

（一）公路运输概念

公路运输（Road Transportation）是现代运输主要方式之一，也是构成陆上运输的两个基本运输方式之一。在我国，只要公路货物运输的起运地点、目的地点或约定的经停地点不在我国境内，均构成国际公路货物运输。目前，世界各国的国际公路货物运输一般以汽车作为运输工具，因此，国际公路货物运输与国际汽车货物运输这两个概念往往是可以相互替代的。

（二）公路运输的特点

公路运输是一种机动灵活、简捷方便的运输方式，在短途货物集散运转上，它比铁路、航空运输具有更大的优越性，尤其在实现"门到门"的运输中，其重要性更为显著。尽管其他各种运输方式各有特点和优势，但或多或少都要依赖公路运输来完成最终两端的运输任务。但公路运输也具有一定的局限性，如载重量小，不适宜装载重件、大件货物，不适宜走长途运输；车辆运行中震动较大，易造成货损货差事故，同时，运输成本费用较水运和铁路高。国际公路货物运输可以广泛参与国际多式联运，也是邻国间边境贸易货物运输的主要方式；按有关国家之间的双边或多边公路货物运输协定或公约运作。

目前，主要利用公路运输在中短程货物运输中的优势，承担以下三个方面的进出口货物运输业务。

1. 公路过境运输

公路过境运输指根据相关国家政府间有关协定，经过批准，通过国家开放的边境口岸和公路进行出入国境的汽车运输。根据途经国家多少和公路过境运输可分为双边汽车运输和多边汽车运输。

2. 我国内地与港澳地区之间的公路运输

由于我国澳门、香港地区的特殊性，对于澳门、香港与内地之间的公路运输，并不完全按照内地货物运输进行运作和管理，而是依照国际公路运输进行管理，但管理模式又不是完全一样的。

3. 内陆口岸间的公路集疏运

公路承担我国出口货物由内地向港口、铁路、机场集中，进口货物从港口、铁路、机场向内地疏运，以及省与省之间、省内各地间的外贸物资的调拨。

（三）公路运输的业务分类

货物运输组织方式涉及能否以最为经济合理的费用安全、快速地完成运输任务，是托运人应当关注的问题。运输业务种类是针对货物批量的大小以及不同货物对装运车辆不同要求而设计的。目前公路运输中主要的业务种类是：整车货物运输、零担货物运输、特种货物运输、集装箱货物运输和包车运输等。

1. 整车货物运输

托运人租用一台或若干台汽车发运一批货物的运输方式称为整车运输。采用整车运输对托运人和承运人组织操作都很便利，因此是一种最常用的运输方式。采用整车运输一般应满足以下条件：

（1）货物重量或体积能够装满整车。

（2）为防止对其他货物造成不良影响的，不能拼装的特种货物。

（3）货主为自身货物或运输便利考虑而特别提出整车运输的。

2. 零担货物运输

承接需要拼装的众多小件货物运输的称为零担运输。

零担货物运输一般都使用厢式货车。厢式货车如同集装箱，能够有效保护货物，防止出现货损、货差。其托运手续也较简单，可以一次托运、一次交费、一票到底、全程负责、送货到门。由于灵活和便利，这种运输形式在许多情况下要比铁路、水路等运输方式快捷。

3. 特种货物运输

特种货物可分为四大类：一是危险货物，指具有易燃、易爆、易污染、易腐蚀和具有放射性的特殊货物，这类货物要由罐车或特殊改造加工的车辆运输；二是大件（大、长、笨重）货物，只能采用大件车或特种车（如地平板、桥式板拖车）运输；三是鲜活货物，如冷冻品、鲜花、鲜活水产品等，一般要由冷藏车、保温车运输；四是贵重物品指稀有矿物品、核心设备等，需由特种车体运载，确保货物安全。

4. 集装箱货物运输

这种运输是指以标准拖车专门运送标准集装箱的一种运输方式。目前集装箱运输已成为公路运输的主要形式，成为海运集装箱运输、铁路集装箱运输、国际多式联运等运输方式中不可缺少的组成部分。标准拖车与集装箱船、火车、仓储场站的装卸设施相匹配，使货物的管理、运输、仓储、装卸等机械作业和海、铁、路全程联运效率得到了空前的提高。

5. 包车运输

承运人将车辆包租给托运人使用，由托运人按时间或里程支付运费的方式称为包车运输。在下列情况下一般都可采用包车运输方式：

（1）承运人无法控制装卸时间，或托运人有自己特定的时间安排，如集装箱包车运输等。

（2）短途多次往返运输，无法以货物重量或运输距离计算运费的，如土建或大宗货物的短途倒运等。

（3）需特殊设计运输过程的货物也可采用包车方式。如大件运输、某些特种货物运输往往需要配备辅助工具和辅助人员，而运输过程的时间难以准确掌握。

包车运输的计费有两种形式：一是按时间计费，如按小时或天数，这种方式由于计费较精确，承运人和托运人都易接受；二是包干运费，对于托运人和承运人都难以估计或预测的运输，托运人可与承运人商定包干运费，对大件运输、特种货物运输和超长途（如跨省或途经道路较差的地区）运输等情况均可采用此种计费方法。

二、内河运输

（一）内河运输

内河运输，是水上运输的一个重要组成部分，同时，也是连接内陆腹地和沿海地区的纽带。它具有运量大、投资少、成本低等特点、运送危险货物时也较安全。内河运输适宜装运大宗货物，如矿砂、粮食、化肥、煤炭等，而且由于航运平稳，在运送石油等危险货物时也较安全。

（二） 内河运输的特点和作用

内河运输是水上运输的一个重要组成部分，也是连接内陆腹地和沿海地区的纽带。它具有运量大、投资少、成本低、耗能少的特点，对一个国家的国民经济和工业布局起着重要作用。

（三） 内河运输船舶

由于内河吃水线、河道狭、弯度多、水位涨落幅度大等特点，内河运输使用的船舶，其结构和要求与海上船舶有所不同。内河使用的船舶主要有以下四种。

1. 内河货船

内河货船是指本身带动力并有货舱可供装货的船舶，这是内河运输的主要工具之一，内河货船的载重吨位、长度和吃水深浅，视河道条件而异，但一般均比海船小。内河货船具有使用方便、调度灵活的特点，但载重量小、成本大，一般多数作为内河定期经营船使用。

2. 拖船和推船

拖船和推船都是动力船，本身一般不装载货物，而起拖带和推动驳船的作用，前者在驳船前面，拖带驳船前进，后者在驳船后面，顶推驳船往前行进。以前内河运输的驳船主要使用拖船带动，称为拖带法。目前，推船已逐渐取代拖船而成为内河运输主要发展方向。这是因为顶推法比拖带法具有阻力小、推力大、操纵性能强的优越性。

3. 内河驳船

内河驳船按有无动力可分为机动驳船和非机动驳船，按拖带和顶推方法分为拖驳船和推驳船。推驳船是一种一定尺度的标准型驳船，便于编队分节，所以又称为分节驳。分节驳上没有舵、锚，以及生活设施和救生设备，整个驳船是一个长方形的货舱，以供装货。近年来，驳船的发展具有标准化、系列化和专业化的特点。

4. 线型船

这类船既可在内河航行，又可在沿海航行，现已发展成为一种独立的船型。在结构上除了吃水较浅外，基本上与沿海船相似，它的好处是可以河海直达。

（四） 我国内河运输概况

我国现有内河航道通航里程达 12.7 万千米，居世界第一，占河流总长的 29%，主要分布在长江、珠江和淮河水系，分别占 50%、13% 和 14%。可通航 500 吨级船舶的四级及以上航道 15 328 千米，约占 12%，其中可通航千吨级船舶的三级及以上航道 8 631 千米，约占 7%；其他等级航道约占 88%。经过多年的建设与发展，长江干线已成为世界上水运最为繁忙和运量最大的河流，西江航运干线已成为沟通西南与粤港澳地区的重要纽带，京杭运河已成为我国"北煤南运"的水上运输大动脉，长江三角洲、珠江三角洲航道网已成为区域综合运输体系的重要组成部分。近年来，中国水运业已形成了布局合理、层次分明、功能齐全、优势互补的港口体系，同时全国高等级航道网也基本形成。中国港口吞吐量和装箱吞吐量连续多年保持世界第一。

三、管道运输

（一）管道运输的概念与分类

1. 管道运输的概念

管道运输是利用管道输送气体、液体和粉状固体的一种特殊的运输方式，它随着石油原油的生产而产生。管道运输是运输通道和运输工具合二为一的专门的运输方式。

2. 管道运输的分类

第一，按照运输对象划分，包括：①液体管道运输，主要进行原油、成品油运输的运输方式；②气体管道运输，主要进行天然气运输的运输方式；③液浆管道运输，是将待运输的煤、铁矿石、磷矿石、铜矿石、铝矾石和石灰石等固体物料破碎成粉粒状，与适量的液体，例如水、燃料油、甲醇等配置成可泵送的液浆，经过管道运输至目的地后再将液浆脱水供用户使用的运输方式。

第二，按照铺设工程划分，包括：①架空管道，指架设在地面或水面上的用于输送气体、液体或松散固体的管道；②地面管道，指铺设在地面或水面上的用于输送气体、液体或松散固体的管道；③地下管道，指埋设在地面或水面下的用于输送气体、液体或松散固体的管道。

第三，按照地理范围划分，包括：①原油管道，油矿至聚油塔或炼油厂；②成品油管道，从炼油厂至海港或集散中心；③系泊管道，从海港至海上浮筒。

（二）管道运输的发展

自 1865 年美国建成世界上第一条输油管道至今，管道运输业已有近 140 年的历史。美国人 S. V. 锡克尔用管径 50 毫米、长 4.6 米搭焊的熟铁管，修建了一条全长 9.756 米的管道，由美国宾夕法尼亚州皮特霍尔铺至米勒油区铁路车站。沿线设三台泵，每小时输送原油 13 立方米。1880 年和 1893 年相继出现管径 100 毫米的成品油管道和天然气管道。1886 年在俄国巴库修建了一条管径 100 毫米的原油管道。20 世纪 50 年代石油开发迅速发展，各产油国开始大量兴建油、气管道。20 世纪 70 年代以后，管道运输技术又有较大提高，大型管道相继建成。1972 年建成苏联至东欧五国的友谊输油管道，管径为 1 220 毫米和 820 毫米，全系统总长 9 739 千米，年输送原油 1. 亿吨。1977 年建成纵贯美国阿拉斯加州南北、穿过北极圈的原油管道，管径 1 200 毫米，全长 1 289 千米，设计年输送原油 1.2 亿吨。中东国家的管道运输也在迅速发展。随着北海油田、气田的开发，海洋管道逐渐由浅海走向深海，如从北海油田至英国的原油管道和北海油田至德国的天然气管道都已建成投产。2007年，全世界油气管道的总长度约为230万千米。在全球已建成的230多万千米管道中，输气管道占近60%，原油管道和成品油管道各占15%，化工和其他管道不足10%。目前，世界上100%的天然气、85%以上的原油的运输是通过管道输送实现的。世界管道运输网分布很不均匀，主要集中在北美、欧洲、俄罗斯和中东，除中东外的亚洲其他地区、非洲和拉丁美洲的管道运输业相对较为落后。

（三）中国管道运输发展与现状

我国最早的一条石油管道于20世纪40年代初期铺设，是为了军事需要从印度边境通到我国云南昆明的石油管道，由于该管道质量较差，效率很低，使用时间不长便弃之不用了。1974年12月27日，中国第一条"地下大动脉"建成，管道全长1 152千米，对中国运输技术的发展、国民经济建设起了重要作用。

中俄管道主要为远东地区的安大线，由俄罗斯安加尔斯克油田至中国大庆的石油运输管线，西起俄罗斯伊尔库茨克州的安加尔斯克油田向南进入布里亚特共和国绕过贝加尔湖后一路向东，经过赤塔州进入中国直达大庆。1994年，俄罗斯石油企业向中方提出了修建从西伯利亚到中国东北地区石油管道的建议。2003年1月，日本首相小泉飞抵莫斯科，与普京总统签署了俄日能源合作计划，并提交了修建安纳线的建议。2004年6月，俄工业和能源部长宣布俄未能通过安大线的方案。

中哈石油管道全程近3 000千米，阿特劳——阿拉山口管道段全长988千米。西起哈萨克斯坦中部的阿塔苏，抵达中国境内的新疆阿拉山口口岸，再延伸到新疆独山子，从阿拉山口岸到独山子的中国境内距离大约为260千米。

西气东输是将中国塔里木和长庆气田的天然气通过管道输往上海。管道全长4 000千米左右，设计年输气量120亿立方米。起点自塔里木轮南，由西向东经新疆、甘肃、宁夏、陕西、山西、河南、安徽、江苏，终点到上海市。西气东输二线工程西起新疆霍尔果斯口岸，南至广州，东达上海，途经新疆、甘肃、宁夏、陕西、河南、湖北、江西、湖南、广东、广西、浙江、上海、江苏、安徽等14个省区市，管道主干线和八条支干线全长9 102千米。

管道运输作为中国五大运输系统之一，在国民经济和社会的发展中起着重要的作用。"十五"期间，中国油气管线总里程增长迅速，极大地满足了国民经济快速增长对能源的需求。特别是"十一五"期间，以西气东输、川气东送、中哈原油管道、兰郑长成品油管道等工程为标志，我国油气管道建设和管道运输取得巨大发展，为解决我国能源运输紧张、保障能源供应安全发挥了重要作用。截至2012年上半年，全国油气管道总长度达9.3万千米，而2004年我国油气管道总里程还不到3万千米。预计到"十三五"末，中国长输油气管道总里程将超过16万千米，储气库工作气量将达到105亿立方米，LNG接收能力将达到1 900万吨每年，国内主干管网趋于完善，形成调度灵活、运行稳定、供应可靠的全国性油气储运网络。

（四）管道运输的优缺点

1. 管道运输的主要优点

（1）不受地面气候影响并可以连续作业。

（2）运输的货物无需包装，节省包装费用。

（3）货物在管道内移动，货损货差小。

（4）费用省、成本低，单向运输，无回空运输问题。

（5）经营管理比较简单。

2. 管道运输的主要缺点

（1）运输货物过于专门化，仅限于液体和气体货物。

（2）永远单向运输，机动灵活性差。

（3）固定投资大。

由于管道路线和运输是固定的，所以运输费用计算比较简单。按油类不同品种规格规定不同费率。其计算标准多数以桶为单位，有的以吨为单位。此外，一般均规定每批最低托运。

四、跨境电商物流

对于跨境电商卖家来说，在接到海外订单之后，首先需要考虑的问题是，应该选择什么样的物流方式将产品递送给海外客户。跨境电商国际物流指的是线上销售的物品从供应地道不同国际地域范围接受地的实体流动过程，包括国际运输、包装配送、信息处理等环节。

在跨境电商贸易过程中，物流发挥着重要的作用，是跨境电商发展的核心链条，在很大程度上决定了跨境电商的运作效率。电商平台需要物流企业在集货、仓储、运输、通关、配送等诸多方面的合作。倘若我们将网络购物发展的三个重要因素归结为信用、支付和物流的话，经过过去十多年的发展，网络购物在信用和支付方面已经越来越成熟，而物流系统则成为网络购物亟待提升的系统。涉及跨境电商，国际物流需要提升的地方更多。随着跨境电商参与者数量的不断增长，行业间竞争越来越激烈，下游客户从早期的注重产品价格、品质等基本需求逐渐上升到对物流、售后等综合服务的高层次需求。目前，物流成为制约跨境电商发展的瓶颈，提高物流效率和服务能力成为跨境电商企业提高核心竞争力的关键内容之一。

（一）跨境电商的国际物流特征

跨境电商线上订单交易完成以后，如何使用最优的物流方式把货物快速送至客户手中，保证客户良好的产品体验至关重要。区别于传统物流，跨境电商国际物流有以下几个特征。

1. 物流时效的快速化

对于电商交易而言，客户看重的是省时间。而跨境电商由于业务本身流程特点，时长会因物流模式的不同而加长。因此，跨境电商要求国际物流上下游的配送系统对用户需求能够做出快速应答，并且缩短前置时间和配送间隔，提高商品周转和物流配送时效。

2. 物流功能的集成化

跨境电商有效地集成了国际物流与供应链等环节，主要包括物流渠道与产品渠道的集成、不同物流渠道间的集成、物流环节与功能的集成等。

3. 物流作业的规范化

跨境电商国际物流强调作业流程的标准化，包括物流订单处理模板、物流渠道标准、物流运输追踪等。规范化使复杂的物流作业流程变成简单的、可量化的、可考核的物流操作方式。

4. 物流管理的信息化

跨境电商国际物流使用 ERP 完成标准化的物流订单处理和仓储管理，将订单处理、信息处理系统化和电子化。此外，通过 ERP 对物流渠道的成本、时效、安全性进行有效的 KPI 考核，以及对物流仓储管理过程中的库存积压、产品延迟到货、物流配送不及时等风险进行有效的控制。

（二）跨境电商国际物流与传统物流对比分析

跨境电商国际物流与传统物流都是在成本可控的前提下对物品的实体流动过程的控制。但是跨境电商国际物流具有区别于传统物流的特性。

1. 敏捷性与柔性

跨境电商"多品种、小批量、多批次、短周期"的运营模式对物流的敏捷性和柔性提出了更高的要求。跨境电商线上交易后，对物流信息的实时更新强调了库存商品快速分拣配送的原则。除此之外，多元化的物流渠道搭配，也符合跨境电商国际物流的柔性需求。传统商业"少品种、大批量、少批次、长周期"的运营模式决定了传统物流的固化性和单一性。

2. 附加价值

对于跨境电商卖家而言，国际物流不仅仅提供了运输功能，终端客户的产品体验也包括了国际物流的时效体验。一定程度上而言，国际物流成本的高低决定了跨境产品竞争优势的强弱。传统物流除了运输的功能以外，附加价值体现并不明显。

3. 主动服务

跨境电商国际物流是产品、物流、信息流、资金流的统一。交易完成后相关人员会主动将物流信息发送给客户，并实时监控货物，直至完成投递，是主动服务的运营模式。传统物流完成物品的运输后，信息流往往在货物送达以后才发生，是被动服务模式。

4. 信息智能化

跨境电商国际物强调使用更全面、更简单的物流信息操作模式，利用信息技术，对国际物流的全过程进行优化，进而实现跨境电商线上购物的一体化和智能化。传统物流的作业流程相对固定，单一环节的管理居多，且变通性不强，因此对信息智能化要求不高。

（三）跨境电商物流常用的几种模式

邮政物流是全球网络覆盖最广的物流渠道，这主要得益于万国邮政联盟（Universal Postal Union，UPU）和卡哈拉邮政组织（KPG）。

万国邮政联盟简称万国邮联或邮联，自1978年起成为联合国一个关于国际邮政事务的专门机构，宗旨是组织和改善国际邮政业务，发展邮政方面的国际合作，在力所能及的范围内给予会员国所要求的邮政技术援助。但由于其会员国众多，且各国之间邮政系统发展不平衡，造成会员国之间的深度合作很难开展。于是在2002年，邮政系统较发达的6个国家和地区（中国、美国、日本、澳大利亚、韩国和中国香港）在美国召开了邮政CEO峰会，成立了卡哈拉邮政组织，旨在通过集体合作行动，形成精品区域，推出承诺服务，提高竞争力。此后英国、法国、西班牙和新加坡也加入进来。卡哈拉组织要求所有成员国公布全程时限，推出承诺服务，投递时限要达到98%的质量标准。如果货物没能在时限内投递到收件人手中，那么负责投递的物流商要按货物价格100%赔付给客户。这些严格的要求促使成员国之间深化合作，努力提升服务水平目前，针对跨境电商市场不同的邮递需求，邮政物流跨境产品以经济实惠的资费及稳定的发运质量吸引了广大的跨境电商经营者，并已发展成为跨境电商的首选物流方式之。据不完全统计，中国出口跨境电商70%的包裹都是通过邮政系统投递，其中中国邮政占据50%左右。中国卖家使用的其他邮政包括中国香港邮政、新加坡邮政等。

2. 商业快递

跨境物流商业快递通常是指UPS、DHL、TNT、FedEx、TOLL、顺丰速运等，因其具有各自不同的物流渠道，使得其在价格、运送时效及服务上都有所区别。与邮政物流比较最大的不同就是送达时间快（一般3~7天完成妥投）和高昂的运送价格。

（1）DHL又称敦豪航空货运公司，1969年，DHL开设了他们的第一条从旧金山到檀香山的速递运输航线。DHL业务遍布全球220个国家和地区，是全球国际化程度最高的货运公司，是全球快递、洲际运输和航空货运的领导者，也是全球第一的海运和合同物流提快商。DHL为客户提供从文件到供应链管理的全系列的物流解决方案。1986年12月1日，敦豪国际（DHL）与中国对外贸易运输集团总公司各注资50%在北京成立中外运—敦豪国际航空快件限公司，它是中国成立最早的国际航空快递公司。

（2）UPS（United Parcel Service，Inc. 美国联合包裹运送服务公司）成立于1907年，总部设于美国佐治亚州亚特兰大市，是全球领先的物流企业，提供包裹和货物运输、国际贸易便利化、先进技术部署等多种旨在提高全球业务管理效率的解决方案。UPS业务网点遍布全球220多个国家和地区，拥有49.5万名员工。2019年UPS营业额达到740亿美元。

（3）联邦快递（FedEx）是一家国际性速递集团，提供隔夜快递、地面快递、重型货物运送、文件复印及物流服务，总部设于美国田纳西州孟菲斯，隶属于美国联邦快递集团

（FedEx Corp）。

（4）TNT 集团是全球领先的快递和邮政服务提供商，总部设在荷兰。TNT 快递成立于 1946 年，其国际网络覆盖世界 200 多个国家，提供一系列独一无二的全球整合性物流解决方案。此外，TNT 还为澳大利亚以及欧洲、亚洲的许多主要国家提供业界领先的全国范围快递服务。

3. 专线物流

专线物流主要依托发件国与收件国的大规模业务量而来。市面上常用的专线物流产品有俄罗斯专线、南非专线、南美专线、美国专线、西班牙专线、澳洲专线等，，也有不少物流公司推出了中东专线、南美专线。专线物流致力于为买家提供性价比更高的物流服务，费用和运达时效介于邮政物流和商业快递之间，送达时间通常在 7 ~ 14 天或 14 ~ 21 天。

开通专线的目的是节约成本，但要建立在货量充足的前提下，不然就很可能会亏本，所以专线公司一般运送时间不确定，货满车走，客户的运输成本也会随之降低。

中环运的俄邮宝和澳邮宝、俄速通的 Ruston 中俄专线都是跨境专线物流推出的特定产品。以速卖通平台为例，速卖通平台上的物流专线有中东专线、中俄专线和其他专线。到俄罗斯的专线有速邮宝芬兰邮政小包（Posti Finland）、中俄航空（Ruston air）、中俄快递—SPSR；到西班牙的有中外运—西邮经济小包（Correos Economy）等，这些专线的共同特点是运费比普通邮政包裹便宜，清关能力比普通邮资包裹强，运达速度快。

思考题：

1. 简述运输的概念和特点。
2. 简述国际货物运输的当事人。
3. 简述国际海上运输经营方式。
4. 简述国际铁路货物联运的业务特点。
5. 简述国际航空运输经营方式。

第十一章　商品售后服务

学习目标

了解商品售后的概念、内容、作用。

了解国际贸易中商品售后的概念、作用。

导例

向美国人学做售后服务

在美国买新造的房子有一个选项：屋顶。美国的屋顶生产商都非常有技术含量：保修15年的屋顶一般到16~17年一定会坏（不会刚好15年坏，有一定滞后），逼使你更换，因为在一个成熟的市场，新生意的来源很大程度上来自更换。有位朋友装的屋顶没到15年就坏了，时隔这么久，发票什么都没有了，于是便上屋顶看了打在上面的生产商Logo，再找到生产商。厂家给的解决方案很简单：很抱歉，我们说能用15年，但没有做到，给用户带来不少麻烦（屋里漏水绝不是愉快的经历），现在我们给换一个新的有15年保修期的。这位"中彩"的客户因为这次遭遇得到了一个新的屋顶。

不过这事并没有就此结束，厂家要找出为什么这个屋顶用不了15年的原因，给用户一个事实为依据的解释。在对换下的屋顶一番仔细检查后，终于有了答案：原来北方与南方的气候差别巨大，用在两地的屋顶是不同的。由于厂家将报废时间卡得较紧，能保证在南方用15年的，在北方的冬雪夏日中就保证不了。而厂家发现这个用在北方房子上的屋顶居然是南方的批号，这可是15年前一个重大疏忽！于是厂家进一步对这个社区的所有屋顶都做了复查，发现这里15年保修的屋顶批号都是南方的，也就是说：在同样气候条件下，这批屋顶都快要出问题了。厂家最后为这里的居民全部免费更换了新屋顶。

这是厂家一次明显的失误，不过应该说处理得非常漂亮。比较会算的朋友也许会说，屋顶是15年一次的非频繁消费，厂家这个处理虽然好，恐怕很难再在15年后赢得同一位客户了，这笔支出肯定收不回了，只是赢得了品牌声誉，却损失了一大笔利润。其实不然：首先这群客户中绝大多数都会有搬迁，会有再买一次屋顶的机会；其次这群客户也有亲戚朋友，这就是口碑。我想他们下一次的选择或推荐多数会是这家屋顶生产商，难道不是吗？

第一节　商品售后服务概述

一、商品售后服务的概念

我国国家标准《GB/T 27922—2011 商品售后服务评价体系》中明确规定，商品售后服务就是指向顾客售出商品或从顾客接受无形产品开始，所提供的有偿或无偿的服务。

这里所说的"服务"（service），根据《GB/T 24620—2009 服务标准制定导则 考虑消费者需求》里的规定，服务是提供者与顾客接触过程中所产生的一系列活动的过程及其结果，其结果通常是无形的。可以理解为："服务是在对顾客提供的有形产品或无形产品上所完成的，为使顾客满意或得到良好感知的活动。"服务包含"售前、售中、售后"，在市场经济竞争中，"售后服务"占服务的比重为 60%~85%。

服务的提供涉及六大方面：

（1）在顾客提供的有形产品（如汽车、家电、商场、超市、连锁）上完成的活动。

（2）由特殊商品完成的系列活动，如银行、保险，其特殊商品是人民币、有价证券。

（3）在为顾客提供的有形产品加文化理念的活动（如风景名胜区、宾馆、饭店、酒楼、饭馆）。

（4）在顾客提供的无形产品（如为准备税款申报书所需的收益表）上完成的活动。

（5）无形产品的交付（如提供策划方案、知识传授、信息提供等）。

（6）为顾客创造氛围与传递文化相结合的活动（如演出、节庆等等）。

"售后服务"的概念有广义和狭义两个方面，广义的商品售后服务还包括售前、售中对商品知识和文化宣传，对顾客的告知和承诺，在商场、景区、机场、服务网点等建立的设施，以及组织为实现服务而进行的人员和资源配置方面。狭义的商品售后是指"商品售出以后的维护服务"。这里所讲的"商品售后服务"是广义概念，

二、商品售后服务的内容

客观地讲，优质的售后服务是品牌经济的产物，名牌产品的售后服务往往优于杂牌产品。名牌产品的价格普遍高于杂牌，一方面是基于产品成本和质量，另一方面也因为名牌产品的销售策略中已经考虑到了售后服务成本。

售后服务包括但不局限于以下方面：

（1）随合同签订而提供的活动，例如测量、规划、咨询、策划、设计等。

（2）在商品售出到投入正常使用期间所涉及的活动，例如送货、安装、技术咨询与培训等。

（3）商品质量涉及的活动，例如退换、召回、维修、保养、检测、配件供应等。

（4）以获得顾客反馈或维系顾客关系而开展的活动，例如满意度调查、顾客联谊、商品使用情况跟踪等。

（5）以商品为基础，为顾客提供相关信息的活动，例如商品使用知识宣传、商品或服务文化宣传、网站或短信传递服务、新品推荐等。

（6）在有形产品或设施基础上提供文化理念或相关服务的活动，例如景区、餐饮、酒店、商场的服务。

三、商品售后服务的作用

售后服务是售后最重要的环节。售后服务已经成为企业保持或扩大市场份额的要件（如舒达、天猫、京东等）。售后服务的优劣能影响消费者的满意程度。在购买时，商品的保修、售后服务等有关规定可使顾客摆脱疑虑、摇摆的形态，下定决心购买商品。优质的售后服务可以算是品牌经济的产物，在市场激烈竞争的今天，随着消费者维权意识的提高和消费观念的变化，消费者们不再只关注产品本身，在同类产品的质量与性能都相似的情况下，更愿意选择那些拥有优质售后服务的公司。

四、商品售后服务危机应对策略

（一）耐心倾听

客户购买了产品之后，在使用的过程出现了问题，导致产品不能正常使用。客户会通过各种渠道（电话、邮件、信访等）抱怨对产品的不满。无论客户是通过哪种渠道投诉，永远记住，不要争辩，要耐心地倾听，把客户的问题点梳理出来，然后在适当时机表达你的观点。

（二）勇于认错

千万不要和你的顾客发脾气，要学会控制情绪，做一个高 EQ 的销售人员。顾客可能很生气，但是你一定要耐心地接受，不要做过分地辩解，只需要认错。尊重顾客是一个称职的销售人员必须具备的素质，即使你知道这个顾客的误会，或者是平白无故地被这个顾客给骂了，你仍然要静静倾听顾客吐苦水，有时在你耐心地倾听之后，顾客的怒气就消了，对顾客的不满也就不知不觉解决了。许多人在顾客尚未表露不满时，就很焦急地想找借口应付他，如果你一再地辩解，顾客会情绪性地产生反感。他的不满一旦严重表现出来，就会带走更多的顾客。

（三）提供解决方案

如果是产品本身的质量问题而引来的不满，首先要诚恳地向客户表示歉意，并表示会在约定期间尽快帮客户把问题处理好。

如果是人为原因造成了产品不能正常使用的情况，首先，我们要肯定客户对我们公司产品认可，感谢客户对我们产品的支持，然后，向客户说明问题原因，表示出现这类问题不在我们的保修范围，再根据客户的问题，向客户提供其他的解决方案。

第二节　国际贸易中的商品售后服务

国际贸易是随着科学技术的进步、产业结构的调整和升级、国际文化交流的频繁，以及国际投资的发展而逐步产生和发展起来的，现已成为各国贸易竞争的新领域和世界经济新的增长点。随着国际贸易的蓬勃发展，国际贸易中产生的各种纠纷和摩擦愈演愈烈，其中很多涉及售后服务。售后服务不仅是买方市场条件下企业参与市场竞争的尖锐利器，而且是保护消费者权益的最后防线，是适应中国加入 WTO 和经济全球化的需要。国际贸易中良好的售后服务，能够促进国际贸易的顺利进行，促进经济的增长。

一、国际贸易中售后服务的概念

国际贸易中的售后服务与一般商品的售后服务并无重大差别，只不过国际贸易中的售后服务是特指国际贸易中的"商品"向顾客售出后，所提供的有偿或无偿的服务。其售后服务的内容与一般商品的售后服务内容基本一致。

二、国际贸易中售后服务的作用

（一）售后服务是买方市场条件下企业参与市场竞争的尖锐利器

随着科学技术的飞速发展，几乎所有行业都出现了生产能力过剩：从汽车工业到化学工业，从食品制造到日用消费品生产，从通讯业到计算机网络行业，任何企业都面临着众多强劲的竞争对手。而对于成熟产品，在功能与品质上也极为接近，质量本身的差异性越来越小，价格大战已使许多企业精疲力竭，款式、包装、品牌、售后服务等方面的差异性成为企业确立市场地位和赢得竞争优势的尖锐利器。

（二）售后服务是保护消费者权益的最后防线

向消费者提供经济实用、安全可靠的优质产品是企业生存和发展的前提条件。虽然科技发展使得产品质量越来越高，但是，做到万无一失目前尚无良策。由于顾客使用不当、电压不稳等原因会有各种问题发生，越来越多的企业，包括最优秀的企业也不能保证永远不发生失误和引起顾客投诉。因而，有效地处理顾客投诉，及时补救失误等售后服务措施成了保护消费者权益的最有效途径。美国学者的研究表明，如果投诉没有得到企业的重视，2/3 的顾客会转向该企业的竞争对手处去发生购买行为；如果投诉最终得到了解决，大约 70% 的顾客会继续光顾该企业；如果投诉得到了妥善、及时的解决，继续光顾的顾客比例会上升到 95%。可以说，售后服务是保护消费者权益的最后防线，是解决企业失误或顾客投诉的重要补救策略。

(三) 售后服务是保持顾客满意度、忠诚度的有效举措

顾客对产品利益的追求包括功能性和非功能性两个方面，前者更多地体现了顾客在物质方面的需要，后者则更多地体现在精神、情感等方面的需要，如宽松、优雅的环境，和谐、完善的过程，及时、周到的服务等。随着社会经济的发展和人民收入水平的提高，顾客对产品非功能性利益越来越重视，在很多情况下甚至超越了对功能性利益的关注。在现代社会，企业要想长期盈利，走向强盛，就要赢得永久顾客，保持顾客忠诚度，提高顾客满意度。企业在实施这一举措中，满意的售后服务便是成功法宝之一。海尔、联想、长虹、格兰仕等之所以成为受消费者欢迎的品牌，有一个很重要的原因就是包括售后服务在内的优质服务做得好。

热情、真诚地为顾客着想的服务能带来顾客的满意。所以企业要以不断完善服务体系为突破口，以便利顾客为原则，用产品具有的魅力和一切为顾客着想的体贴来感动顾客。谁能提供消费者满意的服务，谁就会加快销售步伐。要想使顾客满意，就应做出高于竞争对手或竞争对手做不到、不愿做、没想到的超值服务，并及时予以践诺。

(四) 售后服务是企业摆脱价格大战的一剂良方

我国不少行业的高速成长期已经结束，市场总需求量较为稳定竞争格局进入白热化状态。厂商为了求得市场份额的增长，不惜一切代价，连续展开价格大战，行业平均利润率持续下滑，企业增长后劲严重不足。要彻底摆脱这一不利局面，导入服务战略显得尤为重要，企业可以运用各种方法，通过差异化服务来增加自己产品的价值。

(五) 售后服务是适应中国加入WTO和经济全球化的需要

随着中国加入WTO，经济全球化成为现代世界经济发展的必然走势，国内企业的营销环境也随之发生了巨大变化，眼下急需针对这一情况采取相应的营销对策。在诸多的变化中，跨国公司携带强大的技术实力、资金实力和人才实力进入中国，国内市场国际化最为显现。然而，跨国公司虽然实力强大，但在他国实施产品服务与本土企业相比是有距离的。日本三菱帕杰罗V31、V33越野车遭国家禁令，停止进口；新款帕杰罗V73遭起诉；包括索尼电视、东芝笔记本电脑案等除了其产品自身的质量问题，售后服务跟不上也是一个重要原因。有关家电调查显示近些年来消费者纷纷购买国产名牌彩电，其主要原因就是国外彩电的售后服务不如国内的。国内企业（尤其是家电企业、高新技术企业）应针对跨国公司售后服务上的劣势，提高自己的售后服务质量，力争通过优质的售后服务争取更多的顾客。

(六) 售后服务是科技发展的必然要求

随着科学技术的飞速发展，高科技产品不断增大，逐步进入民用化。比如汽车、电脑、复印机等，面对这些高科技产品，"坏了怎么办""我如何去使用它"等一系列问题

总是困扰着顾客，这在客观上就要求企业应为消费者提供更多的应用服务支持而不仅仅局限于售后服务，比如，改售后服务为售前培训、科普引导等，将使用失误消灭在萌芽状态中。美国的 IBM 公司的产品，就不仅是电子计算机本身（包括主机、终端、存储设备、打印设备等硬件系统），而且包括所附带的服务，如使用说明书、软件系统、程序设计服务、维修服务，以及保证等，由此而形成了"系统销售"的概念。

在现代营销环境条件下，没有服务就没有营销，这已经是不争的事实，关键是外贸企业应不断提升售后服务质量，充实售后服务内容，完善售后服务程序，规范售后服务管理，坚持服务创新，变传统的单纯的售后服务转向"整体服务流程"，时时保持特色服务，严格进行服务质量监控，以优良的服务取得市场竞争优势，真正使消费者在消费过程中"只有享乐，没有烦恼"，为最终实现"零服务"而努力。

三、国际贸易的售后服务要求

（一）规范服务标准，提高工作人员的整体素质

外贸企业在向顾客提供服务的过程中，必须从系统性、整体性的高度对所提供的产品售后服务流程进行标准化的设计，根据行业特征和提供服务的特性从不同方面进行细节问题的标准化，如从服务人员的语言、态度、着装、维护（包含维护流程、工具、技术等）等方面制定一系列规范化的标准制度。在此基础上，对售后服务人员进行系统、专业的培训，提高售后工作人员的素质。只有这样才能在顾客心目中留下深刻的印象，即我们的服务是专业化、标准化的水准。企业或经销商对技术工程师和客户服务人员经过严格的技术培训和个人素养的提高，才能保证服务质量和顾客的满意度。要尽力做到统一、规范的服务标准，加深品牌在消费者心目中的印象，树立顾客对品牌的信任。

（二）提供先进的服务设施，提升和完善维修服务质量

维修服务质量是外贸商品售后服务中非常重要的一个部分，也是消费者非常关注的一个部分。所以，外贸企业或经销商的售后服务部门不仅仅是为顾客提供一些表面性的咨询服务和简单的售后问题处理，更重要的是还要提供高质量的技术服务。而要实现售后服务人员提供高水平的技术服务，就要为售后人员提供的高精的检测工具，以更好地帮助售后服务人员对企业产品的故障排除或售后维护。

给售后服务工作人员提供技术支持与技术指导，并且要保证检测仪器的先进性，更好地使软件技术、人为能力与硬件设施相结合，才能保证提供给客户更加完美的售后服务，提升顾客的满意度，树立企业的品牌形象，为企业的生存与长期发展奠定坚实的物质基础和技术支持。

（三）定期进行客户回访，建立客户档案

外贸企业或经销商可以定期给顾客打个电话，或邮寄一封信函做一个简短却让人温心

的回访，征求一下顾客的意见或建议，给每一个顾客建立一个客户档案。

例如现在不少汽车 4S 店或汽车经销商，以及一些食品销售商都在回访过程征求顾客的意见，定期为顾客提供一些保养方面或饮食方面的小知识，在一定时间内给顾客邮寄企业期刊或小卡片，组织一些活动，通过这些活动了解顾客的心理，接受顾客的要求。把企业的最新动态告知顾客，增加顾客与企业的感情，让顾客真心感受到企业的服务体贴、周到。

定期给顾客做回访，了解顾客的心理及需求，倾听顾客的意见，认真做好记录，建立客户档案，可以为企业或经销商带来新的商机。同时，为企业的服务理念的提升指明了新的发展方向，也为企业的整体的发展方向及制定长远的战略目标提供了有利的依据。

（四）服务记录归档

售后服务人员在用户现场处理每宗客诉案件后，应认真办理好《售后服务单》等相关手续并妥善保留好这些材料，以便回访客户时使用。

售后服务人员在处理客诉抱怨时，如遇到抱怨有破损及错件、差货或是重大案件等情况时，应根据产品所附带的合格证（含生产日期、包装工号、检验工号）或是记录产品上印刷的生产状况，进行快速有效的改善和处理。

售后服务人员必须将当日累计的所有《售后服务单》等手续，在经核实事件处理后并将每一案件按照规定的程序和手续进行统计归档保存好，以便备查。

思考题：

1. 什么是商品售后服务？它包含哪些内容？
2. 国际贸易中的商品售后服务的作用有哪些？
3. 国际贸易中的商品售后服务要求有哪些？

参 考 文 献

[1] 叶梅. 外贸商品学教程 ［M］. 北京：中国商务出版社，2005.

[2] 李国冰. 外贸商品概论 ［M］. 重庆：重庆大学出版社，2006.

[3] 蒋有光. 外贸商品学 ［M］. 合肥：合肥工业大学出版社，2010.

[4] 赵苏. 商品学 ［M］. 北京：清华大学出版社，2006.

[5] 刘建廷，李小璐. 商品学 ［M］. 北京：国防工业出版社，2008.

[6] 孙参运. 商品学基础 ［M］. 武汉：武汉理工大学出版社，2008.

[7] 万融. 商品学 ［M］. 北京：中国人民大学出版社，2016.

[8] 李勤昌. 国际货物运输 ［M］. 大连：东北财经大学出版社，2015.

[9] 王晓东. 国际运输与物流 ［M］. 北京：高等教育出版社，2011.

[10] 李贺. 国际货物运输与保险 ［M］. 上海：上海财经大学出版社，2016.

[11] 薛荣久. 外贸商品概论 ［M］. 重庆：重庆大学出版社，2006.

[12] 汤云，王双萍. 商品学实用教程 ［M］. 北京：人民邮电出版社，2014.

[13] 陈丽红，缪瑞. 商品检验与质量认证 ［M］. 北京：北京大学出版社，2011.

[14] 方凤玲，杨丽. 商品学概论 ［M］. 北京：北京大学出版社，北京：中国林业出版社，2007.

[15] 青岛英谷教育科技股份有限公司，白城师范学院. 跨境电子商务实务 ［M］. 西安：西安电子科技大学出版社，2019.

[16] 钟雪梅，冯子川. 跨境电商实务 ［M］. 北京：清华大学出版社，2017.

[17] 朱桥燕，赵静等. 跨境电商操作实务 ［M］. 北京：人民邮电出版社，2018.

[18] 柯丽敏，于亚楠等. 跨境电商零售实务 ［M］. 北京：中国海关出版社，2018.